MAKÉDA

ou

LA FABULEUSE HISTOIRE DE LA REINE DE SABA

JAKOUB ADOL MAR

MAKÉDA

ou

LA FABULEUSE HISTOIRE DE LA REINE DE SABA

Michel LAFON

103, boulevard Murat, 75016 Paris

AVANT-PROPOS

par MAKÉDA KETCHAM,
petite-fille de l'auteur

Il existe parfois, dans les vieux tiroirs, des trésors cachés. Le manuscrit de ce livre en est un. Mon grand-père nous l'a légué à sa mort, avec le sceau qui atteste son rang princier, comme le dernier lien qui rattache sa descendance à sa terre d'origine.

Jakoub Mar est né de l'union d'un missionnaire luthérien, l'Allemand Johannes Mayer, et d'une princesse éthiopienne, Sarah Négussié. Sa famille était ainsi alliée au Ras Mickaël, fidèle de l'empereur Ménélik II et chef de guerre du Wollo, région située au nord-est de l'Abyssinie.

De ce lignage il aurait hérité son titre de noblesse : Lidj Engueda Work Ze Wollo [1]. *Vers 1890, il part étudier en Europe ; par la suite il fera partie de cette vague d'intellectuels éthiopiens qui marqueront, au début du XXe siècle, la pensée réformatrice du pays.*

Rentré dans sa patrie à la fin de ses études, il devient successivement maire d'Addis-Abeba puis conseiller de l'empereur Ménélik et de l'impératrice Zaouditou. De celle-ci, il reçoit mission de collecter les légendes, contes,

1. Prince Engueda Work (l'« hôte d'or ») du Wollo.

cantiques et traditions orales ayant trait à l'histoire de la reine de Saba. De ces recherches a résulté un manuscrit de deux mille pages remis à l'impératrice et dont il ne subsiste aucune trace à ce jour.

Quelle était la portée d'un tel travail ? La dynastie salomonide a régné sur le pays sans discontinuité du XIIIe *siècle à la chute du négus Haïlé Sélassié, en 1974. Les différents monarques qui se sont succédé sur le trône se sont toujours légitimés par leur généalogie avec des ascendants bibliques : la reine de Saba et le roi Salomon. On peut donc supposer que l'enquête commanditée par Zaouditou à mon grand-père allait dans ce sens.*

Vers 1922, Jakoub Mar est nommé consul d'Éthiopie à Bruxelles. Et là, toujours guidé par cette préoccupation de mieux préserver et faire connaître l'héritage de toute une civilisation aux frontières de la réalité et de la mythologie, il se met à l'écriture, en français, d'un roman inspiré par ses découvertes antérieures.

Cette vie de Makéda, la reine de Saba, fut donc rédigée dans les années vingt. Chercher à faire la part de la tradition relatée et de la vérité historique serait vain : il suffit de se laisser porter par la poésie chargée de nuances avec laquelle l'auteur nous parle du caractère éthiopien, du symbolisme d'un règne et d'un empire presque bimillénaires, d'un « passé frissonnant de gloires » et d'une « civilisation très raffinée » dont l'Occident ne « soupçonne pas encore les sereines beautés ».

Fondation d'une dynastie, légende d'un peuple, histoire biblique. Ce chant d'amour nous restitue avec force parfums, couleurs, ombres et lumières un univers fait de sentiments passionnés, d'intrigues et de saveurs orientales...

Makéda KETCHAM

À Sa Majesté l'Impératrice d'Abyssinie
Zaouditou Ière,
Reine des Reines,
Lionne de la Tribu de Juda,
Gracieuse descendante
du Roi Salomon et de la Reine Makéda,
Fille de Sa Majesté l'Empereur Ménélik II.

*
* *

L'auteur prie respectueusement
Sa Majesté l'Impératrice
d'accepter la dédicace de cette œuvre,
avec Sa bienveillance coutumière,
comme une contribution
à la magnifique histoire
de Ses illustres ancêtres.

PRÉAMBULE DE L'AUTEUR

J'ai toujours été soucieux de faire la lumière sur certaines périodes ténébreuses de l'histoire de l'Abyssinie, mon pays natal. Il m'a paru que je ne pouvais mieux témoigner de mon ardent amour pour ce dernier qu'en contribuant à lui rendre, dans l'histoire des peuples du monde, la place prépondérante qui lui revient.

Les règnes des empereurs qui ont conquis une partie de l'ancienne Égypte et de l'Arabie jusqu'à la Syrie actuelle demeurent trop peu connus. Ce passé frissonnant de gloires et caractérisé par l'esprit d'une civilisation très raffinée, l'Occident n'en soupçonne pas encore les sereines beautés. Déjà, au cours d'une existence de chercheur obstiné, j'ai été assez heureux pour susciter l'intérêt de savants européens envers son épopée tragique, dont il subsiste des ruines très importantes et fort curieuses.

Cette épopée – qui forme un cycle de dix-sept cents années courant du Xe siècle avant Jésus-Christ jusqu'au VIIe siècle de notre ère – n'est que très imparfaitement enregistrée dans la mémoire des hommes. Certes, plusieurs missions archéologiques et géographiques françaises, anglaises, allemandes, italiennes et américaines ont parcouru une partie de cet Empire. Elles y ont trouvé les vestiges d'imposants monuments, des socles, des pilastres et des inscriptions gravées dans le roc dont les traductions furent confiées aux musées internationaux en des volumes qui resteront, malheureusement, ignorés du grand public. Mais les savants attirés par ces découvertes ont à mon grand regret délaissé les anciens manuscrits dont les révélations contiennent un monde de vérités.

Je me suis alors consacré à réunir tout le contenu des parchemins, papyrus et tablettes que j'ai pu mettre au jour au cours de recherches minutieuses. Je les ai traduits ou fait traduire, et j'ai gardé les copies des textes qui sont conservés avec vénération dans les vieux monastères, synagogues et églises abyssins.

Cette tâche ardue a absorbé jusqu'aujourd'hui vingt-cinq années de travail permanent pendant lesquelles j'ai connu l'esprit et pénétré la science profonde d'un nombre considérable de savants, prêtres, rabbins, magiciens et écrivains d'Abyssinie.

Ayant quitté le service du gouvernement éthiopien, mes loisirs actuels m'ont permis en toute indépendance de classer mes documents et d'en soumettre une part à la curiosité du public. Je les livre, dans cet ouvrage, sous la forme d'une prodigieuse aventure pour laquelle la fiction du roman est mise au service de la réalité.

De fait, j'ai pu constater qu'il est impossible de traduire en langue française ces innombrables relations tout en laissant au lecteur le soin d'en dégager la vérité. Aussi bien, nombre des contes, légendes et inscriptions s'y rapportant sont-ils contradictoires. En effet, depuis l'époque du roi-prophète Anguebo, l'histoire de son peuple a naturellement été copiée, recopiée, retranscrite à maintes reprises dans différents dialectes, et ceux qui ont ainsi perpétué le passé n'ont pas toujours fait œuvre de scientifiques : ils ont trop souvent altéré, de version en version, le sens fondamental.

Ce sens, j'aurais pu essayer de le rétablir en accordant à un historien plus de confiance qu'à un autre. Or je me suis aperçu qu'aucune préférence n'était possible. Sans m'arrêter à cette difficulté, j'ai revu mes archives en éliminant les récits qui n'ont point laissé de trace dans les rites et coutumes religieux et populaires. Ce procédé donne sans doute plus d'authenticité au résultat de mon travail. Ainsi ai-je écarté toutes les fabulations qui se transmettent dans mon pays, et que d'autres auteurs ont recueillies avec complaisance en faisant rejaillir invraisemblances et miracles sur les épisodes de la vie de la reine de Saba. Ainsi l'anecdote du « houd-houd », la perruche enchantée, ou la découverte, par la reine de Saba, d'une poutre qui aurait servi à la croix de Jésus. Et tant d'autres mythes qu'il serait fastidieux d'énumérer.

Ce roman, au contraire, ne fait allusion qu'à des faits relevant de la tradition la mieux établie. Qu'il me suffise de signaler, en l'occurrence :

– Les Israélites qui vivent en Abyssinie et au Yémen, dont l'origine est fort peu connue en Europe et qui ne proviennent point, en tout cas, de Judée.

– L'existence, dans toutes les églises chrétiennes (copto-orthodoxes) d'Abyssinie, d'un lieu dit « Saint des Saints » et contenant l'arche symbolique israélite dénommée Taboth, ce qui prouve que les Abyssins furent des Israélites à un moment de leur histoire et que ceux qui demeurent, à présent, indéracinablement attachés à leur foi, constituent une trace de l'ancienne croyance, naguère générale en Abyssinie.

– Le rite perpétué de jeter en l'air des colonnes de sable lors des cérémonies importantes.

– L'excision, encore pratiquée, des filles comme des garçons abyssins ; la couture des lèvres du sexe féminin qui se perpétue dans le Danakil ; l'obligation, toujours imposée à un Issa, de prouver qu'il a tué deux hommes avant de contracter mariage ; enfin, la coiffure maintenue à l'honneur chez les Kaffoutchos, ornée du phallus symbolique.

– Les caractéristiques invariables, depuis Makéda, reine de Saba, des rites du mariage abyssin et l'égalité absolue des sexes qui résulte de la législation makédienne.

– La tradition immuable de l'anneau, d'or pour les hommes, d'argent pour les femmes, suspendu au cou par une cordelette de couleur bleue, la couleur favorite de Salomon.

– L'intervention, en vigueur depuis l'époque civilisatrice sabéenne, de la magie dans la science des savants abyssins, et leur connaissance raffinée des poisons.

– L'attraction de Jérusalem sur les souverains abyssins. Cette attirance, autrement inexplicable, est confirmée par la collaboration constante de ces monarques à la construction et à la garde du Grand Temple et du Tombeau de Jésus-Christ.

– L'exactitude de l'arbre généalogique de la famille impériale abyssine, qui prend racine dans l'union du roi Salomon et de Makéda, père et mère de Ménélik Ier dont le titre de « Lion vainqueur de la Tribu de Juda » a été constamment porté avec gloire par les empereurs d'Abyssinie, notamment Ménélik II.

Je pourrais continuer longuement l'énumération, mais ces faits éclaireront déjà suffisamment le lecteur sur l'illustre reine des reines – que j'ai des raisons de considérer comme une ancêtre – et sur cet énergique et surprenant petit peuple abyssin qui, baigné à la source du génie de Makéda, a su maintenir son caractère propre, ses traditions et sa culture malgré les vicissitudes de trente siècles et les puissances prodigieusement attractives des empires pharaonique et assyrien.

Je ne puis pour autant négliger quelques considérations sur les Israélites d'Abyssinie. Ils répondent aujourd'hui au nom de « Falachas », un terme issu de l'ancien amharique qui signifie « exilés ». Leurs premiers ancêtres sont en effet ces Hébreux réfugiés d'Égypte auxquels les Abyssins offrirent l'hospitalité après le douloureux calvaire qui les conduisit de Memphis à Symiène.

Le teint des Falachas est d'une couleur plus claire que celle des Noirs et des Nubiens. Il faut en chercher l'explication dans les croisements qui se sont opérés entre Falachas et femmes indigènes, les Israélites ayant perdu la plupart de leurs compagnes au fil de l'exode.

Les Falachas n'utilisent pas le « talith » (châle que l'on met pour la prière) ou la « mezouzah » (signe placé sur les portes), pas plus qu'ils ne respectent le jeûne de Pourim ni les lumières de Hanoukka. Ces lois, survenues après la Torah écrite, étaient inconnues, et pour cause, de leur prophète Anguebo.

Leurs prêtres ne s'appellent pas rabbins mais « kahens », du nom en usage avant Moïse. Car ils sont les seuls Israélites au monde qui observent un culte d'avant Moïse. Ils respectent encore les prescriptions abrahamites, célèbrent le culte devant un autel et font des holocaustes.

*

* *

Un jour peut-être se trouvera-t-il un mécène éclairé pour constituer le fonds nécessaire à l'approfondissement scientifique – par une mission qualifiée – de l'histoire ancienne du peuple d'Israël, à la fouille des ruines des palais et synagogues d'autrefois, donc à l'identification des inscriptions qui foisonnent tant en Abyssinie qu'en Arabie. De telles recherches jetteraient pour la science historique des lumières nouvelles sur beaucoup de points de l'Antiquité restés obscurs.

En attendant, je voudrais prier le lecteur de ne pas se méprendre sur l'audace de mon intrusion dans une époque si touffue, si prodigieuse. Beaucoup d'écrivains de l'Arabie heureuse, de la Mésopotamie et des Indes ont chacun présenté à leur façon la légende de la reine Makéda. Ils l'ont fait d'après les éléments qui se trouvaient en leur possession. Mais aucun de ces auteurs, jamais, n'a pu se baser sur des témoignages aussi anciens que ceux que j'ai pu traduire ou faire traduire par les moines chrétiens ou les kahens de Symiène, tous théologiens sincères, sans ambition ni sectarisme, prêtres profondément idéalistes qui ont transmis le souvenir des amours de la reine de Saba et du roi Salomon avec la même piété que le Livre saint.

Quoi qu'il en soit, par cet ouvrage, j'espère avoir encouragé les savants qui m'ont aidé à recueillir mes matériaux, et les avoir incités à mettre au service de la science universelle les précieux vestiges qu'ils possèdent ou qui restent encore dissimulés dans les archives des souterrains millénaires.

Ainsi aurai-je peut-être concouru à ajouter un chapitre aussi passionnant qu'inédit à l'histoire du monde.

Jakoub Adol MAR

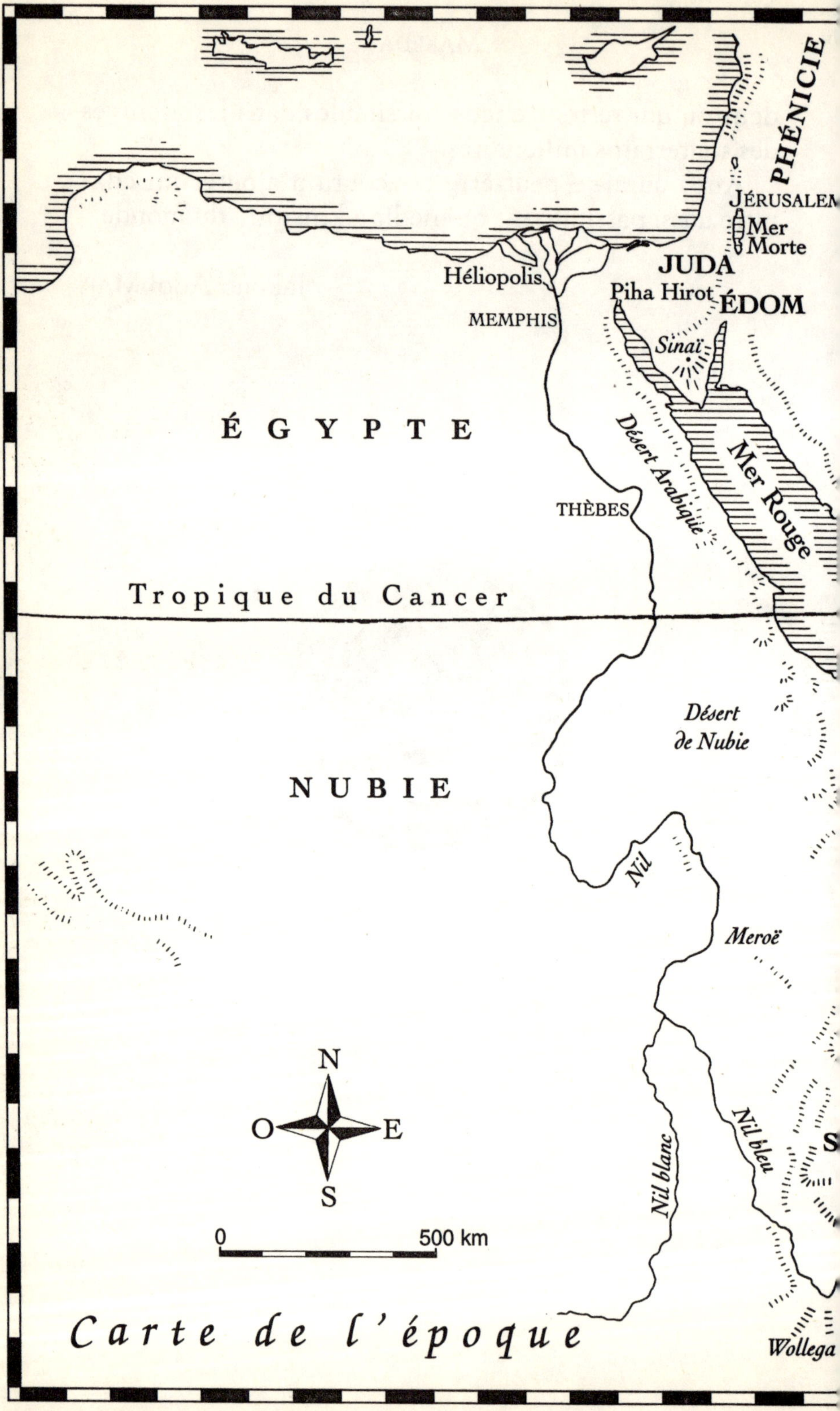

Carte de l'époque

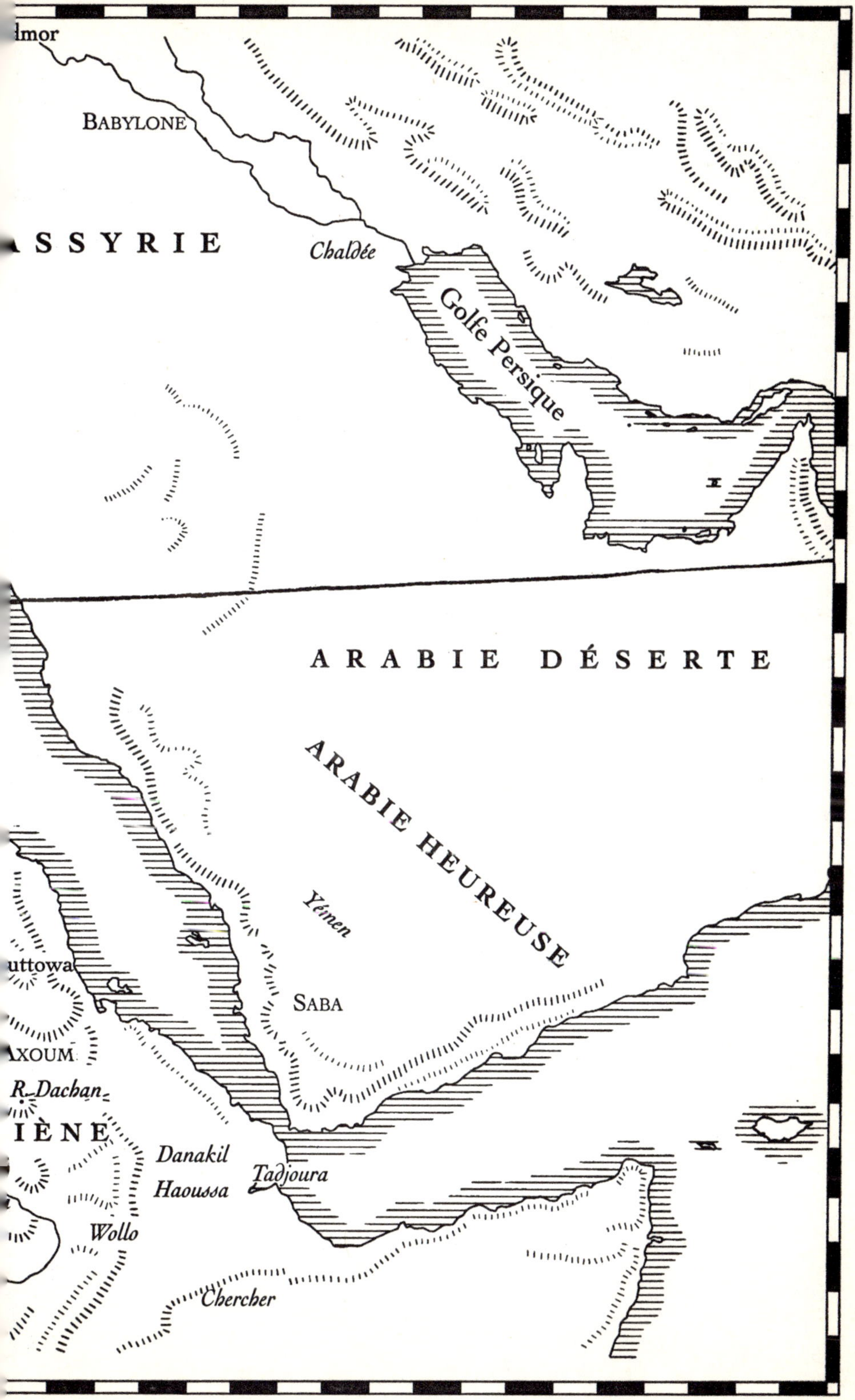

dmor
BABYLONE
ASSYRIE
Chaldée
Golfe Persique
ARABIE DÉSERTE
ARABIE HEUREUSE
Yémen
SABA
uttowa
AXOUM
R. Dachan
IÈNE
Danakil
Haoussa
Tadjoura
Wollo
Chercher

PREMIÈRE PARTIE

À MEMPHIS, UN MATIN

Aussi le peuple superstitieux croyait-il
que bâtir lui était un devoir dicté par les dieux…

UN COUP DE GONG ÉPARPILLA, DANS L'AIR ROSE, SES sonorités cuivrées. Maître Cadmus, grand architecte d'Aménophis III, sortait tôt ce matin. Il avait revêtu sa robe cérémonielle de lin blanc, à large broderie bleue, et encerclé ses reins de la plus éblouissante ceinture. Car il devait assister, au pied même de l'inachèvement sacrilège de la nouvelle pyramide, à un Conseil d'Empire mandé en hâte par le Pharaon.

Cadmus se pressait. Le soleil s'épandait en flaques d'or sur Memphis immobile, silencieuse, endormie dans une atmosphère que l'on pressentait angoissante.

Le pas de l'architecte était lourd. L'homme sur les épaules de qui reposait la responsabilité mathématique de l'édification des temples solennels, des périlleuses pyramides, des obélisques effilés, des pylônes et des sphinx de basalte et de granit, était chargé de soucis et de peine.

Sa nuit avait été douloureuse. Il s'était, en des rêves obsédants, battu contre ces illuminés qui, au nom d'un Jéhovah inconnu et dément, avaient obtenu du Pharaon le départ des Hébreux en des cohortes grisées de mysticisme, sous la conduite de Moïse. Ainsi, dans son sommeil, Cadmus avait-il pleuré sur son œuvre mutilée par l'évasion des esclaves israélites.

L'aube n'avait point apaisé sa souffrance. Réveillé, il

pleurait encore sur son rêve détruit. Il arriva rapidement au chantier établi sur le bord d'un bras du Nil. Un silence de catastrophe flottait sur la forêt des madriers au centre de laquelle, gigantesque et pourtant harmonieuse, s'appesantissait la masse fondamentale de la pyramide abandonnée. Cadmus alla vers la vaste tente pourprée que les ouvriers avaient hâtivement dressée pour le Conseil et souleva les lourdes tentures polychromes marquées des insignes pharaoniques. Ses collègues n'étaient pas encore là, mais il ne tarda pas à les voir venir vers lui. Ce fut d'abord, imposant, l'entrepreneur des travaux impériaux, Chapat ; puis Danaüs et ses aides, architectes jeunes et insouciants malgré leur grand savoir ; Séthos, le chef du chantier, bouffi de son importance, et Tât – le scribe principal de la cour – qui semblait toujours dissimuler des secrets d'État derrière un énigmatique sourire.

C'étaient eux que désirait consulter le Pharaon. En attendant sa venue, Cadmus, Chapat, Danaüs et Séthos joignaient leurs plaintes. Dans un concert de haine, leurs récriminations giclèrent à l'égard de l'Hébreu conquis à la foi de Jéhovah. Seul Tât le scribe, comme plongé dans un songe, se taisait. Jusqu'à ce jour, ployant sous l'autorité lourde mais éclairée du génie qui sourd de la race d'Égypte, le peuple d'Israël enchaîné avait souffert et s'était épuisé à la construction des pyramides orgueilleuses, des temples solennels, des hypogées, des colosses basaltiques des remparts, des portiques et des villes que traçait la splendide et inapaisée imagination des bâtisseurs égyptiens.

Nulle plainte, nulle révolte n'avaient encore contesté cette tyrannie consacrée à la gloire et à la pérennité des dieux. Et voici que Jéhovah, soudainement, avait jeté sur cette gloire une illusion plus magnifique qu'elle-même : un Dieu était né aux Hébreux, un Dieu nouveau, invisible et redoutable.

Ainsi qu'une vague mue par la croyance nouvelle, comme le sable du désert est projeté par le vent, des centaines de milliers de Juifs aveuglés et pétris de miracles s'étaient rués – derrière la robe du prophète Moïse – vers le pays des Cananéens, la Terre promise « où le lait et le miel coulent à flots ».

Le Pharaon ne regrettait-il pas son acte de clémence ? Cadmus l'espérait. Il le souhaitait de toute son âme ardente, déformée par sa passion d'animateur de pierres. Certes Aménophis le Magnifique avait hésité avant d'ordonner la libération du peuple juif. Entre conseillers, seigneurs, hiéroglyphites et lui, de longs débats s'étaient engagés quant au problème théologique. Le grand prêtre lui-même était perplexe. Jamais, en leurs discours, la puissance de l'Empire, sa sécurité et la sauvegarde des frontières n'avaient été envisagées. Cependant, grâce à l'asservissement des Hébraïques, l'Égypte s'était lancée dans une ère constructrice dont dépendait sa grandeur.

Les collègues de Cadmus l'approuvèrent : la ville entière se lamentait, se désolait, se décourageait devant les travaux inachevés. Le Pharaon dominateur des trônes avait pourtant continué d'adopter, sur les plans séduisants de Cadmus, bien d'autres projets grandioses : des canaux à creuser, des villes nouvelles à bâtir pour dégorger Memphis surpeuplée, des fortifications à surélever. Une civilisation intense, géniale, naissait de la terre pharaonne fertilisée par les eaux grasses et lumineuses du Nil. Cette civilisation s'extériorisait par une fièvre d'édifier, de creuser, d'embellir, une fièvre créatrice transposée par la brique du limon que le soleil brûlant se charge lui-même de cuire. Ainsi l'eau, la terre et le feu conjugués concouraient à servir l'esprit édificateur des Égyptiens. Ils en étaient les inspirateurs naturels. Aussi le peuple superstitieux croyait-il que bâtir lui était un devoir dicté par les dieux.

Or, brutalement, voici que cette vie se trouvait stérilisée, abolie par le manque de main-d'œuvre.

La mort dans l'âme, Cadmus pleurait…

AMÉNOPHIS III LUTTE AVEC DIEU

Quel pressentiment,
oiseau aux ailes de soie sombre,
vient de voler devant ses yeux ?

RAPIDE ET SOUPLE, NOIR COMME L'ÉBÈNE ET VERNI DE sueur, un esclave se dresse devant eux. Des fanfares de trompettes, au loin, crèvent le silence bleu.

Le Pharaon !

Les fanfares roulent, portées par la brise. Elles réveillent la ville et se meurent en échos prolongés.

Le Pharaon !

Précédé d'un héraut et de quatre thuriféraires, hissé de toute sa hiératique majesté dans son palanquin à vingt-quatre porteurs noirs et nus, les plus solides, les plus harmonieux de formes, de ceux que l'on recrute en Berbérie pour cet honneur insigne :

Le Pharaon !

Sur le trône de bois précieux où la fantaisie de l'artiste s'épuisa en capricieuses et stylisées fleurs d'or et d'argent enrobées de soieries et d'étoffes pourpres, impassible, magnifique, soleil en marche, le Maître de l'Égypte, consultateur des peuples, incarnation de tous les dieux :

Le Pharaon !

Comme il ne faudrait point que les mouches vrombissantes importunent cette méditative souveraineté, les flabellifères, autour de son dais, vont, viennent, courent, virevoltent, brandissant les chasse-mouches de crins d'éléphant et de cheval.

Les troupes – infanterie et cavalerie – qui précèdent, entourent et escortent le Pharaon sont les meilleures, les plus éprouvées parmi celles qui s'illustrèrent dans les lointaines campagnes contre les Berbérins et les Chaldéens. Et leur équipement est minutieux. L'infanterie s'avance rythmiquement. La jupe de coton aux couleurs vives s'enroule autour des cuisses. Une ceinture enserre le torse où pend, retenu par des lanières, le sabre court. Le casque de cuir bouilli, pointu, luit au soleil. Au bras gauche est accroché le bouclier, la main droite étreignant la double lance nouée d'un lacet.

Les cavaliers encerclent les fantassins. Les chevaux sont nerveux, souples, caparaçonnés de cuir brillant de suif. Les fanfares, trompettes, tympanons et sistres sonnent, éclatent, se prolongent, s'arrêtent et recommencent.

Ainsi le Pharaon baigne-t-il dans le faste de sa puissance. À côté de son palanquin caracole le général en chef harnaché de chaînes d'or, les oëris de sa garde suivant les prêtres au crâne rasé.

Devant la tente où sont réunis les constructeurs, le cortège se pétrifie. Hérauts et thuriféraires proclament l'arrivée du favori d'Amon-Râ. Une double haie de soldats soudain statufiés ourle les nattes de paille bigarrées où le Pharaon va poser ses sandales précieuses en forme de patins. La cavalerie dessine, autour de la tente impériale, un carré de poitrails, de lances, d'arcs, de boucliers.

La chaise s'abaisse et le Roi descend. Les fronts se prosternent. Le silence est lourd comme une chape. Le Pharaon salue de sa haute canne, fleurie d'un bouton de lotus d'or et d'argent par lequel s'avère son étincelante majesté. Alors les fronts se relèvent.

Le Soleil se laisse admirer. Il rayonne dans sa calasiris triangulaire, blanche comme lait, plissée avec minutie, ceinturée de peau de crocodile gemmée d'or et de pierres fines. Un gorgerin à septuple rangée d'émaux orne sa poitrine lisse, vernie comme l'ambre. Le visage est intelligent et fier. Les yeux ont l'éclat doux et profond du fleuve céruléen. La vipère déroulée sur le pschent, qui semble siffler à son front, complète et achève d'une flamme d'or sa granitique impassibilité. Dans son court peplos rouge et flottant, il est plus grand qu'un dieu.

Le Pharaon pénètre dans la tente dont deux esclaves ont écarté les lourdes portes. Il marche d'un pas calculé. Cadmus, ses collègues et Tarcâs, le chef des armées, suivent à cette distance respectueuse par laquelle il convient de marquer leur humilité émerveillée.

Le Pharaon fait un signe puis s'assied sur un siège à pieds de lion paré de peaux d'onagre. Dévotement, ses conseillers l'imitent.

Ainsi commence le débat qui doit décider du sort d'un règne glorieux entre les glorieux.

*
* *

Le Pharaon parle avec sérénité. Sa phrase est cadencée, harmonieuse, équilibrée comme une leçon apprise. Il expose les motifs de sa décision en ne celant point ses scrupules devant l'activité constructive de l'Empire à ce point abolie, et voulant bien se souvenir des démarches qu'entreprirent auprès de lui, après le départ des Hébreux, ses fidèles conseillers.

Tout en reconnaissant la magnanimité impériale, ces derniers expriment leur crainte d'un excès de pusillanimité qui pourrait être fâcheusement interprété par les ennemis jaloux de la puissance pharaonique. Aménophis daigne les comprendre et les excuser.

– Maintenant parle, Cadmus, lance alors le Pharaon. Je t'écoute. Que les dieux inspirent ton discours.

Cadmus se lève, se casse en deux. Son visage trahit l'émotion. Il s'exprime en ces termes précis et mesurés auxquels le prédispose sa science mathématique. Il remercie le

Pharaon de lui donner l'occasion – à lui, tellement indigne de cet honneur – de démontrer le péril où court l'Égypte depuis qu'elle est privée de la main-d'œuvre barbare, des cataractes au delta. Il le fait en rappelant les fastes des trois grands souverains que l'on pourrait appeler « les Bâtisseurs ». Puis il supplie l'Empereur d'inspirer son règne de leur exemple :

– Qu'importent mon existence, s'écrie l'architecte, et tous les projets que j'avais consacrés à ta gloire, ô Pharaon ! Qu'importent les travaux et les équations compliquées qui ont blanchi mes tempes ! Qu'importe si, avec la vie éteinte des chantiers impériaux, s'essore également l'existence de mon corps désespéré ! C'est ta gloire représentative de l'immortalité de nos dieux qui seule existe, et Cadmus est entre tes mains un esclave qui ne veut que périr...

Le Pharaon est-il ému par ce discours ? Il n'en laisse rien paraître. Déjà, d'une courbe de sa canne, il fait signe à Séthos, le constructeur, qu'il va consentir à l'écouter.

Séthos est plus jeune que Cadmus, plus ardent aussi. C'est le chef intrépide qui fut choisi pour diriger, d'une main qui n'a jamais failli, les grandes œuvres jaillies du cerveau de l'architecte et de ses disciples.

Séthos s'excuse, supplie qu'on pardonne son audace de s'attaquer à Jéhovah et Moïse sur lesquels il fait habilement retomber la lourde erreur qui pourrait coûter si cher à l'Égypte.

– Les dieux malfaisants sont contre nous, conclut-il, mais Amon-Râ sera le plus fort. Nous construirons des temples si hauts qu'ils s'en iront rejoindre la splendeur des étoiles. Un Pharaon en qui s'incarnent les vertus égyptiennes ne peut se laisser apeurer par Jéhovah. Il faut faire payer à l'imposteur ses discours maléfiques, ses prônes et ses lamentations égalitaires. Donc je demande le front à terre, ô grand Pharaon, d'être de l'expédition que tu vas commander pour ramener les infidèles !

Séthos s'est assis, tout tremblant de passion. L'Empereur demeure impassible. C'est alors Tarcâs, chef des armées, qui sollicite d'exposer l'état des fortifications de Thèbes et la nécessité des réfections depuis trop longtemps prévues :

– Nous sommes chaque jour menacés par une nouvelle déclaration de guerre des Assyriens et des Chaldéens. Leurs espions ne vont pas tarder à savoir que nos ouvrages défensifs ont besoin de réparations. Ne profiteront-ils pas de notre faiblesse momentanée ? Voulez-vous, ô Pharaon, que vos soldats remuent eux-mêmes la terre, portent les pierres et se substituent aux esclaves libérés ?

Tandis que Tarcâs se rassied, chacun scrute les traits de l'Empereur. Un terrible combat se livre, on le devine, dans l'âme du Pharaon. Un combat où les croyances millénaires de la vieille Égypte, où l'orgueil de la race, où la volonté de perpétuer un règne que le monde redoute et admire vont bientôt l'emporter sur la crainte née des étranges paroles de Moïse. Et s'il avait raison, l'homme aux yeux pâles ? Les Dix Commandements flamboient dans la mémoire d'Aménophis. Mais non ! Lui, le descendant des rois en qui s'irradie la puissance solaire, lui dont l'image marque le granit aux quatre horizons du royaume, va-t-il frissonner de peur devant un aventurier au visage brûlé de passion ?

Le Pharaon s'est dressé. De sa canne, il frappe le sol à petits coups nerveux et autoritaires. Il parle et c'est à peine si les conseillers – respectueux du silence obligé – peuvent contenir leur joie, leurs espérances, leur reconnaissance. Il parle et il a tout à fait oublié Jéhovah…

– Demain, à l'aube, une armée partira. Je la commanderai. Tarcâs ordonnera les préparatifs. Nous ramènerons les Israélites maudits, dussions-nous tous périr dans cette aventure où nos dieux nous conduisent.

Mais en laissant tomber ces mots, la voix du Pharaon s'altère. Quel pressentiment, oiseau aux ailes de soie sombre, vient de voler devant ses yeux ?

Chassant d'un geste brusque cette vision, Aménophis

s'apprête à lever le Conseil quand Tât demande subitement la parole, levant les bras au ciel puis se courbant devant l'Empereur.

– Que veux-tu ? s'enquiert le souverain avec bienveillance.

Tât est le premier hiéroglyphite de l'Égypte, Gardien des Livres et de la Double Chambre de Lumière, le plus savant, le plus habile aussi. Nul ne l'égale pour confier au papyrus, d'un stylet précis, les fastes impériaux. Aussi son influence est-elle considérable et jalousée, d'autant qu'il ambitionne de devenir riche et puissant pour mieux servir son art. À cette fin il va s'efforcer de tirer le meilleur parti d'une situation qu'il a parfaitement comprise : n'est-il pas comme le Pharaon, grâce à sa constante fréquentation des savants, des mages et des grammates, le plus instruit de tous ?

Ainsi explique-t-il, sachant que l'Empereur reviendra sur sa décision, qu'il a visité les artisans hébreux qui dans Memphis ouvrent l'or et l'argent, tissent l'étoffe, vendent la bière, taillent le bois, travaillent le cuir et le bronze, pratiquent encore mille métiers utiles et curieux. Il leur a parlé et les a décidés à retarder leur départ. Si les esclaves mystifiés – heureux à n'y point croire d'être délivrés – ont quitté la ville, au moins les artisans plus intelligents, avertis et prêchés par Tât, sont-ils demeurés. Ils n'ont pas cru au mirage. Déjà les ballots de marchandises et les paquets d'outils s'entassaient dans les chars lorsque Tât a parcouru les ruelles et les échoppes. Il a apaisé les Égyptiens qui rendaient les Hébreux responsables des Dix Commandements et de la révolution spirituelle qu'ils avaient créée. « Leur travail nous est utile », a répété Tât, et le peuple a cru en sa parole. « Vous demeurerez parmi nous et vous serez protégés par le Pharaon », a-t-il ajouté à l'adresse de ceux qui s'apprêtaient à suivre Moïse. « Peut-être celui-ci, dans sa magnanimité, fera-t-il de vous des citoyens de Memphis ? Restez et attendez les décisions du Maître. »

Les artisans ont donc regagné les ateliers et les boutiques. Même les belles prostituées juives de la cité, qui avaient préparé leur fuite, s'en sont retournées dans les tavernes et les maisons de danse.

Tât ne dit pas au Pharaon que ces filles ravissantes font la joie du plus humble au plus notable des Égyptiens, dans les quartiers spéciaux de Memphis, mais nul – même l'Empereur – ne l'ignore. Pareille débauche est tolérée parce que les Égyptiennes ne peuvent se prostituer sans violer leur foi, tandis que les esclaves israélites servent l'appétit charnel des hommes avec une science et un raffinement fort prisés, d'autant que leurs corps harmonieux sont les plus beaux du monde.

Si Tât est resté discret sur ce chapitre, en revanche il insiste sur le fait que Cadmus pourra continuer son œuvre : en attendant le retour de l'expédition pharaonique, les artisans d'Israël vont faire revivre les chantiers.

Aménophis ne cache pas sa satisfaction :

– Quelle grâce demandes-tu pour ton habile intervention ? lance-t-il à son zélé hiéroglyphite.

– Devenir gouverneur de la plus petite de tes provinces, ô Soleil, serait le vœu de ton serviteur.

– Il sera exaucé demain. Mais encore ?

– Voir accorder aux Hébreux demeurés à Memphis le privilège de se dire citoyens égyptiens pour prix de leur fidélité.

– Soit...

Le Pharaon s'interroge : de nouveau, l'oiseau noir a volé devant ses yeux.

LA VENGEANCE DE MEMPHIS

Comme au cours d'une chasse,
des Égyptiens se criaient le nombre des Juifs
qu'ils avaient massacrés...

LE JOUR ENTIER SE PASSA DANS LA HÂTE DES PRÉPARATIFS militaires. Les casernements s'étaient transformés en ruches. Les soldats avaient reçu leurs ordres avec plaisir. Encore que valeureux et disciplinés, ils savaient qu'ils ne devraient point se battre pour ramener à Memphis ces fanatiques sans armes.

Le lendemain à l'aube, les Égyptiens, boucliers scintillant au soleil, escortaient les six cents chars de guerre du Pharaon. Lâchés comme une meute à la poursuite du peuple d'Israël, ils s'élançaient joyeusement entre le Nil et la mer des Algues, suivant les routes d'ocre comme un serpent agile, multicolore, caparaçonné d'or et de lumière.

Quinze longs jours s'écoulèrent.

Les artisans hébreux ayant été recrutés par Cadmus, les chantiers avaient recouvré une certaine animation. Les lourdes pierres équarries et polies, hissées à bout de câbles, montaient à l'assaut de la pyramide. Les sculpteurs s'apprêtaient à tracer sur les blocs les écritures sacrées, à grands coups de maillet. Si les Hébreux enfuis revenaient bientôt, l'architecte pourrait, avec leur aide, débarquer les chargements de pierres qui se balançaient encore sur le Nil et, dans quarante jours, le tombeau sacré serait achevé.

Mais, dans l'après-midi, un groupe de cavaliers galopant ventre à terre fut aperçu du haut des remparts. Ils pénétrèrent – nuage vivant – dans la ville aussitôt que la garde eut reconnu en eux des soldats de l'armée expéditionnaire. Leurs chevaux dépouillés du harnachement guerrier étaient fourbus, bons à abattre. Les cavaliers eux-mêmes étaient épuisés. Leurs visages exprimaient l'horreur. Ils demandèrent de nouvelles montures puis se ruèrent vers le palais impérial. Quelques instants plus tard, de toutes parts des estafettes en sortaient pour parcourir Memphis. Les troupes demeurées dans la cité affluèrent aux remparts et la ville se trouva instantanément en état de siège.

Dans la salle octogone du palais, fou d'orgueil et de peur, le futur pharaon Sésostris, successeur de son oncle redouté, voyait déjà les têtes se courber respectueusement devant sa majesté en puissance.

*

* *

Sésostris était un homme de vingt ans, fort mais superstitieux. Le désir de régner ne l'avait jamais possédé. Il regarda les soldats qui, le front collé aux dalles, venaient de lui annoncer la mort de l'Empereur, la perte d'une partie de l'armée et la victoire de Jéhovah acquise par un miracle qui le laissait rêveur. Ne mentaient-ils pas ? Non, non ! Les voilà qui décrivaient les troupes d'Aménophis III acculant les Hébreux dos à la mer ; le refus des Juifs de se rendre ; leur angoisse, leur terreur ; puis soudain leurs prières étranges à Jéhovah, si ferventes qu'elles semblaient vraiment rejoindre le ciel, et la sérénité étonnante de Moïse précipitant dans l'eau son bâton ; les flots s'ouvrant comme deux murailles énormes, livrant passage aux Juifs ; la folle colère du Pharaon lançant son char d'or sur leurs traces, suivi par l'armée. Mais le linceul glauque de la mer avait brusquement englouti cette intrépidité sous un mugissant couvercle d'eau…

Horreur ! Les guerriers rapportaient des preuves de cette catastrophe. Les rares survivants de l'infanterie seraient là demain pour témoigner du désastre.

Sésostris tourna les yeux vers le Conseil des seigneurs et des dignitaires, groupés en hâte, qui sollicitaient déjà un ordre. Subitement affolé, éperdu, il les chassa tous. Ils s'éclipsèrent dans un grand mouvement de robes froissées.

Le nouveau Pharaon avait peur. Il se précipita sur une haute terrasse fleurie qui, du palais, regarde en contrebas Memphis travailler au prestige de l'Empire. Scrutant la ville d'un air tourmenté, il vit la sinistre nouvelle se propager de maison en maison, de rue en rue, de quartier en quartier, bien plus vite que le vent. Aux carrefours, des cavaliers se dressaient sur leur monture et, aussi fort qu'ils le pouvaient, hurlaient à la foule le désastre qui l'accablait. Partout des gens couraient, se heurtaient, pressés de rentrer chez eux pour partager avec leur famille une douleur qui les confondait de rage et les soulevait de honte.

Car l'armée égyptienne, répétait-on, ne venait point de perdre dix milliers de ses valeureux soldats dans une de ces nobles batailles où les chances sont égales et où la bravoure des uns finit par épuiser puis vaincre le courage des autres. Là, c'étaient Moïse l'aventurier, Jéhovah le sorcier et les Hébreux félons qui avaient ourdi un miracle inouï : des milliers d'Égyptiens morts sans combattre. Voilà ce que clamaient par les rues les meneurs, les fomenteurs de révolte, ceux-là qui, chaque fois que les hommes s'unissent et communient dans la joie des fêtes rituelles ou la tristesse des événements douloureux, éprouvent le besoin de se hisser sur une pierre pour haranguer le peuple, l'exciter, l'emporter.

Sur la grand-place, face au palais, un des orateurs surgis de la foule anonyme était particulièrement entouré : c'était Kâmos. Un homme d'une trentaine d'années, vêtu avec simplicité, mais dont le visage semblait baigné d'un halo mystique. Au paroxysme de la fureur, il subjuguait la foule, réclamant des sanctions. Sa voix était souvent couverte par le flot des malédictions et des murmures d'où fusaient les pleurs aigus des veuves et des mères anéanties.

– Par Osiris ! criait Kâmos. Vengeons nos morts, nos beaux morts, nos grands morts, nos glorieux morts ! Les bêtes hurlantes ont défait, noyé, tué nos pères, nos frères, nos maris, nos fils, nos fiancés ! Vengeance ! Et que le soleil s'obscurcisse, que le ciel s'endeuille à jamais, que les eaux du fleuve se tarissent si le dernier Hébreu de la race exécrée souille encore, demain, le sol de l'Égypte ! Vengeance !

La harangue, venimeuse comme une langue de serpent et brûlante comme une flamme, fut le signal de l'émeute.

Vengeance !

Au dernier mot de Kâmos, comme si des mains mystérieuses eussent obéi à des ordres rapides et invisibles, des torches furent allumées et brandies au bout de centaines de poings fiévreux, formant mille papillons de feu au-dessus de la vague humaine. Déjà les Égyptiens couraient vers le quartier des Juifs, s'engouffraient dans leurs maisons et leurs échoppes pour en extraire les meubles, les habits, les marchandises précieuses et les outils que le peuple grisé d'ardeur destructrice brisait, déchirait, foulait aux pieds et brûlait.

Les Juifs imploraient, tentaient de s'expliquer ou de s'enfuir. Mais ils furent livrés aux instincts animaux de toute une population. Le premier sang qui gicla d'une poitrine défoncée monta aux cerveaux comme les volutes néfastes d'un alcool.

Les bêtes fauves ne se maîtrisaient plus, se renvoyant les Juifs bras à bras. Ici Kossuth, l'orfèvre, fut écartelé. Des Égyptiens plongeaient les mains dans son sang avec des cris féroces. Ses enfants, découverts dans un hangar, furent jetés à mille doigts griffus puis au bûcher le plus proche.

Là, le tailleur Aïchar fut décapité. La tête détachée, atroce, blanche et sanguinolente à la fois, fut piquée sur une lance.

La femme de Sachem, le marchand de zythum, était enceinte. On ouvrit son ventre pour livrer le fœtus aux chiens affamés.

Parfois des chars fendaient la foule. À leur moyeu

étaient encordés des Juifs qu'ils traînaient sur les pierres au galop de tempête de leurs coursiers.

Partout les mêmes scènes se reproduisaient. Comme au cours d'une chasse, des Égyptiens se criaient le nombre de Juifs qu'ils avaient massacrés. Ils se faisaient des trophées de mains sanglantes.

Dans le quartier des prostituées, ces malheureuses n'étaient pas plus épargnées. Leurs amants qui, hier encore, couvraient leurs corps parfumés de baisers, accouraient pour les violer puis les tailler en lambeaux. Des scènes de stupre inimaginables préludaient aux tueries. Les assassins se mirent à boire. La bière et l'hydromel coulaient comme le sang.

Les femmes égyptiennes n'étaient pas moins acharnées que les hommes. Armées de longues aiguilles, elles crevaient des yeux, arrachaient des oreilles, coupaient des sexes. Impitoyables, elles se vengeaient des infidélités de leurs époux qui, eux, se faisaient des colliers d'entrailles encore palpitantes.

Soudain, un cri d'alarme immobilisa la foule au zénith de sa folie meurtrière. Là-bas, vers les quartiers du sud, des flammes léchaient la voûte du ciel clouté d'or. La ville semblait désormais couverte d'un voile pourpre.

– Il pleut du sang ! s'exclama un Égyptien en transes.

– Non, c'est Memphis qui flambe ! lui répondit un autre.

– Sauve qui peut ! s'écria un troisième. Protégeons nos maisons !

Au même instant la cavalerie chargea, balayant les rues du poitrail de ses chevaux pour arrêter le massacre.

– Arrêtez, arrêtez ! hurlait un officier. Par ordre du Conseil impérial !

Sur la terrasse fleurie qui surplombe Memphis, des hommes anxieux et solennels contemplaient un océan de feu et de sang. Car déjà l'incendie se propageait. La chaleur était devenue épaisse comme la poix. Les brasiers grandissaient comme des monuments. L'odeur des chairs brûlées se mêlait à celle, âcre, des bois et des étoffes consumés.

Les sujets du Pharaon ne songeaient plus qu'à sauver leur cité rougeoyante comme une forge. Dans la nuit carminée, des milliers d'hommes s'agitaient, luttaient contre les flammes avec la frénésie du désespoir. Et ils croyaient que Dieu les poursuivait encore.

ILS PÉRIRONT PAR L'EAU

Le peuple d'Israël connut avec béatitude
l'infinie bonté de Dieu qui créa sur sa route
ces colonnes de sable pour l'arracher à la mort…

LE MATIN SE LÈVE SUR UN JOUR EXASPÉRÉ. TOUTE LA nuit, les Juifs terrorisés ont tenté de s'évader. Ils n'ignoraient pas que, très tard, le Conseil impérial – assisté du premier juge et du grand prêtre – avait statué sur leur sort. Mais aux portes de Memphis, ils s'étaient heurtés à une garde d'acier. Ceux qui avaient essayé d'escalader les remparts s'étaient trouvés précipités dans le vide, du haut des poternes. Les reins brisés, on les avait laissés mourir dans les fossés.

La ville est encerclée de cris de douleur, et la nuit commencée dans un assourdissant carnage s'est achevée dans les râles d'une lancinante agonie.

Hors les murs, au milieu de la plaine où, en temps de paix, les habitants heureux se réunissent pour organiser des jeux, un soleil pâle bigarre un bouquet d'hommes et de femmes aux chairs meurtries. Et de cette masse, les hurlements de terreur mêlés aux prières jaillissent comme des jets mystiques.

Tout autour, l'étendue est grouillante d'Égyptiens venus assister au jugement du peuple d'Israël.

Dominant l'espace, s'élève la haute tribune impériale empourprée. De bonne heure, dans l'aube laiteuse, les Hébreux ont été amenés par des soldats et parqués en grappes compactes que resserrent sans cesse les lances de leurs gardiens.

Au palais du Pharaon, le grand prêtre a finalement imposé sa sentence. Atteint dans son orgueil fanatique, il s'est fait implacable. Les rescapés des colonnes conduites par Aménophis n'en attendaient pas moins. Pour eux, leurs frères d'armes ont été attirés dans une lâche embuscade et doivent être vengés comme il convient de venger l'Empereur et l'affront fait à toute l'Égypte. Un châtiment bref et radical est d'ailleurs le seul moyen d'apaiser la population.

Aussi est-ce le visage grave que les dignitaires de la cour impériale, auxquels la garde a frayé un chemin parmi le flot houleux des Égyptiens et la tourbe des Hébreux atterrés, gravissent l'estrade du tribunal. Ils se regroupent autour du trône demeuré vide en signe de deuil.

Une immense acclamation les accueille dans le faste de leur appareil justicier, déferle sur la plaine comme le mugissement de la mer et se mue en imprécations haineuses à l'adresse des Juifs. Les trompettes imposent le silence puis le héraut impérial s'avance, magnifique :

– Peuple d'Égypte, l'enquête démontre que ces esclaves hébreux, race détestable, sont cause de la noyade de notre illustre Pharaon et de toute son armée. Les coupables méritant un châtiment exemplaire, le tribunal suprême propose un jugement que la volonté populaire devra sanctionner…

Le premier juge s'avance et lit alors ce jugement :

– Vous, les misérables esclaves sur lesquels retombe la responsabilité de l'anéantissement de notre roi bien-aimé, de tant de nobles, d'officiers et de soldats qui l'accompagnaient, vous êtes condamnés à périr noyés de même que l'armée pharaonique, dans les mêmes eaux. Vos biens seront confisqués au profit du peuple !

Le temps que cette sentence soit répétée à la foule massée aux quatre coins du camp et une clameur d'approbation retentit.

*

* *

À peine la cour impériale s'était-elle retirée au palais que le peuple voulut se jeter sur les Hébreux que la garde avait formés en colonnes afin de les conduire, à travers le désert, jusqu'à Piha Hirot, au bord de la mer des Algues, là où Aménophis et sa troupe avaient été emportés par les eaux. Les soldats eurent grand mal à protéger les Juifs.

Ces derniers avaient accueilli l'énoncé de la sentence avec calme. Ils savaient la révolte inutile, mais caressaient encore l'espoir d'être sauvés par ces mêmes flots miraculeux qui avaient épargné leurs frères en exil.

De la plaine des jeux, leur longue caravane souffrante se dirigea vers Memphis qu'elle parcourut en méandres capricieux. Dans les quartiers riches, des esclaves versèrent sur eux de l'huile bouillante. Dans les quartiers populaires, dont les maisons paraissent des cubes de briques ocrées, chaque porte figurait un nouveau supplice. Puis il leur fallut passer par leurs propres quartiers dévastés la veille et se désespérer de n'y plus voir le moindre signe de vie.

Aux portes de la ville, la population n'accompagna plus les Hébreux. Elle les laissa aller vers la mort dans le désert terrible, lourd comme leur vengeance. À longues marches forcées, la colonne geignante abandonnait sous elle des hommes et des femmes épuisés, anéantis, vidés de sang et de nerfs, que la foi n'animait plus. Ils préféraient se laisser mourir dans le sable brûlant, tel un linceul de feu, plutôt que de courir, assoiffés et affamés, pour être menés à la noyade.

Les survivants, ceux que ne quittait pas l'espérance insensée en Jéhovah, marchaient les pieds rôtis et les yeux vides. Souvent, au milieu d'eux, un chant fusait soudain et se transformait irrésistiblement en chœur, tragique mélopée dans l'immensité torride. Le peuple d'Israël décevait ses bourreaux.

Les soldats avaient d'ailleurs renoué leurs boucliers d'or. À quoi bon tuer encore ? Eux aussi étaient las, sous l'astre dardant qui stérilise les courages et lamine les plus solides déterminations. Et puis tant d'Hébreux mouraient d'eux-mêmes… Leurs corps pourrissants serviraient de piste à l'armée, au retour !

Mais bien que n'ayant point perdu de proche dans la poursuite de Moïse, le chef Seti, chargé par le tribunal d'exécuter la sentence, nourrissait une intransigeance et une ambition démesurées. Devenir le chef suprême des forces impériales, tel était le stimulant qui lui faisait ajouter marche forcée sur marche forcée, sans repos ni répit jusqu'à la mer.

Lorsque les cavaliers lancés en avant-garde aperçurent les flots parfaitement immobiles et sereins, ils ne purent résister à l'envie de s'y baigner. Leur poitrine asséchée se gonfla éperdument de toute l'étendue vertigineuse de l'eau. Puis, tout ruisselants, ils remontèrent à cheval et partirent au galop pour encourager la caravane. Elle fléchissait déjà, s'allongeait, élastique et saignante, dans l'or vaporeux du désert. Apprenant la proximité du rivage, les soldats poussèrent des cris de joie.

Pour les Hébreux arrivés aux limites de la mort, le martyre recommençait. Impatient d'en finir, Seti les rassembla sur la plage, autour d'un simulacre de tribunal, et leur relut la tragique sentence. Le peuple élu se mit à prier, demandant à Jéhovah s'il allait une seconde fois le sauver.

La troupe brandit ses lances aiguës et ses sabres plats.

Mais quand les soldats voulurent pousser les Juifs à l'eau et les noyer, ils s'aperçurent qu'ils devaient eux aussi s'immerger. Or ils étaient embarrassés de leurs armes et ne savaient pas nager. Certains parvinrent à couler quelques vieillards et adolescents, mais la plupart des Hébreux se mettaient hors d'atteinte ou s'éparpillaient tout au long du rivage.

Après avoir ordonné que les Hébreux fussent à nouveau rassemblés sur la plage, Seti tint conseil avec ses officiers. Ils discutèrent longtemps : leurs hommes harassés menaçaient de se mutiner et de retourner à Memphis si les esclaves n'étaient pas exécutés immédiatement.

Seti hésitait à assassiner les Juifs. On lui avait donné ordre de les noyer, il devait les noyer : cela revêtait pour lui un caractère quasi religieux. Ce fut alors que l'un de ses officiers, qui avait séjourné dans la contrée, lui signala fort opportunément qu'un rocher énorme, vertigineux, surplombait la mer à trois journées de marche du camp. L'endroit appartenait déjà à la légende : appelé « rocher de la vengeance », on l'ornait de périls invisibles aux plus braves. Aussi, lorsque les Israélites apprirent qu'ils allaient être précipités du haut de ce promontoire, le découragement s'empara de beaucoup d'entre eux tandis que certains virent dans cette exécution différée une nouvelle manifestation de la sollicitude divine.

La nuit se passa à calmer la soldatesque indisciplinée. Puis, aux premières clartés du matin, la caravane s'ébranla dans la direction supposée du rocher.

La marche dura trois longues journées. Les estafettes lancées ventre à terre le long de la côte n'avaient rien découvert. Les Juifs psalmodiaient toujours leurs cantiques. À chaque heure, chaque minute, s'amplifiait leur foi fervente. L'un d'eux, Isaac, s'était improvisé berger de leur troupeau misérable. « Jéhovah qui a sauvé vos frères vous sauvera », déclarait-il. Et il était comme un apôtre baigné d'énergie céleste. Ainsi soulevés et transportés par cette ardeur magnétique, les Hébreux poursuivaient leur route, les lances égyptiennes dans les reins.

De plus en plus fatigués, tous allaient au-devant d'un mirage. Car il était là, le rocher, devant eux. De sa colossale hauteur il formait une presqu'île que les flots attaquaient en vain depuis des siècles. Mais Jéhovah était avec les Juifs : le roc immense, les soldats égyptiens ne l'aperçurent jamais. Ainsi passèrent-ils, les suppliciés comme leurs bourreaux, sans même deviner sa masse énorme qu'une tempête de sable dissimulait à leurs yeux en soulevant un épais et tourbillonnant nuage de poussière.

Le peuple d'Israël connut avec béatitude l'infinie bonté de Dieu qui créa sur sa route ces colonnes de sable pour l'arracher à la mort…

*

* *

Au bout de six jours l'eau manqua et la révolte éclata au sein de l'armée. Les chefs affolés érigèrent alors un nouveau tribunal, lequel décida que, faute de pouvoir noyer les Hébreux, il fallait les faire périr en les abandonnant dans le désert.

Livrés à eux-mêmes, les Juifs allumèrent de grands feux propitiatoires et promirent à Dieu des holocaustes lorsqu'ils posséderaient des animaux à lui consacrer [1]. Le lendemain du départ de leurs tortionnaires, un jeune Israélite qui s'était porté au-devant de son peuple découvrit une source dans le désert. Sauvés, les Hébreux entonnèrent le cantique de grâce. Isaac exultait en sa foi et les convia à marcher et marcher encore vers l'inconnu, puisqu'ils ne

1. En commémoration du « jour du miracle », les Falachas allument aujourd'hui encore des feux en holocaustes, mais sans sacrifier d'animaux.

pouvaient rejoindre leurs frères guidés par Moïse et dont la mer les séparait.

Celui qui avait été le scribe d'un gros négociant égyptien adjura tout un chacun d'écouter ce conseil, rapportant qu'en amont du Nil se déroulaient les tapis fertiles d'un pays merveilleux où ils pourraient camper et se livrer, en toute indépendance, à l'agriculture.

Les Juifs convaincus partirent donc vers le sud. Et Isaac, en donnant le signal du départ, déclara que des colonnes de sable seraient, à partir de ce temps, jetées devant les pas des grands prêtres lors de chaque cérémonie religieuse. Tous se mirent en chemin, les forts portant les faibles, chantant et priant.

Quant aux Égyptiens, rentrés à Memphis ils déclarèrent que quantité d'Hébreux avaient été noyés tandis que d'autres s'étaient enfuis dans le désert où ils étaient morts de soif, à moins qu'ils n'eussent été dévorés par les fauves.

DANS L'OUBLI DE LEUR DIEU

Il partit une nuit du plateau de Symiène,
poursuivant une étoile invisible et qui,
pourtant, brûlait devant ses yeux…

LES JUIFS ARRIVÈRENT DONC AU PLATEAU DE Symiène, lequel est élevé de trois mille mètres au-dessus de la mer et situé à cent quatre-vingts kilomètres de la mer Rouge, au nord du pays des Gallas ; à l'ouest s'étend la Nubie, au nord le désert, à l'est les Assaimaras vivent dans les plaines.

Ce plateau étant couvert d'une végétation luxuriante,

les Israélites émerveillés décidèrent de s'y installer. Certains partirent reconnaître les alentours : ayant dissimulé quelques ressources d'or et d'argent dans les coutures de leurs vêtements, ils purent revenir avec du bétail et des céréales que les peuplades locales leur vendirent avec joie. Les Juifs firent donc de l'élevage et de la culture. C'était une tribu active qui aimait le travail autant que la vie et se livrait corps et âme à tout ce qu'elle entreprenait.

Jamais les Juifs n'avaient été si heureux. Ils chantaient en travaillant les bijoux d'or et d'argent, art difficile où ils excellaient. Ils chantaient aussi en labourant les champs, en les ensemençant, en récoltant les moissons abondantes comme des chevelures d'or, et ils chantaient encore en bâtissant des maisons. Leurs enfants étaient forts et beaux. Et dans cette sérénité, ignorés du monde, ils oublièrent peu à peu Jéhovah.

Il ne leur fallut guère plus de trois siècles pour cela. Certes, les vieillards racontaient encore le rouge souvenir de la nuit de Memphis, le martyre de l'exode à travers le désert. Mais si la légende s'était au fil du temps saisie de l'histoire que les générations, pieusement, se transmettaient comme une lueur vacillante, bientôt elle ne fut plus assez puissante pour perpétuer l'auréole de Jéhovah.

Pourtant leurs rites demeuraient ceux des Juifs, même s'ils étaient convenus de continuer – pour chaque réjouissance comme pour chaque deuil – à jeter en l'air des flots de sable. Ce geste symbolique commémorait le miracle du rocher de la vengeance, auquel les Hébreux devaient leur salut.

Or, un jour, ils furent terrorisés par le dragon. Sa gueule énorme et constamment ouverte projetait des flammes. Elle répandait une odeur pestilentielle et laissait entendre de longs sifflements. Dans cette créature apocalyptique et superbe, les Juifs crurent reconnaître leur Dieu. Ils l'idolâtrèrent.

À chaque sabbat, cérémonieusement, ils vinrent,

entourés des rabbins, offrir un bouc à sa voracité. Alors les Hébreux se jetaient au sol, puis le monstrueux serpent, repu, se résorbait dans le roc qui lui servait de niche. Le peuple faisait entendre son admiration à travers des prières. Les fidèles touchaient la terre de la main droite et saluaient de la main gauche leur terrible divinité. Car ils avaient désormais un Dieu vivant et Jéhovah, l'impalpable, sur son trône de nuages, était bien mort.

*
* *

Avec les siècles, l'organisation était née sur le plateau de Symiène. Les habitants, suivant les rites, avaient fondé douze tribus. Ils eurent leurs lévites et leurs rabbins. Mais ils ne voulurent ni armes, car ils étaient paisibles, ni roi, car ils étaient heureux. N'étaient-ils point, d'ailleurs, perchés sur un nid d'aigle presque inaccessible aux tribus voisines ? De celles-ci, ils ne savaient que ce qu'en rapportaient les voyageurs, ces commerçants intrépides et perspicaces qui venaient leur acheter des bijoux. Dans ces merveilles d'orfèvrerie, ils transposaient l'âme profondément artiste et la minutie qu'ils tenaient de leurs ancêtres comme une qualité essentielle.

De tous les orfèvres, celui que couraient le plus souvent les négociants – lesquels revendaient ensuite son art aux rois, aux princes, aux enrichis et aux courtisanes du monde entier –, c'était Anguebo. Tous les courtiers passant par la tribu de Juda, qui occupait le village d'Axoum, lui rendaient visite et échangeaient, contre des chaînes ciselées par lui, des poteries, des étoffes richement et curieusement multicolores, des parfums qui font rêver.

Avec le succès, l'ambition vint à Anguebo. Il se sentait attiré par ces voyageurs qui, en racontant des histoires de chez eux, décrivaient une vie plus fiévreuse, plus trépidante et surtout plus fastueuse que celle des Symiénois. Il accompagna dans les autres villages les marchands qui allaient acheter du bois et du bétail. Il écoutait leurs exploits. Tout un monde d'aventures !

Souvent, penché sur son établi, Anguebo accrochait sa pensée à l'un de ces nuages floconneux roulant dans le ciel. Il le suivait de ville en ville, de pays en pays, là où l'on connaît des monarques splendides, des palais, des tavernes et des femmes que l'on achète quand on est riche. Riche et puissant : Anguebo serait riche et puissant.

Il partit une nuit du plateau de Symiène, poursuivant une étoile invisible et qui, pourtant, brûlait devant ses yeux.

ANGUEBO RENCONTRE RUTH ET AZARIA

Elle lui expliqua qu'il n'existe point de dragon
qui puisse être comparé à un Dieu
comme celui de tous les Juifs...

Il partit avec l'un de ces marchands égyptiens qui ont tout vu, ayant voyagé depuis l'enfance. Aucun royaume ne leur est inaccessible : ils sont suivis d'une nombreuse caravane et protégés par une légion de serviteurs harnachés d'armes.

Anguebo s'en était allé béni par sa famille horrifiée. Quel voyage ! Il fallait descendre le plateau jusqu'au bassin du Nil. Ici, un voilier les accueillait. Douceurs... et surprises, car il y avait les Nubiens énormes, redoutables, sombres comme l'ébène, qui sont des pirates virtuoses sur les fleuves. Longues journées, puis les cataractes. Transport des marchandises à dos de chameau jusqu'à un autre voilier, lequel attend au bas de la cascade vociférante et tumultueuse qui transforme l'eau en flocons d'ouate. Enfin Thèbes, but du voyage. Le port. Les grandes rues, animées d'une foule bruyante, sillonnées de chars rapides comme des flèches. Les voies commerçantes où des marchands prodigieux comme des magiciens étalent les poteries, les bijoux, les draperies, les cuirs travaillés et teints.

Anguebo était ivre de joie. Il avait laissé derrière lui son compagnon se débattre avec les trafiquants pour liquider sa marchandise avant que ne la contrôlent les scribes qui perçoivent un impôt sur toutes les marchandises déchargées à quai.

Peu de temps après, le négociant rejoignit Anguebo chez un de ses amis qui fournissait en joyaux précieux les pharaons et les princesses. Anguebo fut installé avec quatre orfèvres égyptiens dans une petite maison bâtie à même la cour de l'atelier du maître.

L'exilé s'émerveillait de tout. Son cerveau était tumultueux de projets. D'avoir vu Thèbes dans sa gloire et entr'aperçu des richesses, un faste, des élégances et des raffinements insoupçonnés, ses envies bondissaient comme des cavales. Déjà il songeait à quitter son protecteur, à s'installer à son tour, à faire n'importe quel métier afin d'amasser de l'or et de l'argent pour vivre, vivre, vivre !

Car Anguebo assimilait avec une rapidité prodigieuse tout ce qu'il voyait, tout ce qu'il entendait. Il avait en peu de temps appris à parler l'égyptien. Son intelligence s'était assouplie, affinée au contact de ces prêtres qui savent écrire, dessiner, lire dans le ciel et qui connaissent le pourquoi du monde. Il fallait, maintenant, que cette intelligence débridée trouve un chemin pour y galoper librement.

Aussi bien les instincts d'Anguebo se réveillaient-ils depuis son arrivée à Thèbes. Le Symiénois s'y sentait baigné de délices. Des désirs imprécis naissaient en lui, qu'il ne cherchait pas à combattre. Ses compagnons, en travaillant, tissaient des aventures merveilleuses ornées des courtisanes qui les avaient aimés.

Dès lors, ses camarades n'eurent point de peine à entraîner Anguebo dans les tavernes, les maisons de jeux, les salles de concert où tous les musiciens parcourant les routes du monde se font entendre, où des danseuses dévêtues tracent des broderies de leurs évolutions.

C'étaient de préférence les maisons de jeux que les orfèvres fréquentaient pour miser leurs gains considérables. Ici on pariait sur le gagnant d'un couple de coqs qui se ruaient l'un sur l'autre – les éperons armés de dards de bronze – jusqu'à la mort. Là, c'étaient des chiens ou des léopards qui se livraient bataille. Le survivant, toujours râlant, était déclaré vainqueur. Des hourras éclataient dans la foule et le tenancier, stoïque, payait la chance du joueur heureux. Ailleurs, c'étaient des boucs qui se battaient atrocement.

Quand, par hasard, les orfèvres avaient gagné quelques écus à ces paris barbares, ils allaient les boire dans les tavernes où l'on débite l'hydromel et la bière avec des outres et des jarres énormes. Très tard, la nuit, des filles lascives s'exhibaient sur les rythmes de leur pays.

Anguebo fut attiré par une maison de danse, la plus luxueuse de toutes. Le tenancier, un vieil Égyptien usé de voyages et de vices, avait institué à la grande joie des marchands enrichis, bourgeois ivres, étrangers de passage à Thèbes et marins brûlés de stupre, des scènes de danses spéciales par lesquelles il exploitait la fièvre du jeu qui animait sa clientèle. Quand Anguebo pénétra là, il vit bondir à tour de rôle, sur une haute et étroite scène couverte de somptueuses étoffes, les trois plus belles danseuses de Thèbes. L'une était une esclave grecque affranchie, au teint pâle et au long corps mince. La seconde était une Nubienne remarquablement sculptée. La troisième ressemblait étrangement aux femmes du peuple d'Anguebo : sa peau était bistre et mate, ses yeux noirs, et sa bouche charnue avait un tracé si voluptueux ! Elle était nue elle aussi, et Anguebo, mû par un étrange instinct, l'appela.

Il lui dit qu'il voulait la posséder, mais elle lui exposa que cela ne se pouvait car elle constituait l'un des enjeux de chair pour la loterie qu'organisait chaque soir son maître. Ce dernier expliqua ensuite à Anguebo que les buveurs étaient invités à parier sur la meilleure danseuse. Pour tenter sa chance sur cette femme, Anguebo marqua donc une fiche de papyrus de son numéro, puis il jeta cette fiche dans un sac placé devant elle. Son regard, rencontrant celui de la belle danseuse, était plein d'espoir.

– Tout à l'heure, l'avertit-elle, on comptera les fiches contenues dans chaque sac. Si j'ai le bonheur d'avoir le plus grand nombre de fiches, je serai la gagnante et je pourrai alors prélever le dixième des sommes pariées sur moi.

– Et les parieurs ? questionna Anguebo.

– Seront gagnants ceux qui auront parié sur moi et porté mon numéro sur la souche de leur fiche de jeu.

– Que gagneront-ils ?

– Ils se partageront, selon le nombre de souches qu'ils possèdent, la valeur en argent du contenu des trois sacs.

– Certes, insista Anguebo, mais les perdants ?

– Le maître leur offre une compensation, fit en riant la danseuse enjouée. Ils pourront jeter leur souche dans le sac appartenant à celle qu'ils préfèrent, laquelle y aura introduit une fiche blanche. Les parieurs malheureux retireront ensuite, tour à tour, une souche de chacun des sacs. Celui qui aura la souche blanche aura gagné.

– Et si je retire la souche blanche de ton sac, ô femme ?

– Je serai à toi, naïf étranger, et tu auras le droit de

m'aimer autant que tu le voudras, conclut la jolie fille en s'éloignant.

Elle avait parlé avec les intonations nuancées d'une voix douce comme de l'eau, intonations qui n'étaient pas étrangères à de confus souvenirs d'Anguebo. Cette femme le passionnait, moralement et sensuellement. Elle paraissait intelligente, s'exprimant bien, et déracinée, tout du moins dans ce lieu obscène. Quant à son corps, Anguebo ne pouvait se défaire de l'admirer avec ferveur.

Les brutes qui l'entouraient semblaient insensibles à cette beauté mouvante comme un morceau de soleil. Lorsqu'elle dansait, tous ses membres participaient à sa danse nostalgique et enfiévrée. Ses bras traçaient des serpents de lumière. Son ventre, lisse et poli comme l'ambre, luisait telle une lune. La flexibilité de ses reins le disputait à celle des roseaux du Nil. Ses seins étaient des fruits de convoitise et ses jambes avaient plus de grâce qu'une musique de cithare.

Anguebo joua pour la posséder et tricha. Il tricha pour perdre, et il tricha pour gagner. Seul le tenancier au sourire énigmatique avait vu. Il demeura impassible. Il savait qu'il importait peu aux autres parieurs qu'ils emportassent dans leur étreinte la noire Nubienne ou la Grecque pâle et frêle. Ce qu'ils voulaient uniquement, c'était une femme : il fallait avoir l'âme chargée de poésie comme Anguebo pour s'éprendre d'une danseuse de taverne.

C'est ce que le tenancier tâcha de lui faire comprendre en tendant une main qui pouvait s'interpréter à la fois comme une invite et une menace. Anguebo comprit le chantage. Achetant le tenancier, il achetait la femme.

*
*   *

Elle l'entraîna dans sa chambre puis chut dans ses bras. Sentant ses seins s'écraser sur sa poitrine, Anguebo crut défaillir. En la possédant, il aperçut dans ses yeux tout le ciel de Symiène.

Pour la première fois, il aima le corps d'une courtisane égyptienne et eut le regret de son pays. Mais il ne devait pas tarder à savoir pourquoi il s'était senti attiré vers cette énigmatique danseuse, car peu après les douceurs et les frénésies d'une étreinte où il connut des raffinements insoupçonnés, Anguebo apprit que sa maîtresse était juive.

– Je ne suis pas d'ici, lui confessa-t-elle, et je ne m'appelle pas autrement que Ruth. Je suis israélite. Mes parents et mes arrière-parents ont toujours vécu à Jérusalem. Ma mère était une courtisane à Joppé, le port qui se trouve à une journée de marche de ma ville natale, et elle y a rencontré mon père. Elle réussit à se faire aimer pendant des années de ce riche négociant précieux et raffiné qui nous transporta un jour, sur son voilier, jusqu'à Thèbes. Là il nous abandonna. Ma mère, maîtresse autrefois fleurie et parfumée, en mourut. À l'âge de quinze ans les servantes me vendirent à ce cabaretier qui partageait ma passion pour la musique et pour la danse au point d'en faire profiter ses clients…

– Tu es juive ? Il y en a donc par ici ? s'étonna Anguebo.

– Beaucoup, fit-elle sombrement, mais ils vivent entre eux. Si tu aimes ceux de ta race et n'as pas renié ta religion, je te les présenterai, mon cher amant.

Sa religion ? Pour Anguebo c'était le culte du dragon monstrueux. Il l'exposa à Ruth qui se prit à rire, alors il eut de grands cris de colère et elle dut l'apaiser avec de savantes caresses. Elle lui expliqua qu'il n'existe point de dragon qui puisse être comparé à un Dieu comme celui de tous les Juifs. Son amant l'écouta et, bien qu'ébranlé dans sa foi, s'assoupit sur ses seins doux comme des pétales de rose.

Décidément Ruth se plaisait à pareil client, si rare dans sa vie de débauche, à cause de sa naïveté et de ses enthousiasmes. Aussi, dès le lendemain elle le présenta à Azaria, lequel était rabbin et possédait autant de cœur que de science.

N'AVOIR QU'UNE MÊME PENSÉE

Pourquoi n'y aurait-il pas un homme semblable, à Symiène, pour devenir le berger conducteur du grand peuple israélite ?

QUATORZE ANNÉES PLUS TARD, UN BEAU MATIN, UN homme se joignit à une importante caravane de marchands qui s'embarquait pour remonter le Nil : Anguebo retournait à Symiène. C'était maintenant un homme fait, son prestige s'était amplifié – comme son intelligence – et son expérience aiguisée.

Nostalgique, il rentrait au pays natal le cœur gonflé. Des esclaves chargés, fourbus, formaient une suite imposante et démonstrative de sa puissance.

Couché sur le pont de la *galba* qui mollement glissait sur le Nil, emporté par les voiles empourprées de l'unique mât, Anguebo revivait son passé. Tout à l'heure, au moment du départ, blanchi et cassé, Azaria avait suivi son protégé qui le quittait avec douleur. Car son âme et son esprit étaient pétris, comme une glaise, des enseignements du rabbin. Les années vécues à Thèbes depuis que Ruth, la fille de luxure, lui avait fait connaître les Juifs immigrés, il les avait embellies par l'étude et les conversations avec ce dernier, humble pour lui-même, orgueilleux pour son disciple, qui s'était vite attaché à cet élève dont il aimait la sensibilité vivante, profonde. Il s'était efforcé de développer chez ce fougueux Israélite l'ambition grandissant comme une plante magnifique. Et il avait canalisé son existence, endigué ses passions.

Mais surtout, la conduite spirituelle de l'orfèvre avait été dictée par la mission divine dont l'avait investi Azaria. Souvent, durant son séjour à Thèbes, le rabbin l'avait mené au Karnak. Il avait commenté pour le néophyte tout brûlant de foi une phrase née d'un cœur juif et que les

Égyptiens eux-mêmes avaient gravée, sur les ordres du Pharaon Aménophis IV, au fronton des monuments publics : « N'avoir qu'une même pensée, n'avoir qu'un seul cœur. » La morale profonde de cet ordre divin éblouissait Anguebo. Il s'adressait au peuple hébreu morcelé, éparpillé de par le monde. Dieu punissait les Juifs par mille exactions, fléaux et cataclysmes d'avoir péché par individualisme. Le peuple d'Israël était aujourd'hui affaibli parce qu'il avait manqué d'homogénéité et de foi collective. Aussi faudrait-il, dans l'avenir, regrouper la nation élue. Et s'il n'était point possible de relier entre elles ces masses éparpillées dans tous les pays, les Juifs qui sentent brûler en eux une âme de prophète devraient renouer entre les leurs les fils d'une solidarité morale.

N'avoir qu'une même pensée, n'avoir qu'un seul cœur : Quelle haute mission pour un adolescent plein de mysticisme ! Déjà Saül et David avaient entrepris de l'accomplir. Saül, berger, était une sorte de surhomme. Pourquoi n'y aurait-il pas quelqu'un de semblable, à Symiène, pour devenir le berger du grand peuple israélite ?

Toutefois, le grand événement qui avait marqué l'exil d'Anguebo était l'assassinat, dans son palais, du pharaon régnant et la courte révolution qui lui avait succédé, vite embrasée, plus vite encore consumée avec l'avènement sur le trône impérial d'un usurpateur issu du peuple. Cet usurpateur, monarque aujourd'hui incontesté, s'était servi de cette brève effervescence comme d'un escalier. Il avait provoqué l'émeute comme on allume un feu, puis avait gravi les marches incendiées pour accéder au suprême pouvoir.

Anguebo était ébloui. Déjà bercée de récits merveilleux, son âme aventurière s'était exaltée. Et le rabbin Azaria était là pour tracer habilement, onctueusement, de très émouvants parallèles : le nouveau roi n'était guère plus cultivé qu'Anguebo et le peuple suit quand un homme sait commander ; il suffit d'être entreprenant. La fortune est à ceux qui la veulent.

*

* *

Quatre semaines plus tard, Anguebo parvenait sans encombre à Axoum. Son retour fut salué comme celui d'un fils qui s'en revient beau, fort et puissant d'un périple aux confins du monde connu.

Rien n'avait changé à Symiène. La vie s'y déroulait toujours aussi morne, aussi douce que l'eau qui coule en la rivière. Les mœurs n'avaient point évolué. Le jour du Sabbat, le dragon dévorait les animaux sacrifiés dans le grand concert de la terreur et de la foi populaires.

Fortement pétri de la foi lumineuse en Jéhovah, Anguebo s'en alla pourtant, dès son retour, sacrifier à l'idolâtrie locale. Il offrit au dragon le plus beau des boucs de la région. Il fut cordial avec les siens, déférent avec les rabbins, les magiciens et le patriarche. La demeure qu'il fit édifier à Axoum était la plus vaste du pays. Il y installa un atelier pour continuer de ciseler finement l'or et l'argent.

S'imposant insensiblement aux Symiénois, il se porta vite au-dessus de ses concitoyens confondus. Ainsi Anguebo épousa-t-il Rachel, la fille du patriarche. Elle était belle et lui rappelait Ruth.

Un soir, le patriarche expira. L'orfèvre comprit qu'il allait recueillir le fruit de ses luttes comme on coupe un beau fruit à l'arbre qu'on a planté. Car le décès de l'homme vénéré laissait vacante une autorité incontestable et le patriarcat s'affirmait à Symiène comme une régence. Il était, en outre, revêtu du pouvoir religieux.

Anguebo n'eut point de peine, grâce à sa science reconnue, à se faire élire. Il venait de franchir une étape sur la route périlleuse de sa vie.

Leçons apprises à Thèbes. Expériences lentement amassées. Désir d'élever son peuple. L'orfèvre patriarche bâtit une école, organisa l'enseignement, traça une rue puis une autre, réglementa le trafic des marchandises. Les Symiénois s'étonnaient, s'émerveillaient. Le soir venu, Anguebo revoyait le labeur accompli, le mesurait au travail qu'il faudrait accumuler encore. Prenant dans ses bras son épouse, laquelle était jeune, confiante et passionnée, il lui disait : « Tu seras reine un jour et je serai ton roi. » Elle riait de plaisir.

Mais Anguebo n'avait pas fait aimer son Dieu par sa femme. Cette dernière, encore qu'elle possédât toute son estime, ne lui paraissait point d'âme assez forte pour recueillir l'audacieux et frénétique projet de son ambition. Il se contentait de la bercer de beaux rêves.

– J'ai fait un songe, lui dit-il un matin. Un songe plus beau que toutes les histoires que je t'ai contées auparavant.

L'ange pilote de son esprit – cet ange aux ailes purpurines qui survolait ses sommeils – s'était présenté dans l'éblouissante douceur de son impalpable puissance pour lui déclarer : « Anguebo, lève-toi. Prêche la foi en Jéhovah, le Dieu des Juifs. Il fera de toi le prince redouté et vénéré de ton peuple. »

Atterrée et ravie était l'épouse du patriarche. Ravie par la beauté du rêve orné d'une parabole, mais atterrée par la religion qui paraissait revêtir Anguebo d'un manteau d'énergie.

– Je veux suivre cet ordre du ciel, ajouta son époux. Je veux obéir. Il faut obéir. La route est belle que nous désigne le doigt miraculeux de Dieu. Jéhovah inspire mon corps. J'irai, demain, face au rocher où se réfugie la monstruosité du dragon. Je me ferai ligoter devant lui. Et toi, femme, tu m'aideras.

Anguebo s'assura alors de sa discrétion en lui représentant que désobéir risquait de les exposer tous deux à la redoutable colère des fidèles. Il exigea sa soumission complète et lui dévoila enfin son plan :

– Quand je serai immobilisé devant la caverne du dragon, tu m'apporteras la brebis blanche à laquelle tu auras fait boire le lait de ce cruchon. Que ton âme soit apaisée, que tes inquiétudes s'envolent, que ta confiance en moi soit immense comme en Dieu lui-même car le dragon, ayant dévoré la brebis, périra aussitôt...

La femme se sentit emprise par la foi surnaturelle de son mari. Elle redoutait encore, mais elle ne résistait déjà plus. Anguebo répétait inlassablement :

– Tu feras boire le lait du cruchon à la brebis et tu m'apporteras cette brebis. Sinon le dragon se précipitera sur moi et je serai dévoré.

Éperdue d'amour, l'épouse obéit.

Le lendemain, après avoir réuni son cortège de scribes et d'esclaves, le patriarche se rendit en grand éclat au marché du village. Les esclaves agitaient des cloches, des trompettes annonçaient en longs appels que l'heure était solennelle et les scribes criaient : « Le Maître Anguebo veut parler ! »

Le patriarche s'éleva au milieu de la foule, dressé de toute sa haute stature. Son visage s'éclairait de la flamme qui toute sa vie avait brûlé en lui. L'apparat influençait déjà le peuple tandis qu'Anguebo discourait.

Son discours fut aussi long qu'ondoyant, mais il saisit d'un coup l'âme des Symiénois. Car ne rappelait-il pas, en termes colorés, la belle légende de leurs ancêtres ? Les Dix Commandements et le départ des Juifs, derrière Moïse, vers la mer Rouge ? La chasse éperdue des Égyptiens ? L'épouvante des Israélites coincés entre les flots et l'armée menaçante et tout à coup – hosanna ! –, dans le ciel obscurci et le fracas de l'océan troué, le chemin qui se vrilla dans la mer ? Les murailles d'eau qui s'élevèrent, la fuite des Hébreux par la route entrouverte, et sur leurs traces les Égyptiens se lançant au galop dans l'abîme qui se referma sur eux comme une tombe ? Ensuite la vengeance de Memphis, le massacre de la nuit rouge et la sentence des justiciers ? Le martyre de l'exode jusqu'au rocher de la vengeance, que nul Juif ne peut oublier puisque le rite sacré perpétue la gratitude du peuple sauvé en rappelant que Dieu souleva des tourbillons de poussière tellement opaques que la pierre maudite en devint invisible ?

Oui, les paroles d'Anguebo tombèrent comme des pierres sur l'esprit de la foule. Vint alors la période culminante de la harangue sacerdotale : l'ingratitude fustigée des Symiénois pourtant baignés de béatitude. L'apparition ridicule du dragon. Leur foi en l'animal monstrueux et banal auquel leur naïveté inculte attribuait un caractère sacré.

Ce fut à peine si quelques murmures se firent entendre. Touché dans sa religion, le peuple ne réagissait que timidement, tel un champ de blé sur lequel court une vague de vent. Anguebo semblait dompter la plèbe, et pourtant il jouait sa vie entière dans ce moment. Ses nerfs à vif décuplaient son énergie. Sa foi en lui-même le faisait bondir et rebondir d'arguments en arguments.

À ses auditeurs captivés, il fit le procès de leur propre fanatisme. Où étaient-ils, les miracles du dragon ? Il les moqua et les anéantit. Lui, le patriarche, le serviteur du culte, d'une volte-face se dressa contre l'idole. Il compara le doux bonheur, la fécondité, la richesse et la puissance des pays où régnait une foi intacte et pure en Jéhovah avec les malheurs qui depuis des années s'étaient abattus sur Symiène : cyclones, incendies, maladies et cataclysmes.

– C'est la perverse influence du dragon qui te vaut ces douleurs, ô peuple ! Car, irrité de ton infidélité, Jéhovah t'accable !

La foule semblait à la fois horrifiée et stupéfaite d'une pareille audace. Mais quand Anguebo eut fini de l'exhorter et de commenter sa propre conversion, les Symiénois un instant ébranlés et foudroyés dans la peur de leur Dieu courroucé hurlèrent contre le patriarche :

– Sacrilège !

– Il blasphème !

– Lapidez-le !

– Il doit mourir ou la colère du dragon va retomber sur nous !

Impassible, Anguebo réclama une dernière fois la parole. Les anciens ayant accepté de la lui accorder, il lança son ultime défi :

– Est-il de ta compétence, ô peuple, de décider lequel de ton culte ou du mien est celui du véritable Dieu ? Moi, armé de ma foi invincible, je t'offre le sacrifice de ma vie pour éclairer ton âme. Je vais braver la puissance imaginaire de ton dieu. Que l'on me transporte vers lui et me ligote devant sa puanteur : si le dragon est le plus fort, il me dévorera et ma foi sera vaincue par la tienne. Et si le dragon m'épargne, c'est que la gloire de Jéhovah est en moi, sa protection sur ma chair, son irradiante puissance dans mon âme. Alors, ô peuple de Symiène, tu devras revenir au culte du Dieu unique et me sacrer comme ton roi.

Le patriarche avait de lui-même décidé de se livrer au sacrifice : il ne put qu'être approuvé. Anguebo exigea même d'être offert au dragon dans l'heure.

Sur le chemin qui menait jusqu'au repaire du monstre, le cortège sembla grossir à chaque pas. Les uns pleuraient, les autres ricanaient, tandis que d'un pas élastique Anguebo marchait vers son destin.

Devant la caverne sacrée, on le ligota étroitement mais sans lui lier les bras : il avait réclamé le droit de pouvoir se nourrir librement avec les provisions que deux fois par jour sa femme viendrait lui apporter, et les anciens avaient accédé à son désir.

*

*   *

Les Symiénois s'en étaient déjà retournés chez eux, la bête immonde pouvant à tout instant surgir pour se repaître de la proie qui lui avait été livrée.

Bientôt l'épouse fidèle et dévastée de terreur approcha,

traînant derrière elle la brebis blanche qui avait bu le lait du cruchon. Le patriarche s'en saisit, chassa sa femme puis siffla en modulations aiguës l'appel que les fidèles adressaient rituellement à leur idole.

Le serpent se déroula, se projeta hors de sa caverne et se précipita sur la brebis qu'Anguebo lança aussitôt dans sa gueule ouverte. À peine le monstre eut-il avalé l'animal qu'il s'agita en d'étranges convulsions. Son corps énorme parut secoué par une vague intérieure. La bête se lova dans son antre puis se détendit et fusa, tel un ressort gigantesque, contre les parois du rocher. Elle retomba enfin sur le sol, écrasée par la douleur, puis ses yeux se fermèrent, vitrifiés d'agonie. Elle n'était plus qu'une loque hideuse.

La mort fut longue à venir. Toute la nuit qui s'ensuivit, Anguebo dut souffrir, en un indescriptible martyre, les râles affreux du dragon. Et quand, dans le matin rose, le peuple accourut vers lui pour le délivrer de ses liens et le porter en triomphe jusqu'à sa demeure, le patriarche bénit secrètement cette science raffinée des poisons que le rabbin Azaria lui avait transmise.

TU SERAS GRAND

C'est alors que, cherchant dans le ciel
la trace de l'étoile qui naguère avait guidé ses pas,
Anguebo se prit à désirer un fils.

RUISSELLEMENT D'OR ET DE PIERRERIES. FANFARES ET cortèges. Émerveillement du peuple simple de Symiène soudainement passé à l'état de nation. Jeux, lumières et chants, ivresses et festins : le sacre d'Anguebo fut enveloppé du faste emprunté aux cérémonies impériales des grands peuples voisins.

Il y avait là deux rois de Nubie dont on connaissait le goût ostentatoire pour les fêtes ardentes en lesquelles se transposait leur majesté : soldatesque, chars emplis de présents, chevaux fougueux, danses et cris de guerre. Il y avait également un roi nègre avec sa cour, ses femmes et tout le pittoresque dont il entourait ses déplacements ; des princes égyptiens invités en hâte par Anguebo, et même un souverain venu des sables lointains de l'Arabie, sur l'autre rive de la mer Rouge, qui avait fait ce long voyage pour saluer la gloire naissante de celui dont la puissance nouvelle se doublait de pouvoirs miraculeux.

Tous avaient apporté à Axoum, capitale du royaume de Symiène, des cadeaux somptueux : chevaux nerveux, chameaux blancs, esclaves sélectionnés sur tous les marchés d'Afrique, poteries, bijoux précieux, riches étoffes.

Anguebo les accueillit avec sérénité. Axoum était en liesse, toute grouillante de populations étrangères et sillonnée de suites princières d'une pompe insensée. Mais le nouveau monarque ne se laissait point griser. Son but était atteint. Par son mépris des lois, des conventions et de la mort même, il touchait au but qu'Azaria lui avait subtilement assigné. Jeune encore qu'il était, l'avenir s'ouvrait à lui, et maintenant qu'il avait bâti un trône sur un coup d'audace il lui fallait en assurer la continuité pour défier les siècles.

Au palais royal axoumite, que le peuple tout entier venait hâtivement d'édifier et auquel chacun avait apporté sa contribution afin qu'il fût digne de lui, Anguebo avait d'ailleurs réservé un appartement à son vieux maître. Tout souverain qu'il fût, il tenait les prophéties, l'enseignement et la doctrine du rabbin de Thèbes pour fondamentaux. Et il comptait sur lui pour l'aider à contracter des pactes d'amitié avec les peuples voisins, à assurer l'approvisionnement nécessaire ainsi que la sécurité des frontières, donc à créer une garde et plus tard une puissance militaire sur le modèle de l'armée égyptienne, la plus disciplinée et la plus souple de toutes les forces africaines.

En attendant d'obtenir un chapelet de victoires, Anguebo se trouvait déjà consacré « représentant du grand Jéhovah, maître du jour et de la nuit, dictateur des mouvements célestes et donateur des eaux fertiles ». Et c'est ainsi qu'un soir, revêtu de sa cape d'apparat gemmée de pierreries représentant des étoiles et fleurie de broderies qui simulaient des ruisseaux, il s'en fut jusqu'au lieu où il avait empoisonné l'ancienne idole du peuple de Symiène. Le soleil couchant faisait flamber les ors, les argents et les pierres de sa parure, et l'on eût pu croire que le roi rayonnait de toutes les irradiations solaires. Son épouse le suivait, avec un regard où se mêlaient l'admiration et la foi. Aux yeux de la reine qu'elle était devenue et de leur suite prosternée, il semblait un surhomme.

Anguebo contempla le monceau de cailloux sous lesquels, par un rite nouveau, avait disparu le corps de la bête monstrueuse. Chaque habitant de Symiène, en y ajoutant sa pierre, avait signifié le reniement de la foi ancienne. Pourtant le nouveau souverain ordonna que ces pierres disparussent et que la dépouille fût enfouie. Il ne voulait point que perdurât le souvenir de l'idole.

Et c'est alors que, cherchant dans le ciel la trace de l'étoile qui naguère avait guidé ses pas, Anguebo se prit à désirer un fils.

Makéda

CELLE QUI EST PURE

Il fut pris d'une violente colère en apprenant que, pour être reine, Mammété devrait faire au peuple le cruel serment de conserver sa virginité...

Le roi Abir régnait sur les Assaimaras, une population jouisseuse sur laquelle s'exerçait, avec violence, son despotisme sanglant.

Ce dernier n'avait pas assisté au sacre. Ses armées courageuses et rompues aux campagnes faisaient la guerre tandis que le pacifique roi de Symiène fortifiait chez lui les lois de Jéhovah, charpentait toute une législation, ajoutait de nouvelles écoles à celles qu'il avait déjà construites, édifiait des synagogues, jetait des ponts, favorisait le commerce. Mais ce n'était pas là la seule l'ambition qui pouvait élever au-dessus de sa couronne un souverain régnant, tel Anguebo, sur un pays perché sur de hauts plateaux. Car le désir d'Anguebo, ardent comme un jeune cheval, faisait que ses regards scrutaient fréquemment les frontières du royaume d'Abir qui s'ornait de cette perle : le port de Muttowa.

Grâce à lui, le peuple des Assaimaras possédait ce débouché sur la mer qui détermine la prospérité d'une nation. Muttowa baignait dans la mer Rouge ses vastes quais d'embarquement et ses bassins profonds où s'ancraient les nefs audacieuses. Si Anguebo prenait possession de ce port, les produits symiénois pourraient s'échanger sur tous les marchés en voyageant au fond des cales de ses propres navires.

Pour un jeune peuple, il est toujours périlleux de tenter l'aventure d'une expédition guerrière avec une armée inexpérimentée. La ruse ici devait doubler la valeur militaire. Ce fut ainsi qu'Anguebo devint roi des Assaimaras.

Patiente préparation d'un plan minutieusement combiné. Révolte allumée par les Symiénois chez leurs voisins. Aidés de leurs coreligionnaires établis à Muttowa, c'était la victoire assurée. Abir fut fait prisonnier et enfermé à Axoum tandis que sa capitale tombait, cernée par les troupes d'Anguebo. Et celui-ci vit s'ajouter à ses titres de gloire celui de « Conquérant », un hommage qui l'enorgueillissait certes moins que d'admirer, dans la rade de Muttowa, ses bateaux aux voiles colorées et gonflées partir – tels de grands oiseaux diaprés – témoigner du prestige et de la protection du royaume de Symiène par Jéhovah.

Aussi Azaria, consacré par les prêtres comme leur maître en doctrine théologale – tandis que les foules célébraient le triomphe d'Anguebo et qu'Abir vaincu se prosternait le front dans la poussière –, crut-il bon de réunir tous les rabbins et les dignitaires de l'État pour déplorer avec eux que leur roi n'eût point de fils assurant la succession du pouvoir qui lui était dévolu par Dieu. Les rabbins du peuple monogame se récrièrent. Ils demandèrent pourquoi leur souverain ne répudierait pas sa femme pour épouser une autre Israélite qui lui donnerait un héritier. Azaria savait qu'Anguebo, ligoté devant le dragon, avait par deux fois renouvelé serment de fidélité à son unique épouse, et qu'il ne serait jamais parjure. Alors il fit en sorte que les rabbins et dignitaires, soucieux de voir se prolonger la bénédiction divine dont bénéficiait le royaume, suivent ses suggestions. Ainsi décidèrent-ils que, après la mort d'Anguebo, Jéhovah continuerait de régner sur Symiène en la personne étonnante de précocité de Mammété, la fille de leur souverain.

En cortège, ils se rendirent chez le roi. Ils lui déclarèrent qu'aucun successeur ne pourrait, prince ou empereur, donner à son règne la gloire dont Anguebo l'avait magnifié. Que cette gloire venant de Dieu devait rester attachée au sang et à la chair du Conquérant. Que seule une descendance du souverain, désignée par le ciel, pourrait perpétuer l'ère brillante que connaissait la nation. Donc que, en dépit des lois des hommes, Mammété, fille unique du roi divin, pourrait régner sur Symiène.

Anguebo éprouva un grand bonheur en entendant parler les prêtres et les seigneurs. Mais il fut pris d'une violente colère en apprenant que, pour être reine, Mammété devrait faire au peuple le cruel serment de conserver sa virginité. Les prêtres lui expliquèrent qu'ils ne voulaient point qu'un prince étranger séduit par Mammété, et de par l'amoureuse volonté de cette dernière, vînt s'asseoir sur le trône désormais sacré comme un autel. Le Conquérant dut convenir qu'ils avaient raison.

Le cœur brisé, il offrit à son peuple, à son pays, à leur avenir et à leur génie, la pureté virginale de son enfant bien-aimée. Ainsi, déjà si belle, souple, d'une intelligence aiguë et presque trop raffinée pour ses sept ans, Mammété devrait pour toute la vie renoncer à l'amour, à ses vertigineuses splendeurs, au réconfort des étreintes et au fier espoir des maternités.

Il appela sa fille et contempla longuement ce visage d'un ovale si doux où les yeux de violette étaient semblables à deux étoiles. Mammété était enjouée et coquette. Tout son corps de jeune fauve exhalait la promesse d'une sensualité que son tempérament ardent et volontaire, tenu de son père, saurait difficilement dompter. Aussi le roi résolut-il de l'aider à lutter contre le désir. Il ferait de son enfant une adolescente virile, indifférente aux fantaisies amoureuses, rompue à tous les jeux violents, à la guerre même. Ses professeurs pétriraient son esprit dans le mépris de l'amour et l'indifférence au plaisir.

*

*   *

Symiène salua Mammété comme sa future reine. Il y eut à Axoum de grandes festivités, rappelant celles du sacre, pour solenniser la proclamation du roi Anguebo et éterniser le serment de la princesse. Devant les rabbins, les patriarches, les chefs de l'armée, les dignitaires et les différentes délégations, la jeune fille sacrifia à la nation toutes ses joies de femme :

– Moi, Mammété, dit-elle d'une voix cristalline et distincte, fille unique de l'illustre Anguebo, souverain de Symiène, j'accepte, en accord avec mon père le roi et ma mère la reine, la décision du peuple. Je promets, sous la foi du serment, de rester toujours vierge. Il m'est défendu d'y attenter jamais. Aussi prendrai-je désormais le nom de *Makéda*.

Alors Makéda, autrement dit « Celle Qui Est Pure », s'immobilisa sous le dais royal. Puis les nobles comme les chefs militaires et religieux la sacrèrent princesse héritière et lui prêtèrent un émouvant serment de fidélité.

Anguebo avait assuré la continuité de sa dynastie tout en respectant la parole donnée à son épouse devant Jéhovah. Mais une secrète espérance dans les bontés de Dieu et ses interventions miraculeuses ne l'abandonnait pas tout à fait : ainsi Makéda, Celle Qui Est Pure, pourrait-elle peut-être un jour, avec la volonté du ciel, prolonger encore le règne de la chair et du sang d'Anguebo.

MAKÉDA CHEZ LE PHARAON

J'ai prêté serment de demeurer vierge jusqu'à ma mort
afin de régner, forte et sans influence, sur mon peuple…

LE PHARAON MAGNIFIQUE QUI RÉSIDAIT À THÈBES-aux-Cent-Portes fut surpris par le faste du cortège qui ce matin-là, annoncé par les hérauts impériaux au son des tambours, des tympanons et des sistres, pénétra dans la salle du trône.

Cette salle aussi vaste qu'une place publique était plantée de piliers pourpres. Son plafond se trouvait orné d'un vélum cramoisi, et les fresques gravées à même le granit évoquaient les splendeurs du règne. Juste en dessous courait une corniche enluminée d'émaux éclatants et brodée de palmettes dorées. Au sol s'étalait une vivante mosaïque de bleus, de verts, de rouges et de blancs. À chaque angle des vasques d'albâtre, posées sur des trépieds en forme de pattes de fauve, épandaient des effluves capiteux.

Le trône aux pieds de lion s'amassait de tout son poids de bois rare, chamarré d'or et d'argent, sur une triple estrade. Assis sur des peaux d'onagre, le Pharaon hiératique s'émerveilla de l'apparition gracieuse qui se découpait au fond de la salle et sublimait encore, par son propre éclat, la magnificence des lieux.

Nue sous une légère tunique de gaze diaprée mais tintinnabulante de bijoux, elle avait surmonté son beau visage d'une coiffure compliquée simulant un oiseau. Ses cheveux noirs se prêtaient admirablement à ce chef-d'œuvre ocellé d'épingles d'or et d'argent. Ses jambes fines étaient annelées de cercles d'émaux rares. À ses bras luisaient d'autres bracelets de cornaline, de lapis-lazuli, d'agate et d'hématite, tandis que des bagues étincelantes constellaient ses mains. Son gorgerin était d'émail recouvert d'images peintes avec un merveilleux raffinement, et des colliers de précieuses amulettes pendaient à son cou flexible et pur comme la gorge d'un cygne.

Elle devança ses porte-étendards et, s'agenouillant devant le trône, toucha de son front la marche sacrée, bloc d'or massif. Puis elle parla un égyptien châtié qui acheva de ravir l'empereur :

– Illustre Pharaon, dit-elle, je suis Makéda. Mon père Anguebo, roi de Symiène, m'envoie vers toi. Je suis ton humble servante et je t'offre ici mon respect accompagné de mes vœux de bien-être et de paix. Daigne aussi, ô souverain, accepter les présents que mon père m'ordonna de t'apporter.

Sur un geste de Makéda, des esclaves ployant sous l'effort disposèrent plusieurs coffres devant le Pharaon souriant.

– Approche, ma petite gazelle, lança-t-il d'un ton paternel. Les dieux ont béni ton père en lui donnant une enfant belle et courageuse comme toi.

Makéda baisa respectueusement le genou droit du roi des rois qui, en signe de protection, posa sur son front le lys sacré qui fleurissait son sceptre. La princesse présenta aussitôt sa suite de seigneurs conduite par Amram – son oncle et précepteur – et par Haggith, sa cousine et gouvernante. Fidèle au cérémonial, elle recommanda son escorte à la bienveillance impériale. Alors seulement les esclaves ouvrirent les coffres.

Le premier était en ébène. Un chef-d'œuvre des artisans de Symiène qu'enrichissaient des broderies ouvragées d'or et d'ivoire. D'un petit trou pratiqué dans un faux couvercle, Makéda mutine tira une chaînette d'or incroyablement longue et fine qu'elle enroula d'un geste rapide autour de son corps et de son bras gauche en disant :

– La longueur de cette chaîne est un symbole. Aussi grand est le respect que mon père et moi te portons, illustre roi ! Quant à son enroulement autour de mon corps, il figure l'espoir que nous avons d'être ainsi entourés de votre sympathie.

– Les paraboles sont heureuses, apprécia le souverain. Mais quand arrivera la fin de cette chaîne ?

– Cette chaîne est sans fin, répliqua joyeusement la princesse, tout comme notre considération pour toi.

Les maillons dorés regagnèrent le faux couvercle qui, retiré, laissa entrevoir un collier de perles fines. Des perles d'une pureté, d'une liquidité et d'un orient tels que le Pharaon, en les voyant ruisseler entre les doigts fuselés de Makéda, ne put s'empêcher de s'extasier.

– Voici des perles que j'ai moi-même fait pêcher, expliqua la princesse. Elles symbolisent la pureté de mes intentions car je suis, tu le sais, « Celle Qui Est Pure » : en effet, j'ai prêté serment de demeurer vierge jusqu'à ma mort afin de régner, forte et sans influence, sur mon peuple.

Le roi des rois pria Makéda de lui passer au cou la parure lumineuse comme un chapelet de gouttes de pluie :

– Enfile-moi toi-même ce collier, car il est rare de pouvoir en être orné par des mains d'une eau aussi pure.

Le gazouillis de la jeune fille et la noblesse de ses attitudes avaient troublé le Pharaon. Il le fut davantage encore lorsque, pour agrafer le bijou, elle lui fit sentir le galbe de son corps souple comme une herbe. Son parfum l'envahit et le grisa comme un encens. L'empereur ne put se retenir d'étreindre cette beauté vivante, cette chair soyeuse d'adolescente nubile aux petits seins bombés « comme des melons des jardins sacrés ». Mais l'enfant de douze ans se retira violemment, laissa retomber le collier et jeta sur son hôte un tel regard d'apeurement, de surprise et de révolte mêlés que le Pharaon fut pris d'un étrange respect mitigé de pitié.

– Makéda, lança-t-il, qu'Osiris te protège. Aucun homme dans mon empire n'aura le droit de lever son désir sur toi ni de t'approcher sans connaître, aussitôt, mon redoutable courroux.

Elle était à présent rassurée. Sur un signe d'elle, ses esclaves ouvrirent un autre coffre semblable au premier. Elle en retira douze lingots d'or qu'elle disposa elle-même sur la marche sacrée.

– Voici un autre présent de mon père, dit-elle en levant sur l'empereur ses yeux violets. Le roi Anguebo souhaite que ce précieux métal que l'on extrait et travaille en son royaume contribue modestement à la décoration éblouissante du merveilleux palais où tu daignes me recevoir.

Ajoutant douze lingots d'argent aux lingots d'or, Makéda signifia qu'ils étaient un don du peuple de

Symiène. Puis les esclaves ouvrirent le troisième et dernier coffre. La princesse en retira des étoffes d'une finesse et d'un coloris incroyables, des draperies et surtout de la soie, peu connue en Égypte, qui suscita l'admiration du Pharaon.

– Ceci est un présent de la reine ma mère, expliqua la jeune fille. Et ces étoffes sont destinées à ton illustre mère, ô roi des rois. Mais ce n'est point fini, car je suis venue de Symiène avec sept chevaux blancs, de la race la plus pure qui soit. Ils tireront ton char plus vite que ne volent les oiseaux.

Les offrandes étaient terminées.

*
* *

Après avoir pris quelque repos dans les appartements que le Pharaon avait mis à sa disposition, Makéda fut conduite auprès de la mère de l'empereur par un oëris de la garde.

Le prince Amram et la princesse Haggith, sur qui retombaient la responsabilité du voyage, poussèrent un soupir de soulagement. Encore que rassurés par l'accueil reçu – depuis les frontières il avait été triomphal –, ils ne pouvaient que se réjouir du plan audacieux d'Anguebo, si heureusement réussi.

Où enseigner à cette jeune princesse l'art difficile de régner, périlleux pour un homme, plus malaisé encore pour une femme ? Le roi Anguebo s'était, fort à propos, souvenu de l'Égypte. Cet empire ayant transporté à Thèbes sa capitale grande comme dix villes, fastueuse comme un palais et où grondait la rumeur d'un million d'habitants, le Conquérant avait résolu d'y envoyer Makéda pour y achever son éducation politique et mondaine. Il s'en était ouvert à Azaria qui s'était entremis le jour même par les courriers les plus rapides et les plus sûrs avec le grand rabbin de Thèbes. Le message de ce dernier avait été que la princesse Maaca, israélite, introduite à la cour par un mariage puissant, pourrait se charger d'intervenir auprès du Favori des Dieux.

Ainsi le souverain, qui était policé et pacifique, ami des arts, épris de science et de beau, avait-il accepté de recevoir la jeune fille qui serait un jour une reine. Surpris et amusé, il trouverait dans cette présence enfantine un dérivatif aux nostalgies impériales. Restait à obtenir le consentement de la pharaonne mère, laquelle veillait jalousement sur le veuvage de son fils et rêvait pour lui d'un remariage dont les conséquences territoriales seraient considérables. Elle s'était enquise de l'âge de Makéda, s'inquiétant de savoir si le serment de pureté n'était pas une feinte pour provoquer le désir de l'empereur. Partiellement tranquillisée par les assurances de Maaca, elle avait permis à cette dernière d'aviser Anguebo que sa fille serait accueillie avec toute la pompe qui sied à une princesse de son rang.

Makéda fut reçue par elle avec une aménité mêlée de sévérité. Sa curiosité de mère ne pouvait s'empêcher de se demander si la jeune visiteuse n'était point la complice inconsciente d'un plan de séduction où le Pharaon crédule sombrerait. Redoutée de Philae à Héliopolis, elle dont la puissance égalait presque celle de l'empereur, Sa Majesté était étendue sur une *alga* couverte de coussins de cuir rouge ou de soie, richement brodés, bourrés de plumes et de barbes de chardon. Son fils était assis auprès d'elle, sur un banc de cèdre dont les pieds d'or figuraient des chiens.

La réception fut intime. Tout cérémonial en était banni. Des flabellifères impassibles frappaient l'air lourd de leurs grands éventails. Parfois des serviteurs et des esclaves entraient silencieusement pour entretenir la flamme des brûle-parfum.

Au moment où Makéda fut introduite, une musique faite de harpes prolongeait dans la chaleur méridienne ses dernières vibrations. La pharaonne dévisagea longuement la jeune fille. L'examen, visiblement, eut l'heur de la satisfaire.

Plus émue qu'elle ne l'avait été devant le Pharaon, la princesse répéta ses hommages, dit son respect et offrit ses présents. Puis l'impératrice exigea que le prince Amram et la princesse Haggith vinssent eux-mêmes exposer la merveilleuse histoire de Makéda, son serment, les projets de son père et les espoirs du peuple de Symiène.

Alors elle fut apaisée et sa protection particulière s'étendit sur la jeune fille. N'ayant qu'un fils absorbé par les charges d'un pouvoir écrasant, elle fut heureuse de s'occuper de l'enfant royale comme de sa propre progéniture. Elle ordonna que Makéda fût logée dans l'aile du palais qu'elle occupait. Ainsi la surveillerait et l'éduquerait-elle personnellement, de façon à en faire une princesse accomplie. Et déchargeant de ces soins le Pharaon, elle écartait du même coup, en souveraine habile et en mère avisée, tout risque d'intrigue et de complication avec le roi de Symiène.

Sa jolie tête appuyée sur les genoux de l'impératrice, fatiguée et délivrée de soucis, Makéda s'était déjà endormie.

LE PREMIER TROUBLE DE MAKÉDA

Aussi devait-elle combattre en elle l'éveil des sens
comme à la chasse elle combattait les fauves…

QUE FERAIT UNE PRINCESSE BELLE COMME LES PLUS beaux jours d'Égypte, rosés, dorés, mauves et brillants à la façon des émaux précieux ? Que ferait-elle dans une cour où le faste et les somptuosités émerveillaient le monde et n'avaient d'autre raison d'être que d'embellir et d'exalter l'amour ?

L'amour ! Les Égyptiens en comprenaient la profondeur émouvante, les vibrations indéfinissables, les voluptés savantes dont on joue ainsi que sur la plus précieuse mandore on prolonge un son suavement. Que pourrait-elle faire, sinon se troubler à la vue d'un prince si beau, si fier que le Pharaon ? Si le souverain, maître de ses sens comme de son esprit, avait su résister à l'attirance du charme enveloppant de Makéda, il ne faudrait pas que Domedo, l'adolescent pensif et courageux, fût trop souvent autorisé à chasser en compagnie de la princesse de seize ans. Car la princesse axoumite éclipsait aujourd'hui la grâce de toutes les beautés d'Égypte.

Affolés à son approche, les seigneurs avaient déjà multiplié les embûches afin qu'elle tombe dans leurs bras. Il n'était point de coquetterie de la jeune fille qui ne fût aussitôt encouragée, imitée. Sa féminité instinctive était un sujet d'admiration constant. Des princes se seraient tués sous ses pas. D'autres achetaient ses chambrières et ses servantes. La musique la plus langoureuse préludait à ses sommeils et les parfums les plus rares lui faisaient un sillage de fleurs. Enfin, les poètes inventaient pour elle les chants les plus exaltés. Mais dans cette atmosphère que les mœurs d'Égypte font érotique à dessein, Makéda demeurait « Celle Qui Est Pure ».

Son corps était comme son âme, vierge. Aussi devait-elle combattre en elle l'éveil des sens comme à la chasse elle combattait les fauves. Car hier, à l'abri d'un buisson de mimosas, Domedo avait su troubler son cœur transparent comme le cristal en lui volant un ardent baiser.

Rejetée en arrière, Makéda avait poussé un cri. Tout en courant de son visage à ses pieds menus, les lèvres de Domedo avaient respecté l'émouvant mystère que la jeune femme offrit au peuple de Symiène comme gage de sa puissance future. Elles étaient d'abord descendues de la bouche carminée et harmonieusement peinte à la poitrine menue et fière. Les framboises de ses seins, elles les avaient effleurées avant de glisser jusqu'aux flancs dénudés. Puis Domedo avait créé sur ses jambes fines et musclées des légions de frissons. C'est alors que Makéda s'était levée brusquement et enfuie vers sa chambre où, irritée et ravie, elle lutta encore, éperdue, avec elle-même. Pour noyer ce trouble, elle se baigna de nouveau dans le travail.

Depuis quatre ans qu'elle était à la cour du Pharaon, l'art de régner n'avait plus d'obscurités pour son esprit aiguisé. Elle avait étudié rouage par rouage le fonctionnement de l'administration égyptienne, dont le prestige et l'autorité dominaient une grande partie du monde connu.

Makéda s'était entourée des chefs de l'armée et avait chargé ses scribes d'établir sur l'art militaire des rapports détaillés. Aux architectes elle avait emprunté de patientes leçons, s'émerveillant de la masse orgueilleuse des sphinx, des pyramides, des obélisques. Elle s'était frottée aux poètes et aux astrologues avec délices, puis fait expliquer le commerce par les marchands qui développaient sans cesse la fortune de l'Égypte. Si ses informateurs s'étonnaient de sa fort grande précocité, ils ne celaient à cette princesse aussi belle qu'inoffensive aucun secret de leur art, de leur science ou de leur profession.

Mais surtout, sa séduction était grisante comme un encens. Mieux que toute aristocrate, Makéda – pourtant si habile aux exercices de plein air auxquels son père l'avait astreinte – s'était affinée à ces curieuses écoles d'élégance qui enseignaient aux Égyptiennes, de la plus humble à la plus noble, l'art consommé d'attirer, de charmer et de plaire : le maquillage à l'aide des crèmes parfumées, de l'antimoine et des couleurs que l'on étale d'un pinceau habile ou d'une spatule de sycomore ; les ongles des mains et des pieds dont on fait des pierres précieuses à l'aide d'outils délicats, de limes et de teintures ; les cheveux dont il convient d'entretenir l'éclat et qu'il faut savoir enrouler sur la tête en casques originaux, oceller de peignes de prix, piquer d'épingles d'or et poudrer enfin d'un nuage odorant.

Ces leçons, que l'Égypte appelait l'« étude des soins privés », la pharaonne mère les recommandait tout spécialement aux élèves royales. Mais les princesses de sang ne négligeaient pas non plus les danses dont les figures, à chaque séance plus compliquées, exigent une souplesse de tous les membres et une compréhension de l'âme de la race que Makéda avait parfaitement assimilée. En gymnastique, à laquelle l'avait rompue son éducation, elle rendait des points à ses moniteurs. Cependant il ne suffisait pas d'être belle, souple et avisée : encore fallait-il savoir chanter, jouer de la harpe et tenir son rang dans les cours voisines. Or Makéda avait surpris tous ses précepteurs par la facilité avec laquelle elle assimilait les lois de l'harmonie, les rituels protocolaires et jusqu'à la comédie, dont elle était une ardente protagoniste. Souvent elle divertissait le Pharaon en jouant, avec ses compagnes, des pantomimes écrites spécialement pour elle par un noble lettré.

La princesse de Symiène souhaitait, dès son retour à Axoum, créer une cour semblable à celle de Thèbes, y installer un gouvernement identique, y appliquer les mêmes règles pour favoriser la prospérité et un art de vivre encore inconnus, malgré les efforts du roi Anguebo, attelé à sa tâche surhumaine. Aussi, dans l'éventualité d'un prochain départ, Makéda sollicitait-elle ses principaux professeurs, des officiers, des savants, des scribes et même des colchytes, de l'accompagner dans son pays en échange d'une existence dorée, de titres de noblesse, de terres et de privilèges. La plupart d'entre eux acceptèrent de la suivre dans ce lointain royaume dont elle avait su leur décrire les pittoresques beautés et les richesses avec des mots de feu.

*
* *

Une fois déjà Celle Qui Est Pure avait cru devoir quitter l'Égypte, prise d'une peur subite de ne pouvoir tenir son serment. La Pharaonne mère, qui se targuait de posséder une profonde science de l'âme humaine, avait exigé que les princesses royales fussent, en même temps que des épouses impeccables, des amantes subtiles. Ainsi les princes d'Égypte, retenus par la chaîne de leurs sens, ne risqueraient point de répudier leurs femmes, donc de désagréger la famille impériale en y installant les éléments étrangers qui s'introduisent dans les dynasties comme des insectes vrillent les bois les plus résistants.

La souveraine savait que l'inexpérience féminine provoque des adultères périlleux. Elle avait donc institué – en grand secret – un cours d'amour que délivrait un maître raffiné assisté de quelques éphèbes et courtisanes.

Dans la salle du palais où se déroulaient ces cours se profilait une gigantesque statue d'Amarchis, déesse de l'Amour, dans une pose lubrique. Les colonnes qui soutenaient le plafond orné d'un vélum bleu figuraient d'immenses phallus. Au sol les mosaïques reproduisaient avec une remarquable précision tous les aspects de la passion sexuelle, et les murs étaient ornés de bas-reliefs et de corniches érotiques.

Les brûle-parfum exhalaient des soupirs suavement dosés pour effluer rapidement, à fleur de peau, le désir des sens. Les sièges bas – faits d'images de femmes en bronze ou bois doré, bras et jambes ouverts, dans la pose du coït – étaient couverts de fourrures de fauves au contact desquelles les corps s'émouvaient. Et la musique, étudiée pour attiser l'ivresse cérébrale, alanguissait des soupirs de harpes et de mandores derrière les draperies qui tamisaient leurs sonorités envoûtantes.

Les princesses admises en ce temple y apprenaient l'art d'exciter la concupiscence des amants et, pour mieux les maintenir éperdus de fièvre sensuelle, de tracer en leur chair comme dans leur cœur un sillon de voluptés. Une épouse fidèle devant savoir – comme le répétait la Pharaonne – pimenter et renouveler sans cesse les ardeurs trop vite éteintes de son mari, le secret des caresses les plus intimes était dévoilé aux royales élèves par les courtisanes expertes. Ainsi les gammes si délicatement nuancées de l'étreinte étaient-elles enseignées d'après un traité fameux, rapporté d'Assyrie, puis reproduites en de vivantes scènes. Et les princesses attentives se disputaient souvent la faveur de se substituer aux hétaïres auprès des beaux répétiteurs requis pour ces exercices.

Makéda était la seule étrangère admise à ces séances érotiques considérées comme fort normales. Elle prenait un vif plaisir à mimer, avec un professeur choisi par la Pharaonne mère, les différentes phases de la passion amoureuse. Mais, fidèle à son serment, Celle Qui Est Pure se soustrayait à toute possession. Son maître d'amour avait reçu ordre de respecter sa pudeur, même s'il lui représentait qu'elle pouvait apaiser ses sens enflammés en demeurant vierge. Makéda se refusait à la moindre tentative de prolongement extatique.

Certain jour où les princesses gémissaient de désir dans les bras de leurs partenaires, le moniteur crut bon d'insister. Énervée, Makéda s'en fut se réfugier auprès de la mère du Pharaon et la supplia de l'exempter de l'obligation de suivre les cours d'amour. La plaignant, et plaignant ceux qui s'éprendraient d'elle, la souveraine consentit à lui éviter toute tentation de luxure. Désormais, elle lancerait les javelots avec les guerriers, jetterait le disque, dirigerait d'une main prodigieuse les chars de course, lutterait de vitesse avec les coureurs les plus habiles, s'entraînerait à la lutte avec des athlètes accomplis, dompterait et monterait des chevaux rapides comme le vent.

Jamais encore, en Égypte, une femme ne s'était livrée à ces sports violents, apanage exclusivement viril. Or voici qu'une princesse préférait aux langueurs d'une vie luxueuse et sans effort la brutalité des exercices de plein air exigeant du muscle, un regard clair et précis. L'Empereur daigna pourtant assister aux performances sportives de la royale adolescente dont la féminité réprimée s'accordait si bien aux jeux les plus divers. Et c'est alors qu'il permit que le prince Domedo l'accompagnât à la chasse.

C'était jeter la jeune femme d'un mal dans un autre, pire. Les lascivités du temple de l'amour étaient inoffensives en comparaison du regard à la fois tendre et rêveur de Domedo. Son baiser sans apprêt était autrement périlleux que les plus excitants simulacres. Égarés dans un bois après une épuisante galopade, les amoureux couchés sur un talus fleuri et riant à pleine gorge éprouvèrent maintes fois un trouble exquis.

Le grand rabbin de Thèbes ne tarda point, dans ses entretiens avec la princesse, à constater les ravages pratiqués dans son cœur vierge. Consterné, il manda Makéda à la synagogue. Cette dernière avait, sur l'ordre de ses tuteurs, revêtu un costume masculin qui faisait sa silhouette androgyne plus gracieuse encore. Mais sur son beau visage elle avait rabattu le voile qui en masquait l'ovale charmant et les cheveux pour ne laisser filtrer que les reflets violets des yeux. Ainsi dut-elle répéter le serment d'Axoum, la main gauche étendue sur le tabernacle sacré.

La princesse Maaca fut alors chargée de chaperonner Makéda et de créer un dérivatif à la pensée magnétisée du souvenir des baisers de Domedo, tandis que le rabbin faisait tenir au roi Anguebo un message l'informant que sa fille – aujourd'hui une princesse accomplie – ne voulait point prolonger son séjour égyptien. Elle préférait retourner au plus tôt chez son père qu'elle aimait passionnément et le priait d'approuver sa décision. Anguebo répondit qu'il attendait l'héritière du trône avec la joie la plus vive. Dès lors le grand rabbin s'efforça d'éloigner Domedo, en plein accord avec la Pharaonne mère que le péril de cet amour avait effrayée.

Les cérémonies du départ le disputèrent en faste, magnificence et prodigalité aux fêtes de l'accueil. À celle qui avait su respecter sa promesse allaient les louanges et l'admiration. Dans l'atmosphère de ces éloges, Makéda entourée de sa cour scrutait la foule bigarrée des dignitaires impériaux venus la saluer. Elle y cherchait le visage d'un homme qui avait éveillé son cœur pétrifié. Ses seize ans s'émouvaient du chagrin délicieux d'un premier amour.

Elle partit dans un grand concert de cris et de fanfares, alors que le nom de Domedo chantait à ses oreilles.

LA MORT DU PROPHÈTE

Et ce cœur innombrable, Makéda le sentait palpiter,
en sa poitrine, d'un immense amour
pour tous les Juifs dispersés...

La princesse Makéda pieusement ferma les paupières immobiles du roi Anguebo sur ses yeux déjà fixes. Elle hurla sa douleur. C'était le matin. La nuit du vieillard avait été lourde de fièvres. Lucide jusqu'au bout, il s'était senti mourir avec sérénité. Seul avec sa fille, dans la grande chambre où il reposait, il avait pris les mains de celle qui allait lui succéder et, répétant des paroles souvent dites, lui avait transmis le lourd héritage de la royauté de Symiène.

La nuit même, les sujets de l'Empire avaient anxieusement interrogé le ciel et les étoiles. Une comète était apparue dans sa robe de feu. Elle avait traversé le ciel, vertigineuse et splendide, au moment précis où le roi accrochait son âme aux révolutions mystérieuses.

Comment ne point relier les deux événements l'un à l'autre, le décès du souverain et l'instant où la comète traçait, dans le velours céleste, un éblouissant paraphe de flammes ? À Axoum, il fut donc avéré que Jéhovah avait emporté Anguebo sur son char flamboyant, vers la terre des élus où était la place éternelle du grand prophète. La ville royale prit le deuil, et toutes les villes et tous les villages. La princesse foudroyée de douleur s'abîmait au chevet de son père raidi dans la gloire et la mort. Au palais les rideaux furent enlevés et les tapis roulés, car tout luxe doit être banni d'une maison endeuillée, les mortels étant égaux devant Dieu. Les dalles de briques lisses se trouvèrent recouvertes de sable fin.

La dépouille elle-même fut soulevée de son lit de parade et déposée sur une alga d'une rustique simplicité. Elle fut habillée de la *chamma* pourpre du prophète, seul signe d'un pouvoir divin qui ne s'éteint pas dans la mort. En hâte Makéda avait revêtu une robe jaune, sa *kamis* dépourvue d'ornements. En outre elle avait arraché ses bijoux. Ses longs cheveux noirs non tressés flottaient sur le dos. Elle frotta ses joues à l'aide d'un drap d'une laine si rugueuse que le sang gicla de la peau fine et mate. Elle reçut ainsi les dignitaires, le visage ensanglanté en signe de profonde souffrance. Les nobles, dont le visage arborait les mêmes marques de grand malheur, se lamentèrent avec Makéda dans le chœur aigu et monotone des pleureuses. On ne conversait point. Seules les larmes avaient droit de cité. Pourtant, au pied de l'alga funèbre, des poètes chantaient sur un ton monocorde la gloire du haut monarque.

Durant cette journée et celle qui suivit, des milliers de Symiénois défilèrent en criant leur tristesse devant ce palais qui était une tombe.

Le surlendemain furent les obsèques.

Le roi avait lui-même fait creuser son mausolée dans la roche. Le cortège se dirigea vers cet ultime refuge. Enlinceulé de blanc, le souverain était porté par des rabbins sur son alga cérémonielle drapée dans le *keye-dirrib* de soie pourpre, un vaste tapis brodé et frangé de chaînettes d'or. Autour de la funèbre litière se lamentait l'escorte rituelle et sautillante des pleureuses qui se tordaient les bras tout en se flagellant. La foule était dense, bruissante comme un essaim d'abeilles.

Marche lente et rythmique du cortège. Cris des pleureuses. Lamentations monotones des familiers et dignitaires. Quel splendide et funéraire concert, sur lequel ruisselait l'ardent soleil ! Dans la lumière, la vision était prestigieuse et d'une couleur inimaginable : celle de cet enterrement chatoyant, papillotant comme un mouvant jardin de fleurs éclatantes. Les esclaves passaient d'abord, portant les insignes de la royauté. Car le mort devait pouvoir, devant Jéhovah, témoigner de sa puissance terrestre. C'étaient le *tcherra*, chasse-mouches d'or, et le *neguse better*, sceptre royal sur lequel brillait une étoile du même métal. Puis venaient la *mezane*, cette balance qui signifiait l'équilibre et la droiture des jugements du roi, la hache et la pioche d'or symbolisant la royauté qui protège les paysans et les ouvriers, le sabre d'or de l'irréprochable et victorieux guerrier, enfin le chien doré par lequel le peuple exprimait son dévouement à la dynastie.

Arriva l'effigie même du souverain, sculptée dans le bois de cèdre, dorée avec soin. Le monarque était représenté en grandeur naturelle, assis sur son fauteuil préféré dans une pose stylisée. Il était étrangement beau et jeune. Le peuple préférait s'imaginer un prince de légende plutôt qu'un vieillard cacochyme.

Suivirent le char du roi, une sculpture de son cheval favori, et après les porteurs l'innombrable litanie des rabbins du royaume. Derrière eux sanglotaient la princesse Makéda, les parents d'Anguebo élevés à la dignité princière, les femmes succédant aux hommes. Déferlait ensuite le flot imposant des dignitaires de tous les ordres et de tous les grades : les scribes, les fonctionnaires, les serviteurs et la troupe désarmée.

Toute cette masse piétina deux heures, sous un soleil de plomb, pour atteindre le tombeau royal.

Là, au nord d'Axoum, Anguebo avait construit au flanc de sa sépulture la synagogue où s'exprimeraient, dans les temps, le souvenir et la gratitude populaires. Au seuil de l'édifice attendait le grand rabbin escorté de ses prêtres. Le cortège se disloqua en se fendant par le milieu. Le corps fut exposé à l'ultime bénédiction rabbinique avant d'être transporté dans sa tombe et introduit dans un sarcophage cubique où s'incrustait, aux dimensions exactes du cadavre, un épais linceul de plomb. Les insignes royaux accompagnèrent la dépouille et le cercueil fut refermé à l'aide d'un bloc de pierre qui épousait la forme du tumulus fondamental. Une statue fut érigée sur l'alga funéraire.

La chambre creusée à même le roc où Anguebo devait reposer pour l'éternité était haute de dix coudées et large de dix-huit. Ses parois se trouvaient gravées d'inscriptions hiéroglyphiques perpétuant la mémoire des événements culminants de la magnifique et glorieuse existence. Des bas-reliefs illustraient ces textes. Le plafond du caveau était, comme ses parois, une louange sculptée de Dieu, une imploration de recevoir en état de grâce l'âme géniale du souverain. Quant au sol, il était composé de dalles métalliques juxtaposées et soudées par un alliage de plomb afin que l'atmosphère ne se viciât point et ne détériorât pas le musée mortuaire.

Le sarcophage clos, Makéda pénétra dans cette chambre avec les fleurs qu'un prêtre lui avait tendues. Elle les déposa au pied de l'effigie royale. Un autre officiant lui remit une statue travaillée dans l'or pur. Elle représentait l'héritière pinçant, entre le pouce et l'index, une perle qui symbolisait sa pureté. L'ayant placée au milieu du bouquet, la princesse se retira. Alors des soldats, choisis pour cet honneur, poussèrent dans la crypte le char du roi attelé de son cheval imité. Une délégation d'agriculteurs apporta, en hommage suprême, une charrue minuscule et des jarres de blé. Des éleveurs y joignirent des statuettes figurant naïvement leur bétail. Des commerçants y ajoutèrent des représentations miniatures de chameaux, ceux des lointaines caravanes, et des voiliers de la flotte de Muttowa. Puis s'amoncelèrent du coton, de la laine, des étoffes, des bijoux, une enclume et une lance au fur et à mesure que défilèrent les corps de métier.

La dernière délégation ayant quitté les lieux, avec de grands cris de peine et des génuflexions les rabbins complétèrent cette hétéroclite collection d'un tambour et d'une harpe, suppliant Jéhovah qu'il daigne accepter le roi Anguebo pour médiateur honoré entre les désirs des offrants et les grâces divines. Alors trente ouvriers firent mouvoir un énorme bloc de pierre que trente maçons scellèrent à l'entrée du tombeau. La roche fut dissimulée à pleines pelletées de terre, de façon que l'endroit sacré ne soit point reconnaissable.

Le soir venu, sous de grandes tentes, Makéda se terra avec son cortège geignant. Elle y resta quarante jours, le temps nécessaire à ce que l'âme d'Anguebo rejoigne le paradis de Jéhovah. Ces quarante jours furent emplis de prières et d'implorations au ciel en faveur du défunt, ainsi que consacrés à de multiples holocaustes. Sur deux autels, les prêtres œuvraient sans relâche. Sur le premier d'entre eux, la future reine ordonna que fussent immolés cent et vingt bœufs mugissants. Sur l'autre, le peuple fit don de cent et vingt moutons bêlants.

La nuit n'arrêtait point les égorgements sacrés. Les officiants inlassables veillaient, tuaient, priaient puis dansaient, harassés, transfigurés par une foi hystérique.

Enfin, à l'expiration de cette quarantaine, arrivèrent les pauvres de Symiène en masses grouillantes, piaulantes, puantes. Ils venaient manger et boire. Et suivant le rite, par milliers ils mangèrent et burent : il ne fallait point que des humains souffrent tandis que s'opérait la mystérieuse conjonction de l'âme du mort avec le ciel.

Les dignitaires du royaume revinrent d'Axoum afin de solenniser le retour de Makéda dans sa capitale. Mais auparavant, face au tombeau, se produisit – tragique, puissant comme le mugissement de la mer, mouvant comme elle-même – le flux ultime qui précède le cantique funèbre de vingt mille personnes exaltées, enfiévrées par quatre décades d'oraisons. L'invocation jaillie de vingt mille poitrines comme une sombre tempête déferla vers le ciel pour apitoyer Dieu, ne s'apaisant que pour s'enfler avec passion, s'énervant pour se conclure dans un concert prestigieux. Chaque bouche répétait la litanie apprise : « Jéhovah, Maître du monde et du ciel, reçois avec grâce l'âme de notre prophète Anguebo. Il est le médiateur sacré entre Toi et Ton peuple qui T'implore. Excuse nos prières, ô Jéhovah, Maître du monde et du ciel. »

Mais le retour dans la capitale ne pouvait se faire avant que la princesse Makéda, devenue régente, ait élevé un prêtre à la dignité de grand rabbin de la synagogue du mausolée, puis nommé le chef de la garde qui devait désormais veiller sur le tombeau.

Ces premières manifestations de la royauté de Makéda furent également l'occasion d'un grand cérémonial qui succéda aux prières collectives du peuple et de la cour rassemblés. La princesse monta sur le palanquin royal. Émue, elle prononça un exorde à Dieu et porta le guerrier Chad au grade d'*alaka* pour commander les cent hommes et les deux *choums* chargés de la garde funèbre. Elliazar fut choisi pour assumer le grand rabbinat de la synagogue funéraire avec le pouvoir électif de ses sous-ordres. Enfin le cortège, épuisé par ces quarante jours et quarante nuits de célébrations, reprit le chemin d'Axoum.

Lorsque la ville apparut à l'avant-garde de l'imposante procession, le peuple et les soldats commencèrent à chanter et à danser. Les cris de joie avaient remplacé les lamentations, et Makéda fut fêtée dans une indescriptible atmosphère de feu. La jeune femme sentit tout à coup le poids de sa puissance s'abattre sur ses épaules. Elle régnait sur un pays dont la population se densifiait, dont les frontières s'étaient élargies et dont la renommée allait, au-delà du delta, frapper d'étonnement les nations voisines de l'immense Égypte.

L'armée s'était structurée, ainsi que les écoles. Tout un gouvernement, sous la dictature royale, administrait sagement la nation laborieuse et de plus en plus prospère. Les arts étaient protégés, la justice et les cultes minutieusement établis par les décrets royaux.

Les Hébreux de Symiène avaient hérité du génie constructeur de leurs ancêtres. Leur pays se couvrait de villes, de temples, de palais. Dans les cités, les pylônes succédaient aux colonnades. Les synagogues étaient hautes comme des montagnes et les remparts pouvaient défier les plus rudes assauts. Les campagnes étaient fécondées par un réseau de canalisations qui avait absorbé l'énergie de milliers d'ouvriers pendant des années. Il fallait aujourd'hui continuer cette œuvre, la prolonger, l'embellir. Si la tâche paraissait difficile, elle n'était certes pas insurmontable pour Makéda. Elle avait confiance en elle et croyait en la protection divine, pressentant que la volonté de Jéhovah avait fait obstacle à son amour pour Domedo. Cela la rendait énigmatique et sombre.

*
*   *

La reine, épouse fidèle du roi, était morte l'année précédente. Une suite de journées de deuil avait marqué l'événement tragique, et Makéda s'était réfugiée dans l'amour de son père. Mais le monarque, fatigué par une activité prodigieuse et sentant que sa tâche sur terre s'achevait, avait profité de cette intimité pour préparer sa fille au périlleux métier de souveraine.

Pour l'aider à appliquer au royaume les meilleurs principes d'organisation parmi ceux qu'elle avait appris en Égypte, elle avait déjà appelé à Symiène quelques-uns des chefs militaires, ingénieurs, savants, grammates et hiéroglyphites qu'elle avait pressentis à Thèbes. Anguebo l'avait laissée faire en se déchargeant chaque jour davantage sur les frêles épaules de l'enfant du poids des affaires du royaume. Il lui avait appris à connaître la cour, le pays, les faiblesses des uns et les qualités des autres, tout en pétrissant son âme des rêves hégémoniques dictés par la foi d'Israël.

Car le peuple élu de Dieu, il faut le rendre grand ! Le regard d'une reine hébraïque ne peut se limiter aux frontières, il doit scruter partout où il y a des Juifs et amplifier la puissance bienfaisante du judaïsme. Ainsi les frères de Canaan avaient-ils connu l'heureux règne de Saül, puis David avait élargi leur royaume en conquérant Édom. Le devoir de la reine de Symiène était tracé au ciel : la population bruissante comme une ruche étouffait dans ses frontières exiguës ? Il fallait donc repousser les bornes du territoire, puis Makéda réunirait au sien le pays de Canaan pour fonder un empire qui ferait trembler le monde. « Mais ne jamais attaquer l'Égypte puissante et fanatique, avait dit Anguebo, seulement s'agrandir de tous les petits royaumes épars de l'Arabie. » Fortes de cette doctrine, les armées de la reine accompliraient une mission sacrée et Jéhovah serait avec elles, les victoires de leurs guerriers figurant celles de Dieu lui-même.

*
* *

Ce soir-là, par ses méditations, Makéda s'apprêtait à son rôle de reine. Prestes et nues, les caméristes la baignaient, la massaient, frictionnaient son corps d'aromates et d'huiles parfumées. Oui, magnifique et résolue, elle régnerait en fonction de la doctrine hébraïque : avoir un même cœur, une seule pensée. Et ce cœur innombrable, Makéda le sentait palpiter, en sa poitrine, d'un immense amour pour tous les Juifs dispersés.

Le lendemain, la régente présidait pour la première fois le rituel repas public. Elle avait dix-huit ans et était extrêmement belle. Mais tout comme sa chair ne tressaillait point, son regard était toujours dur et fixe. La perspective du sacre la préoccupait. Elle désigna elle-même au grand conseil les ambassadeurs qui auraient mission de faire connaître aux souverains voisins que, dans cent vingt jours, les cérémonies du couronnement se dérouleraient à Axoum.

LE SACRE

Le peuple immense, elle le sentait à sa merci dans sa petite paume. Elle se tourna vers lui et leva les mains pour le saluer…

AXOUM FUT LE THÉÂTRE D'UNE SUITE DE FÊTES D'UNE somptuosité et d'un décor inégalés. Le sacre de la reine prenait des proportions mesurées à la richesse et à l'orgueil de la nation. On tua des bœufs et des moutons par milliers. Pendant plusieurs jours le peuple fut gavé de viande, saoulé d'hydromel.

Devant le palais, la déclivité douce de l'esplanade avait été bariolée de nattes. Par-dessus la plaine flottait un vélum d'étoffes multicolores de deux cents coudées sur trois cents au moins, véritable ciel artificiel tendu pour préserver du soleil âpre et vertical. Le soutenaient des mâts gigantesques, épais comme des chênes. Tout au fond, l'estrade la plus vaste qu'on eût jamais construite à Axoum – quatre-vingts coudées de long sur quarante de large et deux de haut – était couverte de tapis précieux et couronnée par le siège impérial d'or massif, piqué de pierreries et d'émaux, lui-même élevé de cinq coudées. Autour se dressaient des tentures pourpres, face à la plaine où auraient lieu les repas publics.

La scène était grandiose. Les vives couleurs du vélum ondulant sous la brise se confondaient avec celles du sol jusqu'au ruissellement vermillon des tentures qui rehaussaient encore l'éclat doré du trône.

Ce mardi du sacre, quel jour mémorable dans l'histoire de Symiène ! Pour la première fois le peuple se donnait une reine, et à l'attrait presque légendaire de la beauté de Makéda, auréolée de son serment, s'ajoutait la curiosité provoquée par cette royauté d'un genre nouveau.

Dans l'aube rose, de loin la plaine semblait à la fois une mouvante feuille de palme et un noir bruissement d'insectes. La marée humaine se pressait avec tant d'ardeur et de gaieté que les cavaliers éprouvaient les plus grandes difficultés à la fendre par le milieu. De droite et de gauche, les gens agglutinés se détachèrent cependant pour créer une symétrie dans ce flux et ce reflux permanents.

La foule fut si fervente, lorsque la reine sortit de son palais entourée des prêtres et des seigneurs, que l'armée crut ne jamais pouvoir contenir son élan. Chacun voulait voir la souveraine descendre lentement le parvis d'Axoum accompagnée de ses onze suivantes. Celle Qui Est Pure et ces femmes, représentant les douze tribus, étaient identiquement vêtues. Makéda, qui symbolisait la tribu de Juda, avait elle-même filé et tissé la fine chemise qu'elle avait enfilée après l'avoir purifiée dans l'eau sacrée et séchée à même la peau. Une robe de soie blanche l'enveloppait, ainsi qu'un *dirrib* de huit coudées sur trois, tandis qu'une bande pourpre ceignait ses reins.

Tête tonsurée – car l'huile du sacre ne pouvait oindre que la peau du crâne – et bijoux proscrits, les douze vierges se présentaient au peuple dans l'attitude de la plus intransigeante humilité afin que Jéhovah, parmi elles, daignât désigner la reine. Aussi, elles formaient un tel contraste avec la pompe grandiose qui les entourait, l'orgie de couleurs étant encore intensifiée par le soleil, que sur la plaine se déclencha un enthousiasme délirant. Mosaïque de vert profond, de bleu éclatant, de vermillon et d'ocre, c'était une si riche palette de teintes que les yeux s'épuisaient à en apprécier toutes les nuances.

Ce fut alors que les foules virent arriver les quatre mille soldats de la garde en uniforme de parade, brandissant lances et boucliers si brillants qu'on eût dit des flammes au bout de leurs poings. Ils se dirigèrent vers l'estrade puis leur masse, s'ouvrant sous un commandement sec, créa avec une rapidité de mouvement et une précision surprenantes la haie d'honneur d'une rigidité de statues.

Les musiciens suivaient la garde avec un roulement formidable de tambours et de tympanons que dominaient la note aiguë des flûtes et des cistres, le tonnerre des cymbales et le mugissement des trombones. Déjà le peuple martelait ce concert de cris, de battements de pieds, de claquements de mains.

Derrière la fanfare s'avançaient cent rabbins solennels, tête rasée et robe neuve. Ils précédaient douze prêtres portant le tabernacle sacré auquel faisait escorte un autre groupe compact de cent rabbins dogmatiques.

Les douze vierges leur emboîtèrent le pas, visage baissé, dans une attitude recueillie. Après elles venaient les douze témoins délégués des tribus, puis les vénérables patriarches de chacune, les dignitaires de la cour et du royaume dans un grand éclat d'armes et de costumes, enfin les lévites et les savants : magiciens brandissant le bâton sacré, scribes, hiéroglyphites et grammates. Les lettrés ouvraient la marche à une seconde fanfare de quatre cents musiciens qui répandaient des harmonies tour à tour éclatantes ou d'une émouvante mélancolie.

Les invités composant ce cortège se placèrent rapidement aux endroits indiqués par les maîtres de cérémonie. Brusquement, sur un signe du grand prêtre, les instruments se turent. S'élevèrent alors les cantiques entonnés par les rabbins enfiévrés par le jeûne et les prières. Makéda et ses onze suivantes se tenaient au pied du trône, face au peuple. Elles attendaient le don du ciel.

Le héraut royal s'avança.

– Salut à vous ! lança-t-il dans le silence. Salut à vous, nobles invités ! Salut à toi, population de Symiène ! Salut à Jéhovah tout-puissant ! Vous allez être les témoins du sacre de notre régente Makéda ! Quiconque aurait une objection à faire à cet avènement doit s'annoncer et s'expliquer !

Le héraut observa tour à tour les dignitaires, les prêtres, les savants et la masse des Symiénois. On eût dit le calme du désert dans la nuit.

– Constatant l'adhésion unanime des seigneurs, de l'armée, des rabbins et du royaume entier, je proclame que notre gracieuse Makéda, souveraine de Symiène et des États vassaux, portera ces titres : « Perle toute pure, Makéda, reine des rois de Symiène, lionne de la tribu de Juda, élue de Jéhovah, maîtresse du jour et de la nuit, dictateur des mouvements célestes et donatrice des eaux fertiles par la grâce de Dieu. »

– *Li ! Li ! Li !* gronda la foule d'un seul cri, l'hosanna de joie surgissant au même instant de toutes les bouches.

Il fallut de longues minutes pour apaiser cette formidable rumeur et permettre au grand rabbin d'officier, face au tabernacle. Il fit alors se mouvoir ses assistants par le simple geste de sa dextre. La cour ayant formé un carré rutilant et les douze vierges s'étant prosternées, il alla vers le coffre rituel et l'ouvrit avec peine pour en extraire le *demli*, le livre sacré de la foi. Les fronts s'étaient déjà courbés tandis qu'un rabbin lui tendait la cruche d'huile sainte.

– Entre les douze filles vierges des douze tribus d'Israël ici présentes, annonça le grand prêtre, dans sa grâce et sa lucidité Jéhovah a fait une reine de celle qui est de la tribu de Juda et la fille du grand roi Anguebo, accueilli par le ciel comme un prophète.

Makéda s'était lentement avancée vers le prêtre. Agenouillée devant lui, les mains croisées sur la poitrine, elle sentit l'huile sainte tomber goutte à goutte sur sa tête.

– Je te sacre reine, continua le rabbin, reine des rois de Symiène et des États vassaux. Que Jéhovah bénisse ton règne et te procure la sagesse !

En cette minute solennelle, une grande fierté brillait dans les yeux de Makéda. Le peuple immense, elle le sentait à sa merci dans sa petite paume. Elle se tourna vers lui et leva les mains pour le saluer. Son geste s'acheva dans une clameur tellement puissante que, parmi les forêts voisines, les fauves eux-mêmes en furent apeurés et, durant plusieurs jours, les chasseurs battirent en vain les fourrés.

La reine devait encore recevoir des jeunes princes et des douze patriarches tribaux les insignes de son pouvoir. Ce furent le *zaoud*, couronne emperlée et seul ornement dévolu à la reine « si pure » ; le couvre-tête de soie rouge qui ceint le front et le protège du contact de la couronne ; la longue cape de soie verte richement brodée ; la cape impériale vermillon par laquelle s'avère que la reine du peuple est aussi reine des rois ; le pantalon de soie, également pourpre, qui tombe sur les chevilles ornées de cercles d'or et d'émaux ; la ceinture impériale piquée de perles et les sandales précieusement ouvragées ; le sceptre, suprême insigne du pouvoir taillé dans l'ébène et fleuri d'une perle grosse comme une noisette ; le double parasol de soie rouge, brodé d'animaux sacrés ; le chasse-mouches fait d'une pièce dans l'or fin et conclu par une touffe de poils de queue de girafe ; le gobelet d'or réservé à l'impératrice et enfin, posée comme une larme du ciel sur un coussin bleu foncé, une énorme perle dont se saisit le patriarche de la tribu de Juda pour l'offrir, avec de grandes génuflexions, à la perle-femme.

La reine s'en empara de la main gauche, la couvrit de sa dextre et déclara :

– Mon tour est venu, puisque vous m'avez proclamée votre reine, de vous faire le serment de régner pour le bonheur du peuple, d'observer les lois de Dieu et de demeurer vierge, car la pureté symbolisée par cette perle est un bien consacré à la nation.

Ce serment, les hérauts le répétèrent sur l'estrade, sur la plaine, dans la ville et dans les campagnes de façon que le peuple de Symiène tout entier l'entendît. Pour cela, des cavaliers rapides comme l'éclair allèrent par les routes porter les paroles royales à d'autres cavaliers qui à leur tour les crieraient sur chaque place et dans chaque village.

Les rabbins procédèrent encore à la remise des armes impériales – un sabre d'acier fin, un bouclier qu'aucun coup furieux ne pouvait blesser, une lance, un arc et des flèches – et la cérémonie ultime s'acheva, autour du tabernacle, par une triple promenade solennelle de la reine escortée des seigneurs. C'est alors que Makéda, dans un océan d'acclamations, put gravir les marches du trône, si haut qu'il fallait lever les yeux pour apercevoir cette étoile.

Les draperies qui entouraient le socle d'or s'écartèrent sur le spectacle le plus prestigieux qui fût : la reine, hiératiquement installée sur son siège de parade, au milieu de l'éclat des dorures, des bijoux et des lames brillantes comme l'argent poli.

ASSADARON

Fais-moi, ordonna-t-il, le plus beau des chants
pour la plus belle des femmes au monde,
ainsi tu auras fait un chant pour la Perle...

Parmi les rois et les princes conviés par Makéda à Axoum avait été particulièrement remarqué Assadaron l'Assyrien. Assadaron était à cette fête le magnifique ambassadeur de son oncle le redoutable Salmanar II, empereur de Babylone.

Grand, beau, vêtu avec recherche, il éclipsait les autres princes par sa superbe. Nul ne se drapait avec autant de nonchalance aristocratique dans la robe de broderie qui flottait à ses genoux. Nul ne savait mieux rejeter sur l'épaule les plis d'une cape verte qui laissait entrevoir la ceinture d'or, étoilée de pierreries, et des armes splendides. Tous admiraient sa démarche souple dans les sandales à patins qui faisaient briller ses protège-mollets constitués de plaques d'or pur. Tant était vif et profond son regard que ses interlocuteurs baissaient les paupières en le croisant. Son visage aux traits réguliers semblait emprunté aux plus nobles modèles de la statuaire égyptienne, hormis la barbe noire finement tressée.

La suite d'Assadaron était la plus nombreuse, la plus riche de toutes. Ses cadeaux attestèrent de cette magnificence faisant de Babylone l'orgueilleuse rivale de Thèbes. Tout au long de la cérémonie Assadaron s'était tenu silencieux et discret, encadré des officiers chamarrés de sa garde. Mais dès qu'il avait aperçu le gracieux visage de la reine, on eût dit que ses yeux ne pourraient plus jamais s'en détacher.

Au milieu des douze vierges Assadaron avait reconnu Makéda sans l'avoir jamais entrevue. Rien pourtant ne distinguait la souveraine de ses compagnes, sauf peut-être son étincelante beauté ou sa démarche racée et assouplie par l'exercice physique. Ou bien cette lourde pierre qu'il sentit posée sur son cœur. Le noble guerrier d'Assyrie s'ordonna de demeurer indifférent. Le serment de la reine ne faisait-il pas de cette beauté vivante une beauté de statue pour les imprudents qui se seraient pris à l'aimer ? Hélas, Assadaron ne put retenir longtemps son cœur de battre follement ni le sang de l'empourprer sous le flot perfide du désir. Aussi, lorsque les princes étrangers furent autorisés à déposer, au pied du trône, les hommages des nations, est-ce d'une voix où frémissait une émotion nouvelle pour lui qu'il se nomma, ainsi qu'il est d'usage :

– Gracieuse reine, je suis Assadaron, neveu de Salmanar II, roi de Babylone et des Affairis. Mon Empire s'étend au nord et à l'est du tien. Je t'apporte les félicitations de mon souverain – et les miennes propres – avec notre promesse de paix. Mais je dois encore te dire ceci : tu as conquis mon cœur au moment même où je t'ai vue. Et même si le plus grand monarque ne peut que se prosterner dans la poussière sous la puissance de ta grâce, accorde-moi la joie, ô Perle, de sceller par un baiser l'amitié sans réserve dont je suis venu témoigner.

Ayant jusque-là écouté Assadaron sans parler, la reine Makéda leva sa petite main chargée de bagues comme pour endiguer ce débordement d'hommages.

– Ne sois point offusquée, ô puissante reine ! se récria Assadaron. Dans mon pays l'accolade est le signe suprême d'une amitié qui se veut sans tache.

Makéda était-elle tentée de s'incliner vers l'ambassadeur ? C'est ce que craignit Amram, frère du roi, oncle et tuteur de la Perle Toute Pure. Ses titres donnaient au vieillard le droit d'intervenir dans un pareil débat : sans hésiter, il leva un bras ferme entre le prince et la souveraine.

– Illustre Assadaron, avez-vous entendu le serment de

notre reine ? Vous avez vos coutumes, mais les nôtres interdisent l'accolade que vous proposez…

L'audacieux Assadaron écouta les paroles d'Amram sans quitter la reine des yeux. Que pensait cette dernière ? Dans son esprit s'étaient superposées l'image à la fois redoutable et attachante d'Assadaron et celle de Domedo. Aussi, à quel instinct de ses sens ou de son cœur obéit-elle en tendant soudain la joue à l'Assyrien ? Habileté politique ? Tactique ? Caprice de femme ? Les invités jaloux s'interrogeaient autant que les dignitaires. Non, il ne pouvait s'agir là que d'une subtilité envers le représentant d'un Empire aussi redoutable que celui de Babylone. Et, comme pour confirmer cette supposition, Makéda déclara :

– On ne peut trop apprécier l'amitié d'un voisin aussi glorieux. Scellons donc, puisque tu le demandes, notre amitié à la manière de ton pays.

Et elle se prêta au baiser un peu long de l'étranger. Après avoir goûté la saveur de cette caresse en se sentant presque défaillir, Assadaron s'inclina puis invita ses officiers et ses esclaves à apporter les cadeaux destinés à la reine. Mais au fur et à mesure que les coffres livraient étoffes rares, parfums et bijoux, le prince assyrien répétait d'un air atterré :

– Ils ne sont pas assez beaux pour toi, ô Perle !

Les présents agréés et l'ambassadeur remercié, la souveraine se consacra à d'autres congratulations. Assadaron, vaincu par un regard de fleur violette et par un visage de pêche, regagna sa place le cœur si lourd qu'il crut que la mort était en lui.

Mille bœufs et deux mille moutons avaient été abattus. Quarante mille personnes se mirent à dévorer jusqu'au soir, assises autour des longues tables basses chargées de galettes de pain de millet. Dix mille esclaves, accroupis sur des nattes multicolores, voltigeaient pour servir le *wot*. Les convives se régalaient de cette viande cuite soit dans une sauce arrosée de poivre rouge, soit à même une feuille de figuier qui donnait à la chair un parfum savoureux. L'hydromel était servi dans d'énormes cornes de bœuf remplies aussitôt que vidées. Et pour exciter encore le formidable appétit de tout ce peuple rué au festin, les fanfares tonnaient. Huit cents instrumentistes se relayaient : cymbaliers, flûtistes, tambourins, trompettes, ils couvraient les rires et les cris de tout un peuple par un torrent de musique.

Déjà certains tombaient de table, la panse gavée et le cerveau grisé. Alors des gardes les transportaient hors de la plaine transformée en mangeoire. Quant aux dignitaires et seigneurs invités, ils se repaissaient de mets plus rares servis sur la terrasse. Jusqu'au soir la souveraine demeura parmi eux, dont Assadaron ne fut pas le moins assidu. Ne pouvant arracher de cette femme merveilleuse ni son regard séduit ni sa pensée captive, il ne prêtait aucune attention aux spectacles qui ornaient la fête d'attractions inédites : des poètes composant instantanément les plus beaux chants pour la plus grande des reines, des danseurs exécutant des pas qui forçaient l'admiration de cette élite blasée, des acrobates dédaigneux des lois de l'équilibre et de la pesanteur, sans compter les phénomènes les plus rares sélectionnés d'entre les nains, les géants et les monstres effarants.

Non, pour le prince assyrien aucune exhibition ne valait de détourner ses yeux hypnotisés par la beauté de la déesse qui, lumineuse comme l'astre, se nommait Makéda. Aussi, dans la nuit de lapis diaprée de l'éclat fauve et tremblant des torches, lorsque la reine fit signe qu'elle voulait se retirer, Assadaron se leva-t-il comme un automate pour échanger avec elle un regard dans lequel il lut une bienveillance amusée. Un instant plus tard elle s'éloignait déjà dans son palanquin. Il ne vit plus que sa chaise, balancée sur le dos de robustes Noirs, qui rentrait au palais entre une double haie de flammes, dans le mugissement des acclamations populaires.

Si la reine aspirait au repos, le peuple excité par le festin s'y refusait. Les festivités publiques étaient-elles terminées ? Elles se poursuivirent dans chaque maison et de par les rues de Symiène, dans un halo de clameurs. On faisait l'amour jusque autour de l'édifice impérial où s'efforçait de s'endormir la reine vierge. Ivres, soldats et bourgeois se jetaient sur les filles et les femmes rencontrées. Celles-ci tentaient d'échapper au viol en s'enfuyant, mais à tous les carrefours des attroupements s'étaient formés, à la lueur des flambeaux, autour de mâles se disputant sauvagement des femelles apeurées.

Une tempête de rut soufflait sur la ville. Les invités de Makéda s'étaient réservé les plus jolies danseuses d'Axoum et prolongèrent jusqu'à l'aube leurs divertissements orgiaques. La volupté régnait dans toutes les demeures et dans tous les lits. Des femmes nues couraient dans la nuit, immatérielles et ourlées de lune, pourchassées comme des dryades par le désir des hommes.

Seule une vierge resta seule sur sa couche de plumes, dans la grande chambre où pénétrait la perverse rumeur de la cité. De plus en plus angoissée d'elle-même, Makéda ne pouvait détourner d'Assadaron le cours de ses pensées. Quant au bel Assyrien, ayant renvoyé sa garde, il déambulait dans Axoum, fasciné et meurtri. Il avait repoussé les invitations aux plus sensuelles curiosités et même la danseuse qu'il avait retenue, quelques heures plus tôt, pour le distraire après la cérémonie.

Sombre et farouche, il regagna son camp et appela sous sa tente le poète qui l'accompagnait dans tous ses déplacements.

– Compose-moi, demanda-t-il, un chant plus beau que tous les chants pour la Perle Toute Pure.

– Je ne la connais point, répondit le poète.

– Alors fais-moi, ordonna-t-il, le plus beau des chants pour la plus belle des femmes au monde, ainsi tu auras fait un chant pour la Perle.

Et le poète imagina un chant si beau qu'Assadaron le murmura jusqu'au matin.

LES EXPLOITS D'ASSADARON

Assadaron se tournait vers Makéda
comme pour lui consacrer son émotion,
son souvenir et sa bravoure…

LE PRINCE ASSADARON RACONTAIT À SON TOUR SES plus fabuleuses prouesses. Chacun, parmi les fiers invités, voulait que la reine gardât de lui un souvenir mémorable en lui dévoilant un épisode de son existence aventureuse.

Les rois faisaient le récit de leurs conquêtes, les princes rapportaient leurs chasses contre de terribles animaux terrés en des repaires inaccessibles, au cœur des forêts profondes ou au sommet de montagnes reculées, les chefs de guerre relataient des faits d'armes ou de bravoure qui suscitaient l'admiration.

La reine écoutait avec une curiosité d'enfant. Elle s'extasiait de plaisir ou de frayeur, battait des mains, si captivante que ce parterre de monarques et de héros eût déposé à ses pieds, sur un simple battement de cils, toutes ses victoires et toutes ses gloires.

Seul Assadaron jusqu'alors s'était tu, indifférent à toutes ces épopées. Peut-être rêvait-il d'une plus éclatante conquête ?

Pendant ce temps, autour de l'estrade impériale, la ripaille avait repris. Le peuple ayant été rassasié la veille, il restait à satisfaire les prêtres, les fonctionnaires et l'armée.

Quatre festins de dix mille bouches furent encore servis, présidés par la grâce inlassablement souriante de Makéda. Si la qualité des invités leur imposait plus de retenue, les convives n'en étaient pas moins bruyants et vite saoulés par les esclaves qui ne cessaient de leur verser à boire.

Dans ce tumulte ininterrompu, Makéda eut quelque peine à entendre Assadaron. Car l'Assyrien s'était enfin levé pour raconter, en le mimant, son plus grand exploit :

– J'ai rencontré beaucoup d'animaux de tous genres. Mon oncle Salmanar voulait posséder un couple de toutes les espèces les plus bizarres. Sa collection était considérable et de partout les rois et les princes accouraient pour l'admirer. Un jour, un navigateur apprit à mon Empereur que dans de lointains pays du nord, là où la brume est perpétuelle, l'eau solide et glacée, la pluie blanche, floconneuse et froide, il existait des lions énormes dont les pattes se terminent par des sabots et dont la crinière est aussi noire que touffue.

» Le souverain désira dédier des bêtes semblables à Baal, en les élevant dans le temple du dieu des Forces suprêmes. Mon regretté père offrit alors à l'Empereur son frère de commander une expédition dans ces pays mortels. Je le suppliai de m'emmener. Il accéda à cette demande, heureux de mettre mon intrépidité à l'épreuve. Nous sommes donc partis en Phénicie avec cinquante guerriers éprouvés. À Tyr, le roi Hiram, bien qu'effrayé de notre audacieux projet, nous prêta contre beaucoup d'or cinq grands voiliers de sa flotte si renommée. Les équipages furent formés des meilleurs navigateurs et nous embarquâmes des vivres pour six mois.

» Longeant patiemment la côte d'Égypte, nous avons franchi la Porte de Fer qui est faite de rochers gigantesques. Nos vaisseaux ont suivi le littoral en direction du couchant et nous sommes remontés vers le nord. Ce voyage fut affreux, par une mer âpre et cruelle, toujours démontée. Le froid saisissait tout, et la lumière du soleil se noyait dans le brouillard opaque particulier aux pays du soir. Après trois mois d'une navigation détestable, nous sommes arrivés dans un estuaire. Sur la rive, des pêcheurs groupés en des villages misérables nous apprirent que leur grand fleuve s'appelait le Seldé. Nous y découvrîmes bientôt un petit groupe de Phéniciens qui s'étaient provisoirement installés pour commercer. Ils nous ont accueillis avec plaisir et nous avons partagé leur mouillage. Puis nous avons édifié un fortin pour prévenir les éventuelles attaques des sauvages habitant ces mornes contrées. Enfin, ayant assuré nos arrières, nous avons remonté le Seldé…

» Ce fleuve est bordé de forêts obscures et glaciales. Il y pousse des arbres hauts comme des temples et dont le froid a transformé les feuilles en longues épines. Nous avons tenté de nous lier avec les peuplades de l'endroit, lesquelles ignorent tout de nos techniques et de notre luxe.

– Comment sont-ils, ces sauvages ? interrogea Makéda.

– Les mains et le visage blancs de froid, mais les cheveux d'or pâle et les yeux bleus comme de l'eau. Pour seuls vêtements ou presque, ils se couvrent de peaux de bêtes mal taillées. Tout juste civilisés qu'ils soient, nous sommes arrivés à leur faire dire qu'il y avait des lions à sabots plus avant dans leurs terres. Nous avons marché trois jours pénibles encore, les désirs de Salmanar étant des ordres de Dieu, et nous avons trouvé des monstres blancs et gris, gros comme plusieurs lions. Leur tête ressemble à celle des chiens. Bien que ces êtres velus se déplacent en se dandinant d'une façon comique, lorsqu'ils s'effraient ils grimpent aux arbres aussi promptement que des singes. Mais un de nos guerriers, s'approchant imprudemment d'un animal de ce genre, fut broyé d'un seul coup de patte. Nous avons bien sûr résolu de capturer, à l'occasion, quelques-unes de ces étranges créatures.

» Continuant de suivre les rives du Seldé, nous avons croisé des antilopes et des gazelles monstrueuses, grandes comme le plus fier cheval et sur la tête desquelles poussent des cornes tourmentées et capricieuses telles d'énormes branches de mimosa. Mon père voulut que j'attaque l'une de ces bêtes, ce que j'ai fait avec joie. J'ai débandé mon arc à cinquante coudées d'une antilope-cheval, mais ô surprise ma flèche se ficha dans les branchages compliqués de ses cornes. Alors j'ai ordonné que tous mes chasseurs décochent en même temps un trait meurtrier. Même hérissé de tous ces dards, l'animal eut l'ultime ressource de me charger avec l'élan pareil à un buffle...

Makéda, toute passionnée qu'elle fût, demanda qu'on désaltérât le conteur qui s'était exalté à l'évocation de ses souvenirs. Assadaron vida sa coupe et reprit aussitôt le fil de son histoire.

– Mon père s'impatientait de tuer lui-même le premier bœuf-lion rencontré. Nous nous sommes encore enfoncés dans les bois pour y découvrir l'un de ces monstres que les sauvages désignent sous le nom de *ur*. Sachant que nous approchions de sa retraite, nous avons monté une tour de guerre. Nos esclaves, à grand-peine, la poussèrent et la traînèrent dans l'inextricable forêt embroussaillée, creusée de trous profonds et accidentée de collines qu'il fallait contourner.

» Avec deux de nos meilleurs guerriers, mon père et moi nous sommes enfermés dans la tour, dissimulant nos autres chasseurs sous leurs boucliers, couchés au sol, en carré de combat. Puis les sauvages qui nous avaient guidés rabattirent vers nous le monstre irrité, écumant.

Ici le conteur fixa la reine, dont le visage trahissait une vive émotion. Un sourire énigmatique aux lèvres, il poursuivit :

– Le moment fut pathétique. Devant nous, les arbres fléchissent et tombent. La terre tremble sous un terrifiant galop. Certains des nôtres s'échappent en hurlant. La bête heurte notre cache de son front aussi puissant qu'un bélier. Ébranlée par le choc, la tour menace de se renverser. Mon père impavide lâche sa meilleure flèche. Elle glisse sur le crâne géant comme un galet rebondit sur l'eau. Un ordre et nous tirons tous. C'est un orage de flèches. L'animal féroce s'arc-boute, fulmine sa colère. Décidé à vaincre, mon père prie Baal de lui en donner l'énergie. Il vise et lance un javelot qui pénètre le flanc du monstre chargeant notre tour, laquelle sonne sous ses coups comme une cloche, et détalant ensuite dans les taillis où nous la traquons en faisant pleuvoir nos pointes acérées. La nuit tombe sans que nous abandonnions la lutte. Enfin notre proie épuisée, perdant son sang comme l'eau coule d'une fontaine, s'effondre sous nos coups de lances, abattue tel un chien.

Mouillé de sueur à ce stade du récit, Assadaron se tourna une nouvelle fois vers Makéda. Il semblait solliciter un encouragement de sa part.

– *Goch ! Goch !* s'écria celle-ci. Continue, valeureux Assyrien, de nous faire vivre l'enfer de ce pays où tu fus si brave !

– Nous avons poursuivi notre route, reprit le prince babylonien, et traversé des marécages. Les indigènes nous ont fait monter sur des chevaux aux sabots larges comme deux pieds, au pelage touffu comme celui d'un fauve et à la démarche placide et lente.

» Nous avons vu des sauvages habiter des huttes plantées au milieu des lacs, sur des mâts. Leurs femmes sont grandes et grosses, les cheveux raides et blancs comme sur la queue d'une girafe, et les yeux tels des trous d'eau. Elles aussi enveloppées de fourrures, elles mènent une vie animale qui ne connaît ni le chant, ni la danse, ni aucun art. Les hommes pêchent, boivent un breuvage aigre et brunâtre qui alourdit le cerveau et rend fou. Déambulant ainsi dans ces horribles contrées dont le climat doit être un châtiment des dieux, nous avons réussi à capturer deux urs, cinq chiens grimpeurs et plusieurs gazelles géantes. Alors, mon père jugeant que notre mission est grandement accomplie, nous revenons à notre camp sans nous douter qu'une embuscade nous y a été tendue. Nous y sommes tombés. Bien que me battant de toutes mes forces contre les sauvages en nombre, je n'ai pu empêcher mon père de recevoir à la tête un coup de hache en pierre. Il s'écroule tandis qu'un diable d'homme pâle comme le lait se jette sur moi, réussit à étreindre ma jambe et la mord furieusement. Il m'aurait blessé gravement si je ne lui avais tranché le bras de mon sabre fidèle.

» Alors un Phénicien, qui connaît le guttural et barbare langage de cette contrée, parvient à marchander la paix moyennant vingt lances et vingt boucliers assyriens, plus nos tentes et nos couvertures. C'était justement le but de ces sauvages !

– Quelle extraordinaire aventure ! s'exclama Makéda. Mais n'en reste pas là et ne nous épargne point, prince courageux, les détails de votre retour !

– Nous avons rembarqué puis abordé dans l'île « aux prairies vertes », à deux journées au ponant du pays des forêts et des marécages. Nous y avons cherché le cheval à une corne dont les Phéniciens nous avaient parlé, mais vainement. Il n'y avait là que des pirates rançonnant les navigateurs assez égarés pour se risquer sur leurs eaux. Seules la puissance de notre flotte et l'habileté de nos équipages leur imposèrent le respect et la crainte. Enfin, nous sommes rentrés sains et saufs – du moins pour la plupart d'entre nous – à Babylone. L'Empereur fut si heureux de recevoir nos captures qu'il ordonna aux plus adroits des sculpteurs de tailler, dans d'énormes blocs de pierre, l'effigie des bœufs-lions. Ces emblèmes sont désormais ceux qu'il préfère, car ils symbolisent les plus périlleuses conquêtes dans les horizons lointains. Et aujourd'hui ils étonnent encore nos enfants et petits-enfants.

» Quant à moi, gracieuse reine, je fus en remerciement nommé satrape de l'Empire, et je reçus une province qui touche à ton pays. Si je ne craignis jamais de mourir au combat, dans cette maudite contrée que j'ai parcourue, j'ai gardé la peur de son mortel climat. J'ai déjà dit que le froid y est intense. Il solidifie l'eau comme le roc et l'on peut alors marcher sans crainte sur les lacs et les rivières. Le corps tremble malgré les feux près desquels on tente de se réchauffer, et nulle fourrure n'est assez épaisse pour l'empêcher. Cinq de nos plus vaillants soldats ont d'ailleurs été tués par une toux maligne...

– As-tu rapporté cette fabuleuse pierre d'eau dont tu nous parles ? questionna Makéda.

– Non, ô Perle, car cette pierre redevient de l'eau aussitôt qu'elle est au contact de la main.

Un magicien plein de morgue et indisposé par le succès d'Assadaron prit alors la parole pour insinuer d'une voix fielleuse qu'il eût pourtant fallu essayer de revenir avec l'une de ces pierres :

– Car elles sont, incontestablement, les cailloux rajeunissants dont parlent nos symboles !

– Erreur, rétorqua Assadaron. Ces pierres sont intransportables, sinon je serais le premier à retourner sur les terres qui lui donnent naissance afin d'en offrir à votre souveraine.

Le magicien se renfrogna dans une muette attitude de réprobation et le prince assyrien ajouta :

– Si je n'ai pu rapporter ces pierres d'eau, il m'a en revanche été possible de me procurer les perles des pays du nord. Elles ne se découvrent point, ainsi que chez nous, dans les coquilles de la mer, mais dans le sable des montagnes qui bordent l'océan gris. En voici quelques-unes. Elles sont du même or pâle que la chevelure des sauvages, qui l'appellent *ambre*.

L'ambassadeur babylonien tendit à la reine le collier précieux fait de grosses gouttes transparentes et dorées. Elle l'examina avec une évidente curiosité, comme hypnotisée par ce joyau et le désir de le posséder déjà. Aussi le restitua-t-elle avec un regard de velours sur le sens duquel le prince se méprit. Chacun dans l'assemblée, pressentant qu'un débat allait s'ensuivre, dévisageait les partenaires de l'étrange duel sentimental.

L'Assyrien renfila le collier à son cou et, à l'adresse de Makéda, murmura des mots d'une ambiguïté voulue et dont la subtilité n'échappa point à celle qui avait fait serment de rester vierge :

– Tu me demandes ces perles, ô reine. Hier je te couvrais des présents de mon Empereur et des miens en me plaignant qu'ils fussent si peu dignes de ta beauté. Je voudrais faire briller ton corps émouvant de tous les joyaux du monde, courir tous les dangers et braver tous les périls pour te les conquérir, jusque dans les mers mystérieuses et redoutables qui encerclent l'univers. Mais écoute : les perles jaunes des pays brumeux du soir m'ont été offertes par un magicien de ces contrées en une nuit d'ébène. Un philtre de bonheur s'attache à elles, aussi convient-il de ne les offrir qu'au cœur de la nuit, sinon leur éclat et celui de qui les porte pourraient s'éteindre à jamais...

Pesant chaque mot, Makéda répliqua du ton badin d'une enfant capricieuse :

– Vraiment, prince, tu as compris que je désirais ces perles en souvenir de tes conquêtes et de toi-même ? Mais s'il est un sort enclos dans ce bijou, je ne saurais te priver de la vertu qui te protège...

Inquiet du tour que prenait la conversation, le grand rabbin crut bon d'intervenir.

– Gardez-vous, ô Toute Pure Perle ! Gardez-vous de rencontrer nuitamment des princes qui voient en vous la femme avant que la reine !

D'une noblesse trop haute pour s'élever contre la puissance religieuse d'un État dont il était l'hôte, Assadaron s'inclina profondément et regagna sa place les poings serrés. Mais Makéda n'était-elle point émue ? Assurément il était beau et intrépide, ce fier Assyrien dont l'aventure avait suspendu à ses lèvres pas moins d'une souveraine, trois monarques, vingt princes et les guerriers les plus téméraires !

Regagnant son palais anéantie de fatigue et les nerfs brisés par le combat déchirant qu'elle devait livrer à un amour naissant comme une fleur redoutable, la reine de Symiène résolut d'envoyer un messager à Assadaron. L'audacieux ambassadeur l'écouta avec stupeur l'informer qu'il était attendu à la troisième heure de la nuit dans les appartements royaux. Makéda s'érigeait-elle contre la volonté du grand rabbin, fidèle gardien de ses serments ? L'amour était-il donc plus fort que les principes et les promesses ?

Assadaron considéra l'orage dévastateur qui s'éveillait en lui, l'orage qui le pressait de tout briser pour posséder l'objet convoité, l'orage qui brûlait les sens et ferait bientôt, du sang paisible, des torrents de feu.

L'AMOUR

Tous les autres mots ne sont que ris et soupirs,
comme le babil des enfants ou le chant des oiseaux…

L'AMANT ÉPERDU A ATTELÉ SON PLUS BEAU CHAR, LE poussant avec ardeur vers le palais dont les portes, silencieusement, se sont ouvertes. Au premier portique un garde l'invite à le suivre dans le dédale des galeries, des colonnades et des terrasses. La nuit est grisée de parfums, le ciel d'azur sombre clouté d'étoiles. Il flotte encore dans l'air, échappés d'une taverne ou d'un bouge, les échos assourdis d'une musique voluptueuse.

Le ravissement et l'angoisse étreignent le jeune prince.

Elle est là. Il va la voir et la serrer dans ses bras, peut-être même posséder son jeune corps qu'il désire comme un beau fruit gorgé de soleil.

Le garde s'arrête, lui prend le bras. L'odeur énervante des mimosas, des tubéreuses et des glycines est encore plus forte ici. Là-haut, dans les ténèbres, une lumière se devine. Le soldat dit au prince :

– La reine est là.

La reine est là ? Assadaron lève les yeux. Sur la terrasse où donnent les appartements royaux, une silhouette s'accoude à la balustrade fleurie. D'abord immobile, cette forme estompée se meut. Une main se tend, indiquant les escaliers. Plus proche, l'ombre se précise. Assadaron ne peut retenir un geste de défiance : face à lui se trouve un choum, officier casqué et armé.

– Où est la reine ? demande l'Assyrien dans un souffle.

– Ne me reconnais-tu pas, Assadaron ? lui répond l'inconnu.

Tout d'abord le neveu de Salmanar ne comprend point. Puis la vérité se fait jour en lui : la reine-enfant, si mince, si fine et élégante, se tient devant lui en costume d'officier.

– Je baise la poussière de tes sandales, ô Perle, murmure le prince, mais pourquoi ce vêtement de bataille pour une nuit d'amour ? Pourquoi cette lance ? Tes yeux de fleur vivante n'ont-ils pas suffi à percer mon cœur ?

– Relève-toi, Assadaron, et ne te méprends point. Faut-il te rappeler que ma virginité ne t'appartient pas ? Il me faut rester pure et il me plaît pourtant d'être aimée par toi. Ta passion me ravit. Mais je veux que tu m'aimes *comme tu aimerais un homme*. Oublie, je t'en conjure, que je suis une femme.

Ces mots ont été dits avec un tel accent que le prince agenouillé aux pieds de son idole se redresse tout étourdi. Il observe son visage candide sous le casque. Le regard de la reine est aigu et franc.

Assadaron ne sait que répondre. Les suppositions se

bousculent comme des étoiles folles. Il essaie de comprendre, mais il a peur d'y parvenir.

Cette femme idéale livrée devant lui. Cette nuit grisante, pailletée de mouches luisantes, et cette volupté ambiante. Est-il possible qu'elle y soit insensible ? Des perfides ont dû insinuer à ses oreilles qu'être aimée comme un homme lui offrirait des gammes de caresses multipliées, et qu'elle pourrait tenir son inexorable serment en éprouvant de tels plaisirs !

Ces plaisirs, Assadaron les connaît. Il les a appris avec des jeunes gens de son âge et des filles perverses dans les maisons louches de Thèbes et de Babylone, et même chez de nobles seigneurs. Mais justement, Makéda n'a-t-elle pas vécu à Thèbes, dans l'atmosphère corrompue de la grande capitale égyptienne ?

Que lui importe ! Sa passion est telle qu'il aimera la reine comme elle le voudra. Ainsi qu'une maîtresse quand elle daignera le lui accorder, et ainsi qu'un choum tant qu'il le lui plaira.

– Ô Makéda, mon adoration, qu'il en soit fait comme tu l'entends. J'obéirai à ton caprice. Naguère, vois-tu, j'aimais de cette façon un jeune ami comme un frère, tandis que les rigueurs des lointaines expéditions militaires ne nous permettaient pas de nous faire suivre par des compagnes. Mon amant était alors doux et mince comme toi. Et je le caressais de même.

Chantant presque ses paroles, Assadaron s'apprête déjà à étreindre le corps de son amante. Émue et énervée, la reine de Symiène n'a pas saisi le sens corrupteur de ses paroles. Un terrible malentendu flotte entre eux, amplifié par l'excitation charnelle, les parfums de l'obscurité complice et le râle des colombes étourdies dans le parc. Les ferventes lèvres du prince courent déjà tout au long de son bras comme la caresse d'une nuée de papillons. Mais soudain, malgré les effluves sucrés de ce doux contact, Makéda se libère.

– Prends à mon cou ce collier d'ambre qui t'appartient, fait l'Assyrien. Ô ma bien-aimée, moi qui suis à tes genoux je sentirai ainsi tes doigts sur ma nuque, sur mes joues et sur mon front…

Et tandis que la souveraine retire le joyau, soupirant de langueur Assadaron enlace ses jambes nerveuses. Sous la tunique du choum les cuisses soyeuses et musclées semblent s'offrir à la bouche enfiévrée qui monte et remonte encore…

Une nouvelle fois Makéda se dégage brusquement. Assadaron, qui s'est redressé, lui retire le collier des mains pour le lui nouer autour du cou avec des baisers savants et brûlants sur l'oreille et la nuque. Tant et si bien que cette fois la révolte de la jeune femme est complète : elle repousse l'Assyrien et porte des mains effarées aux endroits de sa chair troublée qu'il a si divinement cicatrisée de baisers.

Le prince ne comprend plus. La colère monte en lui. Accoutumé qu'il est à des conquêtes plus aisées, l'orgueil de son sexe le grise plus vite que la *sikaru* la mieux fermentée de son pays.

– Fou que tu es, susurre l'ingénue souveraine tout à son rêve, t'est-il si malaisé d'admettre que je ne puis supporter tes caresses plus périlleuses pour moi qu'un poison ? Ne t'ai-je point demandé de m'aimer comme un frère ?

Assadaron ne sait plus s'il s'est trompé. Makéda a-t-elle vraiment l'âme aussi virginale que le corps ? Ou bien est-elle de ces jeunes femmes qui partagent le lit des homosexuels afin de satisfaire leurs emportements sensuels en se préservant pour leurs futurs et naïfs époux ?

Peu lui chaut. Prisonnier de son bon vouloir, il jouera pour elle le rôle de l'amant inverti ou celui du chaste amoureux.

Soudain, tout doute s'évanouit. L'innocence même du visage de Makéda atteste la pureté absolue de ses intentions. Non, elle n'est point la fille des orgies thébaines.

Alors le lion dompté s'abat contre la poitrine du choum en balbutiant des mots précieux et parfumés. Le tressaillement du corps idolâtré est déjà une récompense divine, et la brise qui s'élève exhale de leur cœur toutes les fragrances des fleurs écloses. Le silence est léger comme une soie.

Makéda prend dans ses mains la tête de l'aimé qui laisse couler ses larmes d'avoir douté de son âme d'airain. Magie de l'amour, elle sanglote aussi. Les amants marchent maintenant à pas lents sur la terrasse, penchés l'un vers l'autre. Leurs paroles sont puériles comme celles de tous ceux qui s'aiment. Que se disent-ils ? Je t'aime Makéda, je t'aime Assadaron. Tous les autres mots ne sont que ris et soupirs, comme le babil des enfants ou le chant des oiseaux…

*

*   *

Au détour d'une allée du parc, les amoureux se sont longtemps attardés sous les manguiers aux grappes odoriférantes quand l'Assyrien perçoit soudain un chuchotement. Des voix ? Lesquelles ? Celles des gardes ? Il va saisir son arme quand Makéda retient son bras. Pourquoi ? Un instant plus tard, il sait. Là-bas, au bout de l'allée, le grand rabbin et l'exécrable Amram assis sur un banc sont en train de les épier et de ricaner.

Assadaron s'empourpre de fureur. D'un coup le guerrier vainc en lui l'amoureux. C'était un piège, une machination. Ces hommes sont commandés par une reine jouant la comédie de l'amour pour s'approprier l'ambre qui, offert en la nuit, doit conférer le bonheur.

Elle ne l'aime donc pas ? Elle ne l'a jamais aimé ? Ni candide ni perverse, elle est femme, tout simplement ! Et lui, Assadaron, probable héritier de Babylone et de l'Assyrie, il vient d'être le jouet d'une illusion comme un adolescent pris aux rets d'une courtisane !

Ces pensées, il en libère le flot rageur devant la souveraine interdite, la secouant et l'insultant. Et la reine éperdue se laisse accabler à la façon d'une esclave.

Puisqu'il en est ainsi il ne la verra plus. Il va lever le camp. Il lui abandonne ce collier maudit qui lui brûlera la nuque tel un vivant remords. Mais auparavant, il châtiera les hommes qui se sont prêtés à cette turpitude infâme. Le voilà qui dégaine et se précipite sur les gardiens de la vertu royale...

Ceux-ci ont déjà disparu. À leur place brillent deux dizaines de boucliers surmontés de lances. Assadaron profère les pires injures. Sa colère est terrible. Dans un éclair il songe à mettre fin à ses jours, devant ces hommes, pour démontrer sa bravoure. Mais il est l'ambassadeur de Salmanar. Son attitude, sur ce territoire dont il est l'hôte, doit être exempte de reproches. Il rentrera à Babylone et fera déclarer la guerre à Symiène pour laver l'affront qui vient de le cingler comme un fouet.

Il est déjà parti. Il court. Il cherche son char et se perd dans le labyrinthe des galeries. Il retrouve avec peine le portique principal. Les portes s'ouvrent. Derrière lui il croit entendre fuser le mépris et les moqueries des gardes. Il éreinte ses coursiers. Il a besoin d'espace, de grand air, filant comme une flèche dans la nuit. Et plusieurs fois, il va faire le tour de la cité pour abolir la tension de ses nerfs.

La Perle Toute Pure a déjà regagné son palais et s'est abattue sur sa couche en pleurant, désespérée que l'Assyrien n'ait pas compris qu'elle s'était naïvement entourée de gardiens plus sûrs qu'elle-même pour prévenir les défaillances possibles de sa chair. Il n'a pas senti à quel point elle l'aimait pour avoir imaginé de tels garde-fous contre les périls nocturnes d'une solitude à deux parmi les jardins parfumés.

Elle se lamente, la douce Makéda, pour la deuxième fois de sa vie malheureuse d'amour. Et le dépit fait bientôt place à une douleur plus vive encore. Car la jalousie s'en mêle. Elle se représente les femmes de son peuple qui aiment et sont aimées librement, se donnent avec des gestes de complet abandon. Elle se rappelle les lascivités enseignées à Thèbes. Les jeux de ses compagnes. Leurs extases. Leurs yeux exorbités et leurs râles d'être possédées de tant de façons par des amants experts. Tout cela lui serait donc refusé ? Les baisers, les caresses, les soumissions, les fantaisies et les jouissances de l'amour charnel ? Et par la volonté de qui ? De quelques hommes érigeant des conventions absurdes et qu'elle ne veut plus respecter ! De quel droit ont-ils stérilisé les élans qu'elle sent sourdre de tous ses sens ?

Elle rêve de révoltes insensées, de mises à sac et d'incendies du palais comme d'Axoum, de couronne brisée, des ravages d'une guerre sans merci, du meurtre d'Assadaron. Ou bien elle imagine se jeter aux pieds de son amant et l'implorer comme une servante ou la dernière des esclaves.

Pendant longtemps elle lutta ainsi, avec tous les instincts violents qui montaient de sa jeunesse trop tôt brisée.

Puis une idée folle s'empara de son esprit, une idée d'abord rejetée et qui finalement s'imposa à elle avec tant de force qu'elle ordonna qu'on lui selle un cheval et qu'on ne la suive point.

Elle sortit au galop du palais endormi pour s'élancer sur les routes. La férocité de son projet la faisait rire. Désormais elle ferait la guerre aux hommes qui l'avaient forcée à se prêter à la mutilation morale et physique d'elle-même. Elle les humilierait comme elle venait d'être humiliée. Et le fier Assadaron devrait le premier s'agenouiller devant elle pour implorer son pardon et sa grâce, sinon il mourrait de sa main.

Makéda galopait, au rythme allongé et précis de sa jument préférée, étreignant dans ses doigts fébriles un collier d'ambre…

MAKÉDA SE BAT CONTRE L'AMOUR

Je délivrerai la femme du joug
contre la femme elle-même,
car je suis le Messie féminin
désigné par le prophète Anguebo
sur la volonté de Jéhovah...

ASSADARON, RENTRÉ DANS SON CAMP, S'ÉTAIT ISOLÉ en exigeant le calme et le silence. Mais la colère qui rôdait en lui ne pouvait lui permettre le moindre repos. Alors il repartit vers la ville, ses capitaines et ses guerriers osant à peine lui demander l'origine de son trouble. Il leur répondit durement que son existence n'était point en danger et qu'il ne voulait aucune escorte.

La cité n'était pas encore saoulée de joie après deux journées de liesse. Aussi l'Assyrien se mêla-t-il à un groupe de nobles Égyptiens qui continuaient à boire, à faire danser sur des estrades, dans les tavernes, des courtisanes et des éphèbes maquillés, travestis en filles.

Toute la scène qui venait de se dérouler dans les jardins du palais axoumite revécut dans la mémoire du prince qui souffrait. Aussi fut-il le seul à ne pas se choisir une compagne parmi les prostituées dénudées, en foi de quoi ses amis le moquèrent :

– Le voilà donc, le vainqueur des gazelles-chevaux et des lions-bœufs ! Aurait-il peur de Xantho, la belle Grecque qui semble l'aimer déjà et ne danser que pour lui ?

Mis au défi, Assadaron empoigne ladite Xantho qui rit aux éclats et l'entraîne dans sa chambre parfumée. Elle veut se donner à lui, bras et jambes comme des serpents. Mais ce que le prince désire, c'est épuiser sur elle sa rancœur qui n'a point trouvé de dérivatif.

Il insulte la fille qui persiste à rire, ne comprenant pas la langue qu'il parle. Elle le croit ivre. Visage défait et vêtements en désordre, Assadaron l'amuse follement. Alors le guerrier maltraite sa chair pâle et parfumée, la bat et la gifle en faisant tintinnabuler ses bijoux, la mord et l'égratigne tant et si bien que la fille s'évanouit, de terreur et de mal...

Aux cris qu'elle avait poussés des portes claquèrent et les couloirs se remplirent de gens dévêtus. Le danger dégrisa l'Assyrien.

– Nous nous sommes disputés, lança-t-il tranquillement. Mais je vais payer largement.

De fait, il sema l'or et partit.

– Il ne m'a même pas prise, gémissait Xantho en larmes.

Comment aurait-elle pu se douter qu'une heure durant c'était de Makéda et de toutes les femmes du monde que l'étranger s'était vengé sur son pauvre corps ?

*

* *

Vers le matin laiteux, harassée mais résolue, Makéda arriva au camp d'Assadaron. L'ambassadeur de Salmanar l'avait fait planter à une heure de galop d'Axoum, mais la reine avait épuisé sa jument à en trouver le lieu.

Le prince fut prévenu qu'un choum voulait l'entretenir en secret. Il renvoya la sentinelle chargée du message mais le soldat revint aussitôt :

– Ô Assadaron, le choum m'a chargé de te dire qu'il est l'homme que tu as insulté et qu'il vient réclamer de toi réparation par les armes de cet outrage.

Pareil défi n'avait jamais laissé indifférent un guerrier assyrien. Casqué et armé, le neveu de Salmanar se jeta hors de sa tente à la rencontre de l'officier symiénois. Il ne reconnut pas celle qui dissimulait son visage dans l'ombre et qui lui lança, d'une voix contrefaite :

– Choisis ton arme, Assadaron, et défends-toi. Sabre ou lance ?

– Je choisis le sabre, étranger, mais ne te connaissant point je veux que tu te découvres...

Makéda descendit de cheval et l'attaqua sur l'instant. Assadaron déconcerté para le coup. Ce guerrier inconnu qui venait à lui semblait avoir une grande expérience des armes. Le prince recula de quelques pas pour mieux assurer sa garde. Il repoussa ceux de ses hommes qui étaient accourus et banda ses forces pour faire face au prochain assaut.

Avant de châtier ce téméraire, il tenait à découvrir son visage obstinément masqué. Sa parade aussi habile que prompte écarta le bouclier de Makéda. Assadaron aperçut alors le visage durci de la souveraine.

Son cri déchirant fut celui d'une bête blessée :

– Makéda !

Mais la reine, muette et dédaigneuse, renouvela l'offensive. Assadaron, abandonnant l'attaque, para maladroitement les feintes de l'adversaire. Ce que voyant, le fidèle capitaine Nabunasar décida de s'interposer. L'arme levée, il s'écria :

– Ô prince, arrêtez ce combat contraire à nos lois ! Un seigneur de la famille impériale ne peut se mesurer contre une femme : il en rejaillirait sur lui une honte éternelle !

Assadaron, accablé, agréa l'opportune intervention de son capitaine. Mais la furieuse Makéda, elle, ne l'acceptait point.

– Je défends mon honneur éclaboussé par cet homme, et je me battrai comme un homme !

Calme et résolu, le capitaine parlementa :

– Chez les Assyriens, jamais un guerrier ne croisera le fer avec une femme, ô reine ! Commandez un défenseur qui se battra pour vous : telle est la loi !

– Dans mon Empire, répliquait Makéda, les femmes se défendent elles-mêmes et n'ont besoin de personne pour imposer le respect qu'on leur doit !

– Ô reine, dans ce camp vous êtes soumise aux lois assyriennes, rétorqua le capitaine, et nous vous prions de les respecter comme nous respectons les vôtres…

Qu'importaient pour elle les usages, les traditions, les règlements que les royautés avaient adoptés ! Elle tenait son amant devant elle, et tous deux formaient un couple que divisait l'éternel malentendu de l'amour.

Folle, inconsciente du danger et n'écoutant que sa témérité, elle fondit sur Assadaron surpris de l'attaque. Makéda se précipita ensuite sur le capitaine. Mais, imbus de leurs nobles principes, les Assyriens continuaient à se protéger sans répliquer. La reine s'épuisait à ce combat sans fin et son énervement croissait.

Une feinte qu'employaient les guerriers égyptiens lui revint tout à coup en mémoire. Il s'agissait de bousculer subrepticement l'adversaire, de le faire trébucher par un croc-en-jambe puis de profiter de sa chute pour le ficeler d'un jeu de nœuds rapide. La passivité d'Assadaron et de son capitaine lui facilita les choses. En un tournemain ils furent à ses pieds, livrés à sa merci, pâlissant tous deux de honte, de douleur et de rage.

Jamais un guerrier assyrien n'implore grâce. Farouche, Assadaron préférait la mort à l'humiliation. Il pensait que ce serait une volupté que de mourir de la main royale.

– Je ne veux pas que tu meures, fit alors Makéda d'une voix tremblante. Je veux que tu retires l'insulte grave qui me brûle.

Le prince ricana :

– Je m'expliquerai si tu le veux, mais ignores-tu qu'un prisonnier n'a pas le droit de parler ? Je ne le ferai donc, ô reine, qu'en homme libre de toute entrave. Et si mes explications ne te suffisent point, tu resteras maîtresse de mon destin.

Les guerriers furent aussitôt déliés, et sur un geste de son maître le capitaine s'éloigna. Assadaron, campé devant la souveraine, était décidé à lui exposer l'horrible combat de son âme, émerveillé par l'audace et l'intrépidité de la divine guerrière. Il redit son amour et ses espoirs quand il avait, la veille, lancé ses chevaux écumants vers le palais endormi. Il retraça sa surprise devant le déguisement de Makéda. Il osa confesser sa méprise, prenant une demande d'amitié pour l'expression d'un désir pervers. Il avoua son dépit et sa colère à la découverte des chaperons épiant leurs enlacements. Il ne cela point ce qu'il avait pensé d'elle, pas plus qu'il ne lui épargna la description de sa douleur et de l'heure passée avec Xantho dans la taverne de danse. Et dans son récit, il mit autant de chaleur à exposer le trouble de son cœur qu'il en avait eu pour conter ses exploits.

L'indignation de Makéda s'apaisa, car elle ne pouvait s'irriter de la franchise du prince. Il l'avait donc crue aussi vile que la plus vile des prostituées des rues de Babylone ? Celles qui créent les comédies de la passion, de la joie ou de la douleur pour quelques shekels d'or ? Il n'avait donc rien compris… Elle retira de son cou le collier d'ambre et le lui rendit tristement, dévisageant son amant les yeux embués de larmes. Sa lassitude n'était pas moindre que l'effondrement de ses forces morales. Toute énergie la quittait. Elle se sentait défaillir. Et c'est alors qu'elle tomba dans les bras de son prisonnier éperdu en balbutiant :

– Assadaron, Assadaron, qu'as-tu pensé de Makéda ?

Le prince fit grand tapage d'ordres et de cris. Il tenait la reine, tous sens enfuis, fortement serrée contre lui. La voyant abandonnée comme un roseau, mais pure, nette, droite telle une épée, il connut toute l'immensité de son erreur et s'en voulut.

Il porta la jeune femme avec mille précautions sous la tente princière. Un magicien étendit sur elle ses paumes sèches et, après avoir prononcé des paroles cabalistiques et incantatoires, lui fit respirer le contenu d'un petit cruchon. Makéda recouvra ses esprits.

Reconnaissant Assadaron, elle se jeta sur la poitrine du guerrier. Éplorée, elle le supplia de renvoyer son magicien.

Lorsque enfin ils se trouvèrent seuls, elle lui dit à son tour le regret de son serment de virginité, ses désirs et ses rêves.

L'atroce malentendu se conclut dans les plus doux baisers. Ils demeurèrent longtemps enlacés. Elle réclama à nouveau de lui un amour fraternel. Cet amour uniquement sentimental, il l'acceptait maintenant, tant son cœur était dévasté de passion. Mais il exigea de Makéda qu'elle n'eût aucun autre frère que lui. Sa jalousie brûlante s'effarouchait déjà des amitiés de la reine. Elle le caressa et lui promit tout ce qu'il voulait. Elle était heureuse. Son âme de femme aimante s'ouvrait comme une fleur. Assadaron partagea les grains d'ambre du collier qui les avait tour à tour joints, disjoints et réconciliés. Il parlait doucement à Makéda et, la voix émouvante, c'était vraiment son cœur gonflé d'extase qui parlait par ses lèvres.

– Quel bel amour que le nôtre, ô Perle, quel bel amour ! As-tu vu ces fidèles se prosternant au temple devant l'image de leur Dieu ? Ainsi Assadaron se prosterne devant Makéda nimbée de déité. Vierge Makéda, fille spirituelle de Baal tout-puissant, Dieu vénéré de ma race, symbole de pureté, daigne bénir de ta main adorée ton premier fidèle…

Le prince avait saisi la dextre de la reine et l'avait posée sur son front.

– Écoute, ô mon idole, continuait l'amant. Mon amour me transporte dans l'immense palais de Baal, bâti de blocs de marbre d'or, orné de soyeux tapis et de fleurs, grisé de tous les parfums célestes. Là, en ce domaine divin vaste comme une contrée, notre âme réfugiée, après la mort du corps, connaît enfin la récompense des bonnes actions de notre vie. Au seuil du palais du ciel se dresse un laurier toujours touffu, car son feuillage pousse et repousse aussitôt coupé. Lorsque notre âme arrive face à lui, notre ange gardien nous accorde une feuille de laurier pour chaque action louable accomplie ici-bas. Malheur à qui ne recueille point alors au moins une feuille, car il se trouve précipité par une force mystérieuse dans les abîmes brûlants. Heureux au contraire le détenteur d'un grand nombre de feuilles de laurier, car il connaîtra toutes les béatitudes. Makéda ! Ô Makéda ! Je veux, grâce à toi, connaître l'enivrement futur des délices du palais de Baal. Pour toi je demeurerai chaste, et grâce à toi, ma déesse, nos âmes y demeureront pour l'éternité enlacées...

Aucune idée impure ne traversait plus, à présent, le cerveau apaisé d'Assadaron. Pourtant il tenait Makéda sur son propre lit de pourpre, comme une fleur fragile. Il eût pu la retenir, l'isoler, il la savait privée de toute résistance. Ayant appuyé son front tumultueux sur la poitrine de l'amante, il sentait rythmiquement s'abaisser et se relever les seins adorables de la jeune fille. C'étaient pourtant ces globes grisants, ces fruits séduisants que Baal avait harmonieusement créés pour attirer les sexes l'un vers l'autre, et emplis du suc de l'amour propre à nourrir le nouveau-né...

Pendant que son bien-aimé méditait ainsi, Makéda rêvait dans ses bras de visions plus profanes. Elle rêvait de sa chair. L'amour comme un fluide l'inondait, faisait couler dans ses membres une troublante volupté. La main posée sur la tête d'Assadaron, elle la caressait ainsi que la nuque et le front barré de pensées. Ce contact la laissait encore plus alanguie. Elle s'abandonna dans un long baiser qui la fit vibrer comme une feuille livrée au vent.

Cette fois, ce fut Assadaron qui s'écarta brusquement.

– Tu te relèves, Assadaron ? Tu crois que ce baiser marque ma défaite ? Non, non, mon cher amant. Laisse aller Makéda vers son destin. La Perle, par Jéhovah, a une mission sacrée à remplir. Jéhovah l'a choisie entre les femmes pour l'accomplissement de cette tâche. Ne l'en détourne point. La victoire est à l'extrémité d'une longue route que je dois parcourir pour délivrer les femmes de l'esclavage où les maintiennent les hommes.

– Non, Makéda, il en va tout autrement. N'est-ce pas moi qui suis courbé à tes genoux ?

– Nous ne sommes vos égales qu'aux heures brèves de l'amour, mon beau guerrier, répliqua la Toute Pure. Il faut que plus jamais nous ne soyons vos épouses inférieures. Je délivrerai la femme du joug contre la femme elle-même, car je suis le Messie féminin désigné par le prophète Anguebo sur la volonté de Jéhovah.

En parlant ainsi, son serment la maintenait sous son emprise et sa religion la faisait fanatique. La douleur d'avoir été sacrifiée entre les femmes par Jéhovah la pénétrait de martyre. Une sorte d'hystérie mystique s'emparait de Makéda. Elle et Assadaron étaient encore inondés de cette extase quand les cris des gardes les étourdirent, les rappelant à une cruelle réalité.

Le jour était levé depuis longtemps. La disparition de la reine ayant inquiété le chef de la garde du palais, trente cavaliers s'étaient lancés, ventre à terre, sur les traces de la fugitive...

Makéda remonta à cheval et salua Assadaron, en apparence indifférente.

Au détour d'un chemin, elle rassembla ses gens et leur expliqua, en quelques mots brefs, son combat avec le prince assyrien sous un prétexte imaginaire. Puis elle exigea d'eux qu'ils gardassent le secret sur ce duel comme sur l'endroit où ils l'avaient retrouvée. Elle menaça de faire mettre à mort les trente hommes solidaires si une indiscrétion – une seule – était commise.

Dévoués corps et âme à leur reine, les cavaliers jurèrent de ne point parler. Rassurée, Makéda galopa vers le palais. La nuit passée l'avait complètement épuisée. Ses membres étaient rompus, ses nerfs des cordes détendues, et son esprit semblait flotter hors de son crâne. Elle s'abandonna dans un bain d'aromates et ses femmes la massèrent en la parfumant d'huiles bienfaisantes. Leurs caresses légères sur sa peau irritée lui évoquèrent celles d'Assadaron. Elle en éprouva du chagrin, mais il fondit devant cette réalité : elle aimait, elle était aimée.

Quant à Assadaron, il ne cessait de se lamenter. Son amour pour Makéda coulait en lui comme une fièvre et il pleurait de ne pouvoir assouvir ses désirs. Il connaissait maintenant la fanatique intransigeance de sa sentimentale amante. Arriverait-il jamais à la vaincre ? Moins facilement, sans doute, que de vaincre son sang.

L'AVEU DU TANAGARI

Prince, ce jour est mauvais pour vous.
Il est le premier d'un cycle de souffrances.

ASSADARON, ENVELOPPÉ D'UN DRAP POURPRE ET étendu sur son lit de peaux tannées, cherchait le repos dans l'obscurité de sa tente close. Il avait intimé l'ordre d'un silence absolu.

Quand il s'endormit, ce fut pour quelques heures que hantèrent des rêves épuisants. Sa pensée, prisonnière de Makéda, s'élançait vers cet éblouissant amour, mais il ne pouvait chasser les ombres qui rôdaient autour de lui comme des chiens sournois.

Les conséquences possibles de sa passion l'angoissaient. Demain, les fêtes du sacre seraient terminées. Le cortège des rois, des princes et des ambassadeurs irait barioler de son éclat les routes brûlantes du retour. Que faire alors ? Assadaron demeurerait-il à Axoum ? Quel prétexte dépêcher par des messagers – qui tous se disputeraient le privilège d'une course à Babylone – pour expliquer à Salmanar son séjour prolongé ?

À peine éveillé, le prince s'attacha un instant à élucider ce problème. L'image de Makéda s'imposa à ses yeux, et l'irradiante figure abolit la crainte des périls sinon l'inquiétude du désir. L'âme droite comme un glaive, Assadaron ne songeait guère à se délier de son serment de chasteté. Toutefois il en concevait le ridicule : il se voyait demeurer dans une attente vaine à Axoum, ronger son frein, calmer son sang et fuir les spectacles de chair, éviter toute excitation des sens en menant une existence ascétique. Il se voyait déjà la risée de l'Empereur et des seigneurs de Babylone s'il refusait de participer aux orgies qui font partie des plaisirs de la cour. Esclave de son serment, il se voyait également rester sans descendance pour régner après lui, sur la province qu'il gouvernait et plus tard sur l'Empire. L'amour de Makéda valait-il le sacrifice de sa chair ? Elle se vouant à son peuple, lui se consacrant à son serment… La sublimité de ce renoncement serait-elle jamais payée de retour ?

Un court instant l'Assyrien se laissa de nouveau gagner par la pénible pensée que Makéda pouvait être intrigante et perverse. Mais il chassa aussitôt l'indigne hypothèse avec colère, méprisant son âme constamment balancée comme une nef sur la mer.

Il songeait ainsi, le front plongé dans ses mains fines, lorsque entra son magicien ordinaire.

Téglatt s'inclina profondément devant son maître. Puis, ainsi qu'il le faisait chaque matin au lever du royal guerrier, il aspergea le sol d'une eau mélangée d'ingrédients compliqués pour expulser les esprits nocturnes. Imperturbable, il alluma ensuite un brûle-parfum sur un trépied. Dans l'essence odorante flambaient quelques lambeaux des bœufs sacrés du temple de Baal. Le thaumaturge se prosterna devant les volutes capricieuses du feu ourlé de fumées bleues. Dans leurs fantaisies, ces fumées devaient dessiner, pour les visions hors du monde du devin, les événements qu'annonçait la journée.

Assadaron était accoutumé depuis l'enfance aux incantations de ceux qui détiennent les pouvoirs magiques. Ils jouissent d'une autorité et d'une expérience puisées dans les mystères. Or, aujourd'hui, son magicien laissait transparaître un certain émoi. Il semblait s'inquiéter de volutes plus opaques, plus hautes que de coutume, dont il suivait dans l'air léger les ombres changeantes. Pressé de rendre son verdict, il expliqua :

– Prince, ce jour est mauvais pour vous. Il est le premier d'un cycle de souffrances. Jamais, depuis que je consulte pour vous les fumées mystérieuses, je n'ai vu plus redoutable assaut du sort contre votre forme astrale... Si le corps est sauf, pour une raison que j'ignore l'esprit est à la fois déchiré et meurtri.

Assadaron fit un signe d'indifférence. Le mage reprit :

– Donnez-moi une goutte de votre sang extraite du milieu du torse, et une autre goutte tirée de l'endroit où commence votre épine dorsale. Je mélangerai ce sang à un cheveu du milieu de votre tête et dès ce soir je pourrai vous dire l'origine du mal.

Comme le guerrier feignait de n'avoir pas entendu, Téglatt se dressa devant lui.

– Ô prince, suivez le conseil du plus sage de vos fidèles et soyez calme, très calme. N'absorbez point la chair des animaux de ce pays. Éloignez-vous de ses habitants, leur souffle est délétère.

– Je connais tes discours avant de les avoir entendus, répliqua Assadaron de méchante humeur. Je sais les déductions que tu tires de m'avoir vu épris de Makéda, et tu tâches de me persuader que les esprits me sont hostiles. J'ai compris. Va-t'en !

Le magicien était accoutumé aux colères princières.

– Restez calme, mon maître, et vous serez vainqueur. J'ai vu ce que vos yeux n'ont pas encore discerné : la souveraine porte un collier d'amulettes dont l'influence peut être néfaste pour vous. Je connais ces talismans. Ils dégagent des puissances redoutables. Ils sont préparés par le magicien chaldéen de la reine qui dépérit de fatigue dans la recherche des formules. Méfiez-vous de lui. Hier, il me parla. Nos sciences se heurtèrent et notre discussion fut animée. Il sait anéantir le plus violent désir de n'importe quel homme grâce aux effluves de l'objet même de ce désir. Comprenez-moi : il guérit l'ivrogne en enrobant dans l'amulette une pestilentielle décomposition de boisson. Il lui suffit, pour transformer l'amour en haine, d'introduire dans une amulette infernale une partie décomposée du corps de la victime. J'en conclus que la reine Makéda porte certainement sur elle, pour défendre sa virginité, des parties pourrissantes et pestilentielles d'un ou de plusieurs phallus.

Assadaron ne put retenir un geste de surprise. Son indifférence s'effondrait devant la précision de la science cabalistique, car la coïncidence des faits l'atterrait.

– Ô mon prince, poursuivit Téglatt orgueilleusement drapé dans sa robe chamarrée d'ornements hiéroglyphiques, sachez pourtant que ce voyant de Chaldée ne me fait pas peur.

– Te crois-tu vraiment capable de vaincre ses philtres ?

– Nos esprits seront éternellement les plus forts, dit sentencieusement le savant, la face grimaçante. Ils ne manqueront pas, sous mes incantations, d'influencer le corps astral de la reine en vous protégeant.

Assadaron eut un geste de colère.

– Je t'interdis, magicien, toute action occulte dirigée contre la reine Makéda : elle est sous ma protection.

Téglatt s'inclina jusqu'au sol.

– Je suis dévoué à vos ordres puissants, ô prince Assadaron, et votre sagesse est infinie. Mais je vous supplie de suivre le conseil de votre fidèle : si quelque femme de ce pays veut se donner à vous, méfiez-vous ! Méfiez-vous ! Pour le reste, que Baal bénisse votre journée.

Le magicien sortit et le masseur d'Assadaron lui succéda. Après avoir baigné et lavé son maître, il lui assouplit les muscles et la chair de ses mains ointes d'huiles parfumées.

Silencieux, les serviteurs vêtirent ensuite le guerrier de

pourpre : pantalon de coton serrant les jambes et robe de soie découvrant les genoux, protège-mollets de cuir doré et ceinture de peau de serpent close par une boucle d'or figurant une corne de taureau.

Avant de s'exposer à la lumière du jour, Assadaron écouta un cantique chanté par deux officiants. Il se prosterna, le front à même une large pierre bénie du temple de Baal qu'un collège des prêtres avait dévotement transportée, de Babylone à Axoum, enveloppée en des linges sacrés. Le cantique achevé, le prince vit s'écarter devant lui les lourdes portières de sa tente où la lumière pénétra à grands flots. Il s'en grisa. Cette clarté et la fraîcheur du matin apaisèrent son front hanté par les paroles du devin.

L'Assyrien se dirigea alors vers l'*adderach* spécialement affectée au repas de l'armée. Il y prit son déjeuner mollement allongé sur un divan, parmi ses capitaines et ses dignitaires. Soucieux d'un cérémonial qui ne souffrait aucune restriction – même en campagne –, il fut servi, sur un tabouret de roseau, par des esclaves agenouillés. Il toucha à peine aux bananes et aux dattes cuites dans l'huile d'olive, n'absorbant que quelques gorgées du vin frais et précieux extrait quotidiennement, et à grand-peine, de la cime des dattiers.

Les officiers assyriens de sa suite étaient tous instruits de l'intrigue dans laquelle leur prince avait vaincu la Perle. Ils étaient orgueilleux, mais inquiets. Le silence devait se faire sur les amours du chef. Assadaron pouvait mortellement châtier quiconque, hormis Téglatt et les prêtres, ferait allusion à son trouble.

Après le repas des chefs se déroula celui des guerriers. L'adderach pouvait contenir mille soldats, et les hommes devaient manger sous les yeux des officiers. Ils furent heureux d'apprendre qu'aujourd'hui serait consacré à un repos seulement entrecoupé par le fourbissage des armes et le bouchonnage des chevaux.

Rassasié, Assadaron se retira sous sa tente et sentit l'ennui le gagner. Les journées précédentes avaient été prodigues en événements prodigieux ; aussi se lassa-t-il très vite de sa tranquillité. Pour se distraire, il fit culbuter son lion favori et combattre son bouc dressé à ce jeu. Puis il s'en fatigua. D'habitude son *masinco* [1], lorsqu'il avait le cœur paisible et l'âme claire, lui faisait passer d'exquises heures de nostalgie musicale. Il lui tomba des mains. Une partie de chevaux aveugles [2] menée contre son meilleur ami le seigneur Nabunasar, commandant de l'escouade des chars, ne le divertit même pas. La chance l'abandonnait et le capitaine s'étonna de ses distractions.

Assadaron se préparait à des divertissements plus violents, pour meubler d'émotions une journée qui lui pesait, lorsqu'il tressaillit aux sonores avertissements des trompettes. Les sentinelles marquaient, par ces sons brefs, qu'un visiteur de marque venait de s'arrêter aux postes de vigie.

Il s'en fut aux portières de sa tente, le cœur battant. Plus puissants que ceux de Téglatt, les présages de son cœur lui annonçaient que Makéda ne prolongerait pas son silence.

Assadaron entendit le personnage se nommer.

– Dis à ton maître que le trésorier de notre reine, le noble Lévi, désire lui parler par ordre de la Toute Pure.

Ledit trésorier descendit de monture, imité par sa garde. Derrière lui, des serviteurs traînaient un lourd brancard drapé d'étoffe. Déjà le noble émissaire était introduit dans la tente fastueuse d'Assadaron qui, protocolairement, l'attendait couché sur son divan.

Comme Lévi s'inclinait jusqu'à terre, l'Assyrien lui fit signe de se redresser. Lui-même, s'accroupissant sur son alga, marqua sa déférence à l'envoyé de la souveraine. Il entendit à peine le discours du vieillard dont les fonctions étaient si considérables que Makéda n'avait point trouvé, sans doute, de plus important ambassadeur pour dépêcher son cadeau d'amour.

---

1. Sorte d'instrument carré, à une corde, ressemblant à un violon.
2. Sorte de jeu d'échecs.

Ce présent était déjà découvert de sa housse. Un char de course taillé dans l'ébène, d'un travail précieux et raffiné. Le fond du véhicule était un lacis extrêmement serré de lanières de peau de buffle, formant ressort. Ce char, à la fois imposant et léger, émerveilla Assadaron :

– Dis à la Perle, noble trésorier, que je ne vis jamais pareille merveille à Babylone.

– La Perle, répondit le dignitaire avec un sourire ambigu, m'a recommandé de vous transmettre, illustre prince, que « ce char est fait du bois des ébéniers d'un pays si chaud qu'il est invisible à la nuit noire ».

Assadaron, comprenant la parabole, sourit à son tour et s'étonna d'un cadeau plus inattendu : deux perroquets tanagaris bigarrés de gris, de vert et de bleu éclatants. L'un était petit, l'autre de forte taille. Leurs têtes étaient encapuchonnées de cuir rouge et des serviteurs les tenaient en cage.

– Voici, expliqua Lévi, deux ravissants oiseaux parleurs. Le grand tanagari répétera devant vous, ô prince, les mots les plus précieux que la reine daignera lui apprendre à votre intention. Le petit tanagari apprendra de vous d'autres mots, qu'il ira ensuite répéter à ma souveraine. Tel est le désir de Makéda.

Il fit un signe. Le serviteur décapuchonna le grand volatile. Alors le tanagari fixa l'assistance, se pencha, poussa un cri et lança distinctement : « *Na, Na, Fikeri, Aron.* » (Viens, viens, mon amour, Assadaron.)

Le prince était transporté, ébloui du tendre message. Quel précieux symbole, quelle délicate attention à son égard – tandis que lui-même remâchait de pernicieuses pensées – que d'avoir patiemment enseigné à cet oiseau les cris purs de son cœur ! Assadaron devant à son tour apprendre au plus jeune des tanagaris des paroles semblables, le trésorier lui indiqua la façon de vriller dans la mémoire animale les sons qui composent des mots.

L'Assyrien comprenait que Makéda cherchait à l'envelopper dans les rets de sa passion, espérant le retenir à

Axoum par ces moyens puérils, et sa volonté s'annihila davantage. Une fois l'ambassadeur royal reparti au palais de la souveraine, Assadaron entreprit de faire répéter à son oiseau une phrase aussi douce que celle constamment chantée par le perroquet de la Perle : « *Na, Na, Fikeri, Makéda* ! » (Viens, viens, mon amour, Makéda !)

La reine manda auprès d'elle le noble Lévi. Elle fut heureuse de l'accueil réservé par son prince aimé à ses cadeaux. Or, la veille, devant le grand rabbin son oncle, elle avait dû feindre l'indifférence et expliquer la somptuosité de ses présents par le désir de n'être point en reste de luxe avec Assadaron. Les vieillards s'étaient inclinés, bien qu'ils fussent alertés de la fugue nocturne de la souveraine et fort angoissés du trouble de sa chair.

Déjà ils étaient décidés à faire obstacle à ce coupable amour. Axoum possédait quantité de magiciens et de sorciers. Leur science étayée par le savoir des Égyptiens venus de Thèbes avec Makéda était si prodigieuse que plus d'un devin rival en avait été confondu.

TOUTE LA FORCE AXOUMITE

Sur un signe de sa main, tous ces hommes
insouciants de la vie et de la mort moissonneraient les victoires
pour accomplir le destin fatidique
enclos en la parole de Jéhovah.

IL RESTAIT DIX MILLE BOUCHES QUI N'AVAIENT PAS encore participé aux formidables repas du sacre. Dix mille. C'étaient les doyens des corps de métier des villes et des campagnes. Ils étaient venus de toutes les cités et de tous les villages, chargés des présents de leurs concitoyens humbles et riches.

Ils campaient dans de vastes tentes aux portes de la ville. Un camp grouillant de bruits et de couleurs. Makéda avait exigé que ces représentants de la nation travailleuse fussent à leur tour admis à partager le festin royal : ils virent la souveraine présider leur repas avec un cérémonial que n'altéra pas sa fatigue.

Car la fête devait encore durer cinq journées pleines avant que la Perle, idole dorée sur son trône de parade, agréât les présents des rois, vice-rois et gouverneurs des pays et territoires conquis.

Ces princes que l'infortune des armes avait faits vassaux de Symiène se présentèrent dans des atours témoignant de leur prestige aboli, mais non sans une grande humilité. À leur tête se tenait le roi du Wollo, le plus grand et le plus difficilement vaincu d'entre tous. Derrière lui venaient ses officiers portant sa bannière, faite d'une large banderole verte liant deux piques fleuries de lunes d'or. Cette banderole indiquait orgueilleusement les titres du roi, ses conquêtes antérieures, sa puissance. Suivaient les aides de camp chargés des cadeaux destinés à la suzeraine : lingots d'or et d'argent, défenses d'éléphants, cuivres martelés, bois d'ébène, parfums de civette, bijoux, émaux, onyx, jaspes, boucliers, tapis, capes en drap et perles par centaines.

– Loué soit Jéhovah ! lança le chambellan de la reine pour les accueillir.

La délégation se prosterna au pied de l'estrade, face au pinacle, et baisa par trois fois la frange du tapis royal qui dévalait de gradin en gradin, comme une vague pourpre, du trône jusqu'au sol.

– Le bonjour à tous ! reprit le chambellan.

Le roi du Wollo répéta sa révérence, mais elle ne dura qu'un bref instant. Quant à son escorte, elle demeura prosternée jusqu'au nouvel ordre du chambellan impérial :

– Parle !

Alors le vassal se drapa fièrement dans son manteau et prononça ces mots :

– Toute Pure Perle bénie de Jéhovah, puissante reine des rois, je suis le souverain qui, sous vos ordres, gouverne les pays de Wollo et de Leka. Daignez écouter la parole de votre serviteur le plus humble. J'agis conformément à vos pensées et vous obéis fidèlement pour la prospérité du peuple. Que votre sabre me tranche la tête si je contreviens à vos ordres sacrés. La vie du roi du Wollo est à vous, ô reine!

– Que Jéhovah te bénisse, répondit le chambellan.

– Ô Perle, reprit le vassal, daigne accepter ces présents.

Et son bras intima l'avalanche des cadeaux.

– Vingt barres d'or, annonça-t-il tout d'abord tandis qu'un officier déposait au pied du trône la plus belle de ces barres.

L'énumération promettait de durer longtemps, un exemplaire unique de chacune des offrandes étant présenté à la reine.

Cent chevaux blancs !

Mille boucs !

Deux mille moutons !

Deux mille chèvres !

Trois cents chiens de guerre dressés !

Dix paons !

Dix autruches !

Cinq gazelles !

Le chambellan exprima le remerciement royal.

– Que Dieu te le rende !

Selon le rituel, ces mots signifiaient au roi du Wollo l'autorisation de gravir les gradins de l'estrade jusqu'au trône où Makéda, souriante, permit au monarque déchu de baiser la boucle de sa ceinture pendant jusqu'à terre. Elle daignait s'entretenir avec lui.

Dix princes défilèrent ainsi, avec leur escorte dorée et leurs richesses offertes. Elles encombreraient les caves de granit inexpugnables du palais. Enfin, lorsque les seigneurs furent passés, les délégués des fonctionnaires, magistrats et scribes se ployèrent à leur tour devant la souveraine, dans une adoration muette.

*
* *

Le lendemain, sur l'esplanade, eut lieu la revue des forces militaires de la nation. Du sommet de son trône, comme sur un autel, la souveraine semblait ciselée en ostensoir.

À ses pieds défilaient les fantassins brandissant les boucliers et les lances. Ils étaient si nombreux, marchant en rangs compacts, que la terre tremblait sous le martèlement de leurs pas.

Suivaient les troupes d'assaut derrière d'imposants boucliers percés de meurtrières et poussés par huit soldats, les « dragons à tête de fer » – sortes de catapultes géantes traînées par des chevaux – puis les éléphants de combat caparaçonnés de plaques et portant des coupoles d'où trois hommes dissimulés pouvaient tirer, sans discontinuer, des flèches d'une longue portée. Ensuite passèrent en aboyant les chiens de guerre par meutes de cent molosses au collier de cuir clouté de pointes acérées, et les lanceurs de torches balançant à bout de bras les flammes inextinguibles qui peuvent incendier instantanément tout ce qu'elles atteignent.

Enfin les cavaliers chargèrent dans un tourbillon d'enthousiasme. Ils fermaient cette marche démonstrative de la force d'une nation jeune et tirant son formidable prestige de l'énergie animatrice de l'indomptable Anguebo. Makéda frémissait malgré elle devant la puissance de cet appareil militaire admirablement ordonné et discipliné. Sur un signe de sa main, tous ces hommes insouciants de la vie et de la mort moissonneraient les victoires pour accomplir le destin fatidique enclos en la parole de Jéhovah.

Elle salua de son sceptre les chefs qui lui criaient leur bravoure, et chacune des formations décuplait encore l'élasticité fougueuse et la solennité de la parade. Les musiques innombrables auréolaient chacune des unités combattantes d'un rythme particulier.

Lorsque les soldats de Symiène eurent tous défilé devant la reine, ils se groupèrent en un carré immense dont les côtés larges comme des fleuves de casques et de lances ne formaient des angles qu'à perte de vue. Montée sur sa jument, Makéda galopa sur ce front, orgueil dans les yeux et frénésie guerrière au cœur. Elle fit halte devant chaque régiment pour remettre au capitaine la bannière à double hampe où s'inscrivaient désormais le nom et la gloire de la Perle, puis elle regagna son palais dans un galop de clameurs.

Dans le camp militaire, la fête se poursuivit après que les soldats eurent allumé dans la plaine un formidable feu de joie avec les diverses boiseries des estrades et des mâts qui avaient servi aux cérémonies. Aussi bien les guerriers brûlèrent les tapis, les nattes, les bancs et les tables, et les flammes tachaient le ciel de grandes exclamations pourpres. Ces brasiers ne s'éteignirent que tard dans la nuit, acclamés par la liesse populaire.

Ainsi Makéda la Toute Pure devait régner sur Symiène pour des temps si longs que la fin de son prestige serait imprévisible.

LES NUITS DE MAKÉDA

Mes nuits sont depuis peu de jours
visitées par un esprit. Il est doux, immobile,
et tend vers moi ses bras faits de lueurs blafardes.
Mais je n'en ai nulle crainte...

LES DERNIÈRES CARAVANES DES ROIS, DES PRINCES ET des différentes ambassades quittèrent Axoum encore engourdie dans le réveil de sa joie et de ses festins. Seul Assadaron n'avait pas levé son camp.

Cela faisait grand bruit au palais royal. Et chaque jour Assadaron venait saluer Makéda. Lorsque les soucis de la couronne n'accablaient pas trop ses juvéniles épaules, la souveraine partait faire avec lui, en compagnie d'une suite restreinte, de longues courses de chars en forêt.

Ces randonnées ne laissaient pas d'inquiéter le prince Amram et Uziel le grand rabbin. L'amour étreignant plus fortement qu'ils ne l'auraient cru ces ardents jeunes gens, ils s'effaraient des conséquences de leur passion. La virginité de la Perle était en péril. Si elle succombait à Assadaron, Makéda dont chacun connaissait l'inébranlable volonté était fort capable, en dépit de son serment, de trouver des raisons à sa faiblesse et de faire un roi de Symiène de ce prince étranger.

L'autocratie de la souveraine semblait d'ailleurs s'accentuer chaque jour, et les vieillards tremblaient de susciter l'ire de la jeune despote. Ils convinrent pourtant qu'ils sauvegarderaient malgré elle la pureté de la Perle.

La tactique prévaudrait sur le raisonnement et la ruse vaincrait l'amour. L'habileté et la science feraient un bouclier redoutable contre la volonté royale.

Ainsi Uziel et Amram firent-ils mander Belocha, le magicien fameux dans l'art de parler aux esprits, Chapra, le sorcier de Thèbes expert dans l'art de confectionner des amulettes aux propriétés extravagantes, et Ibra, le liseur de pensées que l'on disait le plus lucide savant d'Axoum.

Ces cinq personnages conclurent un pacte. Il fallait sauver Makéda. En la sauvant, ils préserveraient la dynastie et l'Empire de toute compromission avec l'étranger. Mais pour écarter le terrible danger de son amour, il fallait que la reine en arrivât à haïr Assadaron. Parallèlement, il convenait de pousser l'amoureux éconduit à fuir Axoum et l'objet de sa passion. Ils résolurent donc d'en appeler aux mystères magiques qui sont l'unique clef des problèmes de l'univers et des humaines évolutions.

Belocha ne dissimula point la science de Téglatt, le

magicien qui protégeait le prince de toutes les forces occultes qu'il captait. Mais la puissance de Téglatt pouvait être anéantie, déclara gravement Belocha en ajoutant qu'il lui suffisait d'une nuit pour en sonder toute l'étendue. Pour sa part Chapra, maître des philtres et des amulettes, avait en sa science une confiance définitive. Il prêcha l'optimisme et l'efficacité des talismans qu'il placerait aux portes du palais royal comme à celles du camp assyrien. De son côté, Ibra se vanta de déchiffrer la pensée des amants et d'orienter ainsi au mieux l'action de ses collègues. Puis les maîtres de la cabale s'éparpillèrent furtivement, fixant au matin du premier jour de la semaine suivante le choix du stratagème qui devait découler de leurs spéculations métaphysiques.

Ibra se rendit seul au palais. Comme il le faisait quotidiennement, le thaumaturge favori s'apprêta à dévoiler à Makéda la pensée des personnes qui l'intéressaient. Il fut lucide, prolixe, et amusa beaucoup la reine. Mais il attendit en vain que cette dernière lui demande de parler d'Assadaron. Néanmoins le magicien subtil ne se tint pas pour vaincu :

– Je sens, ô Perle, dit-il, l'énervement de votre sommeil. Je vois vos nuits hantées de rêves. Les soucis vous couronnent sombrement.

– En effet ! s'exclama Makéda. Mes nuits sont depuis peu de jours visitées par un esprit. Il est doux, immobile, et tend vers moi ses bras faits de lueurs blafardes. Mais je n'en ai nulle crainte.

– Ô Toute Pure, vous saurez dès demain le nom de cet esprit, annonça Ibra avant de se retirer pour courir chez Belocha, lequel était rompu aux arcanes des grands mystères.

Ensemble les magiciens se rendirent dans la chambre à coucher royale. Cette chambre éblouissante de luxe était située au faîte du palais. Les murs de la pièce étaient habillés de panneaux peints à l'égyptienne. Des vasques laissaient échapper des soupirs de parfums entre ses colonnades de marbre et de jaspe. Une corniche à palmettes d'or courait sur la muraille et le sol se trouvait entièrement couvert de fourrures de guépard. Le lit monumental auquel on accédait par sept marches constituait le seul meuble de la salle : un drap d'azur comme le ciel l'agrémentait, des coussins de cuir rouge, bourrés de duvet de marabout, s'amoncelaient sur la couche. Quant aux hautes fenêtres taillées en ogives, elles étaient voilées par des rideaux de cuir pour protéger du froid des nuits et doublées d'étoffes pour vaincre les soleils trop ardents.

Au pied de la couche se tenaient assises les deux naines, gardiennes fidèles du sommeil virginal. Elles jouaient avec quatre chats magnifiques encollés d'or. Ibra et Belocha se placèrent au milieu de la chambre, scrutant chaque recoin et posant des questions qui laissaient les naines indifférentes et muettes.

Espérant que l'obscurité leur serait plus propice, les magiciens tirèrent brusquement les rideaux. Une heure durant ils se concentrèrent et interrogèrent l'ombre chargée de vérités. Tout à coup, Ibra devina que s'éveillait l'inquiétude des naines. Il le dit à Belocha qui d'un geste impérieux le fit taire : il avait éprouvé sur son corps l'effleurement du mystère.

– Ibra, je sens que, transporté sur un objet se trouvant ici, un corps astral se concrétise, défiant nos efforts et nos luttes.

Se refermant sur lui-même et sur la tension éperdue de sa volonté nerveusement décuplée, Belocha appela à lui tous les pouvoirs de la Kabbale. Puis il prononça et traça dans l'air des formules incantatoires.

Les chats s'effrayèrent. Leurs yeux brillaient comme des escarboucles dans les ténèbres.

– Venez à moi, cria le magicien d'une voix inhumaine, et formez le cercle des vivants !

Subjugués, Ibra et les naines formèrent la chaîne. Un fluide frais semblait couler dans leurs veines.

– I-a-ra-sa-ga-ba-ti-mir, articula alors terriblement Belocha. Que l'esprit fasse un signe, ajouta-t-il. Je le veux, je l'exige, je l'ordonne !

La silhouette du mage était à peine discernable, mais on devinait l'épouvantable lutte engagée avec l'insondable.

– Aucun mort n'a répondu, triompha-t-il après un lourd silence. C'est donc à un vivant que nous avons affaire.

Il courut le long des murailles en répétant son étrange incantation quand soudain il s'effondra, sous une fenêtre, comme assommé.

Ibra fit de la lumière. Belocha était couché sur le dos, les yeux exorbités, la face livide, un doigt tendu vers un rideau de soie brodée. Raide et muet, il n'appartenait plus au monde matériel. Hors de l'espace et du temps, son esprit se battait en duel avec un impalpable adversaire.

Déjà Ibra s'efforçait de ranimer Belocha. Il savait d'expérience que les thaumaturges en transes ne reviennent à une vie normale que très lentement. Rompus, brisés, chair et os fourbus, roués de coups invisibles, battus atrocement, martyrisés d'avoir osé pénétrer le secret.

Or Belocha se releva subitement et dit d'une voix éteinte :

– Sortons, sortons car je dois purifier mon corps en lutte avec un fluide astral…

LA DRAPERIE ENCHANTÉE

Ibra exposa à Amram la trame monstrueuse des ruses
par lesquelles il comptait ruiner,
dans l'âme orgueilleuse de Makéda,
le prestige de l'ambassadeur de Salmanar...

POUR SE LAVER DE L'INFLUENCE DU CORPS SIDÉRAL qui l'avait irradié, le magicien grelottant rentra chez lui psalmodier des incantations purificatrices. Afin de combattre en force les esprits de l'au-delà, le corps doit s'offrir à l'âme en enveloppe matérielle légère et sans souillure. Seuls les privations et l'amaigrissement peuvent rendre à la carapace charnelle cette diaphanéité ouvrant l'esprit délivré aux magnétiques correspondances extérieures.

Lorsqu'il fut exorcisé, Belocha retourna aux appartements de la reine et exigea des naines et chambrières qu'elles préparent comme d'habitude la chambre et la couche royales. Pendant ce temps, il brûla des encens magiques et se livra à de mystérieuses lectures tirées d'un texte sacré. Sa concentration spirituelle était plus douloureuse encore qu'auparavant. Elle dura jusqu'à l'instant où, frissonnant, Belocha pressentit de nouveau l'étreinte du fluide contradictoire. Il se dressa, bandé comme un arc, et dirigea toute sa volonté vers la fenêtre où il avait décelé, quelques heures auparavant, la présence de l'invisible. Hurlant les mots magiques, il se précipita vers le rideau de soie d'azur qui protégeait l'ogive de l'ardent soleil du midi. Il en arracha furieusement l'étoffe et la foula rageusement aux pieds, criant qu'on lui apporte une torche pour l'incendier. Ses sauvages imprécations jetèrent les chambrières épouvantées dans un recoin de la chambre, mais les naines, conscientes de la terrible responsabilité qui leur incombait, firent face à la colère de Belocha :

– Gardez-vous, ô puissant magicien, de détruire ce rideau, supplièrent-elles. C'est un précieux cadeau que le prince Assadaron a fait à la reine... La Perle nous a assurées que la trame de cette draperie constituait un philtre protecteur contre les intentions criminelles de ses ennemis !

Enfin persuadé de détenir la clef du charme imaginé par Téglatt, Belocha s'inquiéta de savoir précisément qui avait accroché ce rideau. Le portrait que lui firent les chambrières royales correspondait trait pour trait au mage assyrien.

– Soyez en paix, affirma-t-il alors. Je ne brûlerai pas ce rideau : je l'emprunterai seulement, pour le dépouiller de ses influences maléfiques.

Et il emporta l'étoffe dans sa demeure inaccessible.

Belocha tenait son plan. Il ordonna à l'un de ses servants de revêtir l'étoffe enchantée sous sa tunique et de s'en aller ainsi moduler, au camp de l'Assyrien, les plus beaux chants d'Axoum accompagnés d'un violon-masinco.

– Dans une heure, ajouta-t-il, je veux te revoir ici pour savoir si les chiens d'Assadaron ont aboyé en te voyant, s'ils ont voulu t'attaquer ou bien si, rampant vers toi comme des couleuvres, ils ont voulu te lécher les mains comme ils le feraient à leur maître.

Une heure plus tard, le serviteur zélé était de retour et rendait compte de sa mission :

– Puissant Belocha, comme tu me l'as demandé j'ai chanté au camp d'Assadaron. Les soldats réjouis ont fait cercle autour de moi et les chiens se sont tus, eux qui toujours aboient avec rage à l'approche d'un intrus. Et quand je me suis approché du chenil en dansant, ô surprise, ils se sont aplatis et m'ont léché les mains. C'est alors que le magicien Téglatt, ivre de colère, a fendu les rangs des soldats. Il a ordonné qu'on m'arrête, criant à la sorcellerie.

Heureusement, mon maître, ainsi que vous le savez je bondis comme une gazelle. J'ai pu prendre la fuite et les chiens matés ne m'ont pas poursuivi...

Le sourire aux lèvres, Belocha appela deux autres servants de ses expériences ordinaires pour étaler sur le sol le rideau magique identifié. Puis les quatre hommes se concentrèrent sur cette étoffe, la balayant d'effluves prodigieux. Ils tournèrent autour d'elle, mâchant et remâchant les mots consacrés jusqu'à ce que, épuisés, ils tombent tous par terre.

Après avoir enjoint à chacun d'aller se purifier et de jeûner rigoureusement, le magicien rasséréné se rendit chez la Perle. Comme toujours reçu avec respect, il tint le discours suivant :

– Je vous apporte, ô Perle, un rideau que vous devez faire placer dans une autre pièce de votre appartement. Il est impossible qu'il demeure suspendu dans votre chambre à coucher. Trop fragile et trop léger pour retenir la froidure des nuits, il contribue à indisposer votre sommeil en le peuplant de cauchemars. Néanmoins, cette soie magnifique, vos invités pourront continuer de l'admirer dans votre salle des fêtes particulière...

Makéda n'attachait aucune importance aux caprices de Belocha, mais elle ne demandait qu'à honorer davantage Assadaron en exposant aux yeux de ses hôtes le chatoyant cadeau. Tout à fait rassuré, le magicien veilla lui-même au remplacement et au nouvel accrochage de la soie.

Les plus infimes détails de ces soins, qui incombaient généralement à d'autres services du palais, il les dirigea minutieusement. Et quand tout fut au point, Belocha se rendit chez le prince Amram pour lui exposer par le menu les événements de cette journée.

Loin d'être rassuré, Amram parut atterré par la ruse, l'habileté et la puissance de Téglatt. Il sentait autour de lui se resserrer comme un nœud le cercle d'un combat singulier dont la chair fragile de Makéda était l'enjeu. Belocha eut beau lui représenter qu'il allait entraver toute tentative de Téglatt en faisant graviter autour de la Perle la double circonférence magique dont l'accès est totalement interdit aux puissances contraires, le prince ne se montra guère convaincu. Dans son angoisse, il forgeait déjà tout un avenir de chimères, voyait la reine acculée à l'abdication ou le peuple furieux de son parjure refuser de reconnaître la souveraineté d'Assadaron. Les amants fuyaient ou se trouvaient assassinés par des justiciers fanatisés. On lui offrirait à lui, Amram, la couronne royale. Mais le frère d'Anguebo qu'il était refuserait le sceptre par respect de sa mémoire bien-aimée. Son fils même s'avérait bien trop jeune pour porter le manteau royal. Alors le vieillard se convainquit une fois de plus qu'il était préférable de sauver la reine de l'emprise d'Assadaron plutôt que de risquer toutes les tragédies qui nouaient, dans son imagination, leurs dramatiques probabilités.

Le lendemain matin, le servant qui la veille avait été au camp d'Assadaron chanter, danser et jouer du masinco fut découvert étranglé en son logis. Une fine corde de poils de queue de girafe faisait à son cou une cravate tragique. On rapporta le corps exsangue à Belocha. Le magicien constata que l'instrument du crime n'était pas ordinairement tressé. Cependant il s'opposa à toute enquête des magistrats et fit indemniser la veuve du défunt en exigeant qu'elle quitte la cité en hâte.

L'enterrement du disciple assassiné eut lieu dans sa demeure même, en grand secret, avant le lever du jour. Au moment de l'inhumation, le magicien trancha les deux pouces du défunt, les attacha avec la cordelette meurtrière et les introduisit si habilement dans un melon que le fruit semblait intact. Ce melon, Belocha l'offrit dans une corbeille garnie de feuillages à Téglatt surpris et charmé.

– Veux-tu permettre à un collègue, dont la science balbutie à côté de la tienne, de te faire ce modeste cadeau ?

Le mage assyrien accepta le présent avec force remerciements, mais s'en retourna en pensant qu'il pouvait être ensorcelé. Aussi le plaça-t-il dans une cuvette d'eau, marmonnant d'inépuisables prières. Et quand, ouvrant le melon d'un couteau méfiant, il découvrit les pouces de sa victime liés par sa corde assassine, Téglatt ne vit là qu'une péripétie dans une lutte régulière avec un adversaire courtois. D'ailleurs, si Belocha avait fait silence sur les causes du décès de son servant, n'était-ce pas pour éviter de révéler au grand jour leur combat passionné ? Remerciant Baal de lui opposer un ennemi répugnant aux conclusions violentes, il se fit néanmoins expliquer par un indigène le sens de cette macabre mise en scène. Ce dernier lui exposa qu'à l'heure de comparaître devant le Tout-Puissant, les morts aux doigts sectionnés se trouvent infondés à accuser leurs assassins.

Pareille noblesse du caractère impressionna Téglatt au point qu'il se prit à douter des véritables intentions de Belocha. Peut-être celui-ci lui réservait-il, sous son apparente aménité, une vengeance plus cruelle ? Pour en avoir le cœur net, il se hâta d'aller visiter son adversaire, le fixa et lui dit simplement :

– J'ai goûté le melon seul.

Belocha comprit et lui répondit sur le même ton :

– J'en suis content, car ainsi personne d'autre que toi ne connaîtra son contenu.

Et ils se séparèrent après avoir affirmé leur solidarité dans le respect de leur science et de leurs personnes.

*

*   *

Cloîtré dans l'antre pestilentiel où il confectionnait, à grands renforts d'appareils bizarres et de produits extraordinaires, ses prodigieuses amulettes, Ibra n'avait point perdu ses journées ni ses nuits. S'étant procuré des cheveux de la reine, il mit en œuvre sa machination devant le prince Amram.

– D'abord, je brûle les deux bouts de ces cheveux dans un feu de bouse de l'ibis sacré de Thèbes. Je trempe ces cheveux dans l'urine d'une lionne redoutable. Puis je les ensorcelle en les entourant d'un inextricable réseau d'incantations cabalistiques. Celles-ci sont mon secret, je ne te les dévoilerai point. Sache cependant que chacune d'elles se termine par ces mots : « Je veux que le pouvoir de ces cheveux rendus vigoureux par la flamme de l'ibis sacré soit aussi haineux que la lionne la plus féroce. Je veux que l'influence de ces cheveux interdise à Assadaron toute tentative passionnelle envers la personne qui portera ce talisman. »

Son singulier mélange et ses incantations terminés, le magicien introduisit sa préparation dans des amulettes qui, disposées au châssis des portes d'entrée, devaient y créer des barrières occultes. Ensorcelant Assadaron, domptant sa volonté et transformant son individualité, elles le rendraient antipathique.

Mais ce n'était pas tout. Ibra chargea les vivants d'aider les esprits dans leur mission sacrée. Il ordonna à ses esclaves de surveiller constamment les portes que devrait franchir l'étranger pour visiter la reine. Chacun de ces hommes, dont le dévouement à Ibra était avéré, avait à respecter une consigne différente.

L'un, au portique principal, devait tirer une flèche minuscule enduite d'un poivre qui se dissoudrait dans le flanc du cheval princier. Irritée jusqu'à la furie, la bête précipiterait Assadaron par-dessus son char déséquilibré.

Un autre devait enduire de suif des pierres déjà glissantes, sous un portail, afin qu'Assadaron perde pied et tombe dangereusement.

Un troisième devait semer sous ses pas le grain de *sombo* [1],

1. Arbre de la vallée du Nil.

si résistant qu'on ne peut l'écraser : ainsi la glissade grotesque du prince serait-elle inévitable.

Un quatrième devait graisser les pieds du siège ordinairement proposé au prince par Makéda. Au moment où Assadaron s'installerait, la chaise se déroberait sous lui. Profitant de son désarroi, l'esclave le plus habile dans cette prestidigitation jetterait sous lui des matières fécales et de l'urine puante. L'Assyrien se relèverait honteux, confus, et la reine serait dégoûtée à jamais de la faiblesse d'un amant s'étant oublié devant elle.

Le magicien voulait encore faire respirer au prince une poudre curieuse dont les effluves endorment, et mêler à ses aliments un puissant vomitif tandis que Belocha suggestionnerait Assadaron en se rendant maître par l'hypnose de son cerveau.

Ainsi Ibra exposa à Amram la trame monstrueuse des ruses par lesquelles il comptait ruiner, dans l'âme orgueilleuse de Makéda, le prestige de l'ambassadeur de Salmanar.

LE TOURNOI D'AMOUR

La communion spirituelle, le mariage des âmes, voilà l'amour.
Celui qui rend fort, qui transfigure, qui anime…

IGNORANT LES EMBÛCHES, LES PIÈGES, LES MALICES, LES sorcelleries et les ruses, Assadaron remit son destin entre les mains de Baal. Il attendit son jour pour courir sa chance, et ce jour vint.

L'Assyrien fut invité à applaudir les prouesses des archers royaux sur une plaine de verdure, hors d'Axoum. Le concours était présidé et arbitré par la souveraine. Sous son baldaquin pourpre, elle embrassait d'un seul regard le champ immense. La multitude bruissait devant elle comme un essaim d'abeilles entourant d'un carré vivant les cibles, fixes ou mouvantes, où s'exerçait l'adresse des archers. Ceux-ci décochaient leurs traits debout, couchés, à genoux, lancés au galop d'un cheval ou balancés par la marche des éléphants de combat. Le vainqueur de chaque tournoi se présentait ensuite à Makéda, qui lui remettait un bouclier de parade incrusté d'or et d'argent.

Assadaron, au premier rang des invités royaux, décida de participer au concours. Il lança quelques flèches. Sa dextérité fit béer d'admiration. Le prince piquait son trait au but avec une dédaigneuse nonchalance. Il n'était soucieux que des regards de tendresse et d'orgueil que la Perle ne pouvait s'empêcher d'abaisser sur sa personne.

Quelques nobles se mesurèrent à lui. Il l'emporta. Déçus, ils regagnèrent leurs places en masquant leur haine sous un sourire figé. Alors l'Assyrien supplia la reine de tirer à son tour. Il n'ignorait pas qu'elle avait été rompue à cet exercice en Égypte, où des tournois avaient été organisés pour exhiber son audace tranquille et la précision de son trait aussi net que rapide.

Makéda, flattée, troua un melon lancé en l'air, puis perça des cibles mouvantes. Elle se prit très vite à ce jeu qu'elle préférait à tout autre et s'enorgueillit de se montrer l'égale de son amant.

Ce dernier, à voix basse, avait donné des ordres à ses officiers. On lui amena deux coursiers piaffants, attelés de pair.

– Ô puissante reine, fit-il, accepterais-tu de relever un défi ?

– Volontiers, dit Makéda en riant, mais quels en seront le jeu et l'enjeu ?

– Je vais suspendre une poterie entre ces coursiers accolés et les lancer au galop. Tu devras toucher le vase de ta flèche sans effleurer les chevaux…

– J'accepte, répondit Makéda, et je briserai le vase avec l'aide de Jéhovah. Mais cela est le jeu. Où est l'enjeu ?

– Si tu perds, mon rêve le plus fervent devra être exaucé. Si tu gagnes, je te donnerai tout ce que je puis t'offrir...

L'obscurité voulue de la métaphore n'eut pas l'heur de plaire au prince Amram, dont la surveillance devenait tyrannique. Cette déclaration étant par trop sibylline à son goût, il fit sèchement remarquer qu'il n'était pas admissible que la reine engageât son honneur dans un pari dont elle méconnaissait la véritable mise. Ayant coulé un regard de velours à l'Assyrien, Makéda outrée répondit à son oncle et tuteur :

– J'ai remis ma confiance entre les mains du prince Assadaron. Je sais que ce noble guerrier ne la trahira jamais. Je suis persuadée que les primes qu'il a imaginées sont honorables et je m'en remets à lui.

Et sur-le-champ elle banda son arc le plus précis, armé d'une flèche en bois de caféier. Après avoir examiné le harnachement des chevaux et la position du cruchon, le prince fit approuver la régularité du défi par des dignitaires de la cour. Alors les chevaux partirent au galop sur une ligne parfaitement droite.

Soudain, l'Assyrien connut les sentiments d'amour de Makéda. Elle allait lâcher la flèche quand un cri d'effroi sortit de toutes les bouches. En effet, préoccupé de la marche linéaire des coursiers, Assadaron ne s'était pas écarté à temps de la trajectoire. La reine avait visé vers lui quand, dans un dernier réflexe qui lui coûta un effort surhumain, elle réussit à détourner sa flèche vers le ciel. Le prince ayant fait un pas de côté, elle ajusta et tira aussitôt un nouveau trait, insoucieuse de l'éloignement croissant de la cible. La cruche vola en éclats et les chevaux effrayés s'emballèrent.

Makéda avait gagné, Assadaron baissait la tête. Les acclamations saluant cet exploit unique grisaient la reine. Elle s'approcha de l'Assyrien tandis que la rumeur persistait :

– Qu'ai-je gagné, ô prince ?

Assadaron leva la main. Les cris se turent et, d'une voix qu'il s'efforçait de rendre cérémonieuse, il célébra l'adresse de la souveraine.

– L'enjeu de ce défi, annonça-t-il, était la moitié de ma province de l'Haoussa, laquelle est située à l'ouest du golfe de Tadjoura. Elle vous appartient dès aujourd'hui, ô reine !

L'émotion fut considérable. Cet homme se dépouillait ainsi de la moitié de ses domaines alors qu'il pouvait encore, à l'instant de sa défaite, choisir la nature de sa mise... On admira sans réserve l'opulence et la noblesse de l'Assyrien.

Makéda, un instant interdite, le remercia. Lui, soucieux de ne point traîner en besogne, la pria de désigner son gouverneur auquel il ferait remettre instantanément l'épée et les pouvoirs réguliers.

La Perle regagna son estrade. Une émotion de tous les sens la brisait. Assadaron savait dompter son cœur neuf, son âme ardente éprise de nobles gestes et d'attitudes généreuses. Elle considéra longuement son superbe amant. Qu'avait-il eu l'intention d'exiger d'elle ? Elle frissonna délicieusement en pensant qu'il aurait pu l'obliger à sacrifier sa couronne afin de pouvoir l'aimer librement, puis l'emporter sur un coursier rapide comme la tempête pour être à jamais seuls, l'un à l'autre, éperdument. Elle lisait l'aventure dans ses yeux et sentait bien qu'elle n'aurait point résisté, regrettant presque d'avoir emporté le pari.

Aussi, dans un irrésistible élan de sa chair et de ses nerfs, elle se jeta soudain vers Assadaron et exprima cette folie qui atterra ses familiers :

– Je nommerai mon gouverneur demain, ô prince ! mais si tu le veux nous allons sceller la cession de ta province à la manière de ton pays, par une accolade...

Avec un abandon de tout son être, elle offrit sa bouche à l'Assyrien. Ce dernier avait saisi dans ses mains brûlantes le fin visage de la reine. Leurs lèvres se joignirent et le guerrier prolongea le baiser qui pénétrait Makéda tout près de défaillir. Il possédait enfin cette bouche qui résumait, en un moment extatique, les sens de l'amante lâchés dans l'azur. Il pleuvait des étoiles dans les yeux de Makéda.

L'étreinte fut brisée par la souveraine. Soudain ressaisie, elle repoussa son amant. Jamais elle n'avait éprouvé semblable extase. Naguère, avec Domedo puis lors du premier baiser d'Assadaron, le jour du sacre, ou lorsque sur la terrasse fleurie de mimosas la langue de l'Assyrien avait tendrement léché son oreille, elle avait senti sa vertu sombrer. L'image glacée de son père lui rappelant son serment s'était chaque fois interposée entre elle et son tentateur. Mais aujourd'hui, au bord de l'abîme voluptueux, il lui fallut un miracle de volonté pour trouver la force de résister.

Le prince baisa sa ceinture et s'éloigna. Courbée de chagrin, Makéda sauta sur son char et lança ses chevaux au galop pour rentrer au palais.

Assadaron ne tarda pas non plus à s'en aller, mais lui retint ses coursiers. Sa pensée était lourde comme son cœur. Il se réfugia sous sa tente, s'écroula sur son alga et demanda à boire. Or son capitaine était d'excellente humeur. Les femmes l'avaient réconcilié avec Axoum : il en avait découvert de captieuses et de languides, des passionnées et des dédaigneuses, mais toutes, par leurs charmes, l'affriandaient. Aussi, pour distraire le prince, entreprit-il de lui conter ses bonnes fortunes. Assadaron l'interrompit violemment :

– Ne m'importune plus, Nabunasar, avec tes exécrables aventures ! Que reste-t-il, dis-moi, de chacune d'elles ? Un peu de cendres, d'amers regrets, l'âcre désillusion de caresses aussi fausses que le cœur !

Nabunasar écoutait, surpris. Pour lui n'existaient que la chair et le vertige des sens. Il voyait dans la conjonction des corps l'unique objectif de la vie et dans la fusion sexuelle une sorte d'acte de foi, une façon de correspondre avec l'Éternel qui poussait tous les hommes, avec une même frénésie, vers le coït. Mais Assadaron, qui avait naguère défendu des théories semblables, s'était transformé au contact de Makéda. Elle avait élevé sa réflexion vers une spiritualisation de l'amour : la communion spirituelle, le mariage des âmes, voilà l'amour. Celui qui rend fort, qui transfigure, qui anime. L'amour, n'est-ce pas la béatification d'un être unique choisi dans l'innombrable troupeau ? Cette béatification doit auréoler l'être, le rendre inaccessible au seul désir. Car le désir est secondaire, uniquement conçu pour perpétuer la race. Le flambeau de l'âme illumine la vie, l'assouvissement l'obscurcit.

Nabunasar était interdit. Le culte des dieux assyriens ne faisait point place à cette exaltation métaphysique. Il n'y avait rien d'autre que le culte païen de la force dans la divination du phallus créateur des voluptés sans nombre. Mais le capitaine se garda bien d'exciter la colère du prince : il se rendait compte que la passion d'Assadaron pour Makéda était si violente que son maître était capable de renier ses dieux. Il le sentait près d'abjurer le culte de grâce, d'harmonie et de beauté du panthéisme pour embrasser cette religion de Jéhovah dont les illusions influençaient périlleusement son discours.

LA LUTTE DES MAGES

Son réveil était imparfait, sa lucidité avait des absences, mais elle répétait avec amour le nom d'Assadaron.

ASSADARON NE SE RENDAIT PLUS QUE PRÉCAUTIONNEUSEMENT au palais d'Axoum. Téglatt l'avait convaincu que la route était jalonnée d'embûches. Mais l'Assyrien n'avait jamais courbé le front dans une bataille, ni reculé devant un assaut. Personne n'avait fait baisser son regard. Aucune aventure ne l'avait vu hésitant. La renommée de son courage, qui confinait à la témérité, était chantée par les poètes de Babylone. Fort mal avisés étaient ceux qui croyaient lui en imposer par la ruse. La ruse s'était toujours effondrée devant lui, car le prince la défiait par sa fougue.

Aussi était-ce d'un cœur maussade qu'il respectait les conseils de prudence de Téglatt et des deux disciples ordinaires du magicien. Ce dernier avait éclairé d'une vive lumière le plan d'Ibra et de Belocha. Il savait les habiletés infinies des adversaires d'Assadaron, pétris d'astuces et de malices. Or, tant que les mages d'Axoum se serviraient du périple cabalistique, Téglatt savait pouvoir les contrer et démonter leurs combinaisons. Il s'angoissait seulement des pièges qu'Ibra ne manquerait pas de tendre sous les pas de l'amoureux embarqué dans son rêve. Dès lors l'Assyrien ne pénétrait-il plus dans le palais, sous prétexte de faste, que précédé et escorté de serviteurs attentifs. Téglatt l'avait également persuadé de se faire accompagner chez la souveraine par un garde du corps dont l'existence même était attachée à celle d'Assadaron jusqu'à la mort.

Se rendant ce jour-là chez Makéda, Assadaron fut introduit dans l'*elfine* [1] avec le cérémonial accoutumé. Sonneries de trompes. Déploiements militaires. Réception au portique principal du palais royal. Il exprima le désir de présenter à la Perle un envoyé de Salmanar, le prince Sénach, arrivé la veille pour transmettre au neveu de l'empereur un message de son oncle. L'envoyé était également chargé d'exprimer à la reine de Symiène les compliments émerveillés du roi de Babylone.

Makéda fut heureuse d'accéder au désir de son amant. Elle reçut Assadaron et Sénach couchée sur son alga de

1. Salon privé.

parade, vêtue avec la coquetterie qu'elle déployait chaque jour pour captiver l'Assyrien. Faisant cercle autour de leur souveraine, le trésorier Lévi, le prince Amram et le grand rabbin Uziel accueillirent les visiteurs avec un respect et une bienveillance apparents, derrière lesquels les regards scrutaient l'intrus jusqu'à l'âme. Le contraste entre leurs glaciales révérences et la joie presque puérile de Makéda était si vif qu'il fallait être une amoureuse naïve et un amant ingénu – comme eux – pour ne pas en être déconcerté.

La hâte d'en finir avec le protocole énervait les gestes et les attitudes du prince, tandis que, avec l'intention marquée de dépiter cette impatience, le grand chambellan prolongeait au contraire le cérémonial inopportun.

Ayant baisé l'extrémité de la ceinture royale, Sénach s'apprêta à se placer derrière le siège d'Assadaron. Encore fallait-il que ce dernier s'inclinât devant la souveraine. Marchant sur la natte pourpre qui allait de l'entrée de la salle à l'estrade, le fier guerrier s'approchait de l'alga royale lorsqu'il perdit tout à coup l'équilibre. En tombant, son torse s'abattit sur son bras gauche. Il se releva en étreignant les pans de son ample *cabba* noire, livide malgré le sourire qu'il voulut esquisser pour rassurer la reine angoissée. Mais la douleur était si aiguë qu'il ne put retenir une plainte.

– Ô prince, l'avertit Sénach, quelqu'un a tiré le tapis d'un coup violent !

Assadaron ne lui répondit point. Son membre brisé le faisait tellement souffrir qu'il supplia Makéda de lui permettre d'abréger sa visite. Elle acquiesça et, le voyant incapable de remonter sur son char, ordonna qu'on le fasse transporter en litière jusqu'à son camp.

Rentré parmi les siens, Assadaron confia son bras mutilé à la science de Téglatt qui le baigna et l'imbriqua étroitement entre des planchettes. Le magicien triomphait.

– On a réussi à vous blesser, disait-il, et à vous faire

choir ridiculement devant la reine. Ceux qui se réjouissent de votre mésaventure ne tarderont pas à vouloir vous atteindre plus dangereusement encore...

Téglatt achevait tout juste de prodiguer ses soins que des messagers apportaient déjà, avec les vœux de la reine, d'immenses corbeilles de fleurs et de fruits.

Dans le même temps, acharné à la poursuite de son plan, Belocha traçait le cercle magique autour du corps astral d'Assadaron. Cette circonférence, parmi toutes les pratiques occultes des thaumaturges symiénois, est la plus redoutable, la plus efficace, la plus difficilement réalisable aussi.

Elle insère dans sa périphérie immatérielle la pensée asservie de l'adversaire. Mais il faut pour cela dessiner le cercle à cinquante coudées de rayon de l'ennemi. Seul un enfant de deux ans peut, de ses pas vacillants, marquer la volonté de l'au-delà. Chaque fois que l'enfant trébuche, à l'endroit de sa chute se trouve creusée une fosse où l'on enterre vivant un coq rouge dont la tête seule doit dépasser du sol. Sous l'influence d'un tel cercle, Assadaron ne pourra plus échapper à l'emprise qui enserrera son esprit comme une boucle.

Belocha rendit compte au prince Amram et à ses collègues de ses mystérieux travaux. Entre-temps, d'autres manœuvres avaient été méticuleusement organisées contre l'Assyrien par Ibra et Chapra. Ils n'attendaient que la guérison du guerrier pour déclencher leurs pièges.

Sa convalescence fut courte. L'inébranlable volonté et le tempérament fougueux d'Assadaron y furent pour beaucoup. Et ses plaies cicatrisaient d'autant plus en sa chair dense et saine que chaque jour Makéda faisait prendre de ses nouvelles, l'accablait de cadeaux, de fleurs et de fruits. Le blessé se sentit rapidement prêt à affronter de nouveaux dangers pour rejoindre sa bien-aimée.

Téglatt ne lui avait pas dissimulé que les séides du prince Amram étaient les auteurs de sa chute malencontreuse. Mais Assadaron l'entêté ne craignait pas plus les vertus malfaisantes du cercle de coqs rouges, dont Téglatt avait découvert les traces, que les pouvoirs réels des magiciens acharnés à sa perte. Ainsi fit-il savoir à Makéda, par un message brûlant que composa son poète, qu'il serait guéri dans deux jours. Son immobilité lui pesait comme un manteau de plomb. Il passait ses journées à écouter le tanagari répéter, de sa voix rauque et perçante, les mots d'amour que lui avait appris la reine. Il en apprenait d'aussi doux à l'oiseau que chaque soir la Perle faisait chercher pour connaître les sentiments de son amant.

*

* *

Le surlendemain, le prince se rendit vers dix heures du matin, en costume de parade, à la réception hebdomadaire que la cour de Symiène offrait en grande pompe aux dignitaires les plus valeureux du royaume et à cinq mille soldats choisis parmi les garnisons de la maison royale. Ce *guebber* traditionnel se donnait tous les samedis, dès neuf heures du matin et jusque tard en soirée, dans l'*adderach* du palais.

Le trône d'or était juché tout en haut d'une estrade construite en escalier, et sur chaque plate-forme successive cent convives se voyaient servir un repas. Un imposant baldaquin pourpre tendu sur des piques dorées et frangées de poils de peau de girafe surmontait le siège royal où se tenait la souveraine vêtue de blanc, couronnée et hiératique.

Encadrant le trône d'une éblouissante et mouvante clarté, deux candélabres d'argent à sept branches élevaient vers le ciel les flammes vacillantes d'énormes cierges.

Dès dix heures, les invités autorisés à prendre place sur la première estrade se trouvèrent introduits par le grand chambellan. Un festin somptueux et lent leur fut offert dans une vaisselle d'or. Il y avait là les satrapes, les vice-rois, les seigneurs de la couronne, les grands rabbins, les patriarches et les capitaines de l'armée. Lorsque leur repas eut commencé, le second gradin accueillit les officiers, fonctionnaires et rabbins de classe inférieure. Enfin, sur la troisième plate-forme, s'installèrent les représentants des corps de métier, des guerriers et des bourgeois. Au nombre de cinq mille, ils se répartirent autour de cinq tables courant parallèlement de l'estrade jusqu'au fond de la salle.

Inlassable, la fatigue ne semblant même pas l'effleurer, la reine fit honneur à chaque mets sans cesser de se préoccuper de ses hôtes. Lorsque Assadaron fit son apparition dans l'encadrement de l'entrée monumentale, le bras écharpé et le regard fier, escorté de ses officiers, Makéda ne put retenir un mouvement de plaisir. Le prince s'en venait l'œil chargé d'éclairs mais pour elle, tandis qu'il baisait sa ceinture, son regard se transforma en une flamme d'amour. Comme il aurait voulu se précipiter sur la Perle et l'enlever, en dépit du cérémonial, de la cour, du peuple ! Déjà, observant les dignitaires, il chercha une marque d'hostilité ou un impertinent à châtier. La déférence et la crainte courbant ces nobles personnages, l'Assyrien alla s'attabler dans un murmure d'admiration.

Sur le premier gradin, un emplacement était réservé aux exhibitions des chanteurs et des danseurs. Des poètes disaient également des épopées et des charlatans montraient des attractions ou la primeur de leurs découvertes à la souveraine. Un dresseur d'animaux qui s'affirmait étranger, ayant appris que le palais était ouvert à tous le jour du guebber, sollicita du grand chambellan la grâce d'exhiber ses talents. Un page transmit sa requête à la reine. Curieuse de voir charmer des serpents et danser des boucs savants, elle convia le psylle à développer ses plus beaux tours.

Il était d'une maigreur effrayante, presque nu, et des orbites énormes mangeaient sa face. Ses serpents, des bêtes énormes et admirables, obéissaient aux moindres intonations de sa voix. Un musicien accentuait l'enchantement sur une flûte aux modulations aussi douces qu'envoûtantes.

Makéda passionnée n'avait pas quitté des yeux les arabesques dessinées par les reptiles quand soudain, poussant un sourd gémissement, on la vit chanceler et s'abattre sur son trône comme une statue brisée. Le charmeur imperturbable continuait de psalmodier des mots secrets et le flûtiste d'ourler ses sons mélodieux pendant que les serpents dressaient leur mépris charmé vers le ciel. Belocha s'était déjà précipité vers la souveraine. La protégeant de son corps, il lui massa la nuque et traça sur son dos des signes cabalistiques. Pendant ce temps, Ibra s'était saisi à deux bras d'un énorme candélabre à sept branches pour l'interposer entre l'étrange fakir et la reine évanouie. Ces candélabres, dont les cierges sont faits de la cire sacrée sécrétée par les ruchers du temple d'Axoum, formaient un bouclier contre les incantations les plus redoutables.

Belocha aussi bien qu'Ibra ne doutaient pas qu'ils venaient de subir la plus formidable embûche de Téglatt, raison pour laquelle ils résolurent d'en exploiter toutes les conséquences. Lorsque la Perle fut ranimée et transportée dans sa chambre, Belocha, Ibra, Amram et Uziel se réunirent auprès d'elle et lui dévoilèrent le mystère.

– Voyez, ô reine, exposa tout d'abord Belocha, jusqu'où va la perfidie du prince Assadaron. Car ne doutez pas un instant que votre malaise soit dû à l'intervention de l'Assyrien.

Makéda refusait de se laisser convaincre. Prêter à son amant des manœuvres si sournoises et déloyales ? Non, elle ne le pouvait admettre.

Le prince Amram revint à la charge. Pour lui, il ne faisait aucun doute que le fakir était un sorcier de l'escorte assyrienne. Le charmeur, dont la radiation magnétique s'était avérée prodigieuse, avait tout en domptant ses reptiles hypnotisé la souveraine. L'objectif se laissait aisément deviner : la Perle devait éprouver si fort l'attirance d'Assadaron qu'elle se serait abandonnée à lui la première nuit propice. Heureusement, le fluide dans lequel avait baigné Makéda, épuisée nerveusement, détermina une réaction trop violente chez elle : la reine n'avait pu résister aux effluves subjuguant sa volonté.

Allongée sur sa couche, elle se délivrait de l'influence. Son réveil était imparfait, sa lucidité avait des absences, mais elle répétait avec amour le nom d'Assadaron. À ses pieds, Belocha et Ibra s'étaient prosternés en prières.

Qu'advint-il par la suite ? On ne sut jamais si la souveraine n'essaya point de se lever, de courir à travers le labyrinthe des couloirs du palais pour chercher le portique principal, dans une sorte de crise somnambulique. On ne sut pas plus si elle s'était heurtée aux gardes atterrés mais inflexibles ; si elle ne fut point suivie et ramenée dans sa chambre malgré ses cris ; si Ibra ne s'épuisa pas jusqu'au matin à combattre, par toutes les ressources de son pouvoir magnétique, les terribles émanations occultes de son puissant adversaire.

NINIPALLUKIN TUE ASSADARON

« La reine vient et elle pleure. Elle vous voit mort !
Ainsi connaîtrez-vous l'horizon de sa passion… »

LA TROUBLANTE SYNCOPE DE LA SOUVERAINE avait plongé les invités du guebber dans le plus grand désarroi. Aussi le prince Amram, attribuant officiellement l'évanouissement royal à un excès de fatigue, décida-t-il que la cérémonie devait se poursuivre jusqu'au bout.

Quant au fakir, lorsqu'il réclama son salaire, le trésorier Lévi ne lui dissimula point qu'il l'avait identifié. Il le paya, lui ordonnant de quitter la ville sur l'heure, et le fit raccompagner par quatre gardes jusqu'au portique principal. Ninipallukin – c'était le nom du fakir – rentra au camp assyrien et y attendit le retour d'Assadaron qui, inquiet, participa au guebber jusqu'à l'heure où les autres convives se retirèrent.

Alors Ninipallukin sollicita sur l'instant une audience extraordinaire.

– Votre oncle Salmanar, ô prince, m'embarqua sur un voilier de sa flotte et m'expédia dans vos provinces sous bonne escorte. Sans doute craignait-il ma puissance, et sans doute avait-il cédé aux instances des envieux qui rêvaient de m'éloigner de la cour parce que ma science éclipsait la leur. Un temps je demeurai à Tadjoura, votre capitale, d'où vous m'exilâtes, sur l'ordre de votre oncle, dans une île déserte de la mer Rouge. Là, surveillé par des forçats, j'ai poursuivi l'étude des arcanes, puis vous m'avez ordonné de vous rejoindre. Me voici, ô prince. J'ai mis mes pouvoirs au service de votre amour. Cette nuit, la reine Makéda sera ici. Vous pourrez cueillir cette fleur rebelle. Son cerveau étant imprégné de ma pensée, je vous garantis qu'elle viendra.

Assadaron eut un cri de joie.

– Mais cette syncope ?

– Ne brisez pas la chaîne du mystère, dit Ninipallukin. Ma volonté s'est accouplée à la sienne, elle viendra. Mais en échange n'oubliez pas votre promesse, ô puissant maître ! S'il est vrai que je suis toujours votre prisonnier, rappelez-vous que demain matin, libre comme l'oiseau, Ninipallukin ayant tenu parole vous aura déjà remercié d'avoir tenu la vôtre.

Empoisonné de passion et de désir, le guerrier était exacerbé d'amour. Il ne pouvait plus résister à l'envie d'enlacer le corps émouvant de la reine. Chaque nuit, dans la splendide harmonie parfumée de ses rêves, il possédait Makéda avec des soupirs de volupté. Toutes les étreintes qu'il avait connues, il les revivait en pensée avec son amante dont la résistance augmentait encore les attraits.

Dans cet état d'excitation qui désaxait sa volonté, Assadaron avait plongé dans l'abîme des ruses. Quelques semaines auparavant, sa droiture forgée d'honneur militaire eût répugné à ces expédients. Mais l'amour excuse tout, et le plus fort a la raison pour lui. Baal n'est-il point le dieu de la Force ? Ainsi Téglatt accumulait-il les arguments propres à ébranler Assadaron.

Le prince avait donc fait venir Ninipallukin et, contrevenant aux ordres du tyran babylonien, il lui avait promis la liberté si par son entremise Makéda venait s'offrir d'elle-même.

Mais Makéda ne vint point cette nuit, pas plus que la suivante.

*

* *

Ne pouvant dompter son impatience, Assadaron se précipita au palais, arc-bouté sur son char d'ébène. Un de ses chevaux, devant le portique principal de la résidence royale, s'emporta subitement et se jeta sur un arbre. Il fallut l'abattre. Assadaron ne dut son salut qu'à la maîtrise qui faisait de lui le conducteur de chars le plus intrépide de Babylone. Téglatt obtint plus tard que la dépouille du coursier lui fût remise. Il constata que la bête avait été blessée à la cuisse et que cette douloureuse blessure était à l'origine de ses ruades.

L'Assyrien ne fut point reçu par Makéda, à laquelle les savants-médecins avaient interdit toute entrevue. En dévalant les gradins des terrasses qui conduisaient à l'entrée du palais, il faillit se blesser en tombant d'un escalier. Entre-temps, les serviteurs du prince avaient été assaillis par des chiens furieux qui s'étaient, prétendit-on, échappés du chenil.

Après avoir regagné sa tente, Assadaron dépêcha à la souveraine les épîtres les plus douces ainsi qu'un char de cadeaux. Ses ambassadeurs, à qui l'on proposa des rafraîchissements, se plaignirent de violentes douleurs. Ils furent malades jusqu'au matin, vomissant sans discontinuer, et le bruit courut dans le camp que les habitants d'Axoum voulaient empoisonner les guerriers assyriens.

Le prince convoqua un conseil secret. L'assemblée fut réunie à la nuit. Téglatt lui représenta toutes les ressources de son art magique.

– Les forces supérieures nous sont contraires, avoua-t-il. Il faudra attendre la lune nouvelle pour continuer le combat. D'ici là, prince, vous devez renoncer à voir la reine. Votre précieuse existence n'a jamais connu le danger de si près.

Cependant Assadaron s'obstinait de tout son orgueil, de toute sa passion. Alors Ninipallukin, après avoir confessé son échec et noblement offert de reprendre ses chaînes, exposa le plan machiavélique qu'il avait conçu.

Il consistait à simuler le décès du prince. L'état cataleptique serait obtenu grâce à de mystérieuses pratiques et à l'effet d'une drogue rarissime que Ninipallukin détenait. Il suggéra d'en faire immédiatement l'expérience sur un esclave. Aussitôt le masque de la mort figea les traits du patient. Assadaron se méprit lui-même sur la sinistre apparence de son sommeil. Mais, quelques heures plus tard, l'esclave revint à la vie, se plaignant seulement de malaises à la tête et au ventre.

– Comprenez ma ruse, ô prince. La reine vient et elle pleure. Elle vous voit mort ! Ainsi connaîtrez-vous l'horizon de sa passion… L'entourage de la souveraine pleure également, mais au fond il se réjouit. Belocha, ses collègues et ses disciples abandonnent leurs manœuvres, puisque vous êtes mort. Nous vous enterrons ici même, sous votre tente, mais si habilement que vous n'en souffrez point. Le lendemain, nous vous ressuscitons, nous vous cachons et levons le camp pour retourner à Babylone. Nous n'acceptons d'escorte que pour une journée de marche. À trois jours d'ici, vous vous découvrez à nos troupes au moment où nous franchissons la frontière, puis vous revenez à Axoum déguisé. En brodeur de perles, par exemple. La tranquillité règne au palais. Le cœur des magiciens et d'Amram est comme une nuit calme. Seule la Perle est dévastée par le chagrin de vous avoir perdu. Vous l'approchez. Vous vous révélez à elle. Alors, ne craignant plus rien de la malignité ni de la méfiance de son entourage, la reine se donne à vous. Oui, elle se donne à vous ! Ce que le prince assyrien, considérable et sans cesse admiré, n'a pu obtenir, l'humble et modeste brodeur de perles l'obtient sans peine. Comprenez-vous, ô prince ?

L'accent de Ninipallukin, qui développe sa pensée prodigieuse comme un beau paysage vu d'un char de course, est si convaincant et la passion d'Assadaron si forte que la funèbre mise en scène emporte tous les suffrages.

*

* *

Le lendemain, à cinq heures, Assadaron mourait des suites de ses chutes. Dans l'instant même le camp du prince prit le deuil. Les lamentations couvraient la campagne d'un hululement lugubre comme une nuée d'orage.

La reine fut prévenue en hâte. Elle sentit un grand vide se faire en elle et tomba comme une masse. Ranimée, elle s'élança vers le campement assyrien, cheveux épars et poudrés de cendre, vêtue de sa tunique jaune de deuil. Elle vit Assadaron en son linceul. Son visage pâle, livide, glacé. Lorsqu'elle baisa le front exsangue, une crise de désespoir lui ôta tout contrôle sur son esprit. Le prince Amram dut l'arracher au mort qu'elle agrippait de toutes ses forces.

Elle demeura longtemps prostrée puis Nabunasar lui fit observer que les coutumes assyriennes exigeaient des cérémonies privées destinées à préparer l'accueil favorable du défunt dans le domaine de Baal.

L'inhumation eut lieu au milieu d'un déploiement militaire considérable. Tout Axoum saluait une dernière fois l'ambassadeur de Salmanar avec l'éclat dû à ce voisin puissant dont on craignait la colère. Makéda assista à la cérémonie. Avant le lever du soleil, Assadaron se trouva déjà enfoui sous sa propre tente. La fosse était profonde, tapissée de riches boiseries qui formaient elles-mêmes le cercueil. La dépouille fut descendue dans cette boîte que l'on coiffa d'un riche couvercle. La terre tomba. Les prières se prolongèrent fort tard, entrecoupées par les lamentations des pleureuses. La reine brisée de chagrin remonta dans son baldaquin, s'enferma dans sa chambre et refusa toute nourriture.

Dès le lendemain, avant même qu'y soient gravés les titres et les exploits les plus fameux du prince, le bloc de granit qui surmontait sa tombe fut déplacé par les complices du stratagème. Le corps d'Assadaron, remplacé par un mannequin, fut transporté sur son lit. Déjà Ninipallukin se mettait à l'œuvre et l'Assyrien revenait lentement à la vie.

Peu après, le camp fut levé dans une fiévreuse atmosphère. Les guerriers rentraient avec joie à Tadjoura. Leur long séjour symiénois les avait aigris et fatigués. Une escorte d'honneur commandée par un prince royal reconduisit l'armée de l'ambassadeur défunt à une journée de marche d'Axoum. Deux jours plus tard, la troupe fit halte à proximité des frontières, dans un endroit inaccessible, au cœur d'une forêt de palmiers.

Nabunasar, assisté de Ninipallukin et de Téglatt, réunit alors les officiers et les soldats pour leur expliquer, le plus simplement du monde, qu'Assadaron n'était point mort. Leur maître bien-aimé était vivant parmi eux, son décès ayant été simulé afin de le protéger d'un attentat annoncé par les oracles. Bien sûr le secret le plus absolu devait entourer cette résurrection, pour ne pas susciter la vindicte des mages d'Axoum. Toute indiscrétion serait punie de mort.

Et le prince se matérialisa enfin parmi les siens. Une fantastique clameur ponctua sa prodigieuse renaissance. Les guerriers s'émerveillèrent du courage de leur chef et de la sagacité des magiciens. Un festin fut organisé sur-le-champ, et les hommes purent boire et manger jusqu'au petit matin.

Alors Assadaron donna l'ordre du départ. La colonne s'ébranla vers Tadjoura. La joie la plus vive éclatait dans le rythme de la marche et les chants de triomphe avaient remplacé les lamentations. Le neveu de Salmanar et son fidèle Nabunasar regardèrent partir leurs compagnons d'armes puis rebroussèrent chemin vers Axoum, par petites étapes, déguisés en brodeurs de perles.

LES BRODEURS DE PERLES

Les amants se cachaient, ce dieu de l'amour et cette déesse des désirs. Mais la reine n'appartenait toujours pas à Assadaron.

BRODEUR DE PERLES EST UN MÉTIER ASSYRIEN inconnu à Symiène ; aussi Assadaron se montre-t-il convaincu d'y intéresser la coquetterie de la souveraine. Nabunasar lui a appris la manière d'enfiler les grains multicolores et comment composer des ensembles chatoyants, aux dessins curieux, sur les tuniques. Les capes, les robes, les bandeaux et les ceintures s'en trouvent également charmés, au toucher ainsi qu'au regard, comme des pluies de perles.

Entrés discrètement à Axoum, Assadaron et Nabunasar louent un *souk*, ou petite boutique, dans un quartier marchand. Leur déguisement est si parfait que leurs mères elles-mêmes ne les reconnaîtraient point. La chevelure sur les épaules, le visage rasé et savamment maquillé, ils sont vêtus comme des artisans.

Assadaron travaille à l'atelier tandis que Nabunasar va vendre aux riches bourgeois axoumites les tissus emperlés, brillants et colorés comme des élytres de scarabée. En quelques jours à peine, dans toute la ville se répand le bruit de leur talent. Lors des courses de chars, les femmes qui arborent leurs tuniques étincelantes excitent les jalousies. Les Assyriens complices ne suffisent plus aux commandes. Nombreux sont les nobles les pressant d'exécuter des broderies savantes tandis qu'une princesse royale veut une robe empourprée de perles qui la vêt comme un flot de sang.

Makéda exige bientôt qu'on lui présente ces prodigieux artistes. Introduit auprès d'elle, Assadaron sent son cœur résonner comme le battant d'une cloche. Pendant que Nabunasar explique à la souveraine son art précieux, le prince remarque le visage amaigri de sa bien-aimée. Et il s'abreuve avec une joie d'autant plus égoïste de la douleur qui accable la reine que cette douleur est née de leur amour.

Autour d'elle, ses caprices despotiques font régner une sorte de terreur. Ayant requis la présence des brodeurs de perles pour la distraire de l'ennui de ses longues journées, elle se fatigue vite des explications imprécises de Nabunasar.

– Explique mieux ton art ou je te fais pendre ! lance-t-elle.

– Permettez alors que je cède la parole à mon compagnon. Il répond au nom d'Assadarib…

– Qu'il approche sans attendre !

Ledit Assadarib se présente et Makéda, sans comprendre pourquoi, tressaille en voyant la démarche de cet homme. Elle le dévisage mais ne le reconnaît point.

– Ô puissante reine, fait l'Assyrien d'une voix aussi contrefaite que son visage, je mets ma science à vos pieds et vous en dévoilerai tous les secrets loin des oreilles indiscrètes. En effet, dans mon pays, les brodeurs de perles se transmettent jalousement, de génération en génération, la formule mystérieuse. Aussi je veux la dire, mais à vous seule.

Piquée de curiosité, Makéda accède au désir du modeste brodeur dont personne ne se méfie, l'entraînant dans la salle des prières. L'artisan se tient aussi près d'elle que le respect le peut permettre. Cherchant dans son sac un tissu, il le déploie, faisant voir le nom de la souveraine tracé en perles blanches. Un instant après il retourne prestement l'étoffe : sur l'autre versant se trouve brodé le nom d'Assadaron. Outrée d'une pareille audace, la reine s'apprête à faire châtier l'impudent lorsque, soudain, le nom de celui qui hante ses nuits sans sommeil chante à ses oreilles. Le brodeur reste impassible. Ses lèvres seules remuent. Il frotte son visage et se laisse voir tel qu'il est. Makéda stupéfaite porte les mains à son cœur et tombe dans les bras d'Assadaron en s'écriant :

– Je veux désormais prendre chaque jour avec toi une leçon de broderie de perles !

Et Assadarib s'en fut ivre, avec tout le soleil dans son cœur.

*

*   *

Chaque après-midi, Assadarib le brodeur se présentait au palais où il était toujours reçu dans la chambre des prières contiguë aux appartements de la souveraine. Le nouveau caprice royal n'émouvait aucun dignitaire. Qui se fût méfié de cet artisan à l'aspect illuminé, dont l'art délicat ravissait les seigneurs et les courtisanes d'Axoum ? Les amants connaissaient enfin l'extase du ciel. Les heures qu'ils passaient ensemble étaient tissées de babillages, de mains serrées et de baisers doux comme des soupirs de fleurs.

Oubliant tout ce qu'elle avait enduré, Makéda se divertissait fort de leur ruse. N'avait-elle point déjoué la méfiance de Belocha et d'Ibra ?

– Ces magiciens méprisables, je les ferai pendre par amour pour toi, disait-elle. Car je t'aime !

Et elle riait de plaisir.

Personne ne pouvait pénétrer le sanctuaire où les amants se cachaient, ce dieu de l'amour et cette déesse des désirs. Mais la reine n'appartenait toujours pas à Assadaron. Elle restait la Toute Pure Perle.

Leurs baisers étaient nombreux, éparpillés sur leur visage et sur leurs mains et sur leurs bras et sur les jambes douces de Makéda. Elle craignait toutes les caresses pouvant réveiller les tentations qui rôdent et mordent la chair comme des chiens fous, changeant l'amour en un torrent de flammes. Son âme parfois se chargeait du regret des charnelles extases entrevues en Égypte comme un ciel orageux est envahi par les nuages. En riant, les amants apprenaient à broder les perles dont ils composaient le fastueux manteau de leur amour. Makéda souffrait de ne pouvoir point fleurir leur chambre et couvrir son amant de cadeaux, mais la fleur de leur passion était la plus splendide de toutes.

Pareille sérénité ne devait pourtant perdurer, sinon le bonheur éternel ne serait point du bonheur. Le jour le plus radieux, une heure vient où la tempête le refroidit et l'engrisaille. On se méfia soudain d'Assadarib au palais d'Axoum. Le prince fut averti par un esclave assyrien qu'il était reconnu et qu'il serait assassiné.

– J'attendrai les assassins et, quand ils seront proches, tu me préviendras. Je sauterai par la fenêtre.

L'esclave s'entremit avec d'autres complices qui étaient également des Assyriens ennemis d'Amram et de toute religion qui n'était pas celle de Baal.

Assadaron s'en fut une dernière fois chez la reine et cet après-midi fut le plus beau de tous. Des oiseaux chantèrent dans leur ciel qui resta sans nuage jusqu'à ce que le prince avouât qu'il était démasqué et qu'on tenterait de le tuer. Makéda voulut donner des ordres terribles, protéger son amant, faire exécuter ceux qui voulaient attenter à sa vie. Mais le fier Assadaron ne désirait point tenir son salut de la reine.

Tout à coup, un grand branle-bas se fit entendre dans les couloirs. Les encoignures des portes se hérissèrent de haine et de couteaux. Le projet d'Amram et de Belocha était de poignarder le prince au sortir des appartements royaux, de le transporter secrètement hors du palais et de simuler son départ de la ville.

Lorsque Assadaron fut alerté par l'esclave assyrien, il comprit que son amour était fini. Makéda pleurait, mais elle préférait le départ de son bien-aimé aux périls mortels qu'il courait. Ils s'enlacèrent une dernière fois avec ferveur.

Assadaron tressa des tissus en cordage, les suspendit par la fenêtre et se laissa glisser jusqu'aux étages inférieurs où il fut recueilli par ses compagnons. Ceux-ci le travestirent en domestique et l'emmenèrent paisiblement manger dans la maison des valets. Nabunasar l'y attendait.

Le ciel s'était définitivement couvert. Les oiseaux ne chantaient plus. Makéda de douleur tua ses deux tanagaris, et Assadaron partit dans la nuit avec le désespoir au cœur. La fleur du jardin de Symiène, il ne la cueillerait jamais.

Le malheureux rentra à Tadjoura, où il fut un satrape cruel comme un guépard.

JAKOUB ADOL MAR

LA DESPOTE

Ni le travail exténuant, ni les richesses,
ni les conquêtes, ni les gloires éblouissantes
ne pouvaient lui faire oublier son amant...

APRÈS SON COURONNEMENT, UN CHANGEMENT PROfond avait révolutionné l'existence de Makéda. L'époque transitoire qu'elle avait connue entre la mort du roi Anguebo et son propre sacre annonçait déjà combien serait radicale la transformation de sa vie consacrée à la chose publique.

Lorsqu'elle était encore princesse, elle s'était entourée d'amies nombreuses qu'elle aimait d'un cœur un peu farouche, mais avec une sincérité profonde. L'accession au trône éparpilla les affections comme un vol d'oiseaux.

Makéda inspirant la crainte, les amitiés se muèrent en respect et en démonstrations hypocrites. Les anciennes confidentes s'employèrent à abuser de la bonté naïve de la reine pour décrocher des avantages, des passe-droits et des privilèges de toute sorte. Tout d'abord la souveraine, généreusement, fit retomber sur leurs têtes dévotieuses des parcelles de sa puissance. Puis elle comprit bien vite que ces affections étaient intéressées. Elle en souffrit.

Son serment de virginité l'avait entourée d'un halo redoutable. On n'osait plus parler d'amour devant elle. Ses yeux devenaient tout de suite rêveurs au spectacle du bonheur d'autrui. Alors elle s'isolait. Les courtisans qui connaissaient l'intrigue nouée avec le prince Assadaron redoublaient de prudence maladroite. Aux autres, Makéda apparaissait comme une sorte d'idole monstrueuse, ni femme ni homme, dont l'hermaphrodisme frappait de pitié et de terreur.

La reine se sentit de jour en jour plus seule dans son

vaste palais, et le départ d'Assadaron ne fit qu'ajouter à sa tristesse. Elle cristallisait cette détresse au fond d'elle-même, mais une pensée directrice venait constamment lui donner forme : la vengeance. Car elle en était arrivée à connaître la haine, la haine implacable, jalouse, des hommes auxquels elle devait sa mutilation. Elle rêvait de se venger d'eux en érigeant le principe féminin au-dessus du principe masculin dans l'organisation de la famille et de la société. Le mâle asservi : quel beau renversement des lois établies, quelle stupéfaction dans le monde, dont l'attention serait fixée sur Symiène !

Makéda songea longtemps à se consacrer à cette tâche. Elle la prépara par un travail obstiné.

La souveraine avait systématiquement ordonné ses journées. Avant le soleil, à la douzième heure [1], elle bondissait de sa couche, se livrait aux mains de ses naines qui la plongeaient dans un bain odorant. Elle se faisait ensuite masser et parfumer.

Sa chevelure d'ébène était l'objet de soins tout particuliers. La coiffeuse habile nouait ses cheveux en une foule de petites tresses aussi minces que longues. Des fleurs ou des motifs d'or et d'argent, montés en épingles, étaient piqués dans cette toison soyeuse et parfumée.

Après avoir été massée, Makéda offrait son visage au maquilleur. Cet artiste excellait à modifier la physionomie de la reine par le simple jeu des couleurs et des traits. Aussi, dès après le sacre, les familiers de la Perle furent-ils surpris de voir son frais visage, autrefois rieur, presque espiègle, se durcir et acquérir un éclat sévère accentuant sa régulière et classique beauté. Courbe des sourcils relevée et limitée d'un trait blanc, paupières noircies, yeux énormes,

1. Soit six heures du matin. À Symiène comme dans l'Éthiopie actuelle, la journée se partage en deux cycles de douze heures : la première heure du matin coïncide avec le lever du soleil, et la première heure du soir avec son coucher.

élargis en amande et brillants de *troul* [1], son regard était ainsi rendu singulièrement captivant. Ses lèvres charnues et empourprées d'un dessin profondément net et troublant aiguisaient encore le charme éblouissant de ses traits.

Makéda avait en outre la coquetterie des robes innombrables et fastueuses. De son voyage en Égypte, elle avait rapporté le goût des toilettes chatoyantes, violemment colorées, dont elle changeait constamment. Mais ordinairement elle s'habillait d'un pantalon rouge, étroit fourreau qui ne dissimulait rien du galbe harmonieux de ses jambes, d'une jupe étroite et courte, d'une blouse épousant le torse et laissant les bras nus. Le peplos jeté sur l'épaule complétait ce costume, et des bijoux innombrables en accentuaient la vive et tintinnabulante richesse. En revanche, lorsqu'elle recevait des ambassadeurs ou des dignitaires, elle revêtait une robe longue à larges plis couvrant les bras, avec un décolleté sévère. Une ceinture en or ajustait la robe à sa taille haute et fine.

Ainsi parée, suivant les circonstances de la journée, Makéda se rendait au déjeuner servi dans l'adderach (salle à manger) où elle retrouvait le prince Amram, le grand rabbin Uziel, le garde des Sceaux Mara, le grand trésorier Lévi, le grand chambellan et quelques-uns des satrapes favoris du royaume.

Le repas était suivi des réceptions. Rapidement défilaient les messagers, les dignitaires au retour des missions, les satrapes et les officiers. Ils y gagnaient une récompense, un blâme ou la mort. Puis, dans l'elfine (salon privé), la reine décidait de l'administration de l'Empire avec les conseillers ordinaires de la couronne. Deux fois par semaine, ce programme immuable était modifié, afin de permettre à la souveraine de présider elle-même le tribunal impérial ; la Perle rendait des jugements jusqu'à la sep-

1. Poudre noire dont on noircit les cils pour donner aux yeux plus de brillant et les faire paraître plus grands.

tième heure. Elle surprenait par sa clairvoyance et sa lucidité juridique, mais elle indignait les hommes par l'intransigeance de ses verdicts sans appel d'où les mâles sortaient toujours humiliés et vaincus.

Au dîner de la mi-journée se trouvaient conviés les grands dignitaires et de nombreux invités. Ce repas était bref, une sieste le suivait.

Vers la neuvième heure, la reine sortait habituellement de son palais pour faire de longues courses en char ou à cheval, pour chasser ou assister à des parades militaires. Elle ne passait jamais sans frémir à proximité de la plaine où s'étaient élevés le camp et le tombeau d'Assadaron.

Le souper, à la onzième heure, ne réunissait que ses intimes. Puis les poètes, les baladins, les danseuses nues, les acrobates, les dompteurs d'animaux et les charmeurs de serpents étaient introduits. Ils cherchaient, par d'incessantes merveilles, à rompre la lassitude indifférente de Makéda. Celle-ci se fatiguait vite. Après avoir regagné ses appartements, elle consultait anxieusement le ciel clouté d'énigmes comme pour y lire son troublant destin. Son existence s'écoulerait-elle à jamais dans cette solitude déprimante et angoissée ?

Elle s'endormait assommée, la tête vide. C'est alors qu'elle voyait fleurir dans son rêve de formidables projets de grandeur. Dès le réveil, son autocratie ne connaissait point d'obstacles. Ses ordres nés de la nuit volaient, prodigieux, du sud au nord et de l'est à l'ouest du royaume. Les conseillers peinaient d'autant plus à suivre sa rapidité d'action que la Perle avait trouvé, dans le mouvement, un dérivatif à sa fièvre amoureuse. Toutes les ressources vives de son ardent tempérament se concluaient dans l'œuvre qu'elle marquait d'une sorte de génie.

Ainsi Makéda réforma l'organisation du pays. Il fallait que le statut de Symiène fût plus souple dans sa main. Pour cela, elle décida de partager l'État en quatre provinces, d'abolir l'autorité des rois et des vice-rois vaincus, d'unifier, d'égaliser et de coordonner. Chaque province fut placée sous l'autorité d'un gouverneur civil, d'un chef militaire, d'un premier magistrat et d'un représentant des négociants et artisans. Parmi ce conseil dit des « quatre » les résolutions étaient prises à la majorité des voix ; cependant l'autorité du gouverneur lui valait un deuxième droit de vote qui était appelé « voix de la couronne ». Le pays étant ainsi fédéré, la Perle se préoccupa que ses jugements fussent partout identiques. Elle les codifia et, avec l'aide de conseillers et de techniciens, promulgua ses propres lois.

Mais, avant tout, son souci primordial fut pour l'armée. Les conseils de son père demeuraient gravés dans sa mémoire ambitieuse. Il fallait agrandir le jeune Empire et imposer sa puissance incontestée. Makéda compléta, grâce à des capitaines d'Égypte, de Babylone et de Niniphée, le cadre des instructeurs militaires symiénois. Elle développa numériquement ses régiments, les dotant d'armes et de moyens nouveaux.

Un jeune homme, Adinram, s'était vanté de connaître un procédé pour composer un métal plus résistant que tous les autres : cet Asiatique fut comblé de richesses au point qu'il installa ses fourneaux dans Axoum. Lorsqu'il mourut, la souveraine fit élever sur sa tombe un bloc commémoratif coulé dans l'acier dont il avait révélé la formule aux forgerons royaux.

À Muttowa, la Perle obligea trente mille hommes à travailler nuit et jour, pendant trois ans, à la construction d'une flotte de guerre qui devait dépasser, en nombre et en prestige, la célèbre marine de Phénicie. Elle la dénomma la « flotte verte » et lança ses navires jusqu'à la Chine. Régulièrement, elle faisait visiter par ses bateaux les Indes et la Malaisie, où ils trafiquaient avantageusement avec les négociants indigènes, leur achetant des quantités considérables de soieries.

Afin de rétribuer cette fabuleuse armée d'ouvriers travaillant sans relâche, la souveraine monopolisa les mines d'or du royaume et les fit exploiter sans interruption. L'or était converti en écus ronds et polis, percés d'un trou. Le monde entier se repassa bientôt l'« or de la femme », comme il était appelé. Mais il fut très vite si abondant qu'il en acquit une puissance d'achat moins forte que l'argent.

Ainsi Makéda ouvrit l'ère des conquêtes. Elle se jeta dans les batailles avec une joie maladive faite de férocité et de haine pour la chair mâle, qu'elle livrait avec indifférence et mépris aux boucheries des combats. Au ponant elle s'empara de la Nubie et de la Wollega jusqu'aux impénétrables marécages, au levant elle s'avança jusqu'à la mer de Sang, au sud elle s'assura de tout le territoire qui va jusqu'au Willemantcharc et, au nord, elle atteignit la frontière d'Égypte.

Ensuite, la reine insatiable porta ses regards par-delà le continent africain. Sa flotte appareilla vers le Yémen. Elle défit le roi Attara après trois années d'une lutte épuisante et sans merci. Ses capitaines ayant vanté les merveilles du pays conquis, ses mines de pierres précieuses, sa végétation luxuriante et sa richesse inépuisable, leur souveraine résolut de visiter cette contrée. Elle y débarqua au cours d'une grande démonstration navale de ses voiliers à douze ponts superposés et de ses bateaux à mille rameurs.

Toute la puissance de l'or des pays d'Ophir, la reine l'avait muée en appareil guerrier. Après l'or, il fallut les perles : Makéda s'empara de toutes les pêcheries de la mer de Sang. Elle humilia même le puissant Hiram, roi de Tyr, en refusant de partager avec ce redoutable voisin la production des cèdres du Chercher qui l'avait faite maîtresse des mers.

Ainsi la Toute Pure assouvissait méthodiquement son appétit de conquêtes et les rois, autour d'elle, baissaient le front tour à tour. Seul Assadaron était épargné, Makéda respectant l'immuable frontière qui séparait la province cédée par l'Assyrien de celle qu'il gouvernait. Cette limite était aussi sacrée pour la Perle que le souvenir du prince,

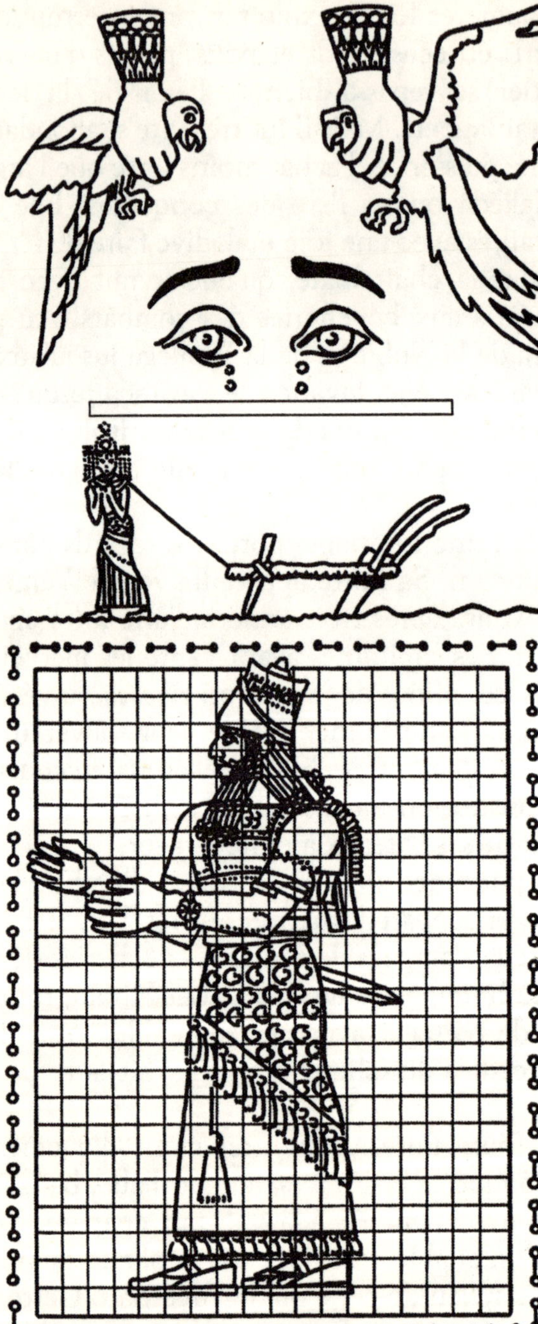

demeuré vivace dans son cœur. Ni le travail exténuant, ni les richesses, ni les conquêtes, ni les gloires éblouissantes ne pouvaient lui faire oublier son amant.

Certains jours, elle devait impérieusement se maîtriser pour ne point lui offrir son fabuleux empire en échange de son simple amour. Elle composa pourtant un dessin énigmatique qu'elle fit porter à l'Assyrien par un messager secret.

Le dessin représentait deux perroquets étranglés par des mains crispées. Des yeux de femme pleuraient des larmes abondantes. Une ligne jaune transversale symbolisait le deuil et, au-dessous d'elle, une femme labourait à grands efforts un champ de pierres. Assadaron, sous ce motif, était représenté dans son plus magnifique costume, couvert d'un voile. Le tout était encadré d'une infinité de signes du jour : deux petits cercles figurant des soleils accouplés par un trait vertical.

Assadaron reçut le dessin et le comprit. Alors il composa le poème suivant :

Ô Makéda, dans notre cœur, tout ce bel amour étouffé
Comme on enlève la vie à d'innocents oiseaux !
Tandis que nous pleurons sur le passé mort,
Ne peux-tu que tirer le trait du deuil sur nos espoirs ?
Ô Makéda, ce trait est impitoyablement net,
Définitif comme un coup d'épée.
Plus dur que la condamnation de l'esclave
Qui s'efforce de défricher et fertiliser
Un champ empierré et stérile, ton serment,
Ô Makéda, te rend stérile comme ce champ même.
C'est pour cela que tu ne veux plus voir Assadaron :
Devant tes yeux, tu le recouvres du voile de l'oubli
Mais tu l'aimeras encore en des infinités de jours.

Assadaron, ô Makéda, ne t'envoie pas d'énigme
Mais il t'envoie son cœur mort.
Il a le corps d'un homme castré

Et l'âme prisonnière d'une tunique de perles.
Il ne connaît point d'autre femme que Makéda
Et n'en connaîtra jamais.
Mais s'il demeure fidèle à son amour,
En retour il exige une fidélité semblable.
Assadaron demeure immobile et caché
Mais il apparaîtrait soudain, rapide comme le vent,
Si Makéda insouciante de sa douleur,
Oublieuse de son serment,
Choisissait en son cœur un autre frère que lui.
Il surgirait comme l'éclair et tuerait
Et massacrerait et t'enlèverait comme une bannière,
Ô Makéda ! pour retrouver ton cœur.

Ce que lisant, la reine frémit d'une angoisse délicieuse.

LE COMBAT CONTRE L'AMOUR

La primauté féminine et la déchéance masculine
n'empêchaient ni l'amour ni la luxure
de rétablir l'homme dans son éternelle puissance.

DANS LA DOULEUR DE SA PASSION REFRÉNÉE ET L'ORgueil insensé de sa puissance étonnante, le despotisme de Makéda était devenu tranchant. Sitôt exprimées, ses volontés devaient être suivies d'effet, aussi irréalisables qu'elles parussent. Et sitôt l'ordre tombé des lèvres royales, la nation devait se mettre en mouvement. Aucun effort n'était épargné : dans les villes avisées par des courriers extrêmement rapides, tous les corps de métier se mobilisaient et les armées se mouvaient. La souveraine ne souffrait aucun retard.

Ainsi conçut-elle le projet de déplacer sa capitale au cours de son voyage dans le Yémen. Elle décida qu'au cœur des territoires conquis, à Attratt, s'élèverait une cité fabuleuse, indice de sa force, qui serait la capitale rayonnante de l'Empire. Elle s'appellerait Saba. La Perle en traça les grandes lignes et ordonna que les plans en fussent entièrement achevés un mois plus tard.

Elle ne donna qu'un an aux architectes pour faire surgir de la terre, comme une fleur, la ville impériale. Ces architectes obtinrent que cinquante mille ouvriers des territoires vassaux aidassent les maçons et les artisans de Symiène. Le lendemain même, le défrichement des plaines commençait.

Makéda avait la même exigence d'instantanéité dans l'application de sa législation. D'abord elle résolut de multiplier les privilèges féminins à Symiène. Pour réaliser cette réforme, elle en analysa les raisons essentielles. L'amour étant la force centripète de la société, tout évoluait en fonction de son irrésistible attraction. Makéda, dieu nouveau, voulut renverser les lois terrestres : la puissance centripète deviendrait centrifuge. Puisqu'elle-même ne pouvait connaître l'amour, elle le supprimerait radicalement sur toute l'étendue de son royaume ainsi qu'on tranche une tête.

Convoquant des femmes en son palais, elle leur parla ouvertement de son projet. Ses confidentes ne se laissèrent point convaincre de reléguer l'amour au dernier plan de leurs préoccupations. Leur gent n'existait que par l'amour et pour lui. Elles le dirent à la reine qui ne voulut pas les comprendre, car elle les comprenait trop bien. Alors Makéda procéda à six expériences sur des hommes et des femmes sélectionnés parmi toutes les classes de la société.

Elle donna l'ordre que dix jeunes ouvrières fussent enfermées pour exercer leur profession de brodeuses sans contact avec l'extérieur, dans une maison située au milieu d'un grand jardin, et qu'un homme serve ces femmes comme s'il se fût agi d'un esclave. Un mois après, le serviteur était devenu le maître, nourri et choyé par les femmes qui s'étaient d'abord disputé son amour puis se l'étaient partagé. Makéda apprit ainsi l'irrésistible attraction des sexes. Ce fut sa première expérience.

Elle arracha cet homme à ces femmes et leur ordonna de continuer leur travail loin de toute tentation. Mais le désir de l'amant était si fort qu'au bout d'un mois les ouvrières, dépérissant de s'aimer entre elles, supplièrent la reine de les autoriser à se marier. Ce fut la deuxième expérience.

La Perle leur donna deux mâles au lieu d'un, mais les résultats de cette troisième expérience furent identiques à la première et les douze brodeuses faillirent s'entre-tuer de jalousie.

Elle remplaça ensuite les hommes virils par des individus castrés, aussi séduisants que cultivés, et leur attribua deux compagnes seulement. Ils vécurent leur vie séparément les uns des autres. Les femmes ne s'émouvaient donc que de la puissance virile, non pas des qualités spirituelles.

La cinquième expérience renouvela la quatrième en mêlant à cinq femmes des plus cultivées un eunuque lettré. Elles le chassèrent de leur gynécée.

Alors Makéda, s'imaginant que seul le coït passionnait ses congénères, fit installer dans une maison publique trois superbes mâles, traités comme des princes et mis à la disposition des femmes que leur veuvage privait des plaisirs sexuels. Très vite, elle fut étonnée d'apprendre que deux Symiénoises s'étaient éprises au point d'enlever les deux plus beaux étalons et de les couvrir d'or. Le troisième pourvoyeur de plaisirs s'était enfermé dans la maison avec une maîtresse femme qui ne le voulait partager avec personne. La souveraine découvrit ainsi que la passion amoureuse ne se suffit pas du plaisir : la frénésie de la possession s'en mêle jusqu'à l'assouvissement complet du désir avec le même amant, et la durée de cet assouvissement peut être fort variable. Ce fut là sa sixième et dernière expérience.

Makéda en tira profit pour l'élaboration d'une législation nouvelle. Déjà, les lois promulguées en la première année de son règne produisaient des effets qui modifiaient la moralité et le visage de la nation. La « loi de la Perle » avait donné aux femmes des droits identiques à ceux des hommes. La fille héritait de ses parents tout comme le garçon qui possédait jusqu'alors le privilège exclusif du legs. L'enseignement était devenu obligatoire pour les deux sexes. Les femmes pouvaient, sur un pied d'égalité absolu avec les hommes, acquérir des biens, commercer ou exercer les fonctions publiques. Seul le service militaire restait réservé aux hommes, chair à combat.

Ces lois furent aggravées par une modification des règles du mariage. Celui-ci devait dorénavant se contracter devant un tribunal féminin. Les époux déclaraient librement les biens qu'ils désiraient mettre en commun, sans qu'ils fussent tenus d'en aliéner l'intégralité. Quant au divorce, il s'obtenait par simple déclaration devant le tribunal. Les conjoints se partageaient alors les biens de la communauté mais, par restriction, ceux du mari restaient gérés un an par le tribunal s'il demandait lui-même à divorcer, et lorsqu'il y avait des enfants la part du père leur revenait en héritage direct. Le consentement des deux époux était indispensable pour la vente des biens communs, et l'éducation des enfants l'apanage exclusif de l'épouse jusqu'à leur septième année. Après la septième année, les garçons et les filles demeuraient respectivement sous la tutelle paternelle et la tutelle maternelle, qui chacune se voyait reconnaître le droit d'exploiter leur part d'héritage. Enfin l'émancipation des enfants fut fixée à dix-huit ans. Dès leur majorité, les enfants pouvaient librement disposer d'eux-mêmes et réclamer le quart de leur héritage, les trois autres quarts ne leur étant acquis qu'au décès de leurs parents.

Malgré la loi, bien peu de femmes jouissaient de leurs droits. Rares étaient celles qui sollicitaient les fonctions d'État naguère dévolues aux seuls hommes. En revanche, au sein du foyer, la plupart d'entre elles restaient les esclaves éternelles du mari. En foi de quoi Makéda, brusquement, bouleversa les traditions d'une manière plus brutale et plus radicale encore : tous les droits et privilèges masculins furent abolis au profit des femmes. L'homme fut soumis à une sorte d'esclavage humiliant et beaucoup d'entre eux s'enrôlèrent dans les armées afin d'y échapper.

Désormais, seules les femmes héritaient. Une fille achetait son conjoint comme naguère un fiancé acquérait son épouse, cela tout en jouissant du droit de polyandrie. À condition d'être en mesure de les nourrir, elle pouvait avoir autant d'époux et de concubins qu'il lui plaisait.

Enfin les travaux domestiques étaient dévolus aux hommes et la femme se voyait responsable de sa fortune, de sa maison et de son commerce, qu'elle administrait à sa guise.

Cette législation nouvelle promulguée, Makéda veilla à l'imposer aux familles symiénoises. Les révoltes et jusqu'aux murmures furent brisés par le fer et la corde.

*
* *

La Perle se rendit compte que, la fonction créant l'organe, les filles enlevées à leurs préoccupations de séductrices se délivraient de la coquetterie, uniquement faite pour plaire au mâle. Lentement, la femme se virilisait.

Pour mesurer tous les effets de sa loi, Makéda visita Zicri, la fille d'un riche négociant axoumite. Cette femme avait succédé à son père et dirigeait les transactions d'un important comptoir ayant essaimé sur toutes les côtes d'Afrique. Zicri avait acheté un mari, mais sa brûlante sensualité ne put se contenter de ce compagnon trop lymphatique à son gré. Alors elle s'était entourée d'un véritable harem masculin, pour l'essentiel des anciens ouvriers ou des commis de maison qu'elle cloîtrait dans une partie de son habitation et faisait servir par des esclaves. Les concubins de Zicri vivant dans une oisiveté amollissante, ils se paraient de costumes chatoyants et fragiles, brillaient de bijoux et se mouvaient dans des ondes parfumées. Leurs gestes mêmes s'alanguissaient : ils ne vivaient plus que pour l'amour et pour la danse.

Makéda en fut profondément déconcertée. Elle avait voulu chasser l'amour ? Il resurgissait triomphant parmi ces mâles parfumés et maquillés dont l'indolence vautrée sur des coussins de soie exacerbait l'érotisme. Pire, Zicri n'éprouvait point l'immoralité de sa vie conforme aux mœurs nouvelles.

L'hôtesse voulut présenter à la reine quelques-uns de ses maris préférés, celui qu'elle aimait pour son vice et celui qu'elle s'était attaché pour sa fougue animale. D'un troisième elle vanta la science, le raffinement et la variété des étreintes. Enfin, elle exposa à Makéda les mœurs inverties de tel ou tel autre de ses concubins. Non, l'amour passionnel n'était pas mort. Il jaillissait ici en monstrueuses fleurs de volupté et de stupre comme ces plantes bizarres et violentes qui éclosent dans les marais. Non seulement l'amour s'accommodait parfaitement des nouvelles « lois de la Perle », mais il en débordait par vagues fougueuses.

Makéda laissa encore son hôtesse lui décrire les mœurs des patriciennes axoumites. Rien n'avait changé, un simple renversement ayant fait de la femme la dictatrice des plaisirs. Zicri expliqua que sa fortune lui permettait d'organiser ces orgies dont les nobles, naguère, s'offraient seuls le luxe désordonné. Les belles filles de Symiène ne se laissaient plus choisir, voilà tout, elles choisissaient. Les hommes dansaient pour elles, puis elles se dénudaient au son des masincos et, grisées d'*araki* et d'hydromel, elles dansaient avec eux pour se laisser prendre ensuite sur les divans où coulait une lumière doucement tamisée…

Makéda s'inquiéta des quatre frères de Zicri. Qu'étaient-ils devenus ?

– Comme la plupart des fils de commerçants et de riches bourgeois, répondit la négociante, mes frères ont quitté Symiène pour l'Égypte, car ils ne voulaient point vivre sans travailler. Ils sont actuellement mes associés à Thèbes.

Makéda sortit de cette maison bouleversée. Cette femme, cette fille de bourgeois n'avait en rien contrevenu à la lettre de ses décrets. Elle en avait adapté l'esprit aux exigences de son tempérament excessif, et sans aucun doute toutes les Symiénoises devaient se livrer à de pareilles débauches. La primauté féminine et la déchéance masculine n'empêchaient ni l'amour ni la luxure de rétablir l'homme dans son éternelle puissance. C'était donc à cette puissance même qu'il fallait s'attaquer, mais sans nuire à l'instinct de reproduction car Makéda avait besoin de nombreux guerriers. Aussi la reine convoqua-t-elle le conseiller Lévi pour décider avec lui de la façon dont elle pourrait éliminer l'amour comme on fait tomber la fièvre dans un corps malade.

Le trésorier ne comprenait pas la rage destructrice, l'obstination inépuisable, l'intransigeance invincible de la souveraine. Pour le vieillard, les passions sensuelles étaient depuis longtemps éteintes. Naguère, le marchand d'esclaves qui dans une razzia l'avait enlevé adolescent et castré pour le vendre comme eunuque avait, du même coup de couteau, aboli chez lui toute convoitise charnelle. Il devait en grande partie à cette existence sans désir ses hauts pouvoirs à la cour de Symiène.

Parmi les hommes que leurs fonctions attachaient au service du palais royal, Lévi était d'ailleurs le seul qui osait parler à Makéda avec indépendance et franchise. Cette audace procédait-elle de son mépris de l'existence ? Peut-être. Autour de lui, bien des murmures s'étaient souvent fait entendre, que la Perle avait systématiquement ignorés. Seules la déportation dans les pays pernicieux ou les expéditions lointaines avec les troupes de mercenaires et d'insoumis figuraient une condamnation sans appel. Le prince Amram lui-même avait payé de sa vie un tutorat qui s'était permis de trop vives critiques : il était mort à la tâche en gouvernant le pays de Wollamo, dont le climat méphitique l'avait tué en quelques mois. La fille d'Amram, cousine de la reine, s'était par la suite enfuie à Thèbes, ne voulant point demeurer dans une contrée où les hommes mouraient comme des insectes.

Makéda tremblante d'indignation raconta à son trésorier la visite qu'elle avait faite à Zicri. Le vieux Lévi, dans la neige qui coulait en fleuve sur sa poitrine, lui fit cyniquement remarquer que cette femme était légalement autorisée à se livrer aux orgies, débauches et luxures collectives. Il était même à craindre que les hommes les mieux doués de Symiène ne s'exilassent au grand détriment des arts et des sciences.

– Je veux tuer l'amour, s'obstina la Perle, et j'entends revenir aux lois de Jéhovah dans une nation purifiée !

– Ô reine, repartit Lévi, tuer l'amour est une action aussi difficile que d'éteindre le soleil, mais j'ai souvent réfléchi à cette troublante situation. Je n'y vois qu'un remède : il faut retirer aux hommes et aux femmes le sens de l'amour comme on peut enlever aux esclaves le sens de l'ouïe ou celui de la parole. Une opération doit être possible. Personnellement, je n'ai plus aucun désir, mes envies amoureuses ayant disparu avec la castration. Je gage que les savants-médecins doivent pouvoir éliminer cette attirance chez les autres hommes sans supprimer la faculté reproductrice.

– Alors j'ordonne, dit Makéda, que dans trois jours les médecins aient découvert ce moyen.

Trois jours plus tard, les médecins vinrent déclarer qu'ils

avaient inventé un procédé. Belocha, leur maître, prononça ce discours :

– Ô reine des rois, si vous voulez tuer l'amour il faut d'abord faire disparaître, chez les hommes et les femmes, les organes qui excitent les désirs les plus impérieux. Chez la femme, ces désirs sont localisés dans les lèvres de leur sexe et dans le mont de Vénus. Chez les hommes, ils se concentrent dans le cercle du phallus où s'amorce le gland et que nous appelons l'anneau de volupté. Lorsque ces pôles du plaisir seront anéantis, les humains n'éprouveront plus l'appel de ces jouissances qu'ils subliment, au contact de leurs chairs, dans un vertige extatique. Ils ne s'attireront plus. Il suffira de rendre la copulation obligatoire une ou deux fois par semaine afin que la reproduction de l'espèce ne souffre pas de cette opération. La jouissance n'est qu'un appât créé par Jéhovah pour inciter les êtres vivants à se multiplier. Pour l'anéantir, mon savant collègue Libri a composé une pâte qui brûle et ronge la sensibilité des parties condamnées sans produire de plaies ni de douleurs inutiles.

Belocha se tut pour montrer à la reine la pâte noirâtre et corrosive qui devait combattre l'orgasme. Elle fit la moue.

– Qui pourrait s'appliquer cette chose volontairement ? demanda-t-elle.

Belocha avait prévu l'objection :

– S'enduire de cette pâte sera obligatoire pour les deux sexes après épilation. Ceux qui ne s'y seront pas soumis dans le délai d'un mois seront décapités. En outre, à partir de ce jour, il faut imposer l'ablation des sièges sensitifs chez tout enfant de quarante jours. Certes, une jeune fille pourrait toujours être la victime d'un viol. Pour empêcher cela vous ordonnerez que le sexe des fillettes soit fermé, sauf pour permettre les fonctions naturelles. Nous vous avons exposé un point de vue médical. Quant à nos collègues spécialisés dans l'étude de la morale, ils ont estimé que le luxe et la toilette des femmes n'ont aucune raison d'être. Les corps doivent être chastement habillés d'amples vêtements dissimulant la chair, source des tentations. Ils expriment le vœu que la monogamie soit rétablie dans le royaume sous peine de mort, et qu'il soit interdit aux prostituées d'exercer leur licencieux commerce.

» J'ai enfin considéré cette réforme du point de vue de nos sciences cabalistiques. Personnellement, je pense que les esprits ne s'y opposeront point. Le corps astral demeure intact et puissant au-dessus des mutilations de l'enveloppe terrestre.

La reine avait écouté ce rapport avec une attention passionnée. Elle congédia ses hôtes après s'être assurée du secret de leurs délibérations et manda un scribe auprès d'elle. Elle s'épuisa au travail jusqu'à la nuit, et dès l'aube elle recommença de dicter les dispositions de sa loi nouvelle. Enfin, après de nombreuses corrections, modifications et altérations, elle obtint le texte définitif de la cruelle ordonnance qu'elle fit lire aux savants réunis :

– Je désire respecter les lois de Jéhovah, notre Dieu. Les garçons seront donc plus gravement circoncis par les rabbins, et les sages-femmes devront couper les lèvres et le mont de Vénus du sexe des filles. Les circonciseurs suivront les cours de l'école des médecins et ne pourront pratiquer les ablations qu'à la condition d'être brevetés. Toutes ces prescriptions sont faites pour les gens de notre religion israélite. Aux filles des païens, le sexe sera cousu jusqu'au jour des noces, en ne laissant subsister que l'orifice nécessaire aux fonctions naturelles.

Le collège des savants mit front à terre. La reine avait parlé.

Dès le lendemain le décret royal fut proclamé dans tout le pays par des hérauts et Makéda attendit, avec une joie féline, le résultat de ce combat épique qu'elle livrait à l'amour humain, elle, la grande amoureuse.

JAKOUB ADOL MAR

MAKÉDA CHASSE ET RAMÈNE ASSYR

Mais je vous vois, ô reine ! Et je suis ébloui comme en présence d'Astar elle-même.

AVISANT LE FUGITIF QUE SES SOLDATS VENAIENT d'attraper, la reine arrêta brusquement son char doré attelé de six antilopes géantes. Elle ordonna qu'on délivre le malheureux des liens dont, par prudence, ses gardes l'avaient déjà chargé, ayant reconnu le costume assyrien qu'il portait.

– Qui es-tu, dit-elle, et pourquoi te sauvais-tu ?

L'étranger fixa la souveraine dans les yeux avec une assurance et une noblesse qui surprirent Makéda.

– Je me sauvais, ô reine, car j'ignorais que le bruit entendu était celui d'une équipe de chasseurs. Je craignais d'être attaqué par des bandits. Or, comme je suis pauvre et misérable, les caravanes m'eussent mis à mort sans explication. Mais je vous vois, ô reine ! Et je suis ébloui comme en présence d'Astar elle-même.

Astar était la déesse préférée des Assyriens comme Baal était leur dieu. Makéda en fut flattée.

– Tu ne parles pas comme un homme du peuple, reprit-elle plus doucement. Que fais-tu donc dans mon pays ?

– Voici ce que m'ont laissé mes ennemis après m'avoir volé ma fortune et mes biens, dit l'homme en montrant du doigt l'horrible cicatrice qui le défigurait obliquement du front au menton. Si je m'en retourne en Assyrie, je serai tué. Car la vengeance qui arma le bras de mes assassins, plus implacable que toutes, est une haine de femme. J'errais donc dans ce pays, après plusieurs jours d'une marche exténuante, lorsque je fus surpris par votre chasse. Ô reine, votre humble esclave bénit Baal de l'avoir jeté sur votre route : il se prosterne et vous supplie de l'utiliser parmi vos serviteurs les plus accablés de travaux. Je sais conduire un char. Je sais me battre et apprendre aux autres le maniement du sabre et de la lance. Grâce pour l'exilé, ô reine des rois, vous dont l'Assyrie entière connaît la gloire !

Makéda considéra avec un élan du cœur l'homme pâle, éperdu et tremblant qui se courbait devant elle.

– Je veux bien t'enrôler dans ma garde étrangère, lui répondit-elle, mais dis-moi auparavant ton nom !

– Qu'importe mon nom, ô Perle… Il m'exposerait à l'occulte vengeance de mes ennemis. Vous le saurez un jour. Jusque-là, faites-moi appeler Assyr.

Intriguée, la souveraine fit un signe. L'homme fut emmené et nourri. N'ayant pas mangé depuis trois jours, il se jeta comme un fauve affamé sur la viande cuite qui lui fut servie dans un pain.

Makéda enveloppa ses antilopes du claquement sonore de son long fouet. Les bêtes agiles partirent comme le vent, en d'immenses foulées. La chasse royale reprenait.

La Perle adorait le mouvement et les tribulations épuisantes de la chasse. Elle s'y livrait avec une passion farouche, le plus souvent dans les grandes plaines qui entouraient Axoum. Elle battait avec le flair du prédateur les forêts de mimosas géants et de sycomores, les bouquets de palmiers et de dattiers où se cachent, au cœur d'une végétation luxuriante, les gazelles ainsi que les fauves qui les épient.

Cette nature trop vivace, où les chasseurs peinaient à pénétrer le fouillis des broussailles, était peuplée d'une légion multicolore d'oiseaux dont le chœur étourdissant égayait la reine. Merles métalliques au long vol bleu, perroquets chamarrés comme des fleurs…

Pour ces galopades, Makéda avait sacrifié les chevaux, leur préférant des oryx qui se moquent des terrains accidentés et ne chutent point. La reine les avait fait atteler à des chars extrêmement souples, dont le coffre était si ingénieusement stabilisé par des courroies mobiles que tous les chocs du terrain s'en trouvaient amortis. Quand elle passait ainsi, tête nue et cheveux flottants, agrippée de la main gauche et guidant de sa dextre son équipage turbulent, le peuple des campagnes croyait à une apparition du ciel.

Elle excellait à capturer les animaux vivants, les gazelles qu'elle faisait dresser, les lions qu'elle encageait, les autruches qu'elle parquait dans les enclos. Elle collectionnait encore, pour leur plumage, les marabouts géants, les pélicans et les flamants roses, haut perchés au bord des marais, et les trophées l'enthousiasmaient comme si elle avait conquis une province.

Pour les instants de repos qu'elle prenait parfois avec ses invités dans un buisson de rosiers ou de lauriers sauvages, des tentes pourpres étaient prestement montées sur la plaine ocrée, où elles semblaient de gigantesques fleurs rouges. Puis elle repartait, répartissait les tâches entre les rabatteurs, lâchait les meutes et les singes dressés pour repérer et signaler de leurs cris perçants, depuis la cime des arbres, le lion ou le léopard.

Ce jour-là, après avoir livré une rude bataille, la Perle rapporta deux fauves à demi déchiquetés par les chiens. Elle s'informa d'Assyr. Le capitaine des gardes du palais lui dit qu'il l'avait enrôlé dans son deuxième corps, lequel était composé de mercenaires étrangers.

Sachant habilement manier le glaive, la nouvelle recrue émerveilla ses chefs au point qu'ils l'élevèrent rapidement, avec l'agrément royal, au grade de chef de section de la garde personnelle de Makéda.

Cet homme n'était rien pour la Perle, et cependant il était apparu dans des circonstances étranges auxquelles elle attachait de la superstition. Assyr venait de Babylone. Sans aucun doute connaissait-il Tadjoura et son gouverneur, le prince Assadaron, mais elle n'osa jamais s'en entretenir avec lui. Il devait pourtant grandement déterminer, plus tard, l'orientation de la vie et du règne de la reine de Saba.

LA REINE DE SABA

Elle quitta le bateau-paon qui se balançait sur l'eau
à l'aube d'un jour glorieux,
et elle devint ainsi la reine du matin.

SABA ! MAKÉDA AVAIT AINSI BAPTISÉ LA CAPITALE magnifique du radieux et tiède pays d'Arabie où elle allait s'installer pour toujours. Depuis qu'en son premier voyage au Yémen elle avait respiré la divine odeur de cette terre, elle pressait les architectes d'achever l'œuvre surgie de son caprice.

Lorsque la ville fut prête, le reine fit informer les Symiénois que sa résidence sabéenne n'exclurait pas de fréquents séjours à Axoum. Elle conserverait à son pays natal un ardent amour et continuerait de veiller sur lui avec une attention vigilante. Pour l'administrer, elle nomma un gouverneur général qu'elle intitula *wak-chaoun* (chef de l'Ouest) et un juge suprême qu'elle appela *afa néguest*, « bouche de la reine ». Les pouvoirs de ces gouverneurs furent plus larges que ceux de tous les autres chefs de province. Makéda marquait ainsi l'intérêt tout particulier qu'elle portait au berceau de l'Empire.

Elle organisa ensuite l'exil des conseillers, dignitaires et officiers de la couronne qui la devraient suivre à Saba, ainsi que le transfert des troupes, des serviteurs et des esclaves. La flotte verte mouillée à Muttowa servit aux transbordements. Des routes nouvelles, en rubans rectilignes, relièrent ce port à l'ancienne capitale, et d'Axoum à Saba, au sommet de nombreuses tourelles élevées sur des montagnes, des messagers habiles pouvaient communiquer par signaux.

Avant son départ, la reine offrit un festin de trois jours aux grands chefs, rabbins et savants symiénois. Elle justifia le transfert à Saba du gouvernement et de la résidence royale en leur exposant la nécessité d'une expansion de l'Empire vers le levant. La mer de Sang ayant été conquise comme les sables qui en formaient l'autre rive, la puissance axoumite devait y briller de toute sa splendeur. Et tout Symiène s'inclinait devant cette force géante enclose dans la main d'une vierge.

Les chars de Makéda parcoururent les routes toute la journée du lendemain. Des chevaux frais étaient attelés, toutes les deux heures, à des relais où la souveraine trouvait de nouvelles troupes de cavalerie pour l'escorter à grand fracas. Le soir tombait sur Muttowa lorsque la trépidante cohorte déboucha des portes de la ville et traversa la cité illuminée comme un serpent de feu pour aller s'immobiliser sur les quais.

La population et l'armée firent à leur reine l'accueil frénétique de leurs assourdissantes acclamations. Les hymnes montaient vers le ciel comme la fumée et l'odeur de l'encens. Le nard et la myrrhe parfumaient l'air. Les musiciens célébraient le règne de la Perle dans un prodigieux concert de cymbales, de fifres et de tambourins. Des milliers de torches chassaient la nuit et créaient un jour pourpre de leurs ailes enflammées. La flotte était incendiée de lumière et le pont de chaque bâtiment déployant ses voiles cramoisies bruissait du cliquetis des armures. Les matelots, vêtus de blanc, allaient comme des oiseaux de mer.

La reine embarqua alors sur un étrange navire sans voiles ocellé d'or et d'émaux, mû par cent quatre-vingts solides rameurs et dont la forme de paon était due à son imagination. Des verres lumineux en formaient les yeux et dans sa gorge évidée, sous un baldaquin pourpre, s'évasait le trône. Amoureuse de faste et de spectacle, Makéda y prit place dans une immobilité hiératique drapée de blancheur. Sa couronne de perles grosses comme des noix étincelait de mille reflets irisés, tout comme brillait le sceptre perlé qui prolongeait sa main.

Devant elle, de la proue du bateau royal jusqu'au quai, se déroulait le tapis impérial comme un flot de sang dans le soir d'acier. Les dignitaires qui accompagnaient la souveraine durent le baiser dévotement avant qu'il n'ensanglante la mer de son fulgurant giclement, trait d'union symbolique entre les puissances terrestres et maritimes de l'Empire, lorsque la flotte verte appareillerait pour mettre le cap sur la nouvelle capitale. Ce fut alors une migration d'oiseaux rouges glissant sur l'eau avec une telle noblesse que cette vision, pour le peuple assemblé, se nimba d'une majesté quasi divine.

La déesse Makéda, reine des rois, serait demain la reine de Saba.

*

*   *

Dans le matin rose, elle débarqua de son oiseau géant comme une apparition. Les Yéménites en éprouvèrent une terreur sacrée. Elle quitta le bateau-paon qui se balançait sur l'eau à l'aube d'un jour glorieux, et elle devint ainsi la reine du matin. Déjà le palais de Saba se détachait dans la clarté fluidique, colossal et pourtant fleuri tel un jardin. Suspendu dans les nuages, il surplombait et éclairait le pays et la mer à la façon d'un roc et d'un phare. La bannière verte flottait à son faîte.

Avec quel orgueil insensé Makéda fit déployer le tapis impérial et le foula en plein sol vaincu ! L'ardeur de l'accueil ne le céda en rien au tumulte du départ. Ce fut dans une apothéose de saluts et de chants que, dans son char de parade, elle suivit la route que lui indiquait la double haie serpentine des lances et des boucliers brillants. Une route de deux mille coudées qui étaient autant de coudées d'encens et de gloire grisante.

LE PALAIS DE SABA

Makéda était la maîtresse des éléments,
de dix peuples, de millions d'hommes,
mais elle n'avait pas réussi à dompter l'amour.

LE SOIR, MAKÉDA S'EN FUT AU SOMMET DE SON PALAIS, là même où flottait sur la terrasse, dans le vent fort du large, sa bannière de sinople. Elle demeura rêveuse en contemplant son œuvre étalée à ses pieds.

Elle avait chargé d'or et d'honneurs et de titres les architectes géniaux qui avait su traduire, dans la pierre et le bois, son rêve grandiloquent : une cité formée de trois galeries concentriques dont chacune pouvait contenir cinquante mille personnes. Pour l'ériger, on n'avait ménagé ni les blocs de grès, ni le granit, ni le basalte durs comme des diorites, ni le quartz si pénible à façonner que les meilleurs outils s'émoussent à le tailler.

Les trois galeries étaient bordées de multiples colonnades aux chapiteaux déployés en éventails de têtes et de plumages de paons. Les fûts des colonnes étaient peints ou gravés de hiéroglyphes polychromes rapportant les conquêtes impériales, les murs entièrement colorés de scènes et d'arabesques vives travaillées à la flamme, les plafonds formés de plaques de marbre agrafées à des poutres de bois de cèdre par des têtes d'animaux.

Quant au pavement, mélange solide de plâtre et de crin haché, il était incrusté de peintures.

Au cœur du palais, sur une colline artificielle, s'élevait le pavillon royal proprement dit, entouré de cette triple et énorme circonférence de salles, de piliers, de galeries et de portiques. Du centre à la limite extérieure du cercle de bâtiments rayonnait une voie large de cent coudées où pouvaient s'engouffrer des armées entières escortant les gouverneurs des provinces royales et les ambassadeurs des États voisins. Et les puissants visiteurs de Makéda pourraient sans encombre loger tous leurs hommes au palais impérial.

Dans les corps des bâtiments les plus excentrés se trouvaient les bureaux de troisième grade, les dortoirs des troupes et les arsenaux. Le troisième arc de cercle abritait les esclaves, les abattoirs et les prisons militaires. La deuxième ligne hébergeait les officiers, les savants, les magiciens et les rabbins ainsi que les bureaux du deuxième grade, les réfectoires et les écoles. Enfin, dans les bâtiments circulaires de la première circonférence, se trouvaient les bureaux du premier grade, la somptueuse salle du conseil et des audiences, le haut tribunal, les portes blindées des trésors impériaux et les habitations des nobles et des dignitaires.

Au milieu, entouré d'un parc minutieusement dessiné où la reine avait réuni ses bruyantes collections d'animaux en cage, le palais de Makéda s'élevait sur trois étages. Son toit plat était couvert d'une immense terrasse fleurie. Deux gradins de jardins suspendus sur une forêt de colonnades gracieuses, taillées dans le marbre blanc, donnaient accès à la demeure royale.

Au rez-de-chaussée se succédaient l'elfine, l'adderach et la salle des réceptions. Aux premier et deuxième étages, les appartements privés comprenaient les chambres à coucher, de prières et de toilette. Chacune de ces pièces était conçue dans un goût et une symphonie de coloris particuliers. Lorsqu'un visiteur de marque arrivait au palais, des fanfares l'annonçaient et la souveraine l'attendait au fond de l'allée centrale, dans la salle des audiences où l'hôte pouvait admirer le paysage d'une ville de rêve, couronnée d'une pyramide fleurie, accrochée dans le bleu du ciel.

Makéda, sous son baldaquin cramoisi, le voyait déboucher à la tête de ses troupes. Les soldats, officiers et dignitaires de l'escorte s'immobilisaient successivement dans l'arc de cercle dévolu à leur grade, et l'invité se présentait seul devant la souveraine magnifique. L'impression que faisaient cette pompe et ce protocole rigoureusement ordonnés était celle d'un prestige incomparable qui émouvait profondément les hôtes de Saba.

*

*   *

À Saba comme à Axoum, la reine continuait à rendre la justice, cédant rarement la présidence du tribunal public au grand juge qui l'assistait.

Des régiments venaient tour à tour au palais suivre des périodes d'instruction. Les contacts de Makéda avec les dignitaires, les officiers supérieurs et les troupes étaient hebdomadaires. Le faste et le cérémonial qui entouraient ses apparitions terrassaient d'admiration le soldat comme l'homme du peuple. La souveraine leur apparaissait alors digne de réclamer leur sang et leur vie pour prix de sa gloire et de ses conquêtes.

Makéda, pensive sur la terrasse de son palais, pressentait que l'objectif de ses rêves hégémoniques allait être atteint. Déjà elle s'était emparée de tous les royaumes touchant aux anciennes frontières. Pour elle, constamment, trois cent mille guerriers se battaient sous sa bannière. À peine avaient-ils vaincu un ennemi que la reine s'efforçait de trouver à ses soldats d'autres adversaires plus redoutables encore, afin qu'ils combattent sans trêve ni repos.

Le Pharaon Sésac lui-même et Salmanar d'Assyrie avaient été contraints d'accepter les conditions de bon voisinage imposées par la Perle Pure.

Makéda était maîtresse de la mer. Elle avait rendu le vent captif dans les voiles de ses navires guidés par les étoiles. Ce vent, elle l'employait aussi pour actionner les ailes de toile de ses élévateurs. Les rayons du soleil, elle les avait maîtrisés pour assécher les eaux de la mer et en extraire le sel précieux. Elle avait vaincu la terre en la faisant creuser de galeries et de puits si profonds que l'on pouvait y sentir la brûlure des enfers souterrains. Sur ses ordres les eaux montaient en jets irisés au milieu des floraisons éclatantes de ses jardins, et les fauves lui étaient soumis comme des chiens.

Quelle fierté gonflait sa poitrine à cette vision de sa grandeur ! Et cependant, l'amertume creusait sur son front, poli comme l'ambre du collier d'Assadaron, mille rides coléreuses. Oui, Makéda était la maîtresse des éléments, de dix peuples, de millions d'hommes, mais elle n'avait pas réussi à dompter l'amour. L'amour plus fort que l'eau et le feu. L'amour qui partout s'insinue, s'impose, éclate en gerbes de beauté et d'énergie plus hautes que les étoiles dépassant Makéda, humiliant Makéda. Car l'amour, en dépit de tout, restait son maître. Et la reine du matin, terrassée, pleurait au faîte de sa puissance, comme une fille avare dépérirait de faim sur la montagne de son or.

JAKOUB ADOL MAR

UNE JOURNÉE DE LA REINE

Une solution est proche, elle est dans le pouvoir d'un homme sage et puissant habitant le nord.

TOUTES LES JOURNÉES DE MAKÉDA N'ÉTAIENT point tissées de frénésie guerrière, de législations antimasculines ou de la fièvre créatrice de bâtir. Certaines se suffisaient des soucis d'élégance corporelle et vestimentaire où la Perle poussait la coquetterie jusqu'au plus extrême raffinement.

Un de ces jours-là, elle avait abandonné ses doigts fins et bagués de pierres sublimes à l'artiste qui polissait et colorait habilement ses ongles. La manucure osa profiter de cette intimité en sollicitant de la reine une audience pour deux savants de sa connaissance, lesquels avaient passé de longues veilles à composer un élixir miraculeux destiné à la Perle.

Intriguée, Makéda accorda l'audience.

Les savants en question étaient très vieux, cassés, vêtus pauvrement de défroques bizarres dans lesquelles ils se drapaient pourtant avec beaucoup de morgue. Leurs barbes neigeuses pendaient en longues tresses et ils étaient coiffés d'épais bonnets constellés d'étoiles.

Éblouis par la majesté de la souveraine et par le luxe qui faisait à l'idole un cadre si merveilleux, ils multiplièrent les révérences à l'entrée de la salle où se déroulaient les audiences privées. Makéda eut un sourire pour eux et les questionna avec bienveillance.

Ils dirent qu'ils avaient appris la tristesse et les langueurs de la reine. Makéda comprit qu'ils savaient aussi, mais sans oser l'exprimer précisément, qu'elle était assaillie de désirs amoureux comme la fleur sucrée est harcelée par les abeilles. Pour combattre cet état, ils avaient composé un philtre magique contenu dans un cruchon enveloppé de feuilles de palmier.

– De quelle matière est fait cet élixir qui doit me rendre une gaieté que je cherche en vain dans ma puissance ? interrogea Makéda.

– Ô Majesté, dit le plus vieux des mages, il est composé d'une décoction de cerveaux de colombes diluée dans du lait de gazelle blanche, qui doit vous délivrer instantanément de cette lassitude dont vous vous plaignez...

Le deuxième savant prit alors la parole :

– L'effet n'en sera complet qu'à la condition d'absorber le remède tandis que vous aurez serré vos reins nus dans cette ceinture. Elle comporte de multiples peaux de colombes sacrées au temple de la montagne du Silence. Mais avant de la ceindre, ô Perle, prenez un bain parfumé à l'huile de roses blanches. Je ceindrai moi-même ce talisman à votre taille, en invoquant les esprits pour qu'ils veillent sur votre cœur, votre âme et votre chair inquiets.

La souveraine, dont la superstition était fort connue, donna l'ordre qu'on prépare immédiatement le bain odoriférant.

La piscine de basalte était creusée au centre de la salle et une eau fraîche y coulait sans répit. Selon la coutume, la reine du matin se déshabilla derrière la draperie que ses suivantes déployaient pour protéger sa nudité des regards indiscrets. Mais les caméristes étaient distraites par la mise comique des savants et Makéda, désireuse de connaître les heureux résultats de leur magie, se montrait empressée. Le drap ne put dissimuler le spectacle inattendu de cette fleur de chair aux attitudes harmonieuses, au torse ambré, aux lignes pures, aux bras flexibles comme de lents serpents, aux seins tendus et gonflés comme les plus beaux fruits mûrs, au triangle brun dont l'inviolé mystère excitait encore davantage les mages libidineux...

La Perle Pure allait se glisser dans l'eau lorsqu'elle surprit le regard de ces hommes. Sa colère fut violente. Elle se couvrit brusquement du tissu arraché des mains de ses suivantes et chassa les savants effrayés :

– Vous osez porter vos yeux sur votre reine ? Je pourrais vous faire pendre ! Sortez !

Et, se saisissant du flacon d'élixir et de la cassette contenant la ceinture magique, elle les lança en direction des vieillards ahuris. L'instant d'après, elle donna l'ordre qu'on les contraigne à quitter la ville et à garder le silence sur ce qu'ils avaient entrevu.

Toute frémissante, Makéda se rhabillait avec soin lorsque le géant qui gardait sa porte lui annonça le couturier Nabus de Niniphée et le perruquier Am-Tat de Thèbes. Ces habitués furent reçus comme des princes. Leur art captivait la souveraine qui n'aimait rien tant qu'on lui présente des modes inédites en matière de vêtements et de coiffures.

Nabus de Niniphée avait obtenu de Makéda la commande d'un costume qu'elle arborerait aux fêtes de nuit de Saba. Aidée par sa manucure, dont elle appréciait le goût, et par ses caméristes, la reine enfila la tunique et le pantalon de cordelettes de soie tissée en filet dont chaque nœud était adorné de pierreries qui donnaient aux jambes, scellées de brillants, l'aspect de serpents étincelants. Le couturier ajusta l'ensemble d'une main légère et vive comme un vol d'oiseau puis s'éloigna de quelques pas pour juger, avec du recul, l'effet de sa création. Une femme de chambre tendit à la reine un miroir de métal poli dans lequel elle se mira.

– Ô Perle, suggéra le couturier, il n'y a que sur le bassin réfléchissant que vous pourrez vous contempler tout entière dans votre grâce.

Creusé à l'angle de la salle, un bassin fait d'une pièce dans une pierre noire polie était empli d'une eau limpide comme le cristal. Deux repose-pied faisaient relief à la surface liquide. En prenant place sur ces appuis, Makéda pouvait détailler son image reflétée dans l'eau. Elle se pencha en avant ou en arrière avec des attitudes tour à tour précieuses et mutines, puis elle s'exclama :

– Cette tunique est beaucoup trop longue ! Elle me couvre les jambes, il faut la raccourcir.

Nabus souriait. La tunique couvrait à peine les cuisses de la coquette. Soumis, il dégagea de sa ceinture une latte de bois dur comme le bronze et un petit couteau très aiguisé. Disposant l'étoffe sur la latte, il y pratiqua des coupes aussi nettes que précises tout en murmurant, à la plus grande surprise de la souveraine, les mots suivants :

– Ô reine, le prince Assadaron a découvert un endroit où l'on trouve des perles comme vous n'en avez jamais vu tant elles sont grosses, irisées et pures. Aussi vous prie-t-il d'accepter son invitation d'aller les pêcher avec lui dans son nouveau bateau construit à Tyr.

– Nabus, répondit Makéda, je t'ai déjà interdit de me parler du prince Assadaron ni d'aucun autre homme. Si tu me désobéis, je te ferai sans pardon couper ta vilaine langue.

Nabus se prosterna.

– Je donne ma tête en gage que je ne proférerai jamais plus un mot qui puisse vous déplaire.

Et Nabus continua son essayage. Tandis qu'il ajustait la précieuse tunique à la gorge royale, la reine de Saba lui saisit le menton et le força à relever la tête.

– On m'a dit qu'Assadaron songeait à épouser l'adipeuse princesse de Niniphée. Dis-lui donc que la reine Makéda déplore son goût et qu'elle craint pour les luxueux tapis du palais de Tadjoura : lorsque cette énorme cruche à lait s'y accroupira, ils risqueront fort d'être tachés de graisse.

Hochant la tête, le couturier tira subitement de sa poche un long, très long collier de grosses perles d'un rare orient, gouttes de pluie ou de clair matin miraculeusement cristallisées.

– Vous ne pouvez croire, Majesté, que le puissant prince

de Tadjoura pense à une autre femme qu'à la reine de Saba. Il m'a d'ailleurs invité à coudre les perles merveilleuses que voici sur votre tunique de fête, et sera heureux de vous la voir porter.

Makéda, silencieuse, contempla le collier.

– Tu as raison, Nabus, ces perles sont plus belles que toutes celles que j'ai pu admirer jusqu'à présent. D'où Assadaron les tient-il donc ?

– De cet endroit de la mer où il voudrait vous voir les choisir par vous-même.

– Non, Nabus, la reine Makéda ne pêchera jamais les perles avec Assadaron. Tu diras au prince que nous devons rester de bons voisins mais à distance. Il ne doit plus m'approcher. Je suis comme le feu et, s'il vient à moi, son pauvre cœur sera brûlé.

– Voici votre costume prêt, reprit le couturier. Vous semblez un charme de dieu, un rayon du soleil. Tous les hommes qui vous verront ainsi vêtue se consumeront de désir. Je dois maintenant partir pour Thèbes acheter de l'orfèvrerie. Ô reine, votre fidèle Nabus pourrait-il vous y rendre quelque service ?

– Certes. Achète donc chez ce grand orfèvre, face au palais de la mère du Pharaon, la reproduction exacte des bijoux qu'il a exécutés depuis plusieurs mois pour la reine d'Égypte. J'aime à me parer de bijoux identiques aux siens. Rapporte-moi aussi des cruchettes nouvelles faites dans ce produit inconnu qu'ils appellent du verre.

Le couturier s'éloigna à reculons, heurtant au passage les suivantes, les naines et le perruquier, ce qui fit rire Makéda. Le perruquier, justement, ouvrait déjà le volumineux paquet qu'il tenait sur ses bras. Il déballa une perruque, son chef-d'œuvre, et la présenta à la souveraine qui l'examina puis la coiffa en s'observant dans le miroir qu'une camériste obliquait devant elle.

C'est alors que Nabus, qui n'était pas encore sorti, se fit réentendre.

– Ô Perle, pourquoi avez-vous exigé des tresses si courtes ? Elles ne se portent plus !

– Tu ne sais donc pas que je veux abolir toute différence dans l'aspect des deux sexes ? répondit la reine. J'ai imposé la même coiffure et le même costume chez les hommes et les femmes. L'inégalité de naguère était révoltante. Tiens : je vais te présenter deux soldats de ma garde et tu me diras lequel est l'homme.

Sur un signe le géant fit alors entrer deux soldats de la garde. Leurs cheveux étaient coupés court et leur tunique, couvrant les jambes jusqu'à mi-cuisse, était si bien capitonnée qu'elle dissimulait toutes les formes du corps. Le couturier examina les gardes.

– Cet uniforme n'est ni masculin ni féminin, reconnut-il, mais sous la tunique, grâce à Jéhovah, la différence divine demeure. Aussi permettez à un très humble serviteur de vous dire que vous prenez des dispositions inexécutables. Une souveraine qui régnait il y a des centaines d'années dans le nord de l'Assyrie a étudié sans succès le même problème des sexes. Pour abolir totalement l'amour, dont elle avait souffert, elle sépara les hommes des femmes, les hommes habitant sur une rive du Tigre et les femmes sur l'autre. Cela n'empêcha pas les contacts des deux sexes au fond des barques où ils se retrouvaient pour s'aimer. Cela détermina la reine à considérer qu'elle était vaincue par l'amour, lequel est plus fort que les lois et les éléments.

Frappée par la justesse du propos, Makéda furieuse intima :

– Nabus, souviens-toi que tu es couturier et que tu risques de perdre ta clientèle ! Laisse-moi arbitrer les élégances et te poser la seule question qui relève de ta compétence : dois-je ou non porter cette perruque dorée ?

– Les perruques dorées ne se portent plus, ô reine. À la cour impériale de Niniphée, les princesses en arborent des rouges, des jaunes, des vertes ou bleues, voilà la mode.

Pour ma part, je vous conseille le rouge pourpre qui vous sied et s'harmonise si bien à votre costume.

D'un geste, la souveraine congédia Nabus et le perruquier, qui remporta sa coiffure. Les audiences étaient terminées.

Makéda quitta sa nouvelle tunique et se rhabilla en songeant à Assadaron, à ses perles, à cette partie de pêche où il ferait si doux d'être deux. Le soir tombant, elle sortit sur la véranda fleurie où elle vit deux lances abandonnées contre un mur. Silencieuse, elle chercha les soldats auxquels appartenaient ces armes et les découvrit qui s'embrassaient, enlacés sous le feuillage odorant.

La Perle les sépara brutalement.

– Malheureuse, fit-elle à l'amoureuse, tu te laisses embrasser sur les lèvres par cet homme horrible ? Par Jéhovah, tu te dégrades, toi, créature supérieure ? N'as-tu pas compris mes lois et ne trembles-tu pas de honte ?

Si la femme tremblait en effet, c'était de terreur, craignant la corde ou le glaive :

– C'est mon fiancé, ô reine… Pardonnez-lui et châtiez-moi à sa place !

Makéda comprit soudain que cette femme voulait sauver son amant au péril de sa vie. Déconcertée et troublée, elle répliqua :

– Tu t'es avilie. Je te chasse de ma garde.

L'officier de service fut aussitôt mandé pour apprendre que la femme était bannie et l'homme condamné à quinze jours de chaînes.

Voulant tromper sa mélancolie, la reine s'assit à la harpe d'or, en pinça les cordes et chanta d'une voix cristalline comme la chute d'une source. Mais décidément envahie de tristesse, elle frappa sur son gong et dit à son géant :

– Appelle mon bouffon !

Celui-ci, chef des grimaces et des divertissements, s'appliqua à faire des moues, contorsions, mille tours et farces qui ne provoquèrent l'amusement royal que le temps d'un clignement d'œil.

– Fais venir le liseur des astres, exigea alors Makéda du géant.

Après que l'astronome se fut confondu en salams et protocoles, Makéda lui dit :

– La nuit arrive, mes ennuis vont s'accentuer tandis que le sommeil se refuse à moi. Apprends-moi à lire ce que disent les constellations des étoiles. Je les observerai jusqu'à ce que je tombe endormie.

Le savant tira des plaques de grès d'une sacoche en peau de crocodile.

– Regardez ces plaques, ô reine des rois ! Tous les soirs, vous reconnaîtrez au ciel du sud cette constellation en croix. Ses étoiles sont immobiles et immuables. Mais quantité d'autres astres gravitent autour d'elles. Quand vous verrez deux étoiles surmonter la croix parallèlement à ses bras horizontaux, vous saurez ce que cette configuration signifie : un amant réclame votre mort à son dieu.

Makéda tressaillit.

– Si, au contraire, ces étoiles se placent inférieurement à la croix et verticalement à l'horizon, comprenez ceci : un amant viendra vous proposer l'union définitive par richesse, bonheur et amour.

– Imbécile ! fit la Perle en repoussant rageusement les plaques. Chef des imbéciles astrolâtres de Saba, les étoiles ne disent donc rien de sérieux ?

– Ô reine ! Que peut désirer une femme magnifique, sinon l'amant qui habite ses rêves ?

– Je ne le puis, tu le sais bien !

– Votre serment est la torture la plus atroce imaginée par les hommes. Qu'on me coupe un bras, mais qu'on ne m'empêche pas de donner ma sève. J'ai donc continué à scruter les constellations célestes pour voir si le ciel n'indiquait pas le moyen de vous délivrer du serment qui vous lie. Or voici ce que les étoiles m'ont dit, ô reine : « Une solution est proche, elle est dans le pouvoir d'un homme sage et puissant habitant le nord. »

– Astronome, tu me fatigues, soupira Makéda qui ne voulait pas montrer son émoi. Retire-toi sur ta tour avant que je ne me fâche tout à fait contre toi.

Le liseur des astres se volatilisa.

Quand la reine fut seule, elle se prit à méditer profondément puis, à un officier qui passait, elle fit signe d'approcher.

– Daour, en tant que coursier d'État tu as côtoyé beaucoup de monarques. De tous ceux qui habitent le nord, à ton avis lequel est le plus sage ?

L'officier se recueillit. Il vit passer devant ses yeux tous les rois :

– Majesté, le Pharaon est un jeune prince inexpérimenté. Le roi Hiram de Tyr n'est qu'un commerçant. Le roi d'Édom est rusé plutôt que sage et le souverain d'Assiongabar ignorant. Reste Salomon. Malheureusement, je ne connais point celui qui s'intitule le roi des quatre horizons et des quatre vents, mais on m'a dit que c'est un grand savant. Ses jugements sont la justice même. C'est un méditatif, un poète et, au surplus, un très bel homme. On l'appelle le roi doré.

– Nombre de ses sujets négociants à Jérusalem viennent à Saba, interrompit Makéda. Étudie-les tous et quand tu en auras découvert un appartenant à la maison du roi, amène-le-moi immédiatement pour que je l'interroge.

Elle fit avancer « Tempête du Matin », son cheval si fougueux, et suivie par vingt de ses meilleurs cavaliers elle galopa à travers champs pour épuiser, casser ses nerfs tendus comme les cordes d'un luth. Son escorte la suivait avec peine, car elle était comme l'étincelle.

La Perle songea que l'homme sage et puissant que le ciel lui désignait par les astres pouvait bien être Salomon. Sans savoir pourquoi, elle avait de la sympathie pour ce fils de David dont on lui avait dit qu'il avait bâti le Temple et qu'il dansait devant l'Arche. Peut-être trouverait-il le moyen de la défaire de son serment ?

SECONDE PARTIE

UN JUDÉEN À SABA

Déjà Makéda attendait avec anxiété
le retour d'un messager du roi annoncé par les étoiles.

LE PORT DE SABA, LARGEMENT CREUSÉ APRÈS QUATRE années de labeur ininterrompu, commençait à être fréquenté par les négociants étrangers qui visitaient habituellement Symiène et Muttowa. Les voiliers de la flotte verte assuraient un trafic régulier entre les deux rives de l'État, traversant la mer de Sang en quinze heures. Dans les bassins du nouveau port accostaient des voiliers de tous les pays qui faisaient commerce de leurs productions naturelles. Des pyramides de caisses, de sacs, de balles et de marchandises s'étageaient sur les quais et sous les hangars en répandant l'odeur particulière de tous les produits exotiques, des parfums pénétrants des fruits mûrs, des encens âcres, des épices et des aromates.

Un jour, dans ce va-et-vient odorant, un choum de la reine renseigné par le trésorier Lévi frappa sur l'épaule de Tamrinn, un gros négociant de Jérusalem qui depuis plusieurs semaines s'était fixé à Saba pour y écouler des laines. Tamrinn était un Israélite vénérable et malicieux. Il crut à une méprise et s'apprêtait à plaisanter, mais l'officier insista.

– Je ne me trompe point, tu es bien Tamrinn, commerçant du royaume de Judée. La reine des rois, qui voudrait parler avec toi de ton pays et de ton étonnant souverain, te prie d'aller vers elle pour l'entretenir à ce sujet.

Tamrinn suivit son guide au palais, où il fut surpris des égards qu'on manifesta envers lui. Il fut tout de suite introduit dans la salle des audiences, comme un personnage important, par le chambellan royal. Vêtue d'une robe fastueusement brodée d'or, encadrée de force militaire et de luxe, Makéda lui souriait, grisante de parfums.

– Sois bienvenu dans mes États, Tamrinn, dit-elle. On m'a vanté ton habileté et ta loyauté, on m'a dit également que tu viens du royaume de Judée, qui s'enorgueillit d'un roi fameux par sa sagesse. Parle-moi de lui et ne sois pas surpris de l'intérêt que je porte à ton peuple. Reine des rois, lionne de la tribu de Juda, nos peuples n'en forment qu'un en la foi et l'amour de Jéhovah.

Le négociant répondit avec éloquence, faisant de son pays un récit coloré et chatoyant. Mais il vanta surtout la richesse, la sagesse et la prodigalité de Salomon.

La Perle le pressait de questions habiles, feignant toujours de s'intéresser davantage à la religion du souverain qu'à sa personne. Elle demanda toutefois si Salomon, que ses nombreuses qualités devaient signaler à l'amour des plus belles princesses, était marié.

Tamrinn répliqua que le glorieux élu de Jéhovah, qui pouvait prétendre à la plus éminente fiancée de l'univers, s'entourait d'une cour des plus belles femmes connues sans y avoir encore découvert sa souveraine. Il en éprouvait d'ailleurs un lancinant chagrin.

Alors la Toute Pure remercia le négociant judéen et donna des ordres pour qu'il demeurât son invité au palais tant qu'il serait à Saba, le priant même de revenir la voir le lendemain.

Durant tout un mois, Tamrinn dut conter à Makéda les merveilles de Judée, les beautés de Jérusalem, le faste, la noblesse et l'intelligence de Salomon, dont l'esprit fin et les enseignements poétiques faisaient déjà déborder pardessus les frontières la gloire de son peuple. Loquace, disert, enthousiaste, il fit de son souverain un portrait si flatteur que la reine de Saba lui dit qu'elle aimerait fort connaître le royaume de Judée, rencontrer son roi et aller implorer Jéhovah dans son Temple, car tel était le devoir d'une fille de prophète.

Le jour précédant le départ de Tamrinn, la Perle combla le négociant de cadeaux pour Salomon. Il y avait là douze sacs brodés de cent et vingt talents d'or destinés à embellir le Temple ; douze sacs d'encens pour le parfumer ; douze cruchons de ces parfums de bois de santal et de civette, si rares et si vivaces, et douze sachets de pierres précieuses.

La souveraine remit encore au loyal sujet de Salomon un gros livre écrit sur de souples peaux de gazelles finement tannées. Ce livre disait l'histoire des Hébreux de Symiène, le règne d'Anguebo et celui de Makéda. Il s'achevait ainsi : « Celle Qui Est Pure fut couronnée reine de Symiène et, depuis lors, elle règne à la plus grande joie de son peuple. »

Elle remit également à Tamrinn un petit bocal fait en or pur.

– C'est de l'or de mon pays, précisa-t-elle, et je l'ai empli jusqu'au bord de perles de mes mers. Tu le donneras à Salomon en lui faisant savoir que « Celle qui est pure, souveraine du matin, des deux terres et des mers » le salue.

Mais le cadeau le plus surprenant était une figurine de lion sculptée dans une pierre de jade grosse comme un œuf d'autruche.

– Cette pièce de jade si précieuse, expliqua Makéda, contient un message destiné à ton roi. Sans briser le lion, il doit trouver le parchemin sur lequel j'ai fait tracer un passionnant rébus. J'attendrai qu'il réponde à cette énigme dont il doit découvrir le sens. Si ton grand roi n'arrivait point à dévisser la boîte de jade ou à déchiffrer le rébus, qu'il me renvoie tout de suite le lion intact.

Elle fit enfermer le gobelet d'or bourré de perles, le livre de l'histoire de son peuple et le lion de jade dans une cassette de bois d'ébène et de cèdre qu'il fallait briser pour en découvrir le contenu : la reine du matin prenait sans doute ce luxe de précautions pour s'assurer de la probité et de la loyauté de Tamrinn.

Ce dernier repartit vers Jérusalem avec ses serviteurs, largement pourvu d'argent et de cadeaux personnels, ivre d'orgueil. Déjà Makéda attendait avec anxiété le retour d'un messager du roi annoncé par les étoiles.

SALOMON RÉPOND AUX ÉNIGMES

– Quel est donc le but de cette législation désordonnée ?
– La reine veut tuer l'amour, ô roi !
Et le roi sage rit très franchement du chaos sabéen.

APRÈS UN MOIS DE VOYAGE, TAMRINN ARRIVA À Jérusalem et voulut voir Salomon. Il se présenta au trésorier de la cour, Haïsar, et rendit compte de son séjour à Saba. Il avait échangé de la laine galiléenne contre de l'or qu'il cédait pour l'embellissement du Temple. Il remit aussi à la trésorerie les cadeaux du peuple de Symiène au peuple de Judée et s'en fit délivrer une attestation. Enfin, il réclama une audience particulière du roi Salomon en tant qu'ambassadeur de la reine de Saba.

Haïsar fut grandement surpris. Il se demanda si Tamrinn n'était point un imposteur ou un fou, mais la magnificence des cadeaux était là pour attester que le négociant ne mentait point. Aussi fut-il mandé dès le lendemain au palais et introduit auprès de Salomon par son chambellan.

Salomon reçut Tamrinn sur une haute chaise de cèdre doré. C'était un homme vêtu avec recherche et préciosité d'une tunique cramoisie et d'une cape verte. Son visage fin, débonnaire et régulier était éclairé par des yeux splendides débordant de lumière. Sa coiffure était faite d'un bonnet rabbinique agrafé par un somptueux diadème d'or. Les mains du roi poète étaient fort soignées, et baguées de pierres multicolores. Il les leva d'ailleurs lorsque fut prononcé le nom de la Toute Pure Perle, reine du matin. À ce signe nonchalant, la suite composée de poètes, de musiciens et d'architectes se courba et sortit.

Le roi considéra l'homme prosterné devant lui, passablement intrigué par l'évocation de cette princesse étrange qui régnait à Saba et sur le règne de laquelle étaient brodées tant de légendes aussi mystérieuses que prodigieuses.

– Relève-toi et parle, ordonna-t-il au négociant.

D'abord Tamrinn déposa devant lui la cassette de Makéda en expliquant au souverain qu'il lui faudrait la briser pour l'ouvrir. Puis il fit l'inverse du récit qu'il avait dû répéter maintes fois à la reine. Cette fois, c'étaient les merveilles de Saba qu'il peignait pour Salomon, desquelles se détachait avec un saisissant relief le portrait de la reine vierge Makéda. Il décrivait sa grâce avec des accents pathétiques lorsque Salomon l'interrompit d'un ton railleur :

– Dis-moi, Tamrinn, n'ajouterais-tu pas ton nom à la nomenclature déjà longue des amoureux déçus de la reine de Saba ?

Tamrinn perdit toute contenance, balbutiant comme un écolier pris en faute. Il protesta de son loyalisme, de la pureté de ses sentiments, de son désir de n'être qu'un ambassadeur répétant fidèlement ce qu'il avait vu. Mais il reconnut de bonne grâce que nulle description, si détaillée fût-elle, ne pouvait traduire le charme troublant de cette femme de rêve posée sur son trône d'or.

Salomon s'étonna que ce fût Tamrinn que la souveraine avait désigné pour remplir une mission aussi délicate et importante à la fois.

– Makéda, expliqua le négociant, intriguée par les merveilleuses histoires qui circulent en son royaume sur votre gloire, a questionné sur vous, ô grand roi, le premier sujet de Judée qui lui parut sincère et loyal. J'étais connu comme tel du trésorier Lévi, avec qui j'échange des laines contre de l'or. Sans doute la reine n'était-elle que simplement curieuse. Mais lorsque j'eus vanté votre prestige, ô Salomon, sa curiosité se mua en enthousiasme. Elle réclama chaque jour ma présence pour apprendre à vous connaître mieux. J'obéis. C'est alors qu'elle me chargea de ces cadeaux et du message qui se trouve enfermé dans cette cassette inviolable.

Salomon réfléchissait. Lui aussi connaissait, déformée par la légende épique, l'histoire de la Toute Pure.

– Tamrinn, es-tu certain que la reine Makéda soit vierge ? Ne lui connaît-on ni amant, ni époux marié en secret ?

– Comme je crois en votre puissance, ô illustre roi, je suis certain que la reine de Saba est immaculée comme la perle qui fleurit son sceptre. J'ai plusieurs fois vécu à Saba. Pendant mon dernier séjour j'ai vu, étudié, questionné. Je sais que la souveraine a repoussé toutes les fortunes, toutes les couronnes, tous les princes et toutes les amours. J'ai vu un prince jaune de l'Empire des Mystères se jeter à ses pieds et repartir désespéré. Et pourtant ce prince était venu dans un baldaquin tout en or, décoré de tentures merveilleuses et balancé par douze esclaves somptueusement vêtus. Son escorte était faite de tous les nobles de sa race. Ils portaient des casques énormes et hérissés de plumes, des manteaux d'une soie brodée que l'on ne connaît qu'en ce lointain Empire. Leurs armes étaient splendides et redoutables.

» Le prince a supplié Makéda de devenir son épouse. Elle serait demeurée à Saba, mais il lui aurait donné toute sa fortune et une armée considérable. Déjà six grands voiliers étaient mouillés dans le port, débordant de cadeaux de la cale jusqu'au pont. Ce prince jaune si riche et si puissant était certain, en débarquant à Saba, d'éblouir la reine et de susciter sa convoitise. Or la Perle a refusé ce fastueux époux, riche comme un dieu…

– N'est-elle donc pas sensible à la richesse ? demanda Salomon.

– Écoutez-moi, grand roi. Le prince jaune, humilié, a demandé à Makéda comme ultime faveur de pouvoir lui présenter ses cadeaux. La Toute Pure voulait refuser. Elle apprit qu'elle irriterait l'Empereur du pays mystérieux, lequel dispute courtoisement à la Perle la suprématie de la mer. Alors Makéda, soucieuse d'éviter une guerre, dut accepter l'avalanche des richesses.

» Pendant dix-sept jours, les serviteurs du prince jaune transportèrent de leurs voiliers au palais un amoncellement de vases, de soieries, de parfums, d'armes, de coffrets, de plumes. Le dix-huitième jour, devant la Sabéenne, le prince jaune prosterné confessait qu'il avait naguère refusé le trône de l'Empire du Mystère pour courir le monde à la recherche de la Beauté vivante. Il l'avait trouvée en Makéda et n'avait plus qu'à mourir. Vous n'ignorez pas, ô roi, que telles sont les curieuses coutumes de ce peuple qui se dit issu du ciel et du soleil. Le prince jaune est mort, dans son navire, devant une image de son dieu. Il s'était ouvert le ventre. La reine en fut très affectée, mais les dignitaires de l'escorte du prince lui expliquèrent que le suicide était normal. Il marquait son désintéressement absolu de tout – y compris sa vie – ce qui ne touchait pas à la souveraine. D'autres nobles jaunes imitèrent d'ailleurs l'exemple du prince sur le cercueil même de ce dernier.

De tout ce que le négociant rapporta au roi de Judée, ce qui à la fois l'intrigua et l'indigna le plus fut la législation des pays symiénois et sabéen.

– À Saba, disait Tamrinn, les noces sont célébrées comme des enterrements. Les pleureuses se flagellent et se lamentent de devoir livrer une femme à une brute d'homme. Aussi le marié doit-il publiquement laver les pieds de son épouse et la servir, ainsi que ses invités, comme un esclave.

» Les femmes de Symiène et de Saba achètent leurs époux comme une marchandise. Se considérant comme supérieures à l'homme, elles revêtent des habits masculins, se coupent les cheveux et connaissent le privilège de porter joyaux et sandales. En revanche les hommes vont pieds nus. Aucun d'eux n'a le droit de porter parements et bijoux.

– Quel est donc le but de cette législation désordonnée ? demanda Salomon.

– La reine veut tuer l'amour, ô roi !

Et le roi sage rit très franchement du chaos sabéen au milieu duquel avait poussé Makéda, fleur divine.

Il résolut de la voir, congédiant Tamrinn en lui ordonnant de se présenter chaque matin à Haïsar, son trésorier.

– Sans doute, ajouta-t-il, aurai-je besoin de toi bientôt...

Le souverain demeura seul devant la cassette de cèdre. Seul ? Non, il y avait encore, statufiés aux portes de la salle, ses gardes personnels. Il les renvoya pour s'isoler tout à fait devant l'énigmatique cadeau.

Il prit un glaive et brisa le coffre. Il trouva le livre de peau de gazelle, le lion de jade et le gobelet d'or bourré de perles. La figurine de lion, il la manipula longuement avant de découvrir l'imperceptible secret du pas de vis déboîtant la statuette.

Le message apparut dessiné sur un papyrus.

D'esprit vif et prompt, l'intelligence aiguisée, le roi poète en déchiffra facilement les images. Puis il donna l'ordre à son chambellan de remettre à plus tard toutes les affaires qui lui seraient soumises dans les journées suivantes.

Le roi Salomon s'enferma dans le « pavillon des sons célestes », là où il composait ordinairement ces psaumes divins dont la profondeur et l'harmonie méditative étonnaient ceux qui les connaissaient. Il resta à l'écart pendant quatre jours, n'autorisant que Darda, son fidèle serviteur, à lui apporter ses repas.

Le matin du cinquième jour, Salomon convoqua le grand trésorier Haïsar.

– Écoute, Haïsar, gardien de mon trésor, toi qui possèdes ma confiance. Prépare-toi à partir au royaume de la reine de Saba. Tu me rapporteras peut-être de ce pays magnifique un autre trésor que tu me garderas, sur ta vie, jusqu'ici. On dit que c'est le plus bel objet que l'univers ait conçu pour la joie de l'esprit et des yeux.

Haïsar s'inclina et se prépara au voyage.

Entre-temps, Salomon avait fait venir le meilleur graveur d'ivoire de Judée. Il lui ordonna en grand secret de composer sur des tablettes quatre énigmes. Tandis que l'artiste exécutait le minutieux travail, le roi de Judée faisait lui-même le choix des cadeaux splendides qu'il destinait à sa royale correspondante.

Au jour dit, Haïsar partit vers Saba, guidé par Tamrinn. Le trésorier était escorté de serviteurs et de guerriers magnifiquement vêtus. Salomon lui avait remis sa réponse au rébus de la Perle, enclose dans une cassette de cèdre dont le couvercle figurait, sculpté à même le bloc de bois, le Temple de Jérusalem. Pour ouvrir cette cassette, indiqua Salomon, il convenait de scier la figurine à sa base.

– Et si la reine Makéda désire connaître le royaume de Judée, Jérusalem et le roi Salomon, tu la guideras royalement vers moi. En revanche, si la Perle refuse de t'accompagner, tu m'en aviseras par les cavaliers les plus rapides et tu attendras, caché à Saba, les ordres que je te dépêcherai. Mais elle viendra, Haïsar, et tu débarqueras avec elle au port d'Eziongabar. Tu m'enverras un rapport sur ton voyage, car j'exige que Makéda, la reine des rois, soit heureuse et ravie !...

LE CHANT DU POÈTE

Tu es inscrite dans ma destinée.
Et il arrivera ce qu'il arrivera.

MAKÉDA DANSAIT AVEC SES PAONS. LES BEAUX oiseaux féeriques faisaient la roue en éventails diamantés. Le sifflement doux modulé par les lèvres grenadines de la reine les subjuguait. Ils sautillaient autour d'elle au rythme de sa danse. La Perle, légère comme la feuille portée par le vent, fluidique comme un rayon de soleil, évoluait pieds nus dans l'herbe. Ses voiles se déployaient comme de grandes ailes diaprées, rouges et bleues. Makéda riait, car elle attendait le message de Salomon.

Or le message vint ce jour-là.

Le choum de la reine interrompit la danse. Les paons effrayés poussèrent des cris rauques et déployèrent en fuyant le luxe de leur plumage.

– Que veux-tu ? demanda la souveraine à l'officier qui s'extasiait sur la divine ballerine et demeurait muet, dans l'attitude de la dévotion.

– Ô reine ! Voici que le grand trésorier Haïsar, envoyé du roi de Judée, est arrivé. Il vous prie de le recevoir. Il a fait déposer dans la cour des caravanes une grande quantité de caisses en m'informant qu'elles contenaient des cadeaux à vous destinés. Son escorte est nombreuse et magnifique.

– Je vais recevoir le grand trésorier Haïsar dans la salle du matin, fit Makéda le cœur battant comme un galop de jeune paon. Mais je le verrai seule. En attendant, que la garde honore comme il sied cet envoyé du grand roi Salomon.

Le choum se précipita pour exécuter dans l'instant même les ordres royaux, et la Toute Pure rentra au palais pour se parer. Bientôt ornée telle la châsse d'une statue tout en or, elle donna un ordre et son astronome sabéen parut. Lorsqu'il vit la reine ainsi apprêtée et souriante, Tsochar, que les esclaves avaient déjà prévenu de l'arrivée des étrangers, comprit vite l'émoi de sa maîtresse. Il attendit, la main levée en signe de respect, la question prévue.

– Dis-moi, Tsochar, mage des astrolâtres de Saba, liseur des constellations mystérieuses, n'as-tu rien lu de nouveau, cette nuit, dans le jeu des étoiles ?

– Certes si, ô reine ! J'attendais votre convocation depuis l'aube. D'après mes études nocturnes, un messager, apportant des nouvelles favorables d'un pays lointain, est proche d'ici. Ce messager considérable représentera auprès de vous ce personnage, illustre par sa puissance et sa sagesse, qui est au nord.

Makéda sourit.

– Tu as lu très exactement dans le livre du ciel, Tsochar ; aussi vais-je récompenser ta clairvoyance par cent anneaux d'or. Scrute encore les messages des astres et fais-moi connaître leur réponse.

L'astrolâtre se retira et Makéda donna de nouveaux ordres. Alors les trompettes éclatèrent en musiques triomphales. Les gardes ouvrirent les portes et, au milieu d'une double haie d'honneur, Haïsar s'avança.

Le trésorier se prosterna d'abord parce qu'il le devait, ensuite parce qu'il était extasié. Si la puissance de Salomon était renommée et son élégance célèbre, sa richesse ne lui permettait point le faste de la reine de Saba et de Symiène.

Cette ville, ce palais. L'or incrusté sur les murs et les colonnades. Ces peintures. Ces tapis. Ces esclaves nègres innombrables. Cette salle de marbre, de jade, d'onyx et d'or. Ce siège éblouissant et, sur ce trône, l'apparition de rêve : une reine vêtue d'ocre et d'or. Ses mains d'enfant ruisselantes de gemmes qui étreignent le sceptre où brille une perle grosse comme un œuf de pigeon. Le visage magiquement beau. Les yeux noirs et blancs et diamantés, si longs qu'il paraissent entourer la tête, sous le glaive des cils. La bouche, rubis sanglant. Le teint de tubéreuse de Chine. Et cette idole souriante, dans les parfums enivrants qui montent des innombrables cassolettes, parlait au trésorier.

– Tu es l'envoyé du grand roi Salomon-Lidj-David. Sois le bienvenu à Saba, dit Makéda.

Haïsar se nomma, déclina titres et qualités de son souverain et les siens propres.

– Le roi Salomon, maître du Sceau, grand maître des rites, gardien des Écritures et serviteur de l'Arche, vous salue, ô reine des rois, et souhaite que règne la paix dans votre vaste État. Il m'a chargé de vous présenter la missive que vous attendez, enclose dans cette cassette.

Là-dessus le messager frappa dans ses mains et un vieil homme figé à cinq pas en arrière de lui, que le trésorier appela chef des scribes et des calligraphes, lui tendit le présent de Salomon.

– Ô reine, vous n'ouvrirez pas facilement la cassette. Elle doit être sciée sur place, en votre présence, à la base du Temple qu'elle représente.

Sur un signe de Makéda le chef des chambellans s'en alla chercher une scie.

Pendant ce temps, Haïsar ayant frappé une seconde fois dans ses mains, vingt-quatre serviteurs de sa suite déposèrent aux pieds de Makéda vingt-quatre caisses dont il expliqua le contenu : des étoffes en laine, des gazes, des pourpres, des tapis, des robes, des brocarts, des rosiers rares, des amphores gorgées d'eau de longue vie.

Makéda se montra ravie, mais, pressée de lire le message de Salomon, elle remercia Haïsar, fit s'éclipser serviteurs et caisses, et demeura seule avec le grand trésorier et le chef des chambellans.

La caisse fut sciée. Makéda en retira intact le lion de jade. Salomon avait-il pu l'ouvrir ? Elle dévissa la boîte de pierre précieuse, en retira un parchemin long et fin écrit en caractères hébraïques et fermé du sceau salomonique à six angles, gravé de sept noms redoutables.

Makéda rompit le sceau parfumé de musc et d'aloès.

Le message disait :

Ô Reine du Sud et du Matin, salut et bénédiction,
Ô Perle des Perles, salut et bénédiction,
Ô Beauté vivante qui fait pâlir le jour, salut et bénédiction,
Ô Makéda, cause de tant et tant de soupirs,
Dieu fait bien ce qu'il fait.

Il donne à nos yeux les fleurs,
À notre odorat leur parfum.
Il donne à nos yeux la splendeur du ciel de cristal et de saphir,
Les forêts profondes et sombres comme la mer,
Les océans multicolores
Et la grandeur des horizons.
Il donne encore, à nos regards éblouis, les lacs
Qui sont comme les yeux de la terre
Et les montagnes altières.
Mais Dieu a donné aux hommes un spectacle plus beau
Puisqu'il a créé Makéda,
La Perle Pure immaculée, au sein des mers.

Jéhovah, pour créer cette déesse,
A emprunté le fluide à l'air,
L'azur au ciel, la pourpre aux roses.
Il a repris des rayons au soleil
Et leur duvet impalpable aux colombes.
Il a repris aux fleurs tous les parfums
Toutes les joies de la terre

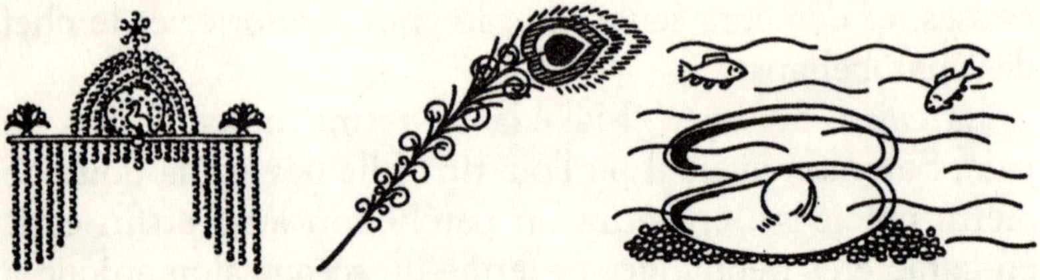

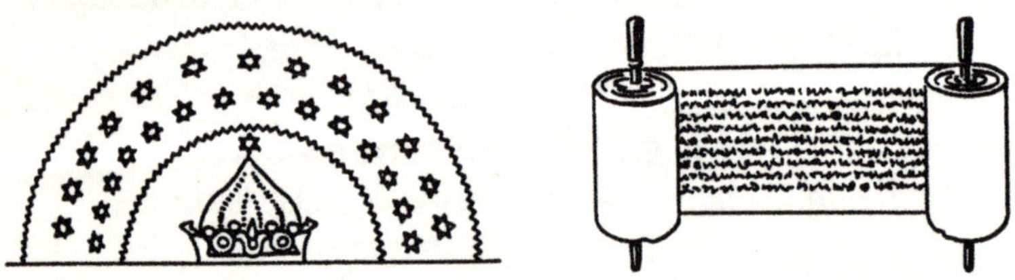

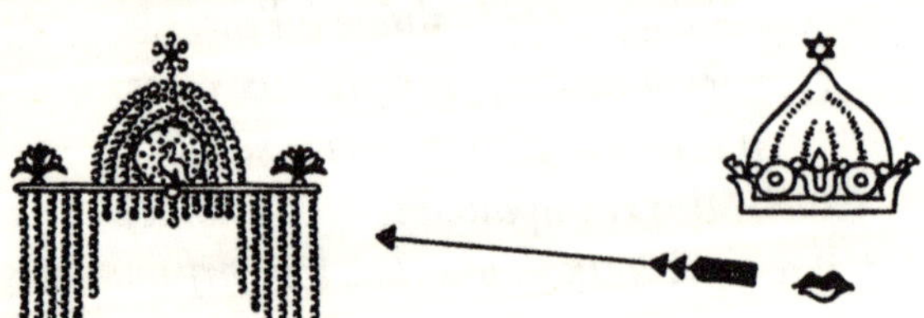

MAKÉDA

Toutes les beautés de la mer
Toutes les profondeurs de l'air
Et il a créé Makéda.

Salut à toi qu'ainsi je vois, dans mes nuits sans sommeil,
Enfiévré du désir de te connaître,
Salut ! ô reine des femmes, reine dorée, sidérale,
Mais Salomon, potentat des génies et des humains,
Dans son rêve d'artiste à te créer imaginairement,
N'a point atteint la perfection
De la réalité qu'il brûle d'admirer.
Salut !

Mais le ciel ne serait rien, ô Makéda,
Sans le soleil et les astres.
La terre ne serait rien sans le feu.
Ainsi ta beauté magique s'illumine à ton esprit étincelant,
Bienfait de la lumière.
Ton énigme m'a dit le raffinement spirituel de ton âme
Et je t'ai comprise ainsi :
Toi, ô reine de Saba
Porteuse de la couronne des perles, irisées
Comme l'eau traversée des rayons du soleil,
Couronne unique, immense et symbolique
De la grandeur dont tu es la détentrice,
Toi, svelte et souple comme la plume fragile du paon
Pure, inviolée comme la perle encore enclose en sa coquille
Au fond des flots,
Souveraine des deux terres
Et de la mer qui les divise et les unit,
Toi, puissante de richesse comme un torrent d'or pur,
Tu pleures sous le funéraire cyprès de ton isolement,
Ton cœur est oppressé par le chagrin
Comme sous une pierre implacable.
Mais les étoiles, une nuit, t'ont parlé
Elles t'ont dit fidèlement

La hauteur du règne salomonique, l'esprit salomonique
Familier des parchemins, même les plus abstraits.
Elles t'ont dit aussi la justice et la sagesse salomoniques
Connues dans l'univers,
Et donc, tu voudrais connaître Salomon,
Éprouver sa sagesse et sa sagacité.
Tu désires un message ?
Le voici, t'invitant à voguer sur les mers vers Juda,
Ô Makéda !
Et voilà pour l'énigme.

Mais moi Salomon, je dis :
Ô Perle, fallait-il demander qu'on te voie ?
Viens !
Salomon t'attend au pied du Temple
Le cœur ébloui
Il sait que son plaisir sera plus vif que son imagination.
Et il implore Jéhovah.
Dieu fait bien ce qu'il fait :
Il protégera ton voyage
Il facilitera tes pas
Il raccourcira ton chemin
Il poussera tes voiliers.
Viens !

Je m'efforcerai de chasser le voile de deuil
Qui recouvre ton cœur
Ombre tes regards lumineux
Et alourdit tes pas de gazelle,
Ô Makéda !

Les pierres elles-mêmes proféreront : « Hosanna ! »
Les fleurs souffleront plus fort leurs parfums
Et les lions rugiront domptés par ta douceur,
Ô Makéda !

Ma sagesse avivée à ta vue
Trouvera, pour toi seule, l'unique vérité
Et tu seras rassérénée.

Entends-tu, comme moi, que le plus sage des hommes,
Incarnation de Jéhovah
Fils de David
Émir des croyants
Potentat des quatre vents et des quatre horizons,
Maître du Sceau et des rites
Gardien des Écritures et serviteur de l'Arche,
Est dévolu par Dieu
À la plus belle des femmes
À la lionne de la tribu de Juda
À la reine du sud et du matin
Souveraine de Symiène, Saba et des États vassaux
Dictatrice des Éléments
Reine des mers ?

Entends-tu, comme moi, la conjonction de deux étoiles ?
Et que la sagesse se fonde en la beauté ?

Si ta fatigue est vive et ton front obscurci
Si les mages s'empressent autour de ta langueur
Si la course en Judée t'effraie, ô Makéda !
Mes bâtiments sont prêts à prendre voile en mon port
Et je serai vers toi
Plus vite que la lumière.

Le voile que je t'envoie
Jaloux de tous les regards qui, avant moi, te découvrent
Te connaissent et t'idolâtrent
Je demande que tu t'en recouvres
Afin d'être le tout premier à jouir de ta grâce lumineuse.

Tu es inscrite dans ma destinée

Et il arrivera ce qu'il arrivera.

Et voilà pour Makéda
Immaculée, inviolée, pure
Fleur parmi les fleurs,
Car ainsi pense, dit, écrit et scelle
Salomon.

Makéda avait lu d'un seul trait le message magnifique, embaumé, rythmique et harmonieux ainsi que le Cantique des Cantiques. Elle en comprit les quatre sens, l'apparent, l'intérieur, le visible et le mystique.

Elle relut la lettre. Haïsar et le chef des chambellans, immobiles, la regardaient lire et remuer ses lèvres.

Elle replia finalement le parchemin. Des soupirs gonflaient sa poitrine comme la brise gonfle la feuille de palmier.

Elle retira de la cassette le voile et aussi le diadème qui devait servir à l'agrafer, renvoya son chef des chambellans qui renvoya les officiers, lesquels renvoyèrent les gardes.

La reine resta seule avec Haïsar. Les questions voltigeaient de sa bouche comme un essaim d'abeilles.

– Trésorier Haïsar, fit-elle enfin, j'irai voir ton roi. Sa lettre est sage, elle m'a convaincue et je veux aller dans le Temple implorer notre Dieu. Dans vingt jours environ, j'ordonnerai le départ. D'ici là tu seras mon hôte et je veux te voir chaque matin pour que tu me parles de ton roi.

Haïsar, en se retirant, préparait déjà dans son esprit le message qu'instantanément il dépêcherait à Salomon par courrier et voiliers, prêts à recevoir le pli de bon augure.

Makéda se coiffa de son voile et ceignit son diadème, se faisant mille coquetteries à elle-même en son miroir d'argent poli. Puis elle frappa le gong pour rappeler le chef des chambellans.

– Je veux que soient réunis demain, au lever du jour, les seigneurs, conseillers et grands officiers dans la grande salle du trône, où je leur ferai un important message qu'ils devront transmettre à mes peuples.

Le chef des chambellans se mit aussitôt en devoir de réaliser cet ordre.

Makéda escortée de sa suite sortit de la chambre du matin pour entrer dans la chambre de prières, où elle implora Jéhovah de bénir son destin. Elle relut alors la lettre de Salomon, à haute voix cette fois, pour en saisir les subtilités. Elle la psalmodia selon le rite hébraïque, sur le mode mineur, songeant :

À Domedo.

À Assadaron.

À Salomon.

Le premier était naïf et inexpérimenté.

Le second fut fougueux de son corps mais d'esprit peu subtil.

Le troisième était sage et spirituel. Il parlait la langue des dieux mieux que tous les scribes de Symiène et de Judée réunis.

Tandis qu'elle songeait ainsi, ses doigts fouillaient distraitement le fond de la cassette précieuse dont elle n'avait pas voulu se dessaisir. Sa main rencontra tout au fond quatre fines tablettes d'ivoire délicatement gravées de dessins jolis et précieux.

La première s'intitulait *L'évolution*, la deuxième *Les lois de la reine Makéda*, la troisième *Les lois de Jéhovah*, et la quatrième *Salomon dit à Makéda*.

Autant d'énigmes que la Perle se plut longtemps à déchiffrer.

L' : ÉVOLUTION :: 1

LES : LOIS : DE : LA : REINE : MAKÉDA :: 2

LES : LOIS : DE : JÉHOVAH :: 3

SALOMON : DIT : À : MAKÉDA :: 4

MAKÉDA RÉPOND À SALOMON

Je pars en confiance car je sais que tu comprendras
la haine de Makéda l'immaculée contre l'horrible amour…

LE LENDEMAIN, DÈS L'AUBE, LE TRÉSORIER HAÏSAR FUT introduit dans la chambre où chaque matin Makéda se baignait, se parait, livrée aux artistes qui embellissaient son corps.

La camériste nouait les sandales aux pieds précieux.

Les manucure, perruquier et parfumeur épiaient les ordres royaux. Haïsar vit ainsi que la souveraine n'avait besoin d'aucun artifice pour être aussi belle à l'aurore qu'à la lune, ce dont il informerait Salomon.

– Je te reçois dans l'intimité de mon lever, Haïsar, car mes relations sont toutes personnelles entre Salomon et moi. Elles ne concernent pas nos royaumes.

Haïsar s'inclina.

– Haïsar, j'ai à te demander de faire escorter, par quatre de tes gardes qui le guideront, un messager que je veux dépêcher auprès de ton roi. Ce messager sera porteur de ma gratitude pour les présents de Salomon et d'une réponse aux quatre énigmes qu'il m'a soumises et que j'ai déchiffrées tout de suite.

– Il sera fait comme vous l'ordonnez, ô reine, répondit le trésorier.

Alors la Perle fit entrer le courrier El-Kana et le présenta à Haïsar. Elle lui remit un parchemin écrit par elle, en caractères hébraïques, d'un calame trempé dans une encre couleur de sable et d'or. Makéda, poésie vivante par la grâce de Jéhovah, n'avait point mis d'art en sa prose, mais seulement du bon sens :

« La Toute Pure Perle Makéda, Reine des Rois, Reine

du Sud et du Matin, Lionne de la Tribu de Juda, écrit ceci à Salomon-Lidj-David, Roi de Judée, Maître du Sceau, des rites, Serviteur de l'Arche et autres titres :

» Salut et bénédiction, que la paix soit avec toi.

» J'ai lu ta missive si poétique. Tu es vraiment, oui, celui en qui le Tout-Puissant incarna la sagesse. Tu as su résoudre l'énigme. Je me rendrai à ton invitation, ô Constructeur du Grand Temple de notre Dieu. Je pense que Jéhovah veut que je me prosterne dans ce Temple et que je pose, au pied du Tabernacle, les offrandes propitiatoires de la Reine, fille d'Anguebo le prophète et de son peuple béni par Jéhovah. Je partirai donc à Jérusalem. Ceci est pour ton invitation.

» J'ai compris tes douze rébus, et voici ce qu'ils disent :

» *La loi évolutive veut que l'œuf se transforme en colombe, que la colombe s'accouple à un autre pigeon et que la famille ainsi se crée et soit heureuse. Les lois de Makéda anéantissent l'amour, anéantissent la famille et dépeuplent son royaume. Or Jéhovah a donné l'amour aux humains pour peupler la terre. Alors Salomon le Sage parle à Makéda la Pure et lui dit : "Arrête. Suspends tes guerres à l'amour. Protège l'amour. Rends tes peuples heureux par l'amour."* »

» Et voilà pour les énigmes.

» En ta raison apparente et invisible elles me disent que toi, Salomon, tu ne t'assimiles pas mon âme endeuillée. Pourtant je pars en confiance, car je sais que tu comprendras la haine de Makéda l'immaculée contre l'horrible amour, et que toi, l'homme habité par la sagesse de Dieu, tu résoudras ce vaste problème, grand comme les quatre horizons dont tu es le potentat.

» Ce qu'ayant dit je signe et je scelle du nom et du sceau de Makéda. »

Lorsque Makéda relut son message, elle fut satisfaite de cette réponse qui lui avait coûté une longue veille de travail. Le pli cacheté, elle l'enferma dans une boîte et le remit au cavalier qui devait le porter, et Haïsar fit en sorte que quatre guerriers escortassent l'envoyé de la reine de Saba.

Satisfaite, la Perle s'abandonna de nouveau à sa manucure, à son parfumeur et à son perruquier qui voltigèrent autour d'elle.

LA REINE DE SABA VOGUE VERS JÉRUSALEM

– Crois-tu avoir tué le prince ? demanda la reine. Assyr l'assura que le coup qu'il lui avait porté à la face était involontaire et n'était pas mortel.

VINGT JOURS SE PASSÈRENT EN PRÉPARATIFS DU grand voyage. Makéda emportait avec elle des parures innombrables, des bijoux merveilleux et des parfums, deux navires bourrés de coffres de cadeaux, des serviteurs, des esclaves et toute une armée. Elle déployait sa magnificence. Elle voulait éclipser toutes les princesses de Judée. Elle voulait éblouir Salomon, l'aveugler de l'éclat de l'or et des pierres précieuses, le griser de charmes, de fragrances et de séduction.

Le dix-neuvième jour venu, elle convoqua ses dignitaires pour leur dire adieu.

Elle leur fit proclamer que la reine Makéda partait pour offrir en holocauste à Jéhovah, dans le Temple même de Jérusalem, au royaume de Judée, des sacrifices d'animaux et des dons propitiatoires. Car la souveraine, fille de prophète, se devait – comme elle devait à la religion de ses ancêtres et du peuple de Symiène, source de l'Empire – de connaître en plus de profondeur et d'intelligence les arcanes de la religion hébraïque. C'est pourquoi elle allait demander au Grand Maître des Rites et des Politiques, serviteur de l'Arche prophétique, de l'éclairer en toutes choses puis d'envoyer dans les temples de Symiène et de Saba des rabbins et des lévites de Judée. Ceux-ci se concerteraient avec les rabbins et les lévites de Saba pour mieux servir et honorer Jéhovah. Elle demanderait encore au roi Salomon d'envoyer, dans ses écoles, des maîtres experts dans les enseignements hébraïques.

Les dignitaires et les prêtres savaient tout cela depuis longtemps et n'y trouvaient rien à redire. Ils acclamèrent la reine. En vérité ils étaient satisfaits d'attirer sur le peuple de Symiène et de Saba la clémence de Dieu irrité, sans aucun doute, par la foi païenne des astrolâtres des pays conquis qui empoisonnait le cœur et l'âme du peuple de Jéhovah.

Alors la souveraine nomma régent le prince Jacoub, lequel était admiré pour son courage, sa foi, sa fidélité au trône et la noblesse de son cœur. Les dignitaires comprirent ainsi que l'absence de Makéda serait longue.

La cérémonie de l'élévation du régent fut magnifique. Aux pieds de la Toute Pure, Jacoub prononça le serment de fidélité d'une voix forte et baisa la terre entre les mains de sa reine. Puis tous les nobles, les prêtres, les lévites et les officiers renouvelèrent leur serment et défilèrent devant le trône.

Le lendemain était le vingtième jour et Makéda partit.

Elle partit dans une grande ovation de son armée et de son peuple, portée dans une litière d'or à baldaquin. Sa route était fleurie comme un jardin, mais sachant l'enthousiasme sabéen et voulant se soustraire au mouvement de toute la ville, elle décida de s'embarquer dans un petit bassin privé qu'elle avait fait creuser à deux mille coudées du port de Saba. Là, les personnages les plus considérables de la couronne l'attendaient pour lui souhaiter un voyage heureux et appeler sur elle la bénédiction de Jéhovah.

Tandis qu'elle descendait de sa litière, la Perle aperçut à sa droite, mouillées à quinze cents coudées du rivage, trois grandes galères de guerre assyriennes. Elle s'informa et apprit que ces navires étaient arrivés dans la nuit. Le neveu de Salmanar en avait débarqué pour lui rendre hommage avant qu'elle ne cingle vers la Judée.

Makéda tressaillit.

Ses yeux s'attachèrent à ceux du prince Assadaron qui s'avançait, suivi d'une éclatante escorte. L'Assyrien s'inclina. La reine répondit de loin à son salut en se touchant le front avec deux doigts de la dextre. Tandis que Haïsar la conduisait sous la tente pourpre où les seigneurs, conseillers et grands officiers prendraient congé d'elle avec saluts, bénédictions et protocoles, la souveraine inquiète se demanda ce qu'Assadaron venait faire à Saba. Avait-il été informé de son départ pour Jérusalem ? Sa réponse à l'invitation transmise par Nabus, le couturier, lui avait-elle déplu ? Makéda se perdait en conjectures angoissantes.

Le prince se présenta parmi le cortège des dignitaires. Personne ne le reconnaissant, nul n'avait songé à lui interdire l'entrée de la tente et il avait franchi tous les barrages avec son escorte. Il était toujours tel qu'à Symiène, noble et fier. Souriant, il baisa avec respect la ceinture de la reine et dit :

– J'ai appris, ô Perle, ton départ aventureux vers un pays lointain, dans un but de religion. J'ai fait force voiles pour y assister et te souhaiter un voyage propice béni par ton Dieu, mais mon cœur invariable espère un prompt retour.

Makéda, comprenant l'allusion, répondit sans hésiter.

– Je pars pour prier au Temple de Jéhovah, dans le pays de Salomon le Sage. Je pars et reviendrai sous l'œil de Dieu. Ton cœur doit patienter jusqu'à mon retour, prince Assadaron.

– Mon cœur est plus avide et plus pressé de ta présence que le roi Salomon, répliqua l'Assyrien insolemment.

Son caractère altier n'avait pas changé. Ses emportements primaient toujours sa subtilité. La Toute Pure leva les mains et fit impérativement signe au prince que son tour d'audience était achevé. Elle agréait déjà d'autres hommages tandis que l'Assyrien s'éloignait d'un air de défi parmi les grands personnages consternés.

Le défilé des nobles terminé, la reine foula de ses sandales le splendide tapis pourpre conduisant à l'embarcadère où se balançait le canot d'accostage. Ses naines lui tendirent alors le voile et le diadème du Potentat des Quatre Horizons.

Makéda s'en parait coquettement lorsque, contournant les gardes, un guerrier se rua soudain vers elle et s'effondra à ses pieds.

La reine poussa un cri et retint le bras d'Haïsar, déjà prêt à frapper l'intrus : elle avait reconnu en lui Assyr le fidèle. Or Assyr avait donné trop de témoignages de dévouement à la Perle pour n'être point écouté d'elle. Aussi bien Makéda établit-elle instantanément, en son esprit, une corrélation entre la nationalité d'Assyr et la présence d'Assadaron.

– Que veux-tu ? Parle !

– Ô grande et sublime reine, je viens de découvrir un complot ourdi contre votre précieuse vie, haletait Assyr.

– Parle encore. Qui sont les comploteurs ?

– Des Assyriens.

– Que veulent-ils ?

– Vous enlever aussitôt que vos rameurs auront gagné le large.

Haïsar voulait déjà appeler le régent, le grand rabbin, le chef de l'armée, le grand chambellan et ses gens pour faire châtier les Assyriens. Mais la souveraine, prompte en paroles comme en exécution, intervint :

– Merci, Assyr. Et pour vous, Haïsar, le silence. Je ne veux ni bataille, ni sang, ni morts qui seraient de mauvais augure pour mon voyage. Cherchons autre chose.

– En ce cas changez d'habits avec moi, ô reine, fit Assyr. Je me couvrirai de ce voile et je gagnerai, étroitement enveloppé, votre barque où je m'allongerai. Vous partirez avec ma tunique et mon bonnet rejoindre votre navire sur un simple canot. Nous verrons si ces guerriers osent attaquer votre barque.

Ils firent ainsi. Haïsar et le faux Assyr ramèrent en direction du bateau-paon tandis que la fausse Makéda, voilée selon le vœu de Salomon, foulait le tapis pourpre et s'installait dans la chaloupe royale. Tous les regards s'étaient portés vers son embarcation, une merveille des merveilles sculptée dans un cèdre incrusté d'arabesques d'or et d'argent. À sa poupe s'élevait un pavillon de toile abritant un riche divan pourpre parsemé de coussins brodés. À l'intérieur de ce pavillon orné de rideaux épais, la fausse Makéda s'assit.

Personne n'avait éventé la supercherie.

L'esquif s'envola, porté par l'effort de ses rameurs, tandis que la foule et les guerriers croyaient acclamer leur souveraine. Tout à coup, ils virent fondre sur elle trois embarcations assyriennes extrêmement légères. Debout, Assadaron se tenait à la proue de l'une d'elles. Elles cernaient audacieusement le canot royal où le prince s'élança, d'un bond formidable, pour arracher les tentures du pavillon de poupe et prendre la reine à bras-le-corps.

C'est alors que la fausse Makéda, agile comme un chat, se transforma en homme. Cet homme repoussa Assadaron, le renversa, tira son glaive et l'obligea, sur l'instant, à engager un combat sans merci.

Cet homme était Assyr. Sur la rive, la foule poussait des cris de frayeur. Ne comprenant rien à la comédie, elle croyait la Perle en danger. Des guerriers s'étaient précipités pour lancer des barques à la mer et lui porter secours.

Un peu plus tard, Assyr relata ainsi la scène dramatique à Makéda, qu'il avait rejointe à bord du bateau-paon.

– J'insultai Assadaron et, rejetant le voile qui me

couvrait, je vis qu'il reculait d'épouvante tandis que je criais : « Regarde-moi, Assadaron ! Je suis assyrien, mutilé par l'infâme Sémiramis et déporté par toi ! Tu m'as deux fois insulté, à Tadjoura d'abord, à Saba ensuite, puisque aujourd'hui tu as manqué de respect à la noble reine de Saba. Défends-toi ! » Assadaron ne répondit pas, mais il se défendit. Il n'avait pas l'avantage, se trouvant adossé à la mer à bord du canot mouvant. Le combat fut vif comme une flamme qui s'élève et retombe. Je cognais habilement et le prince ripostait. Soudain, il chancela et tomba à la mer, le visage empourpré de sang. Les embarcations assyriennes le recueillirent et l'emportèrent à vigoureux coups de rame. Bientôt, avant que les bateaux sabéens n'aient pu faire mouvement, les trois galères d'Assadaron fuyaient à l'horizon.

À l'écoute de ce récit, Makéda fut consternée.

– Crois-tu avoir tué le prince ? demanda la reine.

Assyr l'assura que le coup qu'il lui avait porté à la face était involontaire et n'était pas mortel.

La reine respira largement, et sourit. Elle ordonna qu'on ne pourchasse pas les galères assyriennes et annonça qu'elle exigerait des excuses du roi Salmanar.

LE VOYAGE SEPTENTRIONAL

Makéda annonça son arrivée à Salomon par une nuit bleue, en allumant soudain, dans le ciel, une étoile.

LA FLOTTE REDOUTABLE SE DIRIGEAIT VERS L'EXTRÉMITÉ fermée de la mer de Sang en longeant la côte au plus près. Il y avait là le bateau de Makéda, énorme paon glissant sur l'eau, et les bâtiments de Salomon que toute la marine sabéenne encadrait de sa puissance.

Makéda avait ordonné que les navires longeassent le plus près possible la côte yéménite. Elle ourlait le rivage de son apparition royale. Ainsi les riverains voyaient-ils passer les navires de la reine de Saba, dont huit grands trois-mâts renforcés par deux bancs de forçats munis de longues rames. Ce sont eux qui croisaient sur les mers, audacieux et rapides. Quatre bateaux blindés de lourdes cuirasses les suivaient, poussés par trois rangées de galériens actionnant des rames courtes. Servant aux abordages, ils approchaient des bâtiments adverses jusqu'à les effleurer pour abattre, au moment propice, les lourds ponts-levis par lesquels les soldats sabéens se jetaient à l'assaut en brandissant leurs haches. Ces navires d'attaque se trouvaient également munis de tubes de fer par lesquels les Sabéens lançaient des bouchons d'étoffe imbibés d'une résine enflammée qui créait, au flanc des coques ennemies, des brasiers inextinguibles, et surmontés de coupoles abritant des arcs géants tirant des flèches de fer avec une force colossale. De plus, les cuirassés étaient armés de deux canots longs et larges appelés « satans fermés » parce que couverts d'une tôle recourbée protégeant l'équipage de toute attaque. Ces « satans fermés » avaient pour mission particulière de couler les bâtiments hostiles en les crevant de plaies béantes à l'aide de vrilles enfoncées dans leurs flancs. Souvent les marins désignés pour ces périlleux combats allaient au sacrifice ; aussi les rameurs étaient-ils des forçats enchaînés à leur banc et devaient-ils prêter serment de vaincre ou de mourir.

Cette flotte voguant vers le royaume de Judée était complétée par trois bâtiments transportant les dignitaires et les rabbins qui formaient l'escorte de la souveraine, et par huit bâtiments commerciaux transportant les présents, le matériel de campement et les animaux.

La flotte avançait sur la mer de Sang comme sur un lac tranquille. De loin, Makéda pouvait voir son peuple émerveillé la saluer et entendre ses ovations sans fin. Mais aussitôt les côtes sabéennes dépassées, la reine fut stupéfaite de constater la misère des villages riverains. Comme elle s'en inquiétait, on lui expliqua que cette partie de l'Empire était stérile, inculte et manquait de soins d'irrigation.

Makéda y apporta aussitôt un remède en ordonnant à son régent de faire creuser des canaux et des puits, labourer, ensemencer et organiser des salines où la population côtière serait employée pour se sauver de la misère.

L'ordre s'envola aussitôt vers Saba grâce aux mâts de signalement dont les appareillages précis et compliqués faisaient merveille. Les tours qui jalonnaient de loin en loin la côte prirent le relais et se transmirent successivement le message jusqu'à la capitale, grâce à un code d'appels et de puissants réflecteurs cuivrés rendus lumineux la nuit. Jacoub fut prévenu le soir même. La reine avait lancé dans l'espace sa parole.

Puis la flotte sabéenne s'éloigna de la rive, escortée par les requins qui pullulaient dans la mer de Sang et formaient une houle de carapaces bondissantes. Ces redoutables pirates livraient aux pêcheurs de perles une bataille incessante. Déjà, naguère, Makéda avait réuni ses conseillers et ses magiciens pour chercher le moyen d'exterminer les requins mangeurs d'hommes. Quelques prédateurs périrent empoisonnés par l'effet d'incantations occultes, mais la sorcellerie ne délivra point la reine de ses ennemis des mers.

« Jéhovah, qui fait bien tout ce qu'il fait, expliquèrent les matelots, a créé les requins pour qu'ils dévorent les soldats qui, au fort de la bataille, sont pris de peur, désertent les bateaux et se jettent à l'eau pour tenter de gagner le rivage [1]. » Aussi dénommaient-ils les séluciens les « bourreaux des lâches ».

---

1. Les batailles navales se livraient généralement à proximité des rivages.

*

* *

La traversée devait durer quatorze jours.

La reine orna ses journées en jouant de la harpe et en se distrayant avec ses paons, ses singes dressés et ses lions soumis. Le reste du temps elle bâtissait des projets d'embellissement de ses villes ou d'amélioration de sa flotte et de ses armées. Car elle ne demeurait jamais inactive.

Depuis qu'elle avait embarqué pour le mystère où l'attendait un roi doré aux paroles douces comme la musique, elle se sentait prise d'une grande frénésie de vivre.

Le soir, ses capitaines lui contaient tour à tour leurs exploits. La flotte sabéenne avait sillonné toutes les mers du sud. Elle avait vu des îles en feu et des îlots bordés de palmiers géants dont les racines roses ressortaient à plusieurs encablures de la rive. Elle avait visité le curieux pays des Jaunes aux yeux bridés. Elle avait soutenu des luttes épuisantes contre des flibustes au courage et à l'audace surhumains. Elle avait découvert des ports magnifiques et inexpugnables qui semblaient au loin des juxtapositions féeriques de palais de marbre, de jade, d'onyx ou de cornaline. Toutes ces merveilles, Makéda eût voulu les connaître, mais pour la première fois de sa vie elle faisait un voyage au bout duquel se tenait l'imprévu, là où était l'énigme désignée par le ciel. Ce serait donc la plus belle de toutes les aventures.

Eziongabar fut signalé au quatorzième jour de navigation. La Perle s'étonna de la pauvreté de cet accès maritime d'un souverain aussi puissant que Salomon. Mais Haïsar lui expliqua que depuis dix ans le monarque ne s'était plus soucié que de l'élévation du Temple, que rien n'égalait au monde. Le roi de Judée avait saigné son peuple pour édifier l'éblouissant et gigantesque hommage de pierre à l'Éternel, négligeant les travaux publics et le faste des villes.

À peine Makéda avait-elle débarqué que des émissaires lui tendirent un message par lequel Salomon saluait son hôtesse. Ces messagers lui remirent ainsi, comme présents du fils de David, quatre chevaux et quatre mulets. La Toute Pure en fut ravie mais constata que malingre était la race de ces montures, incapables de rivaliser avec la noblesse de sang des coursiers d'Arabie. Salomon était-il moins riche qu'elle ?

La reine de Saba n'eut qu'à lire dans les yeux des ambassadeurs salomoniques pour y découvrir qu'elle les émerveillait tant par sa fortune que par la puissance de sa flotte.

Pendant plusieurs jours s'opéra le débarquement de l'armée, du matériel, des animaux et des présents. Jamais les Judéens n'avaient vu des esclaves nègres. Jamais non plus ils n'avaient vu ces éléphants dociles qui faisaient au cortège sabéen une avant-garde d'airain, hérissée de tours et de coupoles.

Alors Makéda entra dans le pays précédée de cinq cents cavaliers, mille fantassins, cent cinquante chameaux et la meute des chiens de guerre qui jalonnèrent sa route de campements et de tours de signalisation avant de s'installer et de se fortifier au sud de Jérusalem. Tout ce déploiement sabéen avait fortement intrigué les conseillers de Salomon, et ces derniers se plaignirent qu'il permette à la reine de Saba de s'entourer de ces précautions militaires qu'il n'eût tolérées d'aucun autre souverain.

Ce fut depuis le sommet de la tour de signalement la plus rapprochée de la ville que Makéda annonça son arrivée à Salomon par une nuit bleue, en allumant soudain, dans le ciel, une étoile. Le roi de Judée avait été avisé de cela dans un message que la souveraine lui avait envoyé d'Eziongabar, lequel disait : « Je serai annoncée à toi par une étoile qui s'allumera dans le ciel. »

Cette promesse avait fait sourire le Potentat des Quatre Horizons, mais sa surprise fut grande quand, quatre jours après l'arrivée du courrier de la reine, les rabbins et les lévites vinrent le prévenir qu'ils avaient vu scintiller une étoile d'un éclat inconnu, rayons d'or flamboyant. Salomon s'en fut lui-même au sommet du Temple, aperçut l'étoile dans le velours sombre du ciel et se souvint de la promesse de la reine de Saba.

Aussi bien le roi doré allait-il d'étonnement en étonnement, de surprise en surprise, de merveille en merveille.

Ses conseillers avaient-ils redouté l'enthousiasme de leur maître pour la splendeur inconnue s'avançant vers Jérusalem ? Craignaient-ils que cette prêtresse des lointains peuples de Jéhovah fût plutôt une déesse de la guerre qu'une messagère de la paix et de la beauté ? Ils avaient pu obtenir de Salomon que des courriers sûrs lui rapportassent plusieurs fois par jour les péripéties des voyages de la Sabéenne. Or ces indicateurs ne savaient que décrire tout l'apparat dont Makéda encadrait son voyage.

Ils racontaient que le cortège royal, précédé d'une masse d'éléphants, avançait à petite allure vers Jérusalem, suscitant l'émerveillement et l'enthousiasme de toutes les populations rencontrées. Et chaque bouche répétait naïvement sa légende. La souveraine était entièrement voilée, hissée sur un éléphant blanc, enfouie dans une litière d'or et d'argent recouverte d'un baldaquin de soie cramoisie. Le pachyderme était caparaçonné de riches étoffes marquées des insignes symiénois et sabéens : des têtes flamboyantes de lions. La marche de son escorte était scandée de musiques de fifres, de luths, de trompettes, de tambours et de tympanons.

Lorsque le cortège débouchait dans un village, les rabbins et les lévites entonnaient des cantiques, annonçant l'arrivée parmi le peuple de Jéhovah de la fille du prophète Anguebo. Des serviteurs sabéens et axoumites du temple de Jéhovah lançaient en l'air les colonnes de sable en geste symbolique et rituel. Leur succédaient des masses militaires aussi imposantes que disciplinées. Une force redoutable se dégageait de ces guerriers fanatisés par leur foi et leur dévouement à une reine presque divinisée.

Partout la foule s'extasiait et se prosternait tandis que Makéda lui jetait des papillons de soie parfumée en souvenir de son passage. Alors les conseillers de la couronne représentèrent à Salomon le danger de cet enthousiasme pour une étrangère. Les habitants de la Judée étaient mécontents des taxes extraordinaires qui les avaient frappés pour bâtir le Temple. Or, si la reine de Saba venait à Jérusalem avec des desseins de conquête, rien ne lui serait plus simple que de profiter de sa popularité et de l'irritation du peuple pour fomenter une révolte et s'emparer de la cité.

Une grande colère de Salomon accueillit ces discours. Les butors osaient abîmer l'idole de son rêve de poète ? Il les chassa tous pour ne retenir que l'avis de son ami Nathan, le premier sacrificateur du Temple. Celui-ci lui avait démontré les dangers de l'irruption du cortège de Saba dans la ville, car l'encombrement qui en résulterait faciliterait le désordre et le pillage. C'était un conseil d'autant plus sage que nombre de Judéens venaient quotidiennement grossir l'escorte de Makéda. Cette multitude, en pénétrant dans la ville, allait contrarier l'ordonnance des cérémonies.

Salomon dépêcha donc un message à la Perle pour l'inviter à se rendre au palais de Jérusalem le mardi suivant, soit deux jours après. Il lui expliquait qu'il la recevrait dans un cadre digne de sa splendeur, la salle des cantiques intégrée au Temple où Salomon avait fait édifier le trône. Il ajouta les sages raisons qu'il y avait d'éviter, dans Jérusalem, un tumulte nuisible aux préparatifs des fêtes par lesquelles il entendait l'honorer. Makéda lui fit aussitôt répondre qu'elle demeurerait au camp que son armée avait fortifié aux portes de Jérusalem, et qu'elle n'entrerait dans la ville que le mardi suivant.

Alors déployant tout son faste, ses guerriers, ses fortunes

et ses vêtements les plus somptueux, Salomon put se laisser gagner par la fièvre des préparatifs.

LA GUERRIÈRE ET LE POÈTE

La reine vit du premier regard un siège d'or inoccupé.
Le roi se leva. De sa main brillante d'étoiles,
il indiqua cette place.
Et ce geste enveloppait un monde d'avenir…

DÈS LE MARDI MATIN JÉRUSALEM FUT EN EFFERVESCENCE. Le cortège de la reine de Saba arriva à la troisième heure aux portes de la ville.

Le chef des armées de Judée, au nom du roi, accueillit la reine entourée de ses officiers. Au nom du grand rabbin, le deuxième rabbin la salua à son tour. Puis cent vingt jeunes filles accompagnèrent un vieillard qui lui offrit le pain et le vin en disant :

– Mangez et buvez, ô reine du matin : notre désir est que vous soyez heureuse parmi nous !

Makéda fut émue par la simplicité de cette réception vivante et spontanée que lui réservait le peuple de sa race. Descendue de sa litière, elle répondit au vieillard :

– Je suis heureuse d'être reçue par les Judéens comme une sœur. Moi, reine de Saba et fille d'Anguebo le prophète, je désire que vous tous soyez mes hôtes. Je ferai servir le repas à qui des Israélites voudra s'asseoir à ma table. Les invalides seront visités en mon nom par les officiers de ma suite. Quant aux pauvres de la ville, ils recevront cent mille shekels.

Sur ces mots, Makéda entra en Jérusalem. C'est dans

une ville fleurie comme un jardin qu'elle pénétra. Les fleurs de tous les parterres du pays mouraient sous ses pas ou s'accrochaient en guirlandes odoriférantes aux maisons pavoisées, dont les façades s'ornaient de tapis et de tentures vert et rouge. Aux portes et aux fenêtres, des vasques et des brûleurs répandaient mille parfums.

La délégation royale s'avançait dans un ordre protocolaire infiniment majestueux, imposant, coloré, d'où émanait l'impression irrésistible de force et de charme. Elle traversa les ovations populaires, comme un ardent vaisseau fend les vagues.

Pendant ce temps, sur la plus haute tour du Temple, Salomon regardait. Ses yeux voyaient le cortège entrer dans la ville éclatante de soleil. Ses oreilles vibraient des fanfares et des cris qui s'élevaient sur son passage. Tout Jérusalem acclamait en la reine de Saba la beauté, le prestige et la richesse prodigieuse.

Le roi artiste était joyeux comme un enfant de voir se transposer, dans la réalité vivante, une parcelle de son rêve épique. Il s'émouvait de voir son peuple s'enthousiasmer pour la Beauté, car tel était le but ultime du règne salomonique : une apothéose d'harmonie.

Lorsque le cortège eut pénétré dans l'enceinte des larges murailles qui protégeaient le Temple, les jardins et le palais de Salomon, ce dernier se hâta de rejoindre la salle du trône où il entendait recevoir l'étrangère. Le plafond en était orné de rosaces polychromes et soutenu par vingt puissantes colonnades papyriformes. Sur les murs, des anges stylisés déployaient de larges ailes scintillantes et, au sol, le carrelage était couvert d'un tapis où s'incrustait profondément la sandale.

Sur des socles de marbre, des candélabres hébraïques à sept branches alternaient avec des trépieds qui portaient des vasques exhalant l'encens. Ailleurs, des fleurs rares et entêtantes ou des feuillages éclatants jaillissaient de vases pansus. À chaque angle du trône, les flabellifères du trône entretenaient la fraîcheur dans cette pièce énorme, résonnante comme une conque.

Le roi, entièrement vêtu de sa tunique d'or, se plaça sur un trône d'ivoire couronnant une estrade de cèdre brodé d'or, haute de dix marches, dont les degrés s'encadraient de vingt lions furieux sculptés dans l'ivoire. Le trône lui-même s'évasait sur la croupe d'un jeune taureau, ses accoudoirs figurant deux autres lions irrités. Ce siège splendide était survolé d'un baldaquin de soie couleur d'azur au ciel duquel brillait, centrale et symbolique, une étoile d'or à six pointes figurant le sceau talismanique. Deux des angles du baldaquin se terminaient par une tête de bélier, les deux autres s'achevant en une tête de lion.

À droite et à gauche du monarque, sur une estrade circulaire adossée à la muraille, s'étaient placés le grand rabbin, les rabbins, les sacrificateurs, les conseillers de la couronne et les hauts représentants de l'armée. La garde salomonique, frise sereine et immobile, bordait les murs transversaux d'un triple rang de boucliers d'or et de glaives luisants.

Face au trône s'ouvrit subitement le portique central qui laissa d'abord passer, vêtu de pourpre, le chef des chambellans de la reine de Saba. Il s'avança de cinq pas dans la salle, s'inclina devant le souverain et, se redressant, il s'écria :

– Voici la Perle Toute Pure ! Makéda ! Reine des Rois ! Reine des Mers ! Reine du Sud et du Matin ! Reine de Symiène, de Saba et des États vassaux ! Lionne de la Tribu de Juda !

Ce qu'ayant dit il s'effaça tandis que la Perle apparaissait, hiératique, dans le cadre immense de cette porte qu'elle emplit d'une grandeur prestigieuse.

Lorsque Makéda, sous son voile, aperçut Salomon, et lorsque Salomon hissé sur son trône redoutable aperçut Makéda, ils furent tous deux émerveillés par leur puissance.

À droite du trône, sur l'estrade, la reine vit du premier regard un siège d'or inoccupé. Le roi se leva. De sa main brillante d'étoiles, il indiqua cette place. Et ce geste enveloppait un monde d'avenir.

Salomon contempla longuement la gracieuse apparition qui s'offrait à son regard. Makéda était vêtue d'une robe au bleu sombre de la mer qui, figurant un paon et l'oiseau paradisiaque inconnus au pays de Judée, excitait une curiosité ravie.

Le vêtement entièrement ocellé, enrichi d'applications du plumage même du paon, épousait le corps svelte et pur de la reine en soulignant son galbe harmonieux. Il s'achevait par une lourde traîne longue de quinze coudées, scintillante de pierreries incrustées aux yeux polychromes de l'irisé plumage. Cette longue traîne ourlée de perles était portée par deux naines en son milieu et rejaillissait, en son extrémité, aux mains de suivantes de plus haute taille. La coiffure de Makéda, faite d'une perruque rouge et or hérissée d'une aigrette, rappelait la tête du paon tandis que sa gorge se trouvait étoilée de gorgerins, d'émaux et d'un triple rang de pierreries et de perles énormes alternées. Enfin, ses jambes dégagées étaient enserrées dans un filet de soie brodé de rubis et de saphirs.

Lorsqu'elle fut arrivée au milieu de la salle du trône, Makéda s'immobilisa et le grand chambellan de Saba annonça :

– Ô grand roi Salomon, la reine des rois, reine du sud et du matin, la Toute Pure Perle Makéda, vous salue et appelle sur votre couronne la bénédiction de Jéhovah.

Alors, émouvante dans le silence, Makéda s'avança et gravit le premier degré du trône pour s'incliner en une révérence mesurée. Puis le roi, lui prenant les mains, l'aida à gravir les escaliers royaux et, subitement, la dévoila. Elle eut un léger recul, mais la confusion la rendait plus séduisante encore.

Salomon la dévisagea longuement. Pendant que pénétrait la foule bigarrée et solennelle des dignitaires, s'élevèrent en accents pathétiques les chœurs soutenus par des luths tétracordes. Ils entonnaient le cantique que Salomon avait tout exprès composé pour la reine : « Sois bienvenue, ô toi, au milieu de tes frères. »

Tandis qu'il rejetait l'épais voile bleu de la reine et découvrait son regard brûlant et doux, le roi doré approcha ses lèvres de cette peau d'ambre comme d'un beau fruit, aimanté par la chair parfumée. Le visage éblouissant de Makéda et sa bouche de rubis le troublaient au point d'abolir en lui les soucis protocolaires.

Salomon s'avança, étreignit le corps souple et, à la commissure des lèvres charnues et pourpres, imprima un baiser. Surprise, Makéda ne put retenir un reproche :

– Ce n'est point là un baiser paternel, ô roi !

– Ne considérez point Salomon comme un père, ô reine éblouissante, mais comme le plus sûr des amis qui vous protégera, vous guidera, vous conseillera et vous entourera de beautés.

Le cantique achevé, le roi devait congratuler la souveraine ; mais il était à peine capable de parler, ne pouvant détacher son attention ravie du spectacle exquis qui lui était donné par le ciel d'admirer. Tamrinn le négociant et Haïsar, le grand trésorier, ne lui avaient point menti. Il les récompenserait. À moins qu'il ne les châtiât, les portraits qu'ils avaient faits étant bien secs et dénués de charme à côté de cette voluptueuse réalité.

L'âme de Salomon était si chavirée que son chef des chambellans dut s'approcher de lui pour qu'il songe à balbutier :

– Que votre charmante Majesté soit la bienvenue dans ce royaume. Moi et mon peuple lui portons une si profonde sympathie…

Makéda s'inclinait, mais ne souriait pas. Le roi lui indiqua le siège doré qu'il lui avait fait préparer à sa droite, et c'est d'une attitude distraite qu'il présenta à la reine de

Saba les hauts dignitaires de sa cour. Au contraire de lui, la Perle prit grand soin de faire défiler, devant Salomon, les seigneurs sabéens.

Durant cette longue cérémonie, le roi ne lâcha point le bras de la reine. Celle-ci tenta bien de se dérober à l'énervante caresse, mais en vain, jusqu'à ce que Salomon détachât de ses doigts quelques bagues somptueuses pour les passer aux doigts de Makéda. Après quoi il décrocha un riche collier de son cou et le lui offrit. Elle le remercia avec joie, mais sans coquetterie.

Pour la Perle, le moment était venu de présenter ses cadeaux au roi doré. Le second trésorier Merari déploya l'éventail des esclaves. Se prosternant devant le trône, ils déposèrent aux pieds du roi cent vingt talents d'or [1], cent vingt défenses d'éléphants, cent vingt sachets de pierreries, cent vingt sachets de perles et autant de sacs d'aromates.

Davantage, Merari annonça au souverain émerveillé que cent vingt pur-sang d'Arabie, richement harnachés, piaffaient dans sa cour avec cent vingt chameaux de course et cent vingt mulets.

– Ô reine des rois, ma gratitude est à tes genoux, dit alors Salomon. Tu m'as apporté plus d'or et d'encens qu'on n'en vit jamais dans mon royaume. Louée soit ta générosité ! Avec cet or et cet ivoire j'ornerai le Temple, et le souvenir de ton nom demeurera éternel. Or voici, reine, ma prophétie : dans les temps à venir, les Philistins détruiront une partie du Temple et Jéhovah, justement irrité, punira les humains. Mais je le sais, ô Perle, nos descendants reconstruiront le Temple, et le reconstruiront encore. Par la volonté de Dieu, le Temple est éternel à Jérusalem.

– Je me réjouis du présent et ignore l'avenir, ô Émir des Croyants, répondit doucement Makéda. Mais ton peuple,

1. Soit l'équivalent du prix d'achat de cent mille chevaux.

ce sont mes frères et mes sœurs. Je les aime. Anguebo mon père, le prophète aimé de Dieu, disait : « N'avoir plus qu'une même pensée, n'avoir plus qu'un seul cœur ! Voilà l'idée directrice, aux quatre sens. Elle est immortelle comme Dieu même. » Aussi aimerais-je faire une offrande personnelle et propitiatoire à Dieu en son Temple, en ce souvenir sacré. Autorise-moi à remercier Jéhovah de ton accueil inattendu qui m'emplit de joie, et veuille ton grand rabbin accepter cent soixante agneaux destinés à quarante jours d'offrandes.

Bien que conquis en sa religion, le grand rabbin resta prévenu, dans son humeur méfiante, contre cette extraordinaire princesse dont la puissance et l'intelligence rayonnante l'inquiétaient. Néanmoins il s'avança en tête du groupe des sacrificateurs et accepta le bêlant holocauste.

L'heure vint également, dans le protocole, du partage rituel du pain et du vin. Et ce fut ainsi que se termina cette cérémonie. Le roi Salomon aida la reine à descendre du trône pour l'accompagner dans ses appartements. Il remarqua que la longue traîne de la souveraine était habilement accrochée au dos de cette dernière, et que deux suivantes suffisaient à l'agrafer. Il fut étonné et puérilement ravi de cette ingéniosité. Il admirait Makéda se drapant harmonieusement quand il sentit, dessous le trône, une main retenir son pied fort malencontreusement posé sur la traîne.

La main irrévérencieuse était celle d'une des naines de la Toute Pure qui, voyant l'air surpris du roi, s'en amusa en disant :

– Cette main si menue a pu effrayer Salomon, le Potentat ?

– C'est que sa pensée l'avait transporté au ciel où sont tes sœurs en beauté et en grâce, ô reine. Daignerais-tu illuminer ce palais de ta beauté et rester longtemps près de nous ? Le daignerais-tu ?

Makéda, troublée, s'inclina sans rien répondre avant de

descendre avec noblesse les marches du trône qu'inondait le flot de sa traîne.

Arrivée au portique, elle se retourna cependant pour faire une révérence à Salomon. Un sourire éclairait son visage de rêve. Et Salomon fut plus heureux encore. Car un soleil venait de s'allumer en lui comme l'étoile sabéenne avait brillé dans la nuit.

LE FESTIN DANS LA VILLE SACRÉE

Déjà Salomon est captif comme un lion
s'ébrouant dans ses chaînes…

Makéda était troublée d'une exquise manière. Elle ne pouvait pas plus détacher sa pensée de la voix musicale et fluide du roi Salomon que des guirlandes de mots qu'il disait, enchanteurs et chauds comme une caresse.

Le regard du roi semblait un ciel étoilé, et l'âme de la Perle s'y noyait en cherchant en vain à se reprendre. Les gestes du roi étaient enveloppants et charmeurs. La reine de Saba se sentait davantage émue par cette séduction cérébrale que naguère par l'audace guerrière d'Assadaron.

Car telle était la Toute Pure, perdue de rêves et de sentimentalité, énervée dans sa chair insatisfaite : une nature accessible aux vibrations spirituelles qu'aucun homme, jusqu'ici, ne lui avait révélées.

Aussi son humeur était-elle capricieuse, variable et changeante tandis que, dans les splendides appartements aménagés pour elle, Makéda se livrait à ses masseuses chargées de la délasser. Ses caméristes la lavaient à larges épongées d'eau de fleurs puis la revêtaient d'une tunique de soie verte, scintillante de perles. Ses parfumeurs avivaient les traits et les coloris de son visage pendant que son coiffeur achevait sa toilette par une perruque assortie à sa robe.

Sa manucure accapara ses mains fines. On vaporisa la reine d'un grisant parfum tandis que le miroir d'argent poli voltigeait autour d'elle, reflétant sa beauté sur de multiples faces. Pour la première fois de sa vie, la Perle sentait le prix véritable du charme qui émanait de sa grâce. Son émoi s'accentua. Elle pensa qu'elle défaillirait si Salomon, de ses yeux d'étincelles, s'avisait de promener sur sa chair la caresse ensorceleuse de son regard.

Elle fut au dîner d'apparat dans cet état d'esprit. Le souverain des Quatre Vents et des Quatre Horizons, conscient de sa grandeur, lui offrit un festin prestigieux comme sa renommée.

La souveraine se vit traitée par la cour salomonique, non point comme la souveraine d'un État voisin, mais comme une reine de Judée. Elle fut étonnée et ravie. Makéda et son hôte présidaient l'énorme table, dressée en arc de cercle sous l'immense baldaquin cramoisi, qui ployait sous la vaisselle d'or et d'argent, les vases fleuris, les candélabres et les mets rares. Cette table était bien à l'image du monarque, précieuse, raffinée, ordonnée comme une poésie, et sur ce repas flottait une musique enivrante de harpes et de luths aux soupirs prolongés.

Entre chaque service, des poètes consacraient à la reine de Saba des strophes exaltées. Les chorégraphies elles-mêmes avaient un caractère paroxystique qui transportait la Perle dans un monde neuf, peuplé de chimères aux ailes pourpres.

À son oreille gauche vibrait une musique plus attachante encore : la parole de Salomon décrivant en fresques sa vie, son cœur, son faste et son âme éprise d'art. La table bruissait comme une ruche et, dans ce bruit même, le roi doré et la reine de Saba s'isolaient délicieusement.

– Tu es apparue, ô Perle, disait Salomon captif comme un lion enchaîné, et ma vie a changé de face. Soyons les plus grands souverains de la terre. C'est Jéhovah lui-même qui t'a conduite jusqu'à moi. Alors obéissons à Dieu, ô reine, et demeure ici. Tu verras que Salomon peut être grand quand il aime !

Makéda luttait avec autant d'énergie contre le roi doré et contre elle-même.

Non, elle ne verrait pas Salomon le surlendemain : c'était le jour où elle devait rendre la justice en son camp.

Non, elle ne résiderait point au Temple, ce qui risquerait de la compromettre aux yeux méfiants de ses rabbins.

Non, elle n'accepterait point un autre baiser semblable à celui par lequel il avait si profondément, tout à l'heure, scellé leur rencontre.

Non, Makéda ne pouvait point l'aimer… Mais elle l'aimait déjà.

*

* *

Ils visitèrent le Temple et le jardin et le palais. Le Temple surhumain qui, des escarpements surplombant Jérusalem, semblait aux pèlerins extatiques une imploration de pierres vers le ciel, une prière concrète criant, de la hauteur vertigineuse de ses douze terrasses, la pérennité de sa gloire au maître de l'univers, des planètes et des espaces célestes.

En approchant, une ville quadrangulaire surgissait des édifices cernés par une triple muraille hérissée de tours carrées. Au centre s'ouvrait le Temple : douze énormes parallélépipèdes rectangles superposés, plus larges à la base qu'au sommet, et dont l'édifice pyramidal se trouvait assis sur une imposante galerie de colonnades.

Soixante degrés conduisaient au premier étage, dont la façade était imagée de peintures des mages sacrificateurs.

Au sommet de cet escalier s'ouvrait le portique, flanqué d'immenses colonnes. Chaque étage s'ornait de six fenêtres bordées de fresques et de frises d'une richesse somptueuse.

La reine était éblouie par la noblesse apaisante et l'harmonie rectiligne de l'édifice.

Une cour gigantesque encadrait le Temple, défendue par une porte triomphale flanquée de deux lions et précédée d'un parvis fleuri. Seuls les hommes pouvaient pénétrer dans cette cour : Makéda dépitée dut se contenter de la promesse de Salomon qu'il arracherait au collège des prêtres l'autorisation, pour la fille du prophète, de se prosterner devant le saint tabernacle.

Devant l'enclos sacré, une autre cour, creusée d'un large bassin carré, bordé de jardins plantés d'arbres, était limitée par des galeries de colonnes abritant les échoppes des marchands du Temple. Ils vendaient aux fidèles des offrandes, des candélabres, des cierges et des encens.

À gauche apparaissaient la mosaïque chaotique des palais du roi et des rabbins, les jardins, les portiques et les galeries couvertes. Depuis cet endroit le roi doré désigna à la reine de Saba le palais qu'il lui destinait. Il avait projeté d'y créer une entrée en dehors de l'enceinte de la cité, afin que la reine fût indépendante et maîtresse de ses réceptions. La Perle s'amusait de ces projets qui décidaient de son existence sans qu'elle fût consultée, mais elle n'eut pas le cœur de réagir.

Comme elle venait d'apercevoir une haute et large construction de trois étages aux fenêtres desquelles se penchaient, curieuses, des femmes aux parures éclatantes, elle s'informa. Salomon, subtilement, sut la rassurer.

– Ces femmes ? Ô reine, ce sont les princesses qui sollicitent leur captivité dans cet édifice pour attirer ma grâce sur elles. Chacune d'elles espère devenir mon épouse. Jusqu'ici, aucune n'a su enchaîner mon esprit anxieux. Et je sens que leurs séductions seront vaines désormais, car elles ont une rivale redoutable.

– Une rivale ? Et qui donc, ô roi, est parvenu à fixer votre choix ?

– Une créature paradisiaque, une fleur jaillissante de mon rêve découverte sous mes pas, fleur de pourpre enrobée de vert feuillage. Ne la connais-tu pas ?

– Non, je ne la connais point, répondit la reine de Saba dont la face s'empourprait tandis que ses yeux allaient à sa verte toilette.

Ils n'en dirent point davantage ce jour-là. Makéda rentra bientôt jusqu'au parvis du palais salomonique où l'attendait sa litière. Comme elle était venue elle regagna son camp, après cette première journée en laquelle elle avait appris, par son cœur, plus de choses qu'en toute sa vie.

AU CAMP DE SABA

Celles que j'ai parquées dans la Maison des Femmes
sont des épouses, elles ne sont point l'amour.

LE LENDEMAIN DE CE MÉMORABLE JOUR FUT UNE NOUVELLE fête à Jérusalem : Salomon rendait à Makéda sa visite de la veille, et cette dernière désirait le recevoir avec faste dans le vaste campement où l'armée faisait jaillir une forêt de mâtures, d'oriflammes, de tours et de tentes.

Salomon admira que sous son baldaquin de brocart pourpre la reine de Saba, vêtue du lourd manteau du sacre, couronnée de perles et d'or, assise sur un trône d'une grande richesse et étreignant le sceptre, sût recevoir aussi magnifiquement un monarque dans sa tente de campagne qu'en un palais de marbre.

Il s'étonna des manœuvres de l'armée sabéenne que la reine fit évoluer devant lui, troupes suant les conquêtes, rompues aux marches, aux assauts, aux exercices les plus brutaux et aux sacrifices les plus absolus. Mais il n'éprouva aucune joie à ce grand déploiement d'armes, à ce cliquetis militaire, à ce martèlement des soldats en marche. La guerre horrible, tueuse d'innocents, répugnait à son humanité. Épris de justice et d'esthétique, Salomon ne savait ni se battre ni donner la mort. Mais il dansait si harmonieusement devant l'Arche sainte ! Ce sont ses jugements, d'ailleurs, imprégnés de ce lumineux esprit de charité, qui répandaient parmi son peuple et les États voisins la renommée de sa gloire pacificatrice.

Il se promit de convertir Makéda et de l'imbiber de sa foi. Aussi bien était-il venu à elle sans aucun faste militaire, sans aucune démonstration de puissance conquérante, seulement encadré de sa garde luxueuse de seigneurs et de conseillers de la couronne, de prêtres et d'architectes, de musiciens et de poètes.

Le roi de Judée était couronné de fleurs vives et de feuillages. Il présida ainsi paré, à la droite de la souveraine, le festin qu'elle lui offrit et qui se prolongea jusqu'à la nuit veloutée. Les mets sabéens au poivre rouge et jaune étaient nouveaux pour le roi. Il apprécia les plats rares de Saba, les nageoires de requin et les nids d'hirondelles au goût savoureux apportés des pays jaunes, les sauterelles frites au beurre de chamelle, les viandes blanches de chameau, les paons rôtis servis tout emplumés sur les plats d'argent et, enfin, les côtelettes de gazelle. Il but les vins légers ou puissants des vignes de Saba, la citronnade aigre et douce dont la préparation était connue seulement au Yémen, l'araki grisant qui transporta le souverain dans une torpeur inaccoutumée.

Makéda avait voulu que ce repas fût plus fastueux que celui de Salomon. Elle dépensa sans compter pour déployer un luxe effréné de vaisselle d'or et d'argent, de fleurs, de parfums et d'aromates. Des esclaves nègres, vivantes statues de bronze, déposaient sur les tables des plats agrémentés de fleurs. Au signal des musiques, des danseuses nues s'évadèrent de ces bouquets et, fleurs elles-mêmes, sonores de bijoux, scintillantes de pierreries, idoles précieuses et parfumées, elles exécutèrent une chorégraphie aussi savante que langoureuse.

Mais sitôt achevée leur danse, les ballerines de Saba disparurent, pudiquement recouvertes d'épais manteaux. Les dignitaires judéens s'attristèrent car ils eussent voulu faire l'amour avec elles. Or c'est justement parce que de tels désirs indignaient la reine qu'il était mis fin à ce spectacle.

Pour créer une diversion, la Perle exhiba les danseurs arabes, souples comme des chats, travestis en fauves effrayants, et les Nègres tourneurs qui, au son des tambourins, pivotent à une vitesse vertigineuse jusqu'à ce qu'ils tombent, épuisés et extatiques. Puis, choses toutes nouvelles pour les Judéens, des comédiens égyptiens jouèrent des farces, des fakirs crachèrent et avalèrent du feu, tandis que d'autres marchaient sur des pointes ou charmaient des serpents.

Salomon et sa suite furent si fortement divertis qu'ils en oublièrent provisoirement les voluptueuses danseuses de la reine de Saba dont ils ignoraient encore, d'ailleurs, la frigidité.

Durant tout le repas, le roi doré n'avait cessé de séduire la souveraine par son ensorcellement de mots. La résolution de Makéda faiblissait, s'anéantissait, glissait sur la pente d'une inexplicable langueur.

Salomon avait pris les doigts de la Perle qui lui parlait de son serment et de ses tourments. Elle lui expliqua pourquoi sa promesse de virginité lui interdirait d'habiter le palais de Jérusalem : le collège des prêtres veillait jalousement sur sa vertu par crainte du courroux de Jéhovah.

Le roi sage sourit, dit quelques mots à un serviteur et ajouta à l'adresse de Makéda :

– Si tu veux résider au palais indépendant que je t'ai destiné, ô reine, suis mes instructions ; simule une toux profonde, dure, inexorable, et ne cesse point de te plaindre.

Sans hésiter la reine toussa du fond de sa poitrine agitée de secousses douloureuses. Ses familiers s'inquiétèrent de ce malaise. Elle les rassura, feignant l'indifférence, mais le médecin de Salomon se précipita vers elle et déclara :

– La toux est maligne, ô reine. Elle est provoquée par les vents pernicieux qui pénètrent dans votre tente et vous enserrent dans leurs funestes réseaux de froid. Il vous faut habiter la ville.

– Bien, répondit la reine. Je ferai acheter une maison dans Jérusalem.

– Il n'en est point, ô reine, qui soit digne de vous en cette cité, intervint le conseiller de Saba Merari, qui faisait alors fonction de trésorier.

– Dans ce cas, coupa Salomon, il faut que la Perle accepte de résider au palais de la reine qui est inhabité. Elle y sera indépendante, seule avec sa suite.

Makéda, continuant à tousser beaucoup, remercia le roi de Judée de sa sollicitude et lui promit d'être en ce palais dès le surlendemain. Les prêtres sabéens ne virent rien à objecter à tout cela.

Le Potentat eût aimé que la Sabéenne précipitât son installation auprès de lui, mais à peine rentré il réunit les architectes du Temple et donna des ordres qu'ils exécutèrent dès l'aube pour isoler le futur palais de la reine du restant de l'enceinte sacrée, y ménager une ouverture directe sur l'extérieur et rendre aveugles les fenêtres des concubines royales, de façon qu'elle ne les voie pas. Et comme la joie l'étouffait, Salomon voulut parler de son amour avec celui qui était son confident, Nathan, le premier sacrificateur, qui avait l'honneur de connaître la pensée royale. Mais ce dernier restait méfiant et le dit au roi :

– Prenez garde, ô grand maître ! Votre renommée est

vaste comme la mer, et votre puissance est inouïe ! Êtes-vous sûr de ne pas les livrer aux mains de cette enchanteresse ? Que dissimule ce visage dont la splendeur est presque inquiétante et dont la sérénité de sphinx ne trahit nulle émotion ? Craignez donc, ô roi, que la reine de Saba, ne répondant point à vos sentiments, se vante un jour de vous avoir repoussé…

– Tais-toi, Nathan ! dit le roi poète. Ne l'as-tu donc point vue me sourire ? Ce sourire est plus suave que le miel, plus délicat que l'éclosion de la plus belle des fleurs !

– Cependant, objecta Nathan, croyez-vous qu'il soit bien prudent pour un monarque de contracter mariage avec une souveraine aussi puissante, en or et en armée, que la reine de Saba ? Songez qu'une querelle entre époux pourrait allumer une de ces guerres dont vous avez horreur et dans laquelle votre royaume pourrait être vaincu !

– Je ne songe pas encore à épouser la reine de Saba ; son trône est trop haut, trop considérable. La Perle poursuit une mission divine. Jusqu'à sa mort elle ne faillira pas à la tâche de grouper, en un spirituel faisceau, les âmes hébraïques. Mais ne puis-je l'aimer comme un amant ? Ma confiance en elle est entière. Je ne crois à aucune des légendes dont on l'entoure. N'a-t-on pas prétendu qu'elle avait les jambes velues, les pieds fourchus, et que ses mains étaient formées de sept doigts ? N'a-t-on pas dit qu'elle mangeait du feu, entretenait un commerce avec Satan et qu'elle tuait ses ennemis par les seules étincelles de son regard ?

Nathan souriait, le visage tourné vers la « Maison des Femmes ».

– Je comprends l'astuce de ton regard, Nathan. Si tu n'étais mon ami, je te ferais pendre. Celles que j'ai parquées dans la Maison des Femmes sont des épouses, elles ne sont point l'amour. Je me suis marié avec elles pour des raisons politiques : la fille du Pharaon m'apporta une province et la princesse des Abirs m'a donné Damas. Grâce à elles j'ai agrandi l'Empire, élevé le Temple, apporté à mon peuple le bien-être !

– Celle Qui Est Pure est devenue en quelques heures Celle Qui Enchante, fit sentencieusement Nathan. Veillez à ce que demain elle ne soit pas Celle Qui Domine.

– Qu'importe, même si tu dis vrai ! s'exalta le roi. Et qu'importe d'être dominé par une femme si elle incarne la Beauté vivante et le charme de l'esprit ! Ton souverain ne craint rien de la reine de Saba, Nathan, sinon d'être l'homme le plus heureux de la terre, par Jéhovah !

Le grand sacrificateur se retira. Ce fidèle ami de Salomon était lui aussi, quoi qu'il en dise, sous l'emprise de la sirène sabéenne. Et comme il se l'avouait, il n'avait ni la force ni la conscience assez nette pour oser d'autres reproches.

Revenu chez lui, il sortit d'un coffre un vase superbe. Cette pièce magnifique et massive, toute ciselée de fresques triomphales, Nathan l'avait sauvée à Eziongabar, lors d'une éclatante victoire dont elle constituait le trophée. Il palpa le vase avec la passion attentive d'un amateur d'art et le nettoya en murmurant :

– Ce présent est digne d'elle.

Tard dans la nuit, il refusa les caresses de son épouse et s'endormit, rêvant à la belle Sabéenne.

MAKÉDA REÇOIT SALOMON

Je chanterai le galbe de ton buste, l'émouvante splendeur
des lignes déliées et fermes de tes jambes harmonieuses.
Et j'ordonnerai que les sculpteurs
transposent dans le marbre le vertige de ton apparition.

AU PAS D'AMBLE DES SIX COURSIERS BLANCS ATTELÉS à son char, la reine de Saba allait vers Salomon. Debout, vêtue d'une longue tunique et d'un *dirrib* blancs que la brise collait à son corps, n'arborant aucun bijou, elle semblait de marbre. Ses cheveux longs étaient divisés en deux tresses flottantes et un étroit diadème de perles brillait à son front.

Son escorte se trouvait composée de trente cavaliers montés sur des coursiers noirs. Le cortège était silencieux, les sabots des chevaux ayant été rendus muets grâce à la *medreparas*, une résine spéciale dont on les avait enduits. Le char n'éprouvait aucun cahotement de la marche à l'amble des chevaux qui les tiraient, car les roues elles-mêmes étaient recouvertes d'un bandage de peaux d'hippopotame.

La progression de la troupe étonnait les Judéens, acclamants et frénétiques. Un cavalier salomonique avait pris la tête du cortège pour conduire Makéda, en contournant la cité sacrée, jusqu'à la demeure magnifique que Jérusalem appelait déjà le « palais de la reine ».

Salomon attendait la Perle aux portes du bâtiment. Il était seul et sa réception fut sans apparat, hormis les fleurs à l'entrée du palais.

Quand le cortège arriva devant le bâtiment, la Toute Pure immobilisa ses six coursiers d'une seule traction des rênes. Elle descendit du char d'un saut souple de danseuse et abandonna ses mains à Salomon.

Énamouré, le roi doré sentait le soleil fondre en lui. Il baisa les fines mains royales et complimenta la souveraine d'avoir bien voulu prendre possession de sa nouvelle maison dans cette robe exquise qui la vêtait d'un souffle blanc et la rendait, à ses yeux, pareille à une colombe.

– Béni soit ton séjour ici, fille de Judée !

Makéda sourit de plaisir de s'entendre appeler ainsi.

Alors, au milieu de la double haie figée des serviteurs, Salomon fit à Makéda les honneurs du palais que son goût raffiné avait orné en quelques heures, par des prodiges d'activité, d'une débauche de luxe. Tapis, tentures cramoisies et vasques soupirant des parfums, meubles de haut goût, vases fleuris et bibelots en provenance de tout le monde connu, l'ensemble était d'autant moins indigne du faste de Saba que la reine du matin avait contribué à décorer sa chambre de repos et la salle d'audience où s'érigeait son trône.

Lorsqu'elle eut visité les appartements où s'affairaient déjà ses domestiques, la Toute Pure congédia gentiment Salomon.

– Puisque me voici chez moi, ô roi, laisse-moi la joie de te prier d'être mon hôte le plus souvent possible. Je m'efforcerai de te recevoir comme je reçois les souverains illustres à Saba. Autorise-moi déjà à t'inviter ce soir, en tête à tête, car j'aurai de nombreux et complexes problèmes à soumettre à ta sagacité.

Salomon se retira et la Perle, vive et preste tel l'oiseau des montagnes de Symiène, s'empressa d'organiser sa maison.

Le crépuscule tombait lorsque le monarque honora l'invitation de Makéda. Il s'était habillé d'une soie verte, vaporeuse et souple, rehaussée d'un mince diadème surmonté du sceau salomonique. Mais sa poitrine, ses poignets, ses doigts étincelaient des mille feux de ses bijoux préférés, et le parfum offert par la reine lui faisait une escorte odorante.

La souveraine le reçut dans la vaste salle des audiences à

vingt-quatre colonnades. Elle avait fait surélever, sur plusieurs estrades en escaliers flanquées de lions, l'alga royale sur laquelle flottait un baldaquin cramoisi.

Dans l'immense salle, des paons promenaient la somptuosité de leur plumage et des flabellifères encadraient le trône – adossés aux colonnades – en agitant leurs éventails de plumes d'autruche. Quatre chats superbes s'étaient lovés aux pieds de la reine qui indiqua à Salomon le siège disposé à sa droite.

– Ici est désormais la place que je te réserve lors de tes visites, ô roi magnifique.

Les candélabres allumèrent de toutes parts leurs sept étoiles de feu et des torches brillèrent au poing des esclaves noirs. Le fils de David éprouva que la reine, à peine installée dans cette vaste demeure, en avait déjà magiquement transformé le décor.

De tous les coins d'ombre sourdaient des colorations et des rumeurs inaccoutumées. L'atmosphère animée par les serviteurs, les guerriers, les rabbins et les conseillers transportait Salomon loin de la Judée, dans ce mystérieux royaume de Saba et de Symiène dont la légende s'était emparée.

Makéda elle-même s'était transformée. Elle avait revêtu le costume des princesses yéménites, pantalons bouffants serrés aux chevilles cerclées d'anneaux d'or et maintenus au-dessous des hanches par une large ceinture de peau de gazelle peinte de feuilles de palmier. La soie était si légère que la ligne harmonieuse des jambes transparaissait. Le buste de la Perle était nu, mais sa chair était dissimulée sous une multiplicité de gorgerons dorés, de cache-seins étincelants de pierreries et de colliers de perles. La coiffure royale, prisonnière dans une résille de longues boucles emperlées, cascadait sur ses épaules, et ses pieds de ballerine jouaient avec des sandales de cuir broué.

La reine de Saba apparaissait, ce soir-là, dans tout l'éclat de sa sensuelle beauté, et son corps fait pour l'amour semblait répandre de magnétiques ondes de désir. Tandis que les serviteurs offraient des rafraîchissements dans des aiguières d'or, elle dit à son hôte d'une voix musicale :

– Je suis heureuse, très heureuse du paradis que tu m'as fait connaître. Je sens que je serai très contente ici, Salomon. Mais il faudra que ta sagesse dissipe les nuages qui planent sur ma vie comme les éclairs brisent les nuages du ciel.

Le roi doré la respira comme on respire une touffe de fleurs. Et comme elle dégageait le parfum inquiétant et suave d'une femme inviolée, il ne put résister à l'envie de se pencher et de fondre sa bouche à même l'épaule sensuelle et fraîche sur laquelle il s'attarda.

Frissonnante, la Perle se dégagea en protestant.

– Cessez ce jeu où vous semblez un maître, ô roi, car il ne contient que périls et chagrins... Conduisez-moi plutôt comme un frère à la table que j'ai fait dresser en votre honneur.

Leur repas fut illuminé de rires et de douces confidences. Sur le marbre blanc brillaient les feux multiples d'une vaisselle d'or et d'argent, de porcelaines éclatantes et d'émaux multicolores.

En entrant, Salomon avait aperçu que leurs deux sièges d'ébène, brodés d'arabesques ivoirines et matelassés de soie, se faisaient vis-à-vis de chaque côté de la table. Contrariant le rigide protocole, il les avait rapprochés. Alors, côte à côte, les souverains dînèrent seuls pour la première fois.

Makéda avait bien tenté de retenir les serviteurs attentifs aux désirs des dîneurs, mais son hôte les avait renvoyés derrière les portes cachées par des tentures.

Ainsi le roi put-il offrir à la Toute Pure le raisin qu'il égrena pour ses lèvres gourmandes et lui verser, dans un gobelet d'or, le vin qui grise et l'hydromel. Mais, pour obéir à la tradition, le repas devait s'achever par des exhibitions de danses et de phénomènes.

En admirant les audacieuses arabesques des danseuses sabéennes légères comme des feuilles, d'une souplesse fluidique, ourlant si bien le rythme des harpes et des luths, le couple dégusta un breuvage noir et brûlant que Salomon ne connaissait pas encore. Le café avait des qualités que la reine de Saba lui expliqua :

– Il pousse dans mon pays, roi pacifique, et je t'en offrirai des semences pour que tu le cultives sur tes terres. Car cette boisson savoureuse a des vertus magiques : elle facilite la digestion et fait fuir la fatigue.

Servi dans des petites tasses d'or, son arôme y demeurait enclos. L'ayant bu, Salomon se sentit aussi audacieux et léger qu'un adolescent :

– Tout ici est magique, reine incomparable, puisqu'il suffit comme le soleil que ton regard se pose sur un objet pour lui donner un éclat inattendu. Tout est merveilleux dans ce que tu touches et dans ce que tu ordonnes. Tu es la magicienne idéale qui hante mon esprit et inspire mes plus beaux chants. Qu'on m'apporte un luth !

On tendit l'instrument au roi poète qui, s'en accompagnant, entonna une sorte de cantique d'amour évoquant la beauté de la reine, la splendeur de son corps et le rayonnement de son esprit. Sa composition était empreinte d'un paganisme si sensuel qu'elle fit l'effet d'une caresse à la chair de Makéda. Charmée par tant de talent et de virtuosité, elle avait enfoncé sa tête dans les coussins de son alga. Le rythme était si captivant qu'elle eût voulu danser devant le Pacifique, mais sa timidité farouche et une sorte de langueur l'enveloppaient comme un nuage.

Lorsqu'il eut fini de moduler ce chant qui était à la fois une prière et une plainte, Salomon se baissa vers Makéda qui cachait son front dans la soie des coussins alors que défilaient de libertines images en ses yeux clos.

La passion brûlait la poitrine du souverain comme une lave dans un volcan. Il étreignit le buste presque nu sous la parure des bijoux, puis ses mains glissèrent pour enserrer les hanches dans un étau de fer. Légère comme une soie, la ceinture de peau de gazelle se rompit et Makéda apparut dénudée à Salomon.

Nues, les hanches larges et harmonieuses comme une lyre.

Nues, les cuisses charnues comme des fruits mûris par le soleil et du ton délicat des raisins à peine dorés.

Nues, les jambes défendant nerveusement le palpitant mystère.

Makéda se releva brusquement et tenta d'agrafer son pantalon bouffant, mais la confusion et la colère la rendaient maladroite. Le roi ne se lassait pas d'admirer les jeux d'ombre et de lumière que ses mouvements félins faisaient jouer sur sa peau, accentuant encore la révélation de sa splendeur originelle.

– Ô reine! Ô beauté ! s'écria-t-il. Je chanterai le galbe de ton buste, l'émouvante splendeur des lignes déliées et fermes de tes jambes harmonieuses. Et j'ordonnerai que les sculpteurs transposent dans le marbre le vertige de ton apparition !

Flattée et charmée, Makéda s'enfuit, drapée dans un des brocarts qui ornaient son siège. Elle s'en revint bientôt, vêtue en Égyptienne, une tunique plissée dissimulant à peine la floraison splendide de son corps. Il semblait qu'elle s'efforçait d'ensorceler celui dont, en vérité, le désir la grisait.

– Quel baiser m'as-tu donné, ô roi ? Je t'avais prié de t'en dispenser. Tes lèvres ont imprimé ma nuque tandis que tes mains couraient sur ma chair dans une caresse humide et prolongée comme un sceau flambant. Ce n'est pas là le baiser fraternel que tu m'avais promis, mais un baiser d'amoureux !

– Qui donc, protesta Salomon, t'indiqua la différence entre le baiser du frère et celui de l'amant ?

– Je la sens en mon âme ! Je la sens trop profondément, mais ta question m'est un outrage ! Car tu dois savoir que, depuis mon adolescence, malgré les périls et les embûches, je suis demeurée vierge, intacte, inviolée ! La pureté de ma chair est le bien de mon peuple : ne l'ignore jamais, même si tu dois en souffrir !

Après cette algarade la fin de la soirée fut triste pour Salomon et Makéda. Le souverain espérait que la Perle lui poserait les difficiles questions qu'il devait résoudre, devinant qu'elles avaient trait à son serment. Or, comme Makéda se taisait, il comprit qu'elle aborderait ce grave et passionnant sujet un jour où sa chair serait moins frémissante.

Quant à la reine de Saba, pour chasser sa nostalgie, elle chanta et dansa sur des rythmes étudiés à Thèbes. Elle était fleur vivante et ondulante devant le roi charmé.

Aussi Salomon s'en fut en son palais, le cerveau brûlant de pensées confondues.

MAKÉDA ÉVOQUE LE PARADIS PERDU

Makéda apparaissait plus grande encore aux convives, même les plus savants, dans l'explication subtile qu'elle savait donner des choses, des faits et des gens.

CE FUT AU TOUR DE LA REINE DU MATIN DE SE RENDRE chez le roi doré pour participer à un repas somptueux, fleuri, parfumé, étincelant, et d'un prodigieux raffinement. Le grand rabbin Ben Eliazar profita de cette réunion et de la qualité des convives pour poser à Makéda quelques-unes des questions qui préoccupaient tant le collège des prêtres que les juristes judéens.

– Vous nous avez autorisés, ô Perle, à connaître le livre

que vous avez envoyé au roi Salomon avec votre premier message. Il contient la pathétique histoire du peuple d'Israël, nos recherches en ont confirmé l'exactitude. Dieu soit loué, le peuple des Hébreux a souffert, mais Jéhovah l'a protégé. Miraculeusement, il l'a sauvé par deux fois des tortionnaires de l'ancienne Égypte. Aussi pardonnons, et bénissons notre grand roi Salomon d'avoir obtenu l'abolition des cruelles lois égyptiennes qui subsistaient encore il y a vingt-cinq années, et qui condamnaient nos coreligionnaires à l'exil ou à la mort.

– Ces lois n'étaient déjà plus appliquées, intervint la reine de Saba, lorsque mon père Anguebo séjourna à Memphis.

– C'est exact, mais elles n'avaient pas été abolies par décret, précisa Salomon. Mon premier mariage avec la princesse Assassif a eu pour conséquence de délivrer le peuple d'Israël de cette perpétuelle menace.

Makéda savait l'histoire de ce mariage. La radieuse princesse Taibja, cette fille du roi de Judée qui avait le même âge qu'elle, la lui avait racontée.

– Nos peuples sont identiques, admit le grand lévite. Mais le teint plus foncé de vos sujets s'explique par le fait que vos ancêtres ont probablement épousé des Symiénoises pour perpétuer leur race.

– Ma mère était pourtant de pure souche hébraïque, insista la Toute Pure.

– Alors comment se fait-il que votre législation dont il est tant parlé depuis votre arrivée à Jérusalem soit si différente de la nôtre ? lança le grand sacrificateur Nathan.

Parmi des hommes aussi fiers de leurs origines et de leur science, Makéda comprit qu'on voulait l'engager dans une lutte oratoire périlleuse à soutenir. Elle s'efforça de l'esquiver en s'adressant directement à Salomon.

– Nos prescriptions sont assez différentes des vôtres, en effet. Or, justement, le but principal de mon voyage était de te prier, ô roi, de déléguer plusieurs de tes doctes rabbins et lévites afin d'instruire mon peuple dans les lois et rites de Jéhovah. Si tu le veux bien, tu m'enverras également des architectes pour construire des temples magnifiques, car je veux honorer l'Éternel avec splendeur.

– Tous ces savants partiront avec toi, ô Perle ! répondit Salomon. Mon règne est consacré à Dieu et ton désir est une bénédiction…

– Nous avons appris, reprit le grand rabbin, que vous avez modifié votre législation quant au mariage, de façon à renverser la situation de l'homme envers la femme. Voudriez-vous nous en faire dresser une copie ? Car à dire vrai cela nous paraît très contraire aux lois de Jéhovah et nous consterne. Sachez, ô reine, que nous osons vous le dire en raison de nos privilèges quant à la surveillance de l'exécution rituelle des lois divines.

– Il est heureux que vous veilliez à la bonne exécution des lois religieuses, rétorqua Makéda. Celles que nous avons édictées sont d'un ressort exclusivement gouvernemental, et je n'ai pas porté atteinte à la foi. J'ai seulement voulu marquer l'histoire du monde par ma volonté d'instituer la liberté et la primauté de la femme.

Ses contradicteurs, bien que tenus par le respect, s'efforcèrent de lui prouver la faiblesse de cette conception. Sans doute la femme avait-elle le droit de revendiquer certains avantages, mais l'intérêt de la société exigeait qu'elle demeurât la gardienne du foyer, celle qui entretient la flamme, qui fonde et maintient la famille sans laquelle l'humanité en désordre voguerait à la dérive.

– Or, continua le grand lévite, votre législation nouvelle va dans un sens contraire. Il est à craindre que la supériorité où vous placez la femme n'aggrave en fait le libertinage et le dérèglement des mœurs.

– Il semble incontestable, souligna Salomon, que ces lois ont été inspirées par un profond sentiment de notre glorieuse reine. Veuille Jéhovah que nous en connaissions bien vite la nature.

Makéda considéra le roi avec étonnement, se sentant devinée par lui.

– Tu incarnes la sagesse, ô roi, et j'ai confiance en toi. Tu découvriras sans doute, dans mon âme, ce que l'œil d'un simple mortel ne pourrait point lire.

– Il faudra pour cela l'aide de Dieu, estima l'Ecclésiaste. En attendant, commençons par admettre la gracieuse souveraine dans notre Temple, puisque c'est son désir. Auparavant, le grand rabbin et le premier lévite devront l'initier à l'histoire de notre religion, au sens de nos rites et aux prescriptions de nos propres lois.

Aussitôt la conversation devint générale parmi les convives égayés par le vin. Ainsi, le chef de la cavalerie complimenta la Perle sur la belle allure et la sveltesse de ses amazones, puis s'inquiéta de savoir comment les absences dues aux maternités n'en clairsemaient pas les rangs.

– Mes gardes s'inspireront toujours du principe sabéen, lui répondit la Toute Pure, lequel se résume par ces mots : « Aimer la patrie et haïr l'homme. » Donc je ne crains rien de ce côté-là…

L'assistance éclata de rire, croyant à une plaisanterie. Au point que le grand trésorier Haïsar déclara, dans la gaieté générale :

– Cet officier ne s'offusquera guère de cette théorie, ô reine, car sa devise à lui est « servir la patrie et haïr la femme ».

L'officier en question minaudait, manifestement flatté.

– Si cet homme hait les femmes, surenchérit la Perle, n'est-ce point parce que la gent féminine n'a pas voulu de lui ?

Les rires repartirent de plus belle, mais Salomon y coupa court.

– Makéda, ma chère reine, tu parles du mariage comme d'une affaire ou d'un acte de choix. Cela n'est pas exact. Le mariage est l'épanouissement de l'amour, et l'amour une question de cœur, d'âme et d'esprit. En manquant aux bêtes, ce sentiment démontre la supériorité de l'être humain. Aucune réglementation ne peut donc le refréner et ta guerre acharnée est vaine, car tes sujets ne te suivront pas.

– Si je veux tuer l'amour, avoua Makéda, je n'ai pas l'intention de ridiculiser ce sentiment que, personnellement, je ne comprends pas. Mon destin, ô roi magnifique, est d'être le messie des droits de la femme comme tu es l'apôtre des serviteurs de Dieu. Ce rôle m'a été cruellement imposé, et je n'y faillirai pas.

– Ton apostolat est admirable de candeur tant il semble irréalisable, courageuse souveraine. Mais je retiens surtout de ta parole que tu ignores l'amour. N'as-tu donc jamais aimé ?

– Je ne donnerai jamais ce déplorable exemple à mes sujets.

– Ne dis point le mot « jamais ». L'amour arrive en foudre que déjà on ne peut plus rien pour s'en délivrer.

Makéda marqua un instant de silence avant de reprendre son argumentation.

– En se mariant, la femme se sacrifie à la nation. Elle accepte de fonder la future génération. Ce martyre mériterait le respect car, dans la famille, s'il est un élément qui commande le respect et les honneurs, c'est bien la femme. Or, en échange, cette dernière se soumet à un maître qui n'a aucun mérite : il devrait au contraire servir celle qui, en donnant sa vie, s'épuise à perpétuer la race.

Chacun se taisait.

– Écoutez, poursuivit la reine exaltée. Une de mes femmes, gouvernant une province, a établi à mon insu une loi interdisant à une fille d'épouser un homme qui n'aurait pas tué au moins deux de ses semblables. Pour preuve, le futur mari doit exhiber le sexe et le nez de ses victimes. Ces lambeaux de chair sont présentés au juge qui autorise l'union et la consacre en brûlant les sanglants trophées. Si j'ai désapprouvé ce raffinement de cruauté dans l'extermination de la race masculine, je l'ai toléré parce que désormais, dans cette province, une femme vivante vaudra toujours deux cadavres d'hommes.

– Laissons là vos douloureuses satrapes, dit Salomon d'un ton excédé, car de sévères discussions pourraient s'ensuivre…

– Ô reine, demanda le grand lévite, comment parvenez-vous à faire extraire autant d'or dans vos États ?

– Naguère, nous ne faisions que laver le sable aurifère pour en séparer le métal précieux et plus lourd. Cette méthode est lente et difficile à développer, parce qu'on ne peut faire travailler plus d'ouvriers que la surface de l'eau courante ne le permet. C'est pourquoi mes techniciennes ont inventé des moulins spéciaux pour broyer la roche aurifère. Ces moulins sont actionnés par des ânes. L'eau est conduite par des canaux, et le sable obtenu par les moulins se trouve perpétuellement lavé. La poudre d'or pur achève son parcours dans des nervures ingénieusement gravées sur de grandes plaques de pierre constamment arrosées. Grâce à ce procédé, je travaille beaucoup plus d'or que le Pharaon, au point que ce dernier commence à utiliser mon système.

– Le roi de Judée serait bienheureux de disposer de tant de richesses…

– Je t'offre une mine d'or et l'un de ces moulins avec le privilège d'en extraire tout ce que tu désireras pour embellir le grand Temple de Jéhovah, répliqua Makéda avec détachement. Et pour le luxe du culte, j'y ajoute le droit d'exploiter une autre mine moyennant une redevance d'un cinquième de sa production.

– Mais que puis-je te donner en échange de cette munificence ? s'exclama le roi.

– Je ne t'ai rien vendu, Salomon. Mes cadeaux n'attendent point de contre-valeur. Ne l'oublie jamais, ô roi, la générosité de la femme est sans bornes. C'est encore un témoignage de sa supériorité sur la cupidité et l'avarice masculines.

– Sois doublement remerciée pour la pluie d'or que tu fais tomber sur le Temple et, indirectement, sur nos États. Mais, à ce propos, peux-tu me dire l'explication que les savants et théologiens de ton royaume donnent des origines de l'or comme de l'argent, des pierreries et des perles ?

– Vous l'ignorez ? Le grand livre de la foi n'explique-t-il point le paradis perdu qui demeura longtemps l'un des mystères de la Création du monde ? Mon père Anguebo traduisit en notre langue ce livre des livres, cette explication des merveilles, cette clef des symboles…

– Que dit-il ? demanda le grand prêtre.

– Il dit qu'au sixième jour de la Création, constatant que son œuvre était digne de louange, Jéhovah s'aperçut qu'il n'avait donné à aucun animal l'intelligence suffisante pour exalter la nature et ses perfections. Alors il créa l'homme et l'appela Hadam. Il fut très fier de lui, tout en observant que l'homme manquait de grâce, d'harmonie et de beauté. Donc, repétrissant son œuvre, il la perfectionna et la rendit infiniment plus souple. Il fit Héva, dont le corps était un délice depuis ses cheveux de soie jusqu'à ses ongles de nacre. Tout en elle était justement proportionné, modelé par le souffle même d'une brise en fleurs. Héva était si belle que les animaux émerveillés demandèrent à Jéhovah d'en créer une pour chaque espèce de bête terrestre, ce que Dieu accepta de faire.

» Hadam s'extasiait devant Héva, qui synthétisait toutes les beautés du ciel et de la terre dans son corps de roseau. Et lui comme elle louaient le Créateur de leur avoir donné cette étincelle d'intelligence qui les rendait supérieurs à toute autre espèce. Jéhovah en fut tellement flatté qu'il résolut de multiplier les hommes et les femmes en les différenciant par la couleur de peau, réservant la sienne propre – celle de l'or – à la race d'Héva et Hadam. Puis il créa des fleuves d'or liquide, des lacs d'argent et de cuivre, des rivières de perles et de pierreries pour qu'ils vivent dans des richesses prodigieuses sans jamais connaître la maladie ni la mort.

» Après cent ans révolus, Hadam et Héva se lassèrent de célébrer quotidiennement les bienfaits toujours identiques d'un Dieu invisible. Alors ils plongèrent leurs mains dans les lacs et les rivières et les fleuves pour bâtir une idole étincelante d'or, d'argent, de perles et de pierreries. Et ils adorèrent cette idole parce qu'ils la voyaient.

» Quand Dieu connut cela, il appela ces êtres “ humains ” et, maudissant la terre, il les maudit également. Ceux-ci durent désormais, pour se nourrir, labourer la terre et cultiver les plantes, élever des animaux ou les chasser au péril de leur vie pour en manger la chair. Alors ils connurent les dangers, la maladie, la mort, et la femme apprit à procréer dans la douleur.

» Les perles se dissimulèrent au fond des mers, dans des coquilles de pierre, et les fleuves qui charriaient les métaux comme les minéraux précieux se tarirent. Leur lit asséché se couvrit de sable, de terre, de rocs. À tout jamais, les humains furent condamnés à piocher et creuser pour en retrouver les nervures éparpillées au cœur des montagnes et des sols bouleversés...

Comment l'assistance n'eût-elle pas été impressionnée par ce récit ? Après en avoir discuté l'orthodoxie, les rabbins résolurent d'écrire cette merveille sur leurs tablettes afin de la comparer aux autres légendes créatrices. Makéda apparaissait plus grande encore aux convives, même les plus savants, dans l'explication subtile qu'elle savait donner des choses, des faits et des gens.

AU CONSEIL DE JÉRUSALEM

J'étais le messie de la femme, ô Seigneur ! s'écria-t-elle.

C'EST CE JOUR-LÀ QUE LE SOLEIL LUISIT DANS LE CŒUR assombri de la reine du matin. Sa pensée, elle la livra au Conseil mandé par Salomon sur sa prière. Les paroles de Makéda s'échappaient du document que son conseiller Merari lisait, à haute voix, en langue hébraïque épurée des altérations que l'idiome rituel avait subies sur les terres de Symiène, du Yémen et de Saba.

Les conseillers vénérables et sages du roi Salomon écoutaient attentivement en hochant la tête.

Il y avait là le grand rabbin Ben Eliazar, solennel, Nathan, le premier sacrificateur dont le regard s'arrêtait complaisamment à la beauté éblouissante de la fille d'Anguebo, le premier lévite Siméon, le gendre du roi Bénéja, gouverneur de la province de Joppé, le haut capitaine Nadab, commandant du bateau *Amasa*, et enfin le grand trésorier Haïsar.

La Toute Pure s'était préparée à soutenir un rude combat oratoire. Espérait-elle convaincre le singulier tribunal auquel elle avait demandé de juger la doctrine spirituelle de sa vie ? Certes pas ! Elle espérait seulement que leurs lumières conjuguées découvriraient la fissure par où elle pourrait s'évader de son serment comme d'une prison.

Salomon, le geste balancé et la voix grave, rappela la vie de l'illustre souveraine et surtout son adolescence dont le cours avait dévié brusquement depuis la terrible promesse arrachée par les rabbins au prophète éperdu. Il redit aussi les souffrances endurées par Makéda.

– Ô vous, hommes sages de Judée, je vous demande de vous souvenir que vous êtes sollicités par une fille d'Israël. En effet la reine de Saba et de Symiène règne sur un peuple israélite. Son Dieu est notre Dieu, sa religion est la nôtre. Puisse Jéhovah nous inspirer et découvrir la solution qui doit rendre à notre hôtesse très respectée la sérénité qui lui manque.

Assise sous le baldaquin de la salle du conseil où se déroulait l'audience, la Perle remercia le roi de ses paroles par un long regard.

– Merari, conseiller de Saba, reprit Salomon, dis-nous maintenant les questions de ta souveraine.

– La première, répondit Merari, concerne le gouvernement de mes États. Mon père vénéré, le prophète Anguebo, roi éclairé, juste et puissant, m'a donné trois conseils : « Il faut, ma fille, agrandir constamment ton pays pour la plus grande gloire de Jéhovah. Il faut assembler les parties de l'Empire morcelé d'Israël pour le salut et la force des Israélites. Il faut que tu sois puissante, éblouissante de gloire, pour le prestige de ton peuple et pour le tien propre. » Le grand magicien Belocha, conseiller spirituel du roi mon père, fut aussi le mien. Il m'a légué l'écrit que voici : « Apprends à nos peuples, ô reine, à s'aimer et à s'égaler tous. Règne avec la paix, pour la paix. Efforce-toi d'être une souveraine adorée pour sa justice et sa bonté. Pour ce faire, évite les conquêtes et épargne le sang. » La première question, ô roi sage et savants vénérables, doit vous faire dire laquelle de ces deux conceptions est la meilleure. Paix ou guerre ? Bonté ou autocratisme ?

Merari replia le premier feuillet du document. Salomon s'amusait déjà de l'embarras de ses conseillers.

– Que chacun parle, lança-t-il. La liberté de pensée est assurée dans ce débat qui concerne une personne étrangère à nos lois.

– Voilà bien le malentendu, fit ironiquement le grand rabbin, et c'est pourquoi mes collègues demeurent silencieux. Les questions de l'illustre reine, un enfant les résoudrait tant elles sont simples. Oui, un enfant les résoudrait suivant son tempérament particulier…

– Selon qu'il est pacifique ou batailleur, précisa Nathan.

– Artiste renfermé sur lui-même ou avide d'aventures et d'espace, poursuivit Siméon.

– Nous n'avons pas ici à juger le gouvernement de cette illustre souveraine ! trancha Haïsar. De même la conception du grand roi Salomon n'est point en cause !

– Certes, approuva le gouverneur de Joppé, mais leurs procédés sont absolument différents l'un de l'autre. Approuver l'un, c'est condamner l'autre. Or les conseillers du roi des génies ont coutume de lui dire leur pensée. Cette pensée collective des rabbins, des artistes et des guerriers ne s'est point écartée des lumineuses ordonnances de notre roi. Lorsqu'il parle, nous sommes toujours émerveillés de sa parole éclairant notre intelligence.

– Nos pensées furent toujours identiques, reprit Ben Eliazar, et l'on ne peut nier l'ordre de Jéhovah : n'avoir qu'un seul cœur, qu'une seule pensée !

– L'appel de Dieu concerne l'union des esprits hébraïques, dit alors le premier lévite. Bénie soit la reine Makéda qui, venant parmi nous, est la première missionnaire de cette réunion de toutes les âmes d'Israël !

– La pensée de Dieu n'implique point un appel au glaive, arrêta Salomon en synthétisant sa doctrine humanitaire. Ô reine, mes conseillers et moi ne pouvons pourtant pas t'éclairer sur ta première question. La réponse est dans ton cœur et dans la clarté qui brille derrière ton regard inspiré. Les rois naissent avec le droit de tuer. Ils naissent aussi avec la responsabilité de leurs actes. J'ai connu des souverains sur qui le remords pesait de tout le poids de leurs conquêtes.

Les conseillers se taisaient, envahis par sa parole sereine. Merari osa profiter de ce silence.

– Ô grand roi, savez-vous que toutes ces conquêtes, la reine de Saba les a consacrées à la grande gloire de Dieu, que leur produit a servi à construire des temples, à bâtir des écoles et à enrichir ses peuples par le commerce ?

– La Perle est très illustre et très pure, répliqua Salomon. La question qu'elle nous a posée exclut la louange car cette louange est sur nos lèvres à toute heure. Vous êtes la plus grande des reines. Votre règne n'est qu'étonnements et merveilles. Vous avez demandé à Salomon et à ses conseillers s'il fallait la paix ou la guerre. À cela, ni Salomon ni ses conseillers ne peuvent répondre.

– Je comprends, fit Makéda, que le prestige que tu tires de ton esprit et de ta sagesse, ô roi des génies, gardien du Sceau et serviteur de l'Arche, dépasse la gloire militaire. Je m'incline devant cette lumière. La force de mes armées est brisée par un seul de tes mots…

La reine se rassit et fit signe à Merari de reprendre sa lecture.

– La deuxième discussion me concerne personnellement. Avait-on le droit d'arracher à mon père et à moi-même, enfant ignorante, le serment de demeurer vierge toute ma vie ? Et si ce droit existe pour ceux qui m'ont obligée à consacrer ma virginité à Symiène, ne puis-je pas abdiquer pour me marier et régner à Saba ? Cela était ma deuxième question.

Ce fut de nouveau le silence sur le Conseil. Salomon voulut laisser aux savants la liberté de se prononcer sur ce délicat problème, mais comme aucun d'eux ne parlait il en appela à leur sagesse.

– Ô conseillers, répondez à la reine Makéda. Elle nous a crus dignes de l'éclairer sur la douleur qui pèse sur sa vie. Que direz-vous du serment qui la prive du droit naturel d'être femme ?

– Dieu est grand et fait bien ce qu'il fait, osa alors le grand rabbin Ben Eliazar. Or il a dit aux humains : « Allez, croissez et multipliez ! » Cette parole est sacrée et nul serment ne peut l'enfreindre.

– Oui, Dieu est grand, continua le grand lévite en se

dressant. Il a donné à l'homme les sens, le toucher, l'odorat, l'ouïe, le goût et la vue. Ils ne sont pas inspirés par la parole divine, ceux qui altèrent l'œuvre de Jéhovah en empêchant un être humain de se servir de l'un de ses sens. Or l'amour est fonction des sens. Dès lors, ô reine, on ne pouvait vous astreindre à en faire abstraction, de même qu'il eût été inhumain de vous faire aveugle ou sourde.

– Nos femmes sont conçues pour procréer, affirma ensuite le grand sacrificateur. Dieu l'a voulu ainsi. Aimer et jouir sont les plus grands vertiges que Dieu ait offerts à l'homme pour le rapprocher du ciel. Au solennel instant où il donne sa semence sacrée pour créer un être humain, l'homme est plus près de Dieu et la femme devient une parcelle de Dieu, car elle reçoit la matière et la développe dans ses flancs. C'est dire que la virginité éloigne les humains de Dieu.

– Aimer m'a toujours paru un privilège naturel, comme boire et manger, ajouta le gouverneur de Joppé. Quel Dieu monstrueux pourrait m'empêcher de boire, de manger ou d'aimer ?

– J'ai pourtant entendu dire, intervint Makéda, que certains dieux de nos voisins obligeaient des jeunes filles à demeurer vierges pour se consacrer au culte du Temple.

– Certes, reconnut Salomon. Ces vierges symbolisant la pureté définitive et absolue entretiennent, dans ces temples, le feu sacré pendant un certain nombre d'étés. Puis elles sont remplacées par d'autres vierges qui les délivrent de leur serment. Certaines religions plus atroces exigent des sacrifices propitiatoires de jeunes vierges, immolées sur les marches mêmes des autels idolâtrés. Mais notre Dieu n'est-il point, lui, un Dieu de bonté et de justice, condamnant l'homicide chez ceux qu'il a créés et aimés ?

» Voici que nous venons d'entendre les plus lumineux avis sur le problème que tu nous a soumis, ô reine ! Je me suis gardé de trancher, la validité de ton serment étant du domaine strictement religieux. Si tu le veux, et si aucun de mes savants ne désire plus parler, j'ordonnerai au grand rabbin Ben Eliazar, que baigne une sagesse divine, de nous donner la solution.

– Je pense, conclut le grand rabbin, que la glorieuse reine de Saba peut et doit répudier le serment qui lui fut arraché par des prêtres ignorant la vraie loi de Dieu.

Et chacun approuva le rabbin.

Makéda s'était levée, tendant les mains au ciel comme si on l'avait à l'instant même délivrée de lourdes chaînes. Salomon était heureux comme un pigeon dans un rayon de soleil.

– Ô Makéda, reprit-il, la sagesse des rabbins et des savants, qui voient clair dans l'existence ennuagée des humains, va faire de toi la souveraine la plus grande et l'épouse la plus heureuse de la terre !

Nathan, qui s'était approché de la Perle, baisa la ceinture de sa tunique blanche. La reine du matin soupira. La vie s'ouvrait plus vaste devant elle, elle respirait avec plus de liberté et sa poitrine s'élargissait d'espoirs. Pourtant, elle ne put s'empêcher de répondre à Salomon.

– Les prêtres de mon père m'ont trahie en m'imposant d'être vierge. Ne vais-je pas connaître l'horreur d'être trahie un jour par l'époux qui me préférera d'autres femmes plus captivantes ?

– Dieu non plus, fit alors Nathan qui défendait toujours cette thèse contre les fanatiques monogames, n'a jamais obligé les hommes à limiter le nombre de leurs épouses. Il leur a laissé le droit d'aimer et de féconder, donc d'épouser en toute fidélité plusieurs femmes, car la reproduction des humains est le souci essentiel de Jéhovah. De plus, l'homme ne peut se contenter d'une seule femme et la femme n'a pas été constituée pour être sa seule épouse. Chaque lune qui revient au ciel rend l'épouse incapable de satisfaire son mari. L'enfantement éloigne également ce dernier du corps féminin pendant neuf mois. Pendant ce temps, le mari s'en va aimer les créatures vénales des tavernes. Le mari fidèle, au contraire, demande à sa femme de lui choisir une seconde épouse. Mais la première épouse n'en reste pas moins, si elle peut y prétendre par ses qualités, l'épouse unique et spirituelle de son mari. Telle est la loi que Dieu a faite pour les hommes.

– Nathan s'est exprimé en sage, dit Salomon, et sa parole est stricte comme une parabole divine.

Alors Makéda demanda au roi doré de lui permettre de se prosterner au pied du tabernacle pour remercier Dieu de l'avoir éclairée et pour implorer son pardon d'avoir contrevenu à ses lois.

– Aucune femme n'a jamais, jusqu'ici, pénétré dans le sanctuaire ni touché le tabernacle, déclara le grand rabbin. Or je veux que ta présence, en ce lieu sacré, ne contrevienne pas à nos coutumes.

– Sachez, grand rabbin, que j'ai touché le tabernacle au jour magnifique de mon couronnement, répliqua Makéda.

– La Perle Pure, affirma Salomon, peut sans doute fouler les dalles du saint des saints comme souveraine, égale des rois, et non comme femme...

– Dès lors aucun obstacle ne s'oppose à la prière de la reine, décida le grand lévite. Nous l'attendrons au Temple.

L'audience était terminée.

Le roi Salomon se leva.

Rabbins, lévites et conseillers sortirent.

La reine de Saba et le gardien du Sceau étaient demeurés seuls.

Alors Makéda ôta sa robe et elle apparut aux yeux éblouis du roi dans un uniforme de choum entièrement tissé de fils d'argent. Mince, svelte, élancée, elle brillait dans un rayon de soleil, droite et pure comme une dague. Le roi doré la précéda cérémonieusement. Devant eux, les trompettes déchiraient l'air et un cantique soutenu par des luths accompagnait leurs pas. Des hommes en armes leur firent une route de fer jusqu'au Temple.

Le grand rabbin encadré de prêtres attendait au-dessus

du perron que la Toute Pure gravit en tremblant. Il la mena au pied du tabernacle haut de sept marches symboliques, encadré de deux énormes statues d'or de guerriers salomoniques ailés et appuyés sur des dagues flamboyantes. Le fond était d'or et de feux brûlant perpétuellement.

La reine de Saba s'écroula et revécut sa vie dans la plus frénétique des prières. Derrière elle, le roi Salomon priait aussi et les rabbins imploraient rythmiquement Jéhovah par grands cris et par génuflexions alternés.

Alors Makéda parla :

– Ô Seigneur, je vous offre cent quatre-vingts boucs blancs. Puisse cette offrande propitiatoire écarter votre colère de mon front repentant…

On entendit les plaintes de l'holocauste vivant au seuil du Temple. L'odeur du sang chaud se mêla aux parfums lourds des encens.

– J'offre encore, continuait Makéda, un bouc en holocauste pour chaque mois de mon règne et cent quatre-vingts sacs de myrrhe pour encenser la maison du Très-Haut. Mais délivrez-moi de mon serment, ô Dieu, délivrez-moi !

Le grand rabbin éleva la voix.

– Makéda, reine de Symiène et de Saba, souveraine des mers et des deux terres, reine du matin, tu es délivrée de ton serment par la volonté de Jéhovah.

La musique gronda sous les voûtes du Temple. Déferlant sous les poutres polychromes, elle se heurtait aux pilastres et rebondissait sur le sol. C'était un chant de gloire à Dieu, un hosanna frémissant et grave comme le cri de l'océan par un soir de tempête.

La Perle s'était dressée, les bras levés vers le tabernacle.

– J'étais le messie de la femme, ô Seigneur ! s'écria-t-elle.

Et elle retomba, évanouie, dans les bras du roi doré.

JAKOUB ADOL MAR

L'AMOUR AU SOIR GALILÉEN

Tes yeux sont comme un livre, Salomon,
tes paroles sont transparentes comme le verre d'Égypte,
ton cœur est parfumé comme le santal.

MAKÉDA DEMEURA TOUTE LA JOURNÉE DU LENDEmain dans un profond état de prostration. Elle subissait l'impression d'une existence nouvelle. Tremblante comme une enfant devant l'inconnu, elle suspendit ses réceptions, s'isola avec Merari et deux de ses scribes pour envoyer de nombreux signaux à Saba.

Déjà, au camp royal, la nouvelle avait couru, rapide comme la lumière, que la reine avait été délivrée de son serment par la volonté et la grâce du Dieu d'Israël. L'émoi était grand. Que ferait la souveraine ? Demeurerait-elle à Jérusalem, ou retournerait-elle à Saba ? Donnerait-elle un roi à son peuple ? Chacun, depuis le plus humble soldat jusqu'au dignitaire, pressentait que l'événement annoncé par le Conseil porterait des conséquences profondes. Aussi la nervosité s'empara-t-elle de l'escorte de la reine.

Dans l'après-midi, un messager invita Makéda à goûter, vers le soir, la fraîcheur de la brise odorante sur cette vaste terrasse que Salomon avait fait construire, fleurir et décorer sur le toit de son palais. La reine accepta cette invitation dans le calme d'une nuit cloutée d'or, devant le prestigieux spectacle des montagnes palestiniennes ourlées d'ombre et de silence. La souveraine avait besoin de cette fraîcheur. De même éprouvait-elle le besoin d'entendre la parole du Potentat la bercer et endormir ses angoisses.

La reine de Saba s'en fut donc chez le roi Salomon. Elle gravit les escaliers de fleurs qui conduisaient à la terrasse comme si elle montait vers son destin. Arrivée au faîte du palais, enveloppée de l'air qui vient des forêts et des montagnes, elle respira à larges traits comme elle aurait respiré la promesse d'une vie nouvelle.

Le roi de Judée l'attendait. L'espoir avait illuminé son visage. Son costume était des plus riches, comme pour une solennité. Un unique domestique épiait ses ordres, mais de chaque buisson de feuillages et de fleurs éparpillés sur la terrasse s'échappait un soupir musical mêlé au souffle du vent.

– Te voilà, mon Étoile… dit Salomon.

Il prit ses mains brûlantes et la guida sous la tente cramoisie ouverte sur le décor de Jérusalem enflammée de lumières.

L'alga était profonde, moelleuse, et la musique plus grisante encore. Le ciel couvrait la reine de Saba et le roi Salomon d'une beauté tragique où les derniers reflets du soleil venaient mourir dans un éclatement féerique. Le cœur des souverains était presque aussi large que le ciel. Makéda s'était précautionneusement entourée de son escorte de naines et son géant, fidèle comme un chien, la suivait de longs regards soumis. Salomon renvoya tous ces yeux et toutes ces oreilles. Il voulait demeurer seul avec la reine sur cette terrasse odorante qui paraissait flotter dans l'air, avec ses parterres de fleurs étoilés de lampadaires.

– Cette nuit, ô Makéda, est chaude comme un baiser.

– Comme un baiser, c'est justement ce qui est périlleux pour une femme abandonnée à la mélodie de tes paroles.

– Sois sans crainte et délivre ton corps de ce manteau de fourrures…

– Ce sont des peaux de loutres de Taccatzi. Je les chassais moi-même à grand-peine, lorsque j'étais une souveraine insouciante, éprise de violence et de mouvement. Maintenant, tes chants, ta musique et ta poésie ont tué en moi la passion d'espaces et de conquêtes. Voilà le résultat de ce séjour dans lequel se dissout, malgré elle, ma volonté. Les guerres ne m'intéressent presque plus et les bulletins de victoire transmis avec orgueil par mes capitaines me laissent indifférente.

– Te voici, ô reine de justice et de beauté, devenue une reine d'art et de bonté. Béni soit Jéhovah si Salomon contribua, par sa sagesse et son amour de l'harmonie, à t'inspirer ainsi.

Ils burent ensuite des vins doux dans des coupes d'or et croquèrent dans des pâtisseries légères comme les harpes qui les baignaient de nostalgie.

– Ô Salomon, dit alors Makéda, sache que ce soir je suis venue vers toi pour te remercier d'avoir mandé ce Conseil sacré où les paroles des sages étaient comme un faisceau de clartés graves...

– Ne me remercie point, Makéda, et relis les mots cadencés que je fis tracer pour toi il y a quatre-vingts jours, sur un papyrus d'Égypte. Lorsque tu les auras lus, tu retrouveras ma promesse d'alors.

– J'ai relu tout haut le message, ô roi doré, comme le plus beau chant que jusqu'ici mes oreilles entendirent.

Salomon, le monarque aux huit cents épouses, était en présence de Makéda comme un enfant timide. Il fit un signe de sa main baguée et prit sa harpe. Un nouveau chant sortit de son cerveau et de ses lèvres. Il était inspiré par la sérénité du soir, par la majesté du décor des monts et des forêts galiléens, par la splendeur des étoiles, mais il était tout entier consacré à l'amour.

Makéda, grisée, avait fermé les yeux. Ses doigts agrippaient les bords du divan, raidis comme les fils sonores d'un luth.

Salomon parla :

– Tu m'as déclaré, ô reine, que le vœu de ton père était d'unir les Hébreux dans un même Empire. Pour cela tu es venue à Jérusalem. Sois bénie, car tu as fait ce que tu devais faire et tu étais inspirée par Jéhovah. Mais pour réunir tous les Hébreux, il faudrait aussi unir nos Empires. As-tu songé à cela, Makéda ? Ainsi ton œuvre serait complète, achevée, définitive. Or hier, au Conseil, je t'ai dit : pas par le glaive, Makéda, jamais par le glaive mais par l'amour ! Dieu a bien fait tout ce qu'il a fait. Il t'a mise vierge sur ma route, moi, l'homme incarné par lui, son serviteur, gardien de l'Arche et du Sceau. Il a fait pousser en mon cœur l'amour pour toi comme la fleur la plus belle, la plus colorée, la plus parfumée, la plus rare. Tout s'enchaîne dans la volonté divine et tu dois apercevoir sans doute la mystérieuse ordonnance et l'harmonie de ses volontés... Tu ne réponds pas, Makéda ? Sais-tu que je te demande d'être mon épouse et de me donner un bel enfant qui sera le roi de nos Empires soudés par l'amour et le sang ?

– Je savais tout ce que tu allais dire, ô Salomon, car j'avais depuis longtemps deviné ta passion. Tes yeux sont comme un livre, tes paroles sont transparentes comme le verre d'Égypte, ton cœur est parfumé comme le santal. Tout, autour de moi, m'avait annoncé ce que tu allais me dire. Cependant je ne puis te répondre ce soir.

– N'es-tu pas, ô Perle, maîtresse de ta destinée et des millions d'hommes qui se courbent sous ta volonté ?

– Certes, Salomon, ma décision ne dépend que de ma volonté. Pourtant, dès ce matin, j'ai averti ma capitale de la sentence du Conseil par un message de signaux. J'attends la réaction de mes peuples. Accorde quelques nuits à ma réflexion. Pressentant les bouleversements qu'apportera dans ma vie l'abandon de mon serment, mes conseillers et mon armée sont agités d'angoisse. Ils voient déjà mes lois abrogées, les hommes rendus à leurs privilèges infâmes, les femmes de Symiène et de Saba retombant en même temps que leur reine dans la servitude de l'homme et de l'amour.

– Je te demanderai donc ta réponse dans trois jours, Perle Pure. Mais combien fausse est ta conception de l'amour à cause de cette longue virginité qui déforma tes sentiments pour l'homme !

Makéda s'obstinait encore sur les ruines de dix-huit années passées à défendre la rigueur de son dogme.

– Je te l'ai dit, j'abhorre la servitude, ô roi. Ne serais-je point ta servante, l'instrument de ton plaisir égoïste en étant ton épouse ?

– Quelle douleur tu apportes en moi, ô Perle... Tu déformes la noble pensée humaine de Jéhovah : il a voulu que les humains se reproduisent entre eux pour assurer l'immortalité de la terre. Il nous a fait le don précieux de l'amour pour provoquer la conjonction des sexes et l'embellir comme il a coloré les fleurs. Le mariage est donc une institution de Dieu, non point une invention des hommes !

– Si tu dis vrai, Jéhovah n'a donné qu'une femme à Adam. Alors pourquoi en as-tu plusieurs ?

– Oh ! fit Salomon en mirant à la lueur d'un lampadaire sa barbe dorée dans une des plaques d'or qui pendait à sa ceinture. Je vois que cette pensée s'obstine en toi... Pourtant hier, au Conseil, Nathan t'a donné des explications fort sages du droit de l'homme à épouser plusieurs femmes dont une principale choisit les secondaires. J'ajouterai aux paroles de ce sage que Dieu a créé les femmes innombrables comme les fleurs. Cela paraît être un phénomène de la nature mais il n'en est rien. Il n'y a que les desseins de Dieu. La plus petite poussière qui se déplace est ordonnée par l'invisible. Tout se coordonne, se combine et se juxtapose dans l'existence, sur la terre et dans le ciel. Je n'apprends rien, Makéda, à ta science avérée en la puissance innombrable de notre Dieu. Or, en créant plus de femmes que d'hommes, Dieu a voulu que chaque homme eût à lui plusieurs femmes.

– Tu en as eu beaucoup ?

– Vois ce rosier charmant, Makéda. Il me ravit. Il s'orne d'une centaine de fleurs qui flattent mon odorat et ma vue extasiée. Comme ce rosier embellit la nature, les femmes que j'ai choisies embellissaient ma vie avant que je ne te rencontre.

– Tu irais donc de fleur en fleur en exigeant de moi la plus fanatique des fidélités ?

– Vois encore cette rose, répondit le Potentat. Elle ne peut pas pousser ailleurs que sur ce rosier : pareillement mon épouse ne peut aimer dans les bras d'un autre homme que moi.

Makéda eut un geste de révolte.

– L'enfant de mon sang, reprit vivement Salomon, ne se formera pas non plus dans mon ventre, Makéda, mais dans le tien. Si l'enfant n'était pas de moi mais d'un autre, Dieu créerait un châtiment qui te pourchasserait toute ta vie et te brûlerait chaque fois que je baiserais au front le fils qui ne serait pas de ma chair. Voilà pourquoi la femme doit être fidèle.

– La supériorité de l'homme s'affirme donc voulue par Dieu. Quelle cruelle injustice !

– Tu ne vois donc pas, Makéda, que cette prétendue supériorité n'est que la récompense promise par Jéhovah aux mâles qui souffrent, peinent et se tuent pour subvenir aux besoins de la famille ! Quelle supériorité à côté de celle-là, illusoire, est celle de la femme pourvue de grâce, de charme et de séduction ! La voilà, la dominatrice !

– Tu as réponse à tout, fit Makéda épuisée et vaincue.

Ils se turent. Le roi sage attendrait sa réponse, puisqu'elle le voulait. Mais il craignait que le délai réclamé ne fût qu'un prétexte pour l'évincer, car il connaissait par Haïsar l'histoire de ce guerrier assyrien, appelé Assadaron, qui avait conquis à coups d'audace et de magie, dans le cœur de la reine de Saba, une place qu'il occupait peut-être encore.

La nuit était tout à fait tombée et la ville avait éteint ses lumières. La musique ne jouait plus. Makéda voulut regagner son palais. Elle remonta dans son char et Salomon la vit s'éloigner, ombre blanche comme un nuage impondérable.

La Toute Pure Perle glissait entre ses doigts, lui échappait comme une brume. Il regagna le pavillon des harmonies célestes où il transposait, dans ses heures passionnées, les élans et les tristesses de son cœur en chants éperdus sur le papyrus discret.

Quant à Makéda, elle se réfugia dans sa chambre de prières après s'être dépouillée de ses habits et de ses bijoux et se couvrit d'une robe noire. Elle se souvint des instructions du mage Belocha pour faire parler son corps astral. Elle fixa une lueur pourpre dans la nuit, s'agenouilla, se recueillit longuement et frappa cinquante fois de son front le marbre du sol. Son cerveau devenait plus lucide sous l'afflux du sang sans cesse projeté dans sa tête.

Elle se coucha sur le dos. Son cœur soulagé battait doucement. Concentrée en elle-même, elle vit ses pensées s'ordonner devant ses yeux en un saisissant relief. Elle revit toute sa vie, depuis son enfance jusqu'à ce jour où une décision définitive la sollicitait, implorant Jéhovah de l'inspirer.

LE GRAND ROI BAIGNÉ D'IDÉAL

La virginité de Makéda est un don de Dieu
au peuple de Judée. Loué soit-il ! Hosanna !

ENTRE LA CAPITALE ET LE CAMP FORTIFIÉ DE MAKÉDA, les messages s'échangeaient quotidiennement. Non seulement la reine du matin se préoccupait de son gouvernement, mais elle craignait que loin d'elle ses peuples lui échappent. Il est vrai que souvent, dans les pays voisins du sien, des soulèvements grondaient puis déferlaient de ville en ville comme une vague sanglante. Aussi attendait-elle avec une inquiétude injustifiée les rapports détaillés que ses gouverneurs devaient lui faire sur la santé morale de ses provinces.

– Jamais, tentait de la rassurer Merari, vos peuples n'ont été plus paisibles ni plus heureux. Votre éblouissante Majesté lançant ordre sur ordre à Saba, tous se rendent compte que votre voyage à Jérusalem ne crée aucune interruption favorable à une révolte.

– C'est juste, Merari. Jamais je n'ai été si active, ni si forte au travail. Je suis à Jérusalem et, pourtant, tout se passe comme si je n'avais pas quitté mon palais. J'organise les provinces conquises et les ensemence. J'exploite de nouvelles mines et construis des bateaux. Je perce des canaux et creuse des bassins. Je bâtis des villes et fonde des écoles. Je redresse les défaillances du dogme. J'anime tout mon Empire et Jacoub exécute. Mais mon serment, Merari, penses-tu à mon serment dont je suis délivrée ?

– La reine est maîtresse de sa vie et de nos existences !

– La reine veut que le peuple du royaume comprenne qu'elle n'a pas failli à sa promesse. Le comprendra-t-il ? La peur de mes sujets a été entretenue par les rabbins comme un feu sans cesse alimenté ; ma virginité les sauvegardait du ressentiment de Dieu. Ne vont-ils pas craindre que la fureur de Jéhovah ne s'appesantisse sur eux aussitôt qu'ils sauront que la reine se choisit un époux ? N'envahiront-ils pas les temples, encouragés par une épouvantable colère, pour réclamer le pardon divin et appeler un nouveau règne sur Symiène et Saba ?

– Les craintes de la Perle sont vaines, répliqua Merari. Au contraire, le peuple verra dans ce mariage une délivrance et une bénédiction de Jéhovah, puisque c'est ici même que s'enseigne la parole divine dont le roi Salomon est le théoricien…

*
*   *

Les jours succédaient aux jours et Salomon s'impatientait. Il demanda sa réponse à la reine du matin.

– J'ai informé mes peuples de la décision du Conseil sacré, lui expliqua Makéda. J'attends de connaître ce qu'ils pensent d'un mariage de leur reine. Je voudrais, Salomon, que tu comprennes bien mes scrupules. Cette virginité qui est la mienne, mes sujets croient qu'elle est ma protection. Puis-je la lui reprendre sans commettre un délit moral ? Or jamais la reine n'a commis de délit. Son règne est pur comme elle et sans reproche.

– Tu es une souveraine juste et droite comme une dague. Je comprends que la crainte d'être incomprise t'incite à reculer la réponse de ton cœur.

– Tu as exactement compris, roi sage. Tu connais mon cœur et le sentiment qui l'empêche de te dire « je serai ton épouse ».

– Je ne puis que baiser avec dévotion la boucle de ta ceinture, répondit Salomon. Tu es digne d'être la reine des Israélites des deux Empires.

– Lorsque j'accepterai d'être ton épouse, continua Makéda, je refuserai la couronne de Judée dont tu ne dois partager le rayonnement avec personne. Quant à moi, je demeurerai reine de Saba et continuerai à régner seule sur mes peuples.

– Mon amour ne se complique point de soucis de grandeur, de fortune ou de gloire. Te savoir mon épouse et t'aimer, là est mon ambition. Le serviteur de l'Arche, gardien du Sceau, ne peut connaître d'autre résidence que celle où le devoir le tient : au pied du Temple. Nous régnerons donc chacun sur notre capitale, et nous nous rejoindrons lorsque notre cœur nous guidera l'un vers l'autre.

Le consentement de la reine de Saba, les déclarations de la souveraine, leurs communes décisions, Salomon en informa quelques jours après le Conseil réuni pour discuter des réformes d'État. Le roi doré, dans son idéalisme, avait accordé la liberté de parole et de pensée à ceux des savants éminents qu'il avait désignés pour siéger dans l'assemblée. Aussi ne fut-il point surpris de s'entendre demander, certes avec protocole et déférence, confirmation de ses projets de mariage :

– Le rabbinat se réjouirait que des liens indéfectibles unissent les Israélites délivrés par Moïse avec ceux que Jéhovah a miraculeusement sauvés de la fureur des Égyptiens.

– Je ne puis hélas donner à mes fidèles sujets la précision qu'ils sollicitent, dit Salomon après avoir exposé les nobles scrupules de la Perle Pure. Nous devons cependant remercier le Très-Haut d'avoir mis sur la route de son prophète la vierge israélite qui règne à Saba. L'évolution des peuples d'Israël, depuis cinquante ans, préparait cette conclusion divine. Le règne de David mon père a coïncidé avec celui d'Anguebo, et la virginité de Makéda est un don de Dieu au peuple de Judée. Loué soit-il ! Hosanna !

Debout les bras au ciel, l'assemblée reprit la louange, puis le grand rabbin s'inquiéta de savoir si, en cas de mariage, Salomon avait l'intention de quitter Jérusalem.

Alors le Pacifique exposa que la reine de Saba et lui-même étaient d'accord pour demeurer le plus souvent possible dans leurs capitales respectives. Selon lui, aucune réforme du gouvernement ne serait donc nécessaire. Seul le dogme serait unifié dans l'immense empire spirituel.

L'idéalisme de Salomon avait toujours été un sujet d'étonnement pour ses plus intimes conseillers. Ni marchand, ni soldat, le roi doré régnait sur son peuple un luth à la main, pour broder des sons mélodieux sur ses discours de poète. Souvent ce détachement et cette sérénité se trouvaient sévèrement jugés par les Israélites pétris de matérialisme. Le commerce souffrait de l'insouciance royale et les souverains voisins n'avaient cure d'un monarque qui exécrait la guerre. Aussi les conseillers attendaient-ils de l'union espérée qu'elle leur ouvre des débouchés commerciaux et des perspectives hégémoniques.

Ainsi, le chef des armées formait déjà un projet d'alliance militaire avec l'immense puissance guerrière de la reine de Saba ; le chef de la flotte discourait doctement sur la réorganisation navale des Judéens grâce à la science maritime des capitaines de Makéda ; le grand trésorier n'était pas en reste, qui envisageait un traité permettant aux Israélites d'aller exploiter les fabuleuses richesses axoumites et sabéennes.

– Assez de projets, conseillers ! s'exclama Salomon. Je marie la femme et non point la reine ! N'attendez point de votre roi qu'il traite son mariage comme un pacte commercial ! Ne le connaissez-vous point, ô rabbins et officiers ? Ne savez-vous pas qu'il hait la guerre et l'or, la convoitise et les ambitions des marchands ? Le Temple seul est son œuvre, une œuvre plus grande que toutes ! Son union à venir ne changera rien. Elle apportera seulement plus de paix, de bonheur et de beauté au peuple !

En tremblant, Nathan osa pourtant une dernière question :

– Mais qu'adviendra-t-il s'il y a un enfant ?

– L'enfant de Salomon, déclara fermement le souverain, sera roi de Saba. Si d'autres fils me naissent, je désignerai parmi mes héritiers celui qui sera digne de régner après moi. Dieu est grand et il ne convient pas de devancer son œuvre. Il lui appartient de décider si un enfant issu de nos chairs prophétiques doit souder nos empires !

Le roi avait dit, et nul n'y pouvait objecter. Alors les conseillers se retirèrent, laissant Salomon sourire à la vision magique de Makéda.

LES DANSES LASCIVES

Chacun de tes mots contient un monde de vérités.
Ton peuple et le monde entier le reconnaissent.
J'accepte, ô mon roi, que tu fixes
le jour de ce mariage tant désiré.

On frappa au portique du pavillon des sons célestes. Nathan, seul admis dans cette retraite où Salomon composait ses psaumes, fut annoncé au roi. Le maître songeait, penché sur la table de marbre. Le calame biseauté trempait dans l'encre dorée, les papyrus étaient épars autour de lui.

– Pardonnez à l'audace du plus soumis de vos amis, ô roi, mais mon inquiétude grandit à chaque instant qui s'écoule. Je vois mon souverain bien-aimé en proie à de sombres pensées. Puis-je l'aider à chasser sa tristesse ?

– Tu es bon, Nathan, mais ma tristesse se prolongera tant que la reine n'aura point fixé le jour de notre mariage.

– Je connais la prudence et la réserve de la très illustre Perle, mais je crois que le moyen qui doit la faire triompher de ses dernières hésitations existe.

– Pourtant le roi sage et habité par Dieu a le cerveau vide et les idées absentes.

– Celle Qui Dominera ne vous résiste plus que bridée par de subtils scrupules : vous devez donc imaginer la ruse ondoyante qui vaincra la reine en raison de ses vertus.

– Difficile, impossible même !

– Facile et possible, ô mon roi ! Écoutez-moi : mes nuits se sont passées à rêver, combiner, échafauder, détruire, tendre des pièges et imaginer des rets imparables.

– Et qu'as-tu trouvé, Nathan ?

– Il faut obliger la reine à devenir une voleuse, ô lumière !

– Voler, personne ne l'y déterminera jamais !

– Erreur ! J'imagine qu'au cours d'un festin luxueux, vous vous appliquiez à servir à la reine les mets et les vins les plus épicés et les plus âcres, incendiant le palais délicat de la Perle et provoquant chez elle une soif inextinguible. Indifférent à cela, vous aurez soin de lui annoncer que l'eau de la fontaine du palais est sacrée, car elle est le bien du peuple.

– Je commence à voir les lumières de ta ruse, interrompit Salomon, souriant.

– Et vous devinez que la reine oublieuse boira. Donc, elle aura volé le peuple de Judée.

– Alors je la ferai juger par un tribunal impitoyable…

– Puis vous la gracierez, en échange d'une autre grâce.

– Qu'elle m'épouse sur l'heure ?

– Non, ô roi ! La ruse culbuterait trop vite. Il faut encore nuancer. Impressionnons la reine en lui montrant que son peuple a commis un délit de droit commun d'après les lois. En aliénant la liberté de la fille d'Anguebo, privée d'aimer, de jouir et de procréer, le peuple de Symiène a violé la liberté de l'individu. Délit punissable.

– C'est exact ! fit le roi.

– Mais que la Perle soit grande, généreuse, magnanime ! Là est la ruse : qu'elle pardonne à son peuple avant d'attendre que ses sujets osent se permettre d'apprécier ses résolutions.

– Donc elle gracie son peuple ?

– Et vous la gracierez en échange, ô roi !

– Nathan, tu es brillant comme un rayon de soleil, proclama le roi, et pour cela je veux te récompenser. Que me demandes-tu ?

– Que vous soyez heureux tous les deux, ô maître des éléments.

– Te voici pour cinq ans bénéficiaire des taxes de l'une de mes provinces.

– Votre lumière est douce et généreuse, ô roi !

Puis les deux hommes causèrent longtemps pour combiner et emboîter leur piège.

– Tu préviendras Ben Eliazar, décida Salomon. J'ordonne que la cérémonie du mariage soit immédiatement organisée. Le roi ne veut plus attendre. Avertis aussi le grand juge. Mais surtout, préviens la Perle que le roi partagera avec elle son repas du soir. Combien il me déplairait, Nathan, de retarder pareilles merveilles !

*

* *

Le roi de Judée s'en fut donc, le soir même, manger et boire chez Makéda.

Comme presque quotidiennement, ils prenaient leur repas en commun. Pour créer des diversions à l'humeur chagrine de Salomon, la reine avait appelé des danseurs. Elle ne s'aperçut point que le souverain la grisait des vins les plus secs et les plus parfumés, remplissant sans cesse son gobelet d'or. Elle ne remarqua pas plus combien Salomon insistait pour qu'elle mange des petits poissons salés de Phénicie, lesquels font flamber la bouche d'une soif ardente.

Aussi demanda-t-elle bientôt de l'eau limpide. Le roi doré détourna le gobelet de ses lèvres en lui expliquant la défense de s'approprier l'eau du palais, consacrée au peuple de Judée. Makéda, un instant interdite, reposa le gobelet d'eau et accepta du vin.

Le souper s'acheva dans la gaieté. La joie du souverain était naturelle. Le plaisir de la reine était emprunté et factice, car la griserie des vins montait à son cerveau. Ne songeant plus qu'au bonheur de l'heure qu'elle saisissait ardemment, elle réclama les danseurs.

– Je vais, ô roi, te montrer une danse magnifiant l'amour et que j'avais, naguère, interdite dans mon royaume.

Un couple d'Égyptiens parut. L'homme était jeune et musclé, la femme délicate et d'attitudes voluptueuses. Beaux comme des dieux, ils mimèrent, à la mode de leur pays, toutes les phases de la vie de la femme.

C'était d'abord la joie puérile de la fillette qui reçoit une jolie poupée. Sa curiosité s'éveille. Les prémices adorables de l'amour maternel s'accusent chez l'enfant dès ce premier simulacre.

Puis les danseurs jouèrent une rencontre fortuite entre deux jeunes gens. Ils se regardent longuement. Ils se plaisent. Ils sont paralysés de timidité. La volupté les attire. L'amoureux exprime son admiration et la fille permet une caresse. L'amoureux a vaincu les faiblesses de la vierge qui danse avec lui. Mais la danse cesse vite d'être conventionnelle. Les sens des jeunes gens s'enflamment et la femme s'abat dans l'étreinte de son vainqueur. La danse reprend, mais plus lente, d'un rythme grave et alangui. L'homme mime son désir, exprime habilement sa passion à laquelle elle ne résiste plus, offerte, les bras en croix.

Les cadences musicales, maintenant, se désordonnent. Les rythmes se précipitent, s'arrêtent, se croisent, s'enchevêtrent. Obéissant à la musique, le danseur qui a tourné sur lui-même en portant son amante extatique sur ses bras étendus l'a soudain déposée sur une épaisse fourrure. Il a ouvert le peplos léger qui la couvre d'un impalpable nuage rose. De sa bouche, il accompagne le rythme de la mélodie, baisant tantôt vite, tantôt lentement le corps onduleux, agité de frissons, de la fille pâmée. Enfin, éprouvant par ces mignardises que sa partenaire n'arrive plus à contenir son désir, sautant harmonieusement autour d'elle il se dénude à son tour. D'un geste vif et large il se déshabille, magnifique comme une statue de bronze. Elle écarte les paupières et le suit d'un regard lumineux comme un rayon de lune. Enfin il se rend à l'imploration muette, se couche sur elle, obéissant toujours en chacune de ses attitudes à la cadence de la musique. Celle-ci est douce et langoureuse. On dirait soupirs de femme qui a ouvert les bras. Abîmé sur sa proie, emporté par le vertige exquis, le danseur va posséder sa danseuse.

Mais alors Makéda s'empara de ses voiles et en couvrit les amants, tout en arrêtant d'un geste la musique.

Salomon n'osa protester. Les danseurs s'étaient déjà volatilisés devant le courroux royal.

Entrèrent quatre esclaves noirs, porteurs d'une statue dorée représentant une fille minuscule, accroupie sur un énorme plateau dans une attitude hiératique. Ils déposèrent ce plateau sur un socle bas et s'éloignèrent.

– Vois cette statue d'or massif, fit Makéda à l'adresse du roi. Je veux pour toi l'animer d'une vie frénétique.

– J'assisterai avec joie à une démonstration nouvelle de ta puissance occulte, ô ma belle magicienne…

Or voici Makéda qui tourne autour de cette statue et paraît l'envelopper de paroles cabalistiques.

Et l'or s'anime. La petite statue vit aux regards émerveillés du roi. La forme humaine se précise dans la sveltesse d'une danseuse qui, soudain, exécute la plus rectiligne des danses au son de la harpe de cèdre dont la Perle tire une musique grave et lente.

Mais bientôt la musique expira sous ses doigts et la danseuse regagna le plateau où elle s'immobilisa.

– Je t'apprendrai le secret de cette magie, dit en riant la reine. Et je t'offrirai la petite statue d'or.

– Je la ferai souvent danser, répondit Salomon en s'approchant du socle pour admirer la sculpture.

– Mais n'y touche pas, ô roi !

Il était trop tard. Salomon déjà effleurait de ses doigts le visage immobile de la statuette. Il sentit le frémissement de la vie sous la rigidité merveilleuse de la peau dorée. Makéda rit franchement de l'effroi qui s'était un instant emparé de ses traits. Son rire sonna comme des clochettes et le souverain s'en montra furieux.

– Que vienne maintenant la danseuse Aïka ! commanda Makéda.

– Que vas-tu encore me faire voir ?

– L'une de mes danseuses les plus inspirées. Elle vit dans le délire des sens.

Aïka était une étrange fille au visage mince, incendiée de passion, les yeux énormes, les lèvres charnues comme des grenades saignantes. Elle avait un costume blanc à culotte bouffante, une blouse ouverte sur ses seins admirables et un ventre énorme, presque monstrueux, où le nombril maquillé créait un œil magnifique.

Elle dansa les pieds rivés au sol. Ses bras et son ventre seuls se mouvaient. Puis les serpents agiles des bras s'immobilisèrent à leur tour. Le ventre uniquement répondait au rythme de la musique scandée par les tambourins, sur un mode plaintif qui se précipitait. La danseuse agitait toujours son ventre. Elle paraissait en proie à une satisfaction étrange quand elle fixa le plafond, les lèvres tremblantes et les membres agités de frissons. La musique jouait de plus en plus fort. Le ventre tournait en cercle dans un mouvement toujours identique. Tout à coup, sur un cri rauque de la danseuse, la cadence se précipita. Le ventre blond se tordit, grimaça et soudain, dans un grand râle, la ballerine s'abattit.

Makéda eut des pudeurs à exposer à Salomon que la danse du ventre est la danse de l'amour : son apothéose figure l'orgasme sans lequel il n'y a que contorsions de comédiens sur les marchés publics.

– Tu me montres aujourd'hui des splendeurs inconnues, ô Perle ! apprécia Salomon, mais ne crains-tu pas que ces spectacles attisent le désir que j'ai de toi ?

La reine sourit finement.

– J'aime que tu me désires, ô mon roi, mais si tu veux j'interromprai les danses.

– Et toi, Makéda, quand danseras-tu pour moi ?

– Je danse dans le silence et l'isolement de mes jardins, et jamais je n'ai dansé pour un homme.

– Pourtant j'insiste, divine beauté. Quelle joie ce serait de te voir créer à ton tour, pour Salomon, de nouvelles extases mouvantes... Récompense la patience infinie avec laquelle j'attends ta réponse, cruelle reine, en m'accordant cette grâce exceptionnelle !

– Je vais danser pour toi et pour te remercier de ta bonté patiente, ô Salomon, car ta demande est logique et tu viens de me prendre par ma volonté d'être juste.

Dans l'instant Makéda, bondissant comme une biche vers les tentures des portes, les écarta vivement, se débarrassa de ses lourdes robes de parade et revint, un moment plus tard, vêtue d'une robe égyptienne à plis rigides, le buste couvert d'une résille de bijoux et coiffée d'une tête de paon aigrettée de pourpre. Elle siffla. Un danseur introduisit les paons dressés. Ces oiseaux étaient magiquement soumis au charme de la flûte. Ils l'écoutaient en allongeant le cou, frémissants, et sous l'influence de l'instrument mélodieux ils se déployèrent en éventails magnifiques, se dandinant, dansant réellement sur la cadence musicale, tournant sans cesse autour de la danseuse dont la fantaisie les entraînait dans ses arabesques.

Prestigieux spectacle de cette femme, d'une beauté rare, évoluant avec préciosité parmi le quadrille fastueux des oiseaux captivés !

S'élançant vers Makéda, la danse finie, Salomon ne pouvait assez l'accabler de compliments et de baisers semés sur les parties de son buste que plaques et bijoux ne recouvraient point. Il détacha une bague sur le chaton de laquelle était gravée l'étoile salomonique. Il la passa au doigt de la reine qui ne résistait guère plus aux caresses qu'aux cadeaux.

– Je veux à présent danser avec toi la danse des gobelets ! s'écria le poète transporté.

Et ils dansèrent la danse des gobelets.

D'abord la reine sauta autour de deux gobelets pleins de vin déposés au bord d'un grand tapis pourpre.

Le buste de la danseuse agenouillée sur le tapis se mouvait en cadence, avec une flexibilité de roseau mollement agité par la brise. Il paraissait, tant était prononcée sa souplesse, que le tronc détaché des hanches pivotait dans une fluidique harmonie. Makéda se renversa jusqu'à toucher le sol de sa nuque, s'appliqua à saisir de ses dents le premier gobelet de vin et, le mordant au bord, elle se redressa avec tant d'adresse qu'aucune goutte ne se répandit.

Salomon était extasié.

Le décor de la grande salle des repas, de marbre et de jaspe, encadrait fastueusement ce spectacle. On eût dit une fleur monstrueuse, éclose de la féerie multicolore des tapis d'Orient. Le roi doré frémissait à la cadence, l'accompagnait en la rythmant des gestes de ses bras, de ses jambes, de son corps tout entier. Alors le Potentat ne contint plus le contagieux délire : il dansa, virevolta autour de la reine avec souplesse et majesté. Elle admirait sa légèreté, soigneusement entretenue par les massages et les exercices de plein air. Toujours dansant, Salomon mimait la deuxième figure de la danse des gobelets. S'agenouillant en face de sa danseuse, il reproduisait exactement ses mouvements, lui saisissant des mains et buvant le gobelet qu'elle lui présentait.

Lorsque la danse fut finie, Salomon et Makéda étaient toujours agenouillés face à face. Enfantine, un peu ivre, Makéda retint le roi devant elle, s'efforçant de lui faire perdre son équilibre et de le renverser.

Malicieux, piqué au jeu charmant, le roi résista jusqu'au moment où, étreignant la reine dans l'étau de ses bras, ils tombèrent enlacés. Riant de plaisir, la Perle se dégagea et s'échappa. Elle avait retrouvé dans ces ébats toute la joie naïve de sa jeunesse et ne s'en lassait plus.

Longtemps encore, ayant renvoyé les domestiques,

même les plus intimes, ils jouèrent ainsi comme des enfants dans un jardin.

Lorsque le roi quitta Makéda, heureuse et lasse, celle-ci lui demanda s'il lui ferait visite le lendemain. Salomon, finement, eut une réponse sibylline.

– Nous nous reverrons bientôt, mon Étoile d'Or. Notre rencontre est proche. Elle te surprendra sans aucun doute.

La souveraine était trop lasse pour chercher le sens de ces paroles. Enfin seule, elle se mit nue et, se précipitant dans le bassin de marbre qu'elle avait fait creuser au centre de sa salle ordinaire, elle offrit son corps brûlant aux frais baisers de l'eau puis elle se fit masser et oindre de parfums par ses naines avant de passer dans la chambre de repos.

Alors elle se glissa sous le *chach-bet*. Comme la plupart des Symiénoises, elle avait accoutumé de dormir sous cette sorte de tente cylindrique faite de soie tendue où elle pouvait s'étendre avec son seul collier d'amulettes sacrées au cou. Elle goûtait ainsi pleinement la douceur de la nuit. Son beau corps, délivré de la prison des vêtements et des couvertures, respirait aisément et sans contrainte. Son cœur battait avec régularité et sans fatigue. Makéda prétendait que cet ingénieux système prolongeait sa resplendissante jeunesse.

Elle tâcha de dormir, mais son énervement était invincible et son jeune sang bouillonnait dans ses artères. Ses ardeurs se résumaient étrangement à l'endroit sacré de son corps frémissant où ses mains, instinctivement, se portaient. Honteuse, la Toute Pure se retournait sur le drap de soie pourpre. Elle voulait chasser de sa pensée les images licencieuses qui s'y pressaient en foule. Derrière son front s'agitait la sarabande érotique des danseurs dont elle avait offert à Salomon la vision troublante. Elle revoyait les mimes harmonieux s'enlacer comme des plantes. Elle revoyait Salomon penché. Son souffle peignait sur elle des volutes de plaisirs et la soif contribuait à sa fièvre.

Jamais elle n'avait été aussi altérée. Son palais brûlait et sa gorge était de flammes. Elle se souvint des vins nombreux qu'elle avait bus et des poissons de Phénicie qu'elle avait mangés. Elle cria.

– À boire ! Un grand gobelet d'eau la plus fraîche, vite !

Car elle avait oublié, dans l'exaltation où l'avaient transportée les vins secs, la recommandation plusieurs fois répétée de Salomon.

Les naines bondirent de leur couche au pied du lit de leur maîtresse, lui offrant un gobelet d'argent empli d'une eau fraîche et douce au gosier asséché. Elle y porta les lèvres. Mais elle n'avait point bu qu'un grand bruit se fit à la porte de sa chambre qui donnait sur le jardin. Cette porte s'écarta violemment et, solennel, apparut le grand juge de noir vêtu, encadré de scribes porteurs de torches. Makéda poussa un cri d'oiseau effrayé, saisit son peplos et s'en enveloppa, prête à invectiver les audacieux.

– Ô reine ! dit le juge. Nous venons constater de notre autorité, et de notre droit, que vous avez commis un délit en buvant cette eau.

Il montrait le gobelet encore plein de liquide.

– Or le roi prétend vous avoir prévenue que cette fontaine avait été consacrée au peuple et que quiconque en prélèverait une goutte se rendrait coupable de vol.

– C'est exact, dit Makéda, je m'en souviens maintenant.

– Je devrai donc vous punir, ô reine, au prochain tribunal présidé par le roi Salomon. Votre cas dépendant de notre illustre juge, lui seul pourra prononcer votre peine ou vous absoudre.

À ces mots, Salomon était déjà dans la chambre. Il avait conservé son sourire malicieux. Il renvoya d'un geste les assistants et, priant le grand juge de demeurer à son côté, s'adressa en ces termes à Makéda :

– Ô Perle ! Le délit est incontestable d'après nos lois. Mais j'ai le pouvoir de te gracier et je le ferai. À une condition toutefois. Nous avons estimé que ton peuple est coupable d'avoir aliéné ta liberté individuelle, comme tu l'es en volant l'eau de cette fontaine. Le premier cas est un attentat à la liberté de l'individu et passible de peine par tes lois comme par les nôtres. Tu gracieras pourtant ton peuple, dans ta magnanimité, sans attendre qu'il se prononce sur ton mariage. Moi, je ne te gracierai qu'en échange du pardon que tu communiqueras à ton régent Jacoub, avec l'heureuse nouvelle de ton union.

Makéda, ayant rassemblé ses esprits, avait compris la ruse de Salomon.

Elle étendit les mains vers lui.

– Que puis-je te refuser ? Ta parole est sage. Par définition, chacun de tes mots contient un monde de vérités. Ton peuple et le monde entier le reconnaissent. J'accepte, ô mon roi, que tu fixes le jour de ce mariage tant désiré.

– Notre mariage sera célébré demain à la première heure, ô reine magnifique ! Car depuis très longtemps cette cérémonie est prévue et les détails en sont déjà ordonnés.

Alors le roi doré s'en fut après baisers, génuflexions et tendres yeux. Mais la reine ne put dormir davantage cette nuit-là.

Jakoub Adol Mar

LE MARIAGE DE LA REINE DE SABA ET DU ROI SALOMON

Ô Jéhovah, Dieu unique et miraculeux, tu as dit :
« Allez, croissez et multipliez ! »

À LA DOUZIÈME HEURE DU JOUR, LE GRAND RABBIN Ben Eliazar, vêtu de soie violette et la poitrine ornée du « rationnel éblouissant », leva ses mains apostoliques sur Makéda et Salomon, qui fièrement, tête dressée, déclarèrent :

– Nous, Makéda, fille d'Anguebo le prophète, reine des rois, reine de Symiène et de Saba, reine des mers et du matin, lionne de la tribu de Juda, dictatrice des éléments, et Salomon, fils de David le prophète, roi de Judée, serviteur de l'Arche et gardien du Sceau, roi des quatre vents et des quatre horizons, nous voulons nous unir par le mariage. Ô grand rabbin, consacrez cette union au nom de Jéhovah !

Alors le grand rabbin officia selon les rites.

La cérémonie se déroulait au Temple, dans le lieu sacré appelé Saint des Saints. Au fond se trouvait le Hékal et, derrière un triple mur de tentures, s'érigeait l'Arche sainte de Sion dans l'âcreté des fumées opaques.

Quatre rabbins écartèrent ces tentures. Les fumées s'épandirent sur l'assistance, si épaisses qu'on ne distinguait plus que les lumières clignotantes trouant ce brouillard d'azur et de parfums.

Le grand rabbin se prosterna à plusieurs reprises devant l'Arche sainte avant d'entrouvrir le coffre d'or où se trouvait celé, à tous regards et attouchements profanes, le Livre sacré.

Ce long papyrus enroulé à chaque extrémité sur un montant cylindrique de bois de cèdre, deux prêtres s'en saisirent chacun par un bâton. Ils le déroulèrent ensemble avec un respect terrifié. Ben Eliazar feignit de chercher longuement les prescriptions divines consacrant le mariage tandis que le roi conduisait la reine sous la *chuppi*, baldaquin flottant sur quatre montants d'ébène. Lorsqu'ils furent installés, le grand rabbin lut le texte des lois sanctionnant le mariage, psalmodiant à voix haute afin que les époux n'en ignorent point. Après quoi il appela la fiancée par son nom, négligeant ses titres car les hommes sont égaux devant la cérémonie nuptiale, et l'interrogea :

– Makéda, fille d'Anguebo, consens-tu à t'unir à Salomon, fils de David ?

– Oui, tel est mon désir. Je le déclare devant l'Arche de Sion par où fulgure Dieu tout-puissant qui m'entend.

Alors Nathan, le premier sacrificateur, tendit un simple anneau d'or béni que le roi passa au doigt de la reine en disant :

– Makéda, par cet anneau, je te sacre mon épouse.

Le grand rabbin éleva aussi un bocal d'or empli de vin que les fiancés burent successivement tandis que Ben Eliazar bénissait leur union :

– Vous partagerez ainsi votre bien.

Makéda crut défaillir d'allégresse. Elle contempla son époux que la robe dorée faisait prestigieux. Il portait sur cette robe la tunique bleue et la cape cramoisie symboliques. Son front ne se courba point sous la lourde couronne aux feux innombrables. Étreignant le sceptre que surmonte l'Étoile, il guida la reine parmi la foule prosternée jusqu'aux trônes de pourpre placés côte à côte. Les « hosanna » fusèrent des lèvres admirables, les mains se levèrent au ciel puis les têtes se penchèrent. Les rabbins et les dignitaires vinrent se ployer devant les trônes jumelés, balbutiant des félicitations avant de s'éloigner à reculons.

Dans le même temps que le roi Salomon et la reine de Saba recevaient les hommages de leur cour, la fête s'épanouit dans Jérusalem toute bruissante de l'événement.

Dans la cour des sacrifices, les esclaves avaient parqué par centaines les animaux propitiatoires, boucs, béliers, moutons, veaux et bœufs, pour les holocaustes des jours à venir. Dans les rues, les soldats en tenue de parade formaient des haies vivantes. Partout les maisons s'ornaient de fleurs, de tapis et de tentures. Les musiciens jouaient avec ivresse. Aux abords du Temple, la cavalerie sabéenne hurlait sa joie et les éléphants barrissaient de frayeur. Les chameaux, à grandes galopades, portaient des messages du camp au palais de la reine. Dans ce délire, les mariés et le cortège qui les accompagnaient contournèrent l'enceinte sacrée pour envahir la galerie circulaire où les échoppes des marchands avaient été recouvertes de tapis précieux. La garde salomonique leur frayait à grand-peine un passage parmi la foule agglutinée et frémissante. Les trompettes thébaines, tout en or, déchiraient l'air enflammé de leurs stridences.

Derrière venaient un prêtre lançant les colonnes de sable rituelles, et huit jeunes rabbins non encore ordonnés en robe noire. Vingt-quatre princesses vêtues de blanc distribuaient des écus de Saba et de Judée jumelés à l'effigie du roi et de la reine. Un parfum violent s'échappait des encensoirs portés par les sacrificateurs. Conduits par Ben Eliazar habillé en violet, quatre rabbins en robe noire psalmodiaient une prière incessante et huit autres murmuraient des cantiques. Ils précédaient les grands chambellans royaux qui veillaient au bon déroulement du protocole et les soldats sabéens qui concluaient ce défilé.

Lorsque le tour du vaste quadrilatère de colonnades fut achevé, à pas lents et compassés, les époux se rendirent dans la salle du trône où, quelques semaines auparavant, Salomon avait reçu Makéda. Les hérauts les annoncèrent à la masse éclatante des dignitaires répartis selon leurs grades.

Le siège de la Perle était placé à la droite de celui du souverain, couvert des vagues cramoisies d'un brocart fleuri d'or. Le roi doré leva son sceptre étoilé et son grand chambellan s'avança vers lui. Les trompettes exigeaient le silence qui s'épaissit sur la foule attentive.

Par sept fois le chambellan frappa de son bâton la première marche du trône, puis il lut ces mots :

– Écoutez, vous tous, prêtres du grand peuple et des temples, seigneurs et officiers du royaume de Saba, de Symiène et de Judée, écoutez ! Vos souverains vous rappellent ceci : quand, sur ordre divin, Moïse sauva les Hébreux de l'esclavage, une partie du peuple hébraïque demeurée en Égypte fut condamnée à mort par le Pharaon. Mais Jéhovah une seconde fois sauva son peuple, épargnant aux nôtres la noyade dans la mer des Algues grâce au miracle du sable.

» Chassés par les hordes égyptiennes, nos ancêtres s'en furent vers Symiène, s'y installèrent, firent souche, puis tombèrent après trois siècles d'ingratitude dans l'idolâtrie. Mais Jéhovah est grand et sa pitié infinie. Son peuple entier lui est cher. Pour écarter ces Juifs de la théogonie monstrueuse où ils avaient sombré, il inonda Anguebo de sa lumière, et Anguebo fut le prophète. Il détruisit l'idole et rétablit la foi en Dieu. Alors il devint roi de Symiène, car il était imprégné de divinité.

» Mammété était sa fille. Pour qu'elle puisse lui succéder et être sacrée reine, les rabbins d'Axoum décidèrent qu'elle devait demeurer chaste. Elle prêta le serment de virginité et depuis ce jour s'appelle Makéda, ce qui signifie “ Celle Qui Est Pure ”. Elle prit pour emblème la perle immaculée. Ainsi a voulu Jéhovah, afin que Makéda apparaisse à Salomon dans la splendeur de sa virginité divine.

» Jéhovah a voulu que Makéda vienne au Temple pour le prier. Jéhovah a voulu que Makéda réunisse, par cette démonstration, les Hébreux de Symiène, de Saba et de Judée dans un même empire spirituel. Jéhovah a voulu que Makéda répudie son serment de virginité. Jéhovah a voulu l'union qu'il a fait consacrer aujourd'hui. Béni soit donc Jéhovah !

– Béni soit Jéhovah ! répéta le chœur des assistants.

– Voici ce que déclarent dans leur sagesse et leur volonté nos glorieux souverains, reprit le lecteur : il suffit que les peuples d'Israël aient un seul cœur, une même pensée. Ce mariage n'unifiera donc ni politiquement, ni administrativement les Empires. Les souverains entendent que leurs systèmes gouvernementaux respectifs demeurent ce qu'ils sont. Pour sa plus grande gloire la reine Makéda continuera de régner sur ses États et notre roi sur la Judée. Et pour que nul ne l'ignore, la présente proclamation sera lue dans toutes les villes et tous les villages des deux royaumes. Loué soit Jéhovah !

Après de grandes acclamations, les dignitaires se succédèrent par ordre d'importance pour rendre hommage aux souverains.

– Que les ancêtres vous bénissent et que Dieu vous fasse ancêtres, répétaient-ils en s'inclinant.

Ce à quoi le couple royal répondait chaque fois :

– Loué soit Jéhovah !

Le grand rabbin fut le dernier à se présenter devant le couple royal. Il étendit ses mains pontificales sur les nouveaux époux et les bénit.

– Viens, Makéda, dit alors Salomon. Rentrons au palais où tu as fait préparer la chambre nuptiale.

*

*   *

Le roi doré fut émerveillé par la couche que Makéda avait fait surélever au centre de la pièce. Ce lit cramoisi, énorme, magnifique, semblait planer sous le baldaquin large et haut comme un temple, vaste comme un dôme.

Émerveillé par la chambre même, drapée de tissus blancs tombant en cascade soyeuse depuis le centre du plafond parce que Dieu a dit que l'époux amènerait sa femme « sous sa tente ».

Émerveillé des tapis et des étoffes, des candélabres et des torchères, des vasques et des encensoirs, des divans et des tabourets de bois de rose et de santal disposés autour de tables minuscules.

Ce soir-là, le rite les occupait tout entiers. Makéda eut l'honneur de dévêtir Salomon et de lui passer la large chemise blanche, à manches courtes et complètement ouverte sur la poitrine, qu'elle avait elle-même filée et brodée. Le roi doré s'étonnait encore :

– Quand donc as-tu pu, ô magicienne, filer et tailler cette chemise ?

– Mon roi, je l'ai commencée le jour où je t'ai vu pour la première fois.

– Depuis notre première rencontre, une seule lune a argenté ton séjour à Jérusalem. Je revois pourtant comme en des brumes anciennes ton doux visage mélancolique. Mais aujourd'hui te voici, le visage brillant et heureux comme celui d'une enfant.

La reine fut à son tour dénudée par les doigts agiles du souverain. Avec lenteur, Salomon la débarrassait de ses sept robes légères et impalpables comme des toiles d'araignée.

La première était de satin bleu.

La deuxième de soie abricot.

La troisième de velours rouge.

La quatrième de soie citron.

La cinquième de gaze orange.

La sixième de satin vert tendre.

La septième de rouge amarante.

Sa dernière robe envolée, Makéda apparut au roi comme une statue d'or. Il lui passa avec grand soin la chemise nuptiale, l'emporta sur le lit comme une proie, soupirante de désir, et couvrit de baisers le beau corps.

Alors Makéda fut heureuse. Il lui semblait que toutes les étoiles du ciel pleuvaient sur la terre. Sa chasteté trop longtemps contenue s'exprima dans un délire. Le vertige d'amour triompha de la douleur brève, et de contempler le sang, Salomon poussa un cri de joie. Le sang était pour lui plus précieux que le rubis.

Comme l'exige Jéhovah, ils demeurèrent sept jours dans l'intimité de la chambre des noces. Le roi doré était expérimenté en amour. L'artiste imaginait des extases délicates et profondes qui transportèrent la reine de Saba aux jardins paradisiaques où le corps s'exalte dans l'ambroisie et les parfums. Elle comprenait qu'un voile épais avait trop longtemps obscurci son regard. Elle comprenait que la volupté est un bienfait divin. Elle résolut d'aimer, de toute son âme et de toute sa chair.

Tandis qu'elle se reposait, nue, heureuse et lasse, brisée par les caresses raffinées de son amant, Salomon dansait autour d'elle. Il saisit un luth et chanta la volupté. Il tourna sept fois puis s'écria :

– Ô Jéhovah, Dieu unique et miraculeux, tu as dit : « Allez, croissez et multipliez ! »

ILS VÉCURENT DANS LA VOLUPTÉ

– Notre amour est-il donc un crime ?
– Non, Makéda, mais c'est un bonheur si grand
qu'il brille d'un éclat cruel aux regards des envieux !

LA VIE DES AMANTS S'ÉCOULA EN DOUCEURS, alanguissements et joies. Salomon vivait dans les extases, Makéda explorait les paroxysmes de la volupté. Tout subjuguait le roi dans les subtilités et les raffinements de son épouse. Toute l'existence de la reine était tendue vers cette seule pensée : charmer.

Elle charmait Salomon lorsque celui-ci, traversant les jardins, écoutait les tanagaris, dans leurs cages dorées, chanter à tue-tête son nom et sa louange.

Elle le charmait encore lorsque, pour lui, elle faisait transformer la salle des repas. Par de fausses murailles d'étoffes toujours assorties à ses robes, elle avait réduit la surface de cette pièce de telle façon que les amants mangeaient côte à côte, enfoncés en des sièges moelleux et ronds.

La reine se contentait de frapper sur un gong pour qu'une table somptueuse, cèdre pailleté de nacre, surgisse d'une trappe sans heurt ni bruit, mue par un mécanisme ouaté. Cette table était servie avec une recherche quotidienne de nouveautés, aussi bien dans les mets que dans les bouquets, les aiguières, les vases et les candélabres qui la rehaussaient de féerie.

Un jardin de rêve s'ouvrait sur la salle par une large baie lumineuse. Les fleurs les plus rares avaient été sélectionnées pour y créer une frémissante symphonie de couleurs et de parfums. Là des paons de saphir et de sinople s'ébattaient, des gazelles aux yeux adamantins bondissaient, des oiseaux enchantaient les buissons de leurs trilles. L'âme de Salomon voguait sur ces splendeurs comme une nef sur une mer de lapis.

Lorsque les époux passaient dans la grande salle des réceptions haute et vaste comme un temple posé sur une forêt de pilastres, le roi s'éblouissait du décor chaque jour renouvelé. Dans un grand bassin, l'eau changeait de teinte selon que Makéda était vêtue de rubis, de saphir, d'opale, d'émeraude ou de turquoise. L'onde jaillissait en fleurs cristallines de la gueule, du bec ou de la bouche de chimères, de dragons, d'ibis ou de chérubins sculptés. La salle elle-même, par de savants jeux de lumière, s'harmonisait à la couleur choisie.

Les souverains prenaient place sous leur baldaquin parmi les baisers des musiques. Ils examinaient ensemble les affaires du jour, se conseillant mutuellement dans leur tâche. Souvent les paroles les plus graves se mêlaient à de délicieux bavardages.

– J'ai reçu, dit une fois Makéda, l'hommage d'un curieux poème d'un des scribes de ta cour. Il m'a paru si profane et sensuel que je n'ai osé le lire jusqu'au bout.

– Je te le lirai, moi, dit Salomon riant très fort de la candeur soudaine d'une épouse dont il aimait à célébrer, par ailleurs, l'exquise impudeur.

La reine de Saba chercha le papyrus sous les coussins de son siège. Elle expliqua :

– Il s'agit d'une version poétique, mais qui paraîtrait fort peu orthodoxe à nos rabbins, de la faute originelle et du paradis perdu à cause du fruit défendu…

Elle déroulait le papyrus dont Salomon s'empara. Si le poème était d'un érotisme assez commun, sa conclusion s'avérait plus surprenante :

« Ô reine du matin, tu es comme Héva, notre mère, détentrice d'un pouvoir tel que Salomon subordonne à ta beauté et à tes voluptés les arts dont il était le protecteur. Nous souhaitons que le roi magnifique n'oublie point les artistes qui collaborent à sa gloire, comme Hadam a oublié son Dieu. »

Le poète avait signé Bel-Adinoja.

– Mes artistes m'ont déjà envoyé d'autres symboles, dit le roi doré. Un dessin de mes architectes représentait un coin puissant qui faisait voler en éclats une colonne de basalte. Ainsi voulait-il exprimer que je me séparais d'eux sous la puissance de ton influence. Je leur ai répondu par le dessin d'une colonne intégrale où ton nom fleuri, dans un cœur, scellait la pierre. Cela signifiait que ton influence serait constructrice et non point destructrice. Un autre symbole de la jalousie me fut fourni par une double statuette. Nous étions figurés par des lions, nous ruant l'un vers l'autre, bousculant dans notre course le Temple, les stèles et les édifices. J'ai renvoyé aux sculpteurs leurs monuments reconstitués, redorés, érigés sous ton image protectrice, pour démontrer que ta présence magnifiait notre Temple et embellissait notre ville.

– Tant que leur pessimisme ne s'exercera que par énigmes, nous n'aurons rien à craindre de ces exaltés, estima Makéda.

– J'ai appris, dit Salomon d'un air soucieux, que des artistes se croyant abandonnés par moi tentaient d'exciter la jalousie de mes épouses afin qu'elles usent de leur influence pour soulever les seigneurs.

– Notre amour est-il donc un crime ?

– Non, Makéda, mais c'est un bonheur si grand qu'il brille d'un éclat cruel aux regards des envieux. Le bonheur d'autrui provoque toujours méfiance et jalousie. Ne le sais-tu pas ?

– Pour créer un exemple, mon aimé, tu feras châtier d'importance ces pamphlétaires.

– Je ne châtierai personne, Makéda. Je suis le haut protecteur des arts, lesquels ne peuvent s'exprimer que librement. Par leurs dessins et leurs poèmes, mes artistes ont incontestablement fait œuvre d'art. Je les réunirai pour leur démontrer leur méprise et les convaincre que notre idéale union est le mariage le plus harmonieux qui se puisse concevoir, puisqu'il ne s'encombre d'aucune préoccupation politique ou mercantile.

La reine de Saba admirait la mansuétude de son époux.

*
*   *

Pourtant Makéda devait bientôt connaître l'inquiétude et l'angoisse. Un message de son régent Jacoub l'informa qu'Assadaron avait quitté Tadjoura pour Babylone. Le guerrier assyrien, escorté de huit navires guerriers, voguait à toutes voiles vers Eziongabar. Il avait sollicité le passage dans les eaux sabéennes auprès de la garde du détroit de

Diodori. Le passage avait été refusé par Jacoub, qui avait aussitôt fait croiser douze bâtiments armés jusqu'à la mâture.

Quelque temps après, la Perle parcourait Jérusalem en chaise à porteurs, escortée de ses gardes, quand elle crut reconnaître le fidèle capitaine d'Assadaron en l'homme d'aspect misérable qui avait bondi devant son cortège. Il brandissait un papyrus avec des gestes si suppliants que la reine de Saba fit signe à ses soldats de le laisser approcher.

Il s'agissait bel et bien de Nabunasar. Il tendit à la reine son papyrus et deux perles d'ambre qu'elle reconnut sur l'instant. Elle voulut parler, mais le capitaine avait déjà filé comme un chat qu'on poursuit.

Le passé de la Perle avait resurgi sous ses yeux. Ô le matin d'amour sous la tente assyrienne plantée en terre axoumite, lorsque les amoureux se partageaient les grains d'un collier convoité ! Tout, le souvenir des baisers, les serments et chacune des paroles, flambait encore en elle.

Le message d'Assadaron disait :

« Ton frère, ô Makéda, *ton frère unique au monde* réclame l'exécution des promesses échangées en griseries naguère. Il t'attendra la nuit prochaine, à la sixième heure, au puits de Jéricho. Nous partirons puisqu'il le faut, et comme tu l'as voulu. Nous partirons pour vivre cette belle existence d'amour que le serment aujourd'hui répudié avait rendue impossible autrefois. Souviens-toi que, si tu ne viens pas, ton frère t'enlèvera par la force. »

Les neufs porteurs au pas élastique avaient repris leur course dans Jérusalem et Makéda ne voyait plus rien sur son passage. Elle tenait dans sa main crispée le message du farouche guerrier si dangereusement fidèle à sa parole, pensant que ce fils de Baal ne pouvait décidément rien comprendre à une fille de Jéhovah.

La nuit qui s'ensuivit fut agitée de cauchemars. La reine simula des douleurs persistantes à la tête pour s'isoler et méditer à l'écart de Salomon. À l'aube, elle décida d'envoyer au rendez-vous d'Assadaron un homme sûr qu'elle chargea de remettre un message entre les mains du guerrier qui saurait répondre à cette question : « Connaissez-vous qui a donné ces perles ? »

Le messager remit donc au prince assyrien les deux perles d'ambre et la missive de Makéda qui était comme un cri déchirant :

« Rentre, ô rentre dans ton pays, Assadaron, et attends patiemment l'arrivée de celle que tu désires voir. Elle te donnera des explications qui mettront ton cœur en paix et te montreront la pureté de sa conscience devant Dieu. »

Mais le guerrier n'obéissait jamais à la voix de la raison. Il était de ceux qu'aucune force ne brise ni ne contient.

LA VENGEANCE D'ASSADARON

Mon dieu est le dieu de la Force. Je t'enlèverai malgré toi
et connaîtrai la griserie de ta chair
pour en emporter l'ivresse au paradis de Baal !

ASSADARON AVAIT TROUVÉ LA ROUTE D'EZIONGABAR barrée à ses navires et sa rage s'épuisait sur sa capitainerie terrifiée. L'Assyrien décida alors de rebrousser chemin et de rentrer à Babylone avec une partie de ses troupes pour réclamer justice de l'offense à Salmanar, son oncle redoutable.

Mais, en arrivant à Babylone, le prince avait déjà changé de plan. Il redoutait une entrevue avec le roi. Ce dernier n'ignorait point la passion de son neveu pour la reine de Saba, et il se souciait bien peu de guerroyer contre sa trop puissante voisine. La tentative d'enlèvement que l'intrépide Assadaron avait cru bon d'organiser, Salmanar ne l'ignorait pas et il n'avait guère apprécié cette aventure qui aurait pu le mettre en conflit, malgré lui, avec la Sabéenne et avec Salomon par surcroît.

Le prince avait donc jugé bien plus habile de poursuivre sa route vers la Judée par Niniphée et Damas, et de pénétrer incognito dans Jérusalem. Ah, certes, ce voyage ne fut pas celui qu'il avait splendidement imaginé. Il avait rêvé de débarquer à Eziongabar, avec ses huit voiliers, dans tout l'éclat de la puissance babylonienne. Il aurait écrasé le roi de Judée de sa grandeur et se serait déployé en force colossale avec la plus exquise courtoisie. Las, une caravane marchande s'acheminait aujourd'hui à marches forcées vers les montagnes de Galilée et les guerriers assyriens s'étaient tous déguisés en marchands de tapis.

Le prince de Tadjoura était devenu ombrageux. Ses intimes n'arrivaient plus à provoquer ses confidences et il s'isolait même de l'amitié fraternelle de Nabunasar. Ce dernier n'avait d'ailleurs pas vu sans crainte son maître s'élancer vers Jérusalem comme une conquête.

Les guerriers assyriens avaient planté leur campement dans une gorge proche du Jourdain, en vue de la cité. Les plus fidèles officiers d'Assadaron s'étaient dispersés par la ville pour y vendre quelques tapis et donner le change à la garde tout en obtenant des nouvelles de Makéda.

Le jour même, Assadaron avait connu toute son infortune. Après avoir juré de se venger, l'amant sanglotant de douleur fit porter à la reine un message et deux des perles d'ambre du collier qui ne le quittait jamais : elle ne daigna pas se rendre au rendez-vous fixé. Le prince n'en fut que plus fermement décidé à enlever sa bien-aimée à son rival.

Nabunasar découvrit aussi quelques-unes des intrigues de la cour. En semant l'or à poignées, il acheta facilement un domestique du grand trésorier Haïsar qui l'informa avec précision.

Ainsi Assadaron connut que le roi Salomon et la reine

de Saba chasseraient la gazelle, le surlendemain, sur les rives touffues et rocheuses du Jourdain. Il prépara une embuscade le jour venu, invoqua Baal et lui sacrifia plusieurs victimes. Les fumées ne lui furent pas de bon présage, mais il ne s'en soucia guère. Équipé légèrement, il se rendit avec quelques hommes résolus sur la route que la reine devait emprunter pour atteindre le fleuve. Dans le même temps, il fit lever son camp et prépara une fuite éperdue à travers les gorges et les montagnes galiléennes.

Ses avant-gardes avaient admirablement choisi le lieu de l'embûche : au pied d'une colline où descendait en pente douce le chemin royal parmi les touffes odorantes des lauriers-roses en fleurs, des myrtes, des genévriers et des térébinthes. La verdure camouflait le piège tendu.

Une jeune gazelle habilement ligotée poussait sa plainte douloureuse. Le prince n'ignorait point qu'en cet endroit la reine descendrait irrésistiblement de son char et interdirait qu'un trait meurtrier perçât le flanc de l'animal. Elle se précipiterait vers la petite bête pour la délivrer de ses liens, et c'est alors que les buissons de myrte et de tamarins se hérisseraient de lames et de pointes.

Assadaron avait prévu que le char sabéen précéderait celui de Salomon. Il en fut ainsi. Juste au-dessus de la côte, la Perle retint l'élan de son attelage d'antilopes et s'apitoya sur la gazelle gémissante. À peine Makéda s'était-elle approchée de l'appât que l'Assyrien la ceintura de ses bras vigoureux telle une prison de fer. Il sauta sur son cheval avec sa proie tandis qu'un rideau de cavaliers se déployait pour faire barrage à la suite royale, demeurée trente coudées en arrière.

La route brûla les sabots ailés du destrier, et sa galopade effrénée se poursuivit jusqu'au Jourdain. Makéda ne se débattait point. Son ravisseur eût pu la supposer évanouie mais la rusée captive guettait son heure, laissant s'épuiser en bonds furieux la monture écumante de l'Assyrien.

Cependant, revenu d'une consternation qui n'avait duré

qu'un éclair, le roi doré avait jeté sa garde à l'assaut des cavaliers qui lui barraient la route. Il mit facilement en fuite les complices d'Assadaron dont la tactique n'était point de se battre mais de faire gagner du temps à leur maître.

– Sauvez la reine ! hurlait Salomon déchiré dans son amour et tremblant dans sa honte. Ramenez-moi vivant ou mort cet audacieux ! Mille shekels à celui qui me vengera !

En trombe les cavaliers du Magnifique se ruèrent sur la piste du prince qui n'était plus qu'un point sombre courant sur le chemin d'or de buisson en buisson. Après mille coudées de cette folle cavalcade, d'horribles cris de douleur se firent entendre. Salomon vit le gros de son escorte rouler pêle-mêle sur le sol. Les chevaux écrasaient les hommes qui, membres brisés et poitrine défoncée, étouffaient. La route s'était dérobée sous leurs pas, une profonde tranchée dissimulée par du sable les ayant entraînés dans une inextricable chute.

– Si tu le veux, proposa Assyr resté au côté du souverain, je vais continuer la chasse avec vingt-cinq hommes par les sentiers.

Le lieutenant de Makéda s'élança devant ses cavaliers identifiés à leurs montures comme des centaures ; le roi, de son côté, partit avec ceux de ses hommes qui n'étaient point tombés dans le traquenard assyrien. À mille coudées de là deux Judéens furent percés de flèches ennemies. Il fallut s'arrêter et battre les fourrés pour y découvrir les assaillants qui, de nouveau, avaient réussi à casser l'élan des poursuivants.

– Vingt des miens pour rattraper ces bandits ! s'écria Salomon qui voyait déjà son épouse enlevée à jamais, tuée peut-être.

Repartant aussitôt, il harassa ses coursiers. De terribles projets de vengeance échauffaient son imagination.

Tout à coup, le long du fleuve, le chemin se borda de

lances, de javelots et de flèches. Le combat fut court mais meurtrier, les Assyriens se défendant bravement.

Au loin, le Pacifique voit le cheval d'Assadaron faire un écart et verser dans le lit du Jourdain. Jugeant le moment propice, Makéda avait brusquement tiré les rênes. Désarçonné et stupéfait, Assadaron se sentit emporté par le courant. La reine nageait à dix coudées de lui.

Mais le prince ne perd jamais courage. Il rattrape sa monture, se hisse sur elle et la fait progresser en travers du fleuve. Plongeant et replongeant, apparaissant puis disparaissant tour à tour à la surface de l'eau, la Perle parvient ainsi à atteindre la rive. L'Assyrien l'aperçoit et lance une imprécation de rage tandis qu'il dirige son cheval vers la berge.

La reine tressaille, secouant ses blancs vêtements mouillés comme un appel désespéré. De l'autre côté du fleuve galope Salomon, qui ordonne à ses hommes de franchir le Jourdain pour porter secours à sa bien-aimée. Des flèches strient déjà les flots, mais le prince est hors de portée.

Makéda ne sait que faire. Des rochers abrupts surplombent le fleuve à vingt coudées de l'endroit où elle se tient. Faut-il les escalader pour retarder Assadaron le temps que les soldats de Salomon la rejoignent ?

Rassemblant toute son énergie, elle prend ce parti. Volontaire, cabrée, déterminée à fuir son terrible amant et insensible à la douleur, elle grimpe, défie l'équilibre, abîme ses ongles carminés, ensanglante ses mains aux pointes des pierres et aux épines des plantes. En vain, car ses forces l'abandonnent à mesure qu'Assadaron se rapproche d'elle.

Il la rattrapa bientôt dans une anfractuosité de la roche et l'entrava de façon serrée. Puis, son précieux fardeau sur l'épaule, il gravit le roc escarpé jusqu'à son sommet. La végétation y était luxuriante, les arbres hauts comme des tours et les buissons épais. Les poursuivants se trouvaient dépistés.

Le prince posa Makéda sur le sol. La beauté de la reine contracta de voluptueux désirs le visage du guerrier passionné. Il cueillit un baiser sur la bouche vermeille.

– Tu peux récriminer, ô reine du matin, rien ne m'empêchera de te posséder. Car mon serment est ton serment, et ton serment est le mien. Tu résistes ? Tant pis. Mon dieu est le dieu de la Force. Je t'enlèverai malgré toi et connaîtrai la griserie de ta chair pour en emporter l'ivresse au paradis de Baal !

De nouveau il la souleva de terre. Ses genoux étaient des ressorts d'acier et ses bras des tenailles. Makéda frémit malgré elle. Et soudain, elle poussa un cri de terreur. Derrière Assadaron, un mouvement agitait les buissons. Était-ce un sauveur, un ennemi ?

C'était Assyr, dague au poing. Se voyant perdu, Assadaron lâcha la reine et recula au bord du précipice.

– Que me veux-tu ? clama le prince. Tu devrais être le dernier à défier l'un des tiens, misérable !

– Je veux venger trop d'honneurs outragés !

– Laisse-moi fuir avec ma bien-aimée et tu gagneras ma province de Tadjoura !

– Je ne suis pas à vendre !

Et le combat s'engagea. Makéda ligotée vit avec horreur les deux hommes se jeter l'un sur l'autre comme des bêtes fauves. Fatigué, le neveu de Salmanar tenta une feinte mais négligea l'habileté d'Assyr qui, d'une détente du bras, plongea sa lame éclatante dans le flanc du prince.

Alors qu'il s'effondrait, la bouche et les yeux d'Assadaron esquissèrent à l'adresse de Makéda le pli et l'éclat d'un baiser désolé.

MAKÉDA

LA MORT D'ASSADARON

Salmanar jugera dans sa sagesse.
L'amour avait armé mon bras et je n'ai pensé qu'à votre vie.

LA REINE MAKÉDA, HORRIFIÉE PAR LES CRIS DU PRINCE Assadaron, par le sang qui avait giclé sur sa tunique et par les cris de rage d'Assyr, s'était évanouie.

Lorsqu'elle reprit connaissance, son serviteur agenouillé lui faisait respirer un élixir. Elle tourna la tête. Ses yeux s'inondèrent de larmes chaudes. Elle vit alors Assyr qui s'approchait du corps inanimé du prince assyrien. Le cadavre était beau. Le visage avait repris une sérénité profonde. Le masque régulier et pâlissant paraissait de vermeil. Il semblait dormir sans souffrance, d'un sommeil à jamais peuplé par les chimères de son ardent et impossible amour.

Makéda se releva chancelante au bras de Salomon. Le roi baisait la ceinture de la reine avec un ravissement puéril, inconscient du drame qui bouleversait de ses phases ultimes l'âme angoissée de son épouse. Il la fit asseoir sur un lit de camp détaché des bagages des chasses royales, et lui dit :

– Tu souffres, ô reine ? La joie d'avoir vaincu doit être un baume à ton mal. Vois, le chef de ces audacieux a été tué par un lieutenant de tes gardes.

Salomon fit un signe à un serviteur.

– Appelez Assyr à qui je veux remettre la récompense promise pour sa bravoure.

Assyr n'entendait guère le souverain. Il n'était soucieux que des hommages qu'on rend aux morts. Il avait fermé les yeux de son rival. Il avait couché Assadaron dans sa cape. Il avait lissé sa chevelure puis, écartant la tunique du prince, il avait fait apparaître, sur la poitrine nue de l'Assyrien, la chaîne des plaques d'or où sont gravées les annales glorieuses des ancêtres. Dans la dextre glacée du héros, il avait placé son glaive. Puis il avait appelé les guerriers assyriens à grands cris. S'étant prosterné à côté du cadavre, ils prièrent Baal d'accueillir Assadaron avec faveur dans son paradis.

Lorsque le garde de Salomon toucha l'épaule d'Assyr, le soldat fut surpris de la noblesse transfigurant le visage mutilé du lieutenant de la reine. Assyr se leva, suivit le soldat d'un pas orgueilleux et, s'inclinant devant les souverains avec une grâce altière, repoussa la bourse que Salomon lui tendait.

– N'obligez pas, ô illustre roi de Judée, un prince d'Assyrie à accepter une prime d'or pour avoir fait un devoir d'honneur.

– Quoi ? fit Salomon. Un prince d'Assyrie ?

– Tu t'es caché de moi, Assyr, intervint la reine, c'est une faute.

– Permettez au prince Namassar, descendant de l'ancienne famille régnante des Bélochis, actuellement lieutenant de l'empereur Salmanar II, de vous dire brièvement cette page cruelle de sa vie. Lorsque vous m'avez recueilli, ô reine, dépérissant de faim et de soif, harassé de fatigue dans les forêts axoumites, j'étais épuisé par les marches et les combats que j'avais livrés à des ennemis félons. Vous souvient-il, ô reine, qu'à cette époque je vous priai de m'autoriser à taire mon nom et mon histoire, vous promettant de vous révéler tôt ou tard ce secret ?

– Je m'en souviens exactement, murmura Makéda.

– Or voici, la princesse Sémiramis d'Assyrie était ma fiancée, expliqua le prince Namassar avec effort. Mais les ordres de Salmanar ne s'inquiètent pas des cris du cœur, seule la raison d'État régit sa décision implacable. Par Baal, Salmanar est un grand Empereur ! « C'est Assadaron que Sémiramis épousera », avait déclaré le roi. Mais le prince Assadaron, neveu de Salmanar, de caractère altier et libre, refusa d'épouser Sémiramis. Il aimait, fit-il dire à celle-ci, une princesse au regard de diamant, une princesse pure comme la perle inviolée au fond des flots. Ce fut une belle colère qui bouleversa Sémiramis. Elle prit le refus d'Assadaron pour une offense et le parallèle que le prince faisait entre elle et cette princesse pure pour un outrage plus violent encore. Alors, Sémiramis, princesse cruelle et passionnée, se vengea sur moi de l'affront. Elle arma des complices. Elle me fit ligoter et mutila ma face, riant de ma douleur et de ma rage. Puis, sur un voilier, toujours enchaîné et hurlant de vengeance, elle m'envoya au prince Assadaron en sa capitale de Tadjoura. Un message de Sémiramis fut remit au prince dans le même temps que j'étais traîné devant lui, honteux de mes liens et de mon pauvre visage défiguré. Dans ce message, Sémiramis criait à Assadaron sa passion. Elle voulait prouver au prince que je n'étais point l'amant de la cruelle, que ses soupçons n'étaient pas fondés et qu'elle aussi était pure, comme cette perle.

– Cette perle ? interrompit Salomon.

– … Que cette princesse aussi pure que la perle, reprit vivement Namassar.

– Alors Assadaron vous prit en pitié ? demanda Makéda.

– Non, ô reine ! Malédiction sur Sémiramis qui fit tomber le prince dans ce piège ! Le neveu de Salmanar, épouvanté, me retint caché dans son palais afin que l'attention de l'Empereur ne fût point attirée par le drame. Je dus m'enfuir, déguisé. Je gagnai les frontières. Je dus me battre dix fois avant d'être en sécurité auprès de vous, ô reine, où j'ai vécu d'heureuses années, car je vous aimais.

– Vous, prince ? Vous m'aimiez ?

– N'est-ce point le droit d'un prince de vous aimer, ô reine ? De vous aimer jusqu'à être heureux de votre union avec l'illustre Salomon, puisque cette union vous rend heureuse et que c'est là toute ma félicité ! J'ai sans doute outrepassé mon devoir en tuant celui qui fut doublement mon rival, mais Salmanar jugera dans sa sagesse. L'amour avait armé mon bras et je n'ai pensé qu'à votre vie. Reine, reprit plus solennellement le prince, permettez-moi d'être dégagé de mes obligations militaires à votre égard et de rentrer à Babylone pour remettre à sa mère le corps d'Assadaron. Je veux rendre les honneurs assyriens à l'illustre prince et expliquer moi-même sa mort à l'Empereur.

Songeuse, Makéda acquiesça.

– Jusqu'au jour de votre embarquement, intervint Salomon, le corps du prince Assadaron demeurera sous ma sauvegarde, au royaume de Judée. Les honneurs lui seront rendus comme pour un prince de ma race.

– Mais alors, interrogea la reine, ce drame affreux fut provoqué parce que Assadaron refusa l'épouse que lui ordonnait l'Empereur, puisqu'il aimait une femme pure ?

– Oui, dit Namassar exalté, et celui qui a tué aimait cette femme pure encore plus que la mort.

– Taisez-vous, prince, et n'aggravez point de nouveaux regrets ma douleur déjà vive. Conduisez-moi plutôt auprès de la dépouille que je veux saluer.

Elle fut frappée par la discipline des Assyriens, leur respect de la mort, la noblesse de leurs traditions. Autour du corps, ils formaient un cercle solennel. La souveraine vit que les guerriers avaient rendu leurs sabres, leurs arcs et leurs javelots aux pieds mêmes de leur chef.

Cette grandeur l'émut.

– Reprenez vos armes, guerriers, leur dit-elle en assyrien, vous êtes dignes de les porter et le respect de nos soldats vous reconduira jusqu'aux frontières.

Les hommes saisirent leurs armes et Makéda s'agenouilla auprès du mort. Elle songea que pour la seconde fois elle voyait inerte le corps d'Assadaron, mais cette fois la mort n'était point simulée. L'épée de Namassar avait aboli cette existence ardente, généreuse et téméraire.

Makéda rejoignit Salomon tout songeur et, dans leur char, ils attendirent que les Assyriens eussent élevé le baldaquin princier sous lequel ils transportèrent le corps d'Assadaron jusqu'à leur camp, armes baissées, chantant des cantiques funèbres, mélancoliques et profonds.

La reine de Saba remarqua la consternation de son époux.

– Ô mon roi, dit-elle tandis que le char allait doucement sur la route, le prince Assadaron m'aimait et, par amour pour moi, il fit serment de demeurer chaste tant que la virginité me serait imposée par Jéhovah. Il avait juré de m'enlever à son rival. Il a tenu parole. Son sacrifice et son héroïsme méritent mon souvenir et notre pitié. Mais mon amour pour toi, Salomon, est intact. Les images douloureuses du passé ne l'ont pas altéré. En rendant un dernier hommage au mort glorieux, mon passé est mort avec lui.

– Ô ma reine ! répondit sourdement Salomon. Qui pourra dire mon amour pour toi, si profond, si haut, si large, si lointain et si proche que l'espace ne le pourrait contenir ? Parmi les rappels de ce passé, mon cœur est comme une nef à la dérive. Je veux remercier Dieu de t'avoir sauvée miraculeusement de la passion de ce guerrier. Je veux lui offrir des holocaustes si, en épargnant ta vie, il a aussi anéanti ton passé.

– Ô mon roi ! Devant Dieu, dont la puissance à chaque pas de ma vie s'affirme formidable, et devant toi, l'Ecclésiaste incarné de Jéhovah, je renouvelle le serment que, depuis le moment de mon sacre, mon cœur n'a point battu, même une fois, pour un autre vivant que pour toi.

Ainsi furent-ils jusqu'au camp d'Assadaron.

Ils purent voir que tous les préparatifs avaient été faits le matin même pour que ce camp fût levé dans le temps le plus bref.

Les Assyriens, avec de grands cris de douleur, placèrent le corps d'Assadaron dans sa tente, sous le baldaquin. Ils s'apprêtèrent à honorer le mort suivant leurs traditions.

Salomon et Makéda se recueillirent et firent appeler le chef du camp. La Perle reconnut Nabunasar. L'ami fidèle pleurait abondamment.

La reine de Saba fit mander le prince Namassar. Elle mit les deux hommes en présence.

Elle prit leurs mains, et silencieusement, les joignit.

– Réconciliez-vous, dit-elle. Votre haine s'épuisa dans un combat dont Dieu régla le sort. Réconciliez-vous pour implorer fraternellement, de votre divinité, la grâce d'Assadaron.

Les adversaires prièrent Baal en se tenant mutuellement par le cou. Il prirent ensuite la main droite du mort, la baisèrent sur l'avers et le revers, puis se donnèrent l'accolade.

– Je suis heureuse, dit la reine. Je suis heureuse de vos grands cœurs. Soyez dès demain au palais. Le roi Salomon et moi voulons régler les détails de l'embarquement et du retour de la dépouille princière en sa capitale.

Les souverains se retirèrent.

Une heure après, cent soldats de Judée et cent soldats de Saba se joignaient aux guerriers d'Assyrie pour honorer le glorieux mort.

Au camp d'Assadaron, les encens funéraires parfumaient la campagne et les cris stridents des pleureuses déchiraient l'atmosphère angoissée. Et dans Jérusalem, des poètes chantaient déjà, au son des luths, la gloire du guerrier.

Quelques jours plus tard, d'imposantes escortes composées de guerriers de la reine et de gardes du roi accompagnèrent jusqu'au port d'Eziongabar le corps d'Assadaron.

Un voilier embarqua le funèbre dépôt. Au détroit de Diodori, la flotte de la reine de Saba rendit les honneurs au courage malheureux.

À Babylone, le corps du prince fut reçu par l'Empereur, en grande cérémonie. Salmanar lisait de mauvais présages dans ce drame angoissant. Il fit à son neveu des funérailles splendides et questionna Namassar.

Le jugement du roi assyrien fut prompt : il fit incarcérer la princesse Sémiramis pour vingt-quatre mois dans un temple. L'orgueilleuse princesse y médita sur le danger des vengeances.

La « vengeance du sang » ne fut pas réclamée par Salmanar à Salomon ni à la reine de Saba. Mais si l'Empereur était prudent et circonspect par nature, il n'était pas moins rancunier. Sa haine survécut dans les générations. Elle y fleurit monstrueusement. Plus tard, Sardanapale garderait une inexplicable rancune aux Judéens et aux Sabéens.

Inexplicable ? Certes, mais seulement pour ceux qui ignoraient l'épopée du prince Assadaron. Sémiramis, à qui la mort de Salmanar fit échoir la régence de l'immense Empire de Babylone, se signala à l'épouvante du monde par une frénésie d'érotisme criminel qui perpétua son nom dans le cœur des siècles épouvantés. Mais sait-on si Sémiramis ne se vengeait point, sur tous les beaux et radieux jeunes hommes de son temps que son corps attirait, du plus grand, du plus malheureux et du plus inoubliable amour de sa vie ?

Car il était fier et beau comme le jour, le prince Assadaron.

JAKOUB ADOL MAR

LA REINE DE SABA RESSUSCITE CINQ NOYÉES

Elles poussaient de grands cris de joie et de terreur à la fois, nageant à larges brassées vers la côte…

CE MATIN-LÀ, AU TEMPLE, LA QUIÉTUDE DE SALOMON fut troublée par l'apparition courroucée d'un groupe de rabbins. Le roi venait de dédier à Jéhovah ses implorations quotidiennes. Il s'apprêtait à regagner son palais, méditant un poème nouveau, quand le grand prêtre sollicita, avec sa déférence coutumière, son intervention.

Cinq femmes de la garde sabéenne, expliqua-t-il, avaient perpétré l'horrible forfait : vêtues de leur uniforme masculin, elles s'étaient introduites dans le Temple et avaient osé porter leurs pas jusqu'au Hékal sacré. Or la loi inexorable de Jéhovah, par laquelle s'avérait la suprématie du mâle, proclamait que seuls les hommes étaient admis à contempler, dans l'enceinte à lui consacrée, l'image de Dieu voilée par des encens âcres et opaques.

Les rabbins faisaient respecter l'ordre divin en punissant immédiatement de mort les coupables. Mais les amazones de la reine de Saba n'avaient pas courbé le front devant leur colère orthodoxe. Elles s'étaient rebellées, malmenant brutalement les prêtres. Elles avaient même déclaré : « Notre reine a fait de nous des hommes, nous jouissons de tous les privilèges masculins et nous devons être traitées comme telles. »

– La mentalité de ces femmes est évidemment déformée par leur éducation guerrière, murmura Salomon. Ben Eliazar, crois-tu que ces femmes ont intentionnellement pénétré dans le Hékal ? Ne se sont-elles pas plutôt égarées dans le labyrinthe des couloirs du Temple ?

– Elles le prétendent en effet, ô grand roi ! Mais

qu'elles soient conscientes ou non de leur forfait, je dois vous demander leur vie au nom de la loi divine.

– Où sont ces femmes ? demanda le roi atterré à l'idée de faire exécuter des soldats de la reine de Saba.

– Fortes et rusées comme des fauves, elles ont refusé de nous suivre. Avant que nous eussions pu appeler la garde, déjà elles avaient fui.

La pensée de ces graves et raides rabbins aux prises avec les félines et souples guerrières de son épouse fit sourire malgré lui l'Ecclésiaste.

Levant les yeux sur le groupe des prêtres et scrutant leur face crispée, il eut confirmation de l'hostilité qui sourdait de certains milieux judéens contre la reine de Saba. Les uns lui reprochaient son faste et ses richesses inépuisables, d'autres disaient craindre que son emprise sur le roi de Judée ne s'accentuât au point de compromettre leurs situations personnelles. Il en était même qui accusaient la reine de sorcellerie. Ils prétendaient que les pratiques magiques de la souveraine offensaient la religion. Salomon attendait le moment propice pour s'opposer à ces mouvements hostiles.

Hélas, la maladresse des Sabéennes avait apporté un prétexte et une proie à la fureur des rabbins.

– J'entends régler cette question seul avec le grand rabbin, fit Salomon.

Et il emmena Ben Eliazar dans une salle isolée du Temple.

Les deux hommes se dévisagèrent avec méfiance.

– Makéda mon épouse, commença le souverain, appartient à notre race et à notre croyance. Sa piété est irréprochable. Son respect des rites, dont vous avez vous-même affermi l'orthodoxie, n'est point suspect. Évitons donc de la courroucer par une exagération intransigeante de l'observation des lois que son peuple ignore encore.

– Ô roi ! sursauta le rabbin craignant que sa vengeance lui échappe. Est-ce de la bouche du serviteur de l'Arche, de l'Ecclésiaste incontesté que j'entends tomber ces paroles impies ? Je me prosterne et je tremble, car terrible est la colère de Dieu quand elle vise des prêtres méconnaissant les lois.

– La justice divine n'est pas sans pitié, coupa Salomon. Je veux découvrir avec la reine elle-même le châtiment qui conciliera le respect du culte et l'amour-propre du peuple de Saba.

– Non, ô grand roi, déclara fermement le grand prêtre en se dressant, les bras en croix, devant l'entrée de la salle. Non, mon devoir apostolique m'oblige à réclamer votre sentence. Il s'agit de notre âme à tous, et la force de Dieu est en péril. Aucune faiblesse ne peut troubler la gloire divine dans l'esprit des humains. Songez-y : une défaillance contre les lois célestes soulèverait les rabbins indignés et la population tremblante de voir tomber sur elle la malédiction du ciel. Sauvez votre âme et votre trône !

Salomon tressaillit de fureur contre l'audacieux qui n'hésitait pas à le menacer du sommet de ce formidable pouvoir religieux où lui-même l'avait hissé. Il se sentit coincé entre son amour pour la reine et les lois qu'il avait lui-même signées de son sceau. Il tenta de fuir encore, mais sa dialectique se heurta à l'intransigeance du fanatique.

– La loi de Dieu transmise par nos ancêtres, pontifiait-il, aussi formelle que stricte, oblige le roi à juger sur l'heure l'horrible crime. Le tribunal des rabbins examinera plus tard le délit pour décider du châtiment que méritent les coupables.

Salomon ne pouvait échapper à sa propre sentence.

– C'est Jéhovah, dis-tu, qui veut la mort de ces cinq femmes ? Serviteur des lois de Jéhovah, je m'incline devant elles. Les coupables périront donc. Le tribunal rabbinique décidera de leur mort. Ainsi soit-il.

Un éclair brûla dans les yeux du prêtre. Simulant une grande exaltation joyeuse et une vive reconnaissance, il sortit, répétant le jugement à voix haute au cercle des rabbins hypocrites qui s'épanouirent en laudes.

Salomon les avait déjà laissés à leur triomphe. À la reine il était allé expliquer l'événement, la résistance qu'il avait opposée à la loi irrémédiable, ses scrupules et la haine qu'il avait de ces prêtres.

Makéda discerna la psychologie du drame qui se nouait en épisodes bénins puis tragiques autour d'elle. Elle ordonna que l'on découvre sur-le-champ les coupables. Il fut fait ainsi.

*
* *

Les amazones se jetèrent à ses pieds.

– Nous eussions pu ne pas nous dénoncer, ô reine, expliquèrent-elles pour leur défense, mais nous avons craint que le crime impuni retombe sur l'armée. Nous sommes demeurées sous la menace de mort et ne voulons dépendre que de votre justice.

Makéda était émue. Plus tard, quand elle rejoignit Salomon, elle affirma qu'elle était convaincue de l'erreur des innocentes. C'est sans le vouloir qu'elles avaient franchi le seuil terrifiant du Hékal...

– Je ne puis comprendre la rigueur impitoyable de la religion de tes prêtres, ô Très Sage. Mon père, le prophète Anguebo, prétendait que Jéhovah ne fait pas de différence entre ses enfants fidèles, hommes ou femmes. Dieu est bon, sa loi est une loi de pardon.

Pénétré de cette logique, le roi s'efforça de faire comprendre à la souveraine l'impuissance du pouvoir autocratique heurté à la croyance religieuse. Il se trouvait vaincu par la cruauté de la loi dont il était l'exécuteur. Aussi exhorta-t-il la reine au calme et à la passivité, lui représentant le danger d'un soulèvement populaire allumé par le sectarisme des prêtres.

Le tribunal rabbinique confirma la fatale sentence. En malmenant les prêtres, en les insultant, les filles de Saba avaient aggravé leur cas, disait le jugement.

Assistant aux débats, la reine Makéda exigea une procédure courte et que les coupables lui fussent livrées pour une exécution publique.

– Souveraine de ces femmes qui sont des soldats de mon armée, proclama-t-elle, j'entends obéir moi-même aux lois de Jéhovah en les mettant à mort pour démontrer la soumission absolue de mon peuple aux Tables du culte.

Salomon s'inquiéta de ce revirement subit. Que dissimulait cette résignation ?

Déjà son épouse, s'adressant aux juges, affirmait avec force que les coupables seraient publiquement noyées, dès le lendemain à la cinquième heure, en la mer Morte.

Les rabbins enivrés de cette férocité mise au service de Dieu pouvaient-ils autre chose que de complimenter la souveraine pour sa piété cruelle ? Le lendemain, à la cinquième heure, eut lieu l'exécution des impies. Les soldats sabéens avaient réclamé la grâce des martyres en menant grand tapage. Il fallut toute la maîtrise des officiers sabéens pour apaiser leurs hommes.

Les malheureuses devaient être précipitées du haut d'un rocher surplombant l'eau, profonde à cet endroit, les pieds enchaînés et le corps lesté par des poids de bronze.

Il y avait là tous les rabbins et les lévites, les scribes et les grammates, les dignitaires et les seigneurs. De par sa présence même, il semblait que la reine de Saba tenait à créer des témoignages marquants du supplice dont les péripéties allaient se dérouler comme un tragique exemple. Elle s'adressa aux rabbins salomoniques :

– Prêtres, avant de faire mourir ces femmes, je vous supplie de tenter un retour sur vous-mêmes, de vous approfondir en vos âmes apostoliques. Vos cœurs ne sont certes pas inaccessibles à la pitié. L'exemple de la pitié, de la bonté, de la miséricorde, n'est-ce pas Jéhovah lui-même qui nous le donne dans sa grâce infinie ? La reine de Saba vient vous demander, au nom de cette grâce divine, de retirer votre accusation. Ne l'oubliez pas, prêtres, Dieu a pardonné à Noé !

» Mes gardes se sont repenties. Elles ont reconnu leur profonde erreur et leur nuit s'est déroulée en prières. Elles ne craignent pas la mort, mais elles espèrent encore votre mansuétude…

Les rabbins étaient émus de l'apostrophe royale. Craintifs, ils entourèrent leur chef qui s'écria, inflexible :

– Ô reine, nous réclamons l'exécution de la loi divine des jugements du roi et du tribunal rabbinique. Comme théologien, je puis répondre à votre appel à la pitié : oui, Jéhovah fut pitoyable à Noé, mais il fut impitoyable avec Hadam. Le crime des impies et des sacrilèges doit être puni par la mort. À mort !

– Roi, faites exécuter la sentence !

Une rumeur énorme protesta. Toute l'armée de Saba se soulevait derrière les barrières. On put croire un instant que cette révolte allait précipiter l'armée sabéenne sur les Judéens, mais la souveraine se leva. Elle étendit les mains sur la foule des soldats et la clameur s'apaisa miraculeusement.

– La triple sentence divine, royale et rabbinique sera exécutée, reprit Makéda. Intervenant une dernière fois en faveur de ces femmes, ô roi, j'ai seulement cherché à raviver le sens de la commisération dans le cœur racorni de tes prêtres. J'ai ma lourde responsabilité, hélas, dans le crime de ces femmes. Si je ne les avais vêtues en hommes, elles auraient été simplement arrêtées, par la garde, aux portes du Temple. Je suis coupable comme elles.

La reine du matin manda alors le bourreau. C'était un colosse noir, défiguré, recroquevillé pour avoir été enchaîné aux galères pendant quinze ans.

La Perle fit aussi approcher les femmes. Ses amazones étaient, dans leur uniforme de parade, belles, graves et résolues. S'adressant tour à tour au bourreau et aux martyres, Makéda dit encore :

– Ne dégradez pas ces femmes, leur délit n'est pas avilissant et leur honneur est sauf. Quant à vous, qui étiez de ma garde, montrez-vous dans la mort, comme au combat, dignes de votre reine et de votre pays.

Ce fut ainsi que les Sabéennes allèrent à la mort, hissées sur le rocher, des poids attachés à leurs chevilles. Le bourreau les poussa l'une après l'autre dans le vide. Criant atrocement, elles churent dans l'eau glauque en faisant jaillir des gerbes blanches et vertes. On eût dit de funèbres fleurs s'élevant, en éclairs, sur leur tombe mouvante.

Des Sabéens voulurent se précipiter à leur secours. Mais la reine les retint. Elle avait exigé le silence et personne n'osa la troubler, abîmée en prières.

Transfigurée par la foi la plus ardente, elle adressait à Jéhovah une imploration passionnée. Les rabbins puis les soldats reprirent en chœur son invocation au Maître du Ciel, de la Terre et des Vivants.

La prière gronda et monta comme une tornade vers l'impitoyable Dieu. Alors Makéda, qui s'était prosternée, se releva et hurla au ciel son offre d'holocauste. Cinq sacrificateurs apparurent à ses cris, portant chacun un bélier dans leurs bras.

– Pardonne aux martyres, ô Dieu tout-puissant, disait la Perle d'une voix déchirante. Par deux fois tu les sauvas de leurs tortionnaires, la troisième tu les sauvas de leur impiété. Sauve encore tes servantes, ô Jéhovah !

Les rabbins ne priaient plus. Ils haussaient les épaules et souriaient de l'exaltation mystique de la reine. Ils s'apprêtaient à partir quand Makéda leur demanda d'assister au sacrifice propitiatoire.

Les bêtes égorgées grillaient déjà sur des bûchers hâtifs.

– À quoi rime cette cérémonie ? fit le grand rabbin. L'exécution est terminée, le prestige du Hékal est sauf et les lois de Dieu ont été observées.

Méditative, la reine de Saba observait la mer quand tout à coup elle poussa un cri terrible. Sa main dressée désignait le casque de l'une des victimes qui flottait sur la vague. Ce casque s'immobilisa... et une voix sourde et grave s'en exhala :

– Dieu, pardonne aux innocents et châtie les méchants ! Makéda, je te rends tes gardes...

Et c'était vrai. Une à une, du fond de l'eau, les condamnées réapparaissaient à la surface. Elles poussaient de grands cris de joie et de terreur à la fois, nageant à larges brassées vers la côte.

L'étonnement de l'assistance était mêlé d'effroi. Sabéens et Judéens semblaient paralysés.

– Mais secourez-les donc ! ordonna Makéda.

On leur porta secours. Les femmes grelottantes, glacées d'eau et brûlantes de fièvre, s'abattirent aux pieds de la reine tandis que les rabbins atterrés cachaient leur face dans les plis de leur tunique comme des hiboux qu'aveugle le soleil.

– Jéhovah, leur jeta la souveraine d'une voix frémissante, vous a prouvé que la bonté était sa loi. Il a pardonné aux innocentes guerrières de Saba. Voulez-vous aussi les gracier, rabbins ?

Épouvantés par le miracle, ces derniers tremblaient comme des chiens couchés sous la bastonnade. Il leur semblait que la puissance divine leur broyait les épaules.

– Nous pardonnons, ô reine ! clamèrent-ils, car ils ne demandaient qu'à s'en aller, à fuir sous les huées des Sabéens et les exclamations ironiques des Galiléens.

Ils ne demandaient qu'à s'isoler dans leur temple d'orgueil pour amèrement méditer sur leur défaite dogmatique.

Après avoir hâtivement béni les rescapés, ils s'en furent sur un signe de Salomon. Le roi n'avait soufflé mot pendant toute la scène, car il voyait loin de lui. Dans ses yeux assombris, l'hostilité des rabbins contre Makéda l'affligeait profondément.

LA COURSE DES CHARS

La foule crie au miracle et reconnaît,
dans la reine de Saba, une fille des Génies.

QUE DEMANDAIT LE PEUPLE DE JÉRUSALEM ? LA PAIX. Le culte des beautés de la terre et du ciel. Et des divertissements. Aussi, Salomon épris d'art et de jeux, avait-il fait aménager, aux portes de la cité, un champ immense où se disputeraient les courses de chars.

La piste était rectangulaire, longue de deux mille coudées, large de mille. Elle était bordée par les tribunes et les pelouses où s'écrasaient les spectateurs. En son milieu s'étageait une plate-forme de cent cinquante coudées de longueur sur trois de largeur, sur laquelle étaient plantés sept cibles pour les tirs à l'arc et les signaux par lesquels le peuple connaissait le jeu des courses.

La construction était en bois, depuis les écuries jusqu'à la tribune royale, celle-ci entièrement drapée, tapissée d'étoffes et recouverte de tapis. Salomon projetait de transformer ces édifices provisoires en de définitifs bâtiments de pierre. Mais son désir de satisfaire son peuple et de le rapprocher des Sabéens l'avait poussé à édifier ces baraquements hâtifs ornés du luxe des fleurs et des étoffes.

Salomon inaugura donc le champ de courses avec un grand éclatement de fête.

Dès le lever du soleil, la piste d'ocre se borda d'un public étroitement agglutiné, vibrant d'enthousiasme.

Les cortèges du roi Salomon et de la reine de Saba,

débouchant au portique de David, se présentèrent aux acclamations populaires. Les souverains s'installèrent dans la tribune royale, revêtus de leur pompe et de leur majesté, puis eut lieu le défilé des cavaleries, celle de Judée et celle de Saba.

Les amazones sabéennes surtout surprenaient le public. Imperturbables et magnifiques, elles montaient des chevaux superbes, à robe blanche comme du lait. Leur uniforme était plus éclatant que celui des soldats. Quant à leurs montures, elles portaient un harnachement dont la recherche était inconnue en Judée. Les crinières et les queues longues des bêtes étaient tressées de rubans, la tête aigrettée de plumage d'autruche, les flancs drapés d'un caparaçon brodé. La selle était de bois léger parcouru d'un lacis de lanières de cuirs multicolores. Quant aux courroies qui maintenaient ce harnachement, elles étaient ornées de placards dorés et incrustés de pierres. Les amazones se couvraient le buste d'un bouclier ruisselant de feux et s'armaient d'arcs de bois précieux ou de lances fines puisées à même des carquois de roseaux agrafés à leur selle.

Sous leurs armes apparaissaient la tunique blanche descendant aux genoux, la cuirasse de cuir s'incurvant sur la poitrine, les pantalons étroits et les sandales pourpres. La ceinture large était bouclée par deux serpents de fer enlacés, symbolisant la vengeance permanente. La tête se trouvait protégée par un casque de cuir bouilli couvrant les oreilles et la nuque. Ces amazones galopaient farouchement, dans un rythme de force et de grâce, au milieu du nuage de poussière d'or que tamisait le soleil.

Derrière les Sabéennes se ruaient les cavaliers axoumites. Ils étaient vêtus comme les femmes, mais leur uniforme était dépourvu de broderies et de parements. Ils brandissaient des armes plus massives, plus lourdes.

Les cortèges militaires étaient précédés d'un torrent mouvant de musiques : stridence des trompettes, tonnerre des tambours, des tambourins et tympanons, éclatement des fifres.

Le roi ordonna les jeux.

Alors des cavaliers d'élite de Salomon présentèrent des chevaux dressés, dansant, bondissant, virevoltant, obéissant au claquement sec du fouet du cavalier. D'autres cavaliers de la reine de Saba se livrèrent à de curieuses et périlleuses acrobaties sur des chevaux sellés d'abord, dépouillés ensuite de tout harnachement.

Quelques cavaliers de l'armée galiléenne déployèrent le spectacle de pittoresques combats à la lance, debout sur leurs montures. Enfin, les meilleurs lanceurs de javelots et tireurs à l'arc des armées fraternisantes de Judée et de Saba se lancèrent de passionnants défis. Ils visèrent les cibles plantées sur la plate-forme centrale du champ de courses. Ils aiguisèrent mutuellement leur adresse à leur fierté nationale. Les tireurs qui avaient blessé le cœur des cibles étaient élevés en triomphe sur la cible même qu'ils avaient percée, puis présentés au roi Salomon qui leur remettait un arc ou une lance dorée et faisait ceindre leur front orgueilleux d'un mince ruban pourpre.

Lorsque tous les officiers et les nobles se furent défiés et mesurés dans ce combat courtois, la reine Makéda se leva et sollicita du roi doré la faveur de jouter avec les meilleurs tireurs.

Chacun des Judéens connaissant l'exquise féminité de la souveraine se récriait, souriant de sa témérité. Mais les Sabéens leur opposaient un visage ironique, car ils savaient l'adresse prestigieuse de leur reine.

– Depuis l'âge de dix ans, dit-elle, je tire à l'arc et jette le javelot aux cibles les plus difficiles. Je puis me mesurer avec les plus habiles parmi vous, si mon époux y consent.

– Certes, répondit le Potentat, je ne veux point contrarier la reine.

– L'enjeu, dit la souveraine s'animant à revivre ses exploits sportifs de Thèbes, d'Axoum et de Saba, l'enjeu sera ces deux bracelets d'or. Que mes rivaux jettent à leur tour sur ce tapis deux bracelets. L'heureux gagnant emportera tous les trophées dans sa tunique.

Aussitôt le souverain détacha deux de ses bracelets et les lança sur le tapis. Les officiers et les nobles n'attendant que l'exemple royal se dépouillèrent aussi de leurs cercles d'or. Bientôt le tapis fut constellé d'anneaux luisants comme des soleils.

– Ayant lancé ce défi, s'exclama joyeusement la reine, je pense que la règle du jeu m'autorise à tirer la première.

Comme une fillette, elle se dépouilla prestement de sa lourde cape impériale, de son diadème brossé, des sept perles de Saba et de son sceptre. Elle apparut svelte dans la tunique miraculeuse qui embrassait, sous la brise, l'harmonie de son corps.

Makéda, reine du matin en ce matin doré, était plus qu'une reine, étant une femme, en la simplicité de sa robe judaïque, et Salomon jurait d'enrichir le sculpteur qui, dans le marbre rare, saurait immobiliser la symphonie de cette splendeur vivante.

On avait déjà offert à la souveraine son arc et ses flèches. Elle les ajusta avec cette sérénité qui isole l'âme et la tend, comme le trait, vers la volonté de vaincre.

Les concurrents railleurs encerclaient la frêle jeune femme et le roi tremblait pour sa possible maladresse, mais, ô stupeur, l'arc de Makéda se détendit et la flèche se ficha comme un éclair dans le cœur de la première cible, puis de la seconde et de la troisième.

Imperturbable, la reine saisit les autres flèches que lui proposait, dans son carquois d'or, un choum béat et agenouillé. Elle ne se préoccupait ni des flatteries des concurrents, sous lesquelles se masquait le dépit, ni des rumeurs du peuple étonné par cette adresse tranquille. Son œil domptait la cible. Rectiligne, le dard suivait son regard et arrivait au but. Lorsque le septième trait fut fiché dans le septième cœur, Makéda jeta son arc et, sans orgueil, appela au tournoi le premier de ses adversaires.

Mais à quoi bon tenter de vaincre la victoire ? Les archers galiléens se retirèrent piteusement du champ et des Sabéens affirmèrent qu'ils n'avaient point parié avec la reine, car elle était invincible.

Makéda se rassit alors, remerciant le peuple qui l'acclamait, mais elle refusa les joyaux que lui valait son étonnante dextérité.

– Je ne désire que mes bracelets et ceux de mon époux, dit-elle aux officiers qui lui présentaient les trophées. Quant aux autres bracelets, j'entends qu'ils soient vendus instantanément aux enchères et que le produit soit partagé entre les pauvres de Jérusalem.

Ainsi la Perle savait-elle se faire aimer pour son cœur sensible et généreux.

– Nous allons maintenant faire courir les chars, annonça Salomon.

Cette course était, au programme de la fête, la phase la plus passionnante et la plus attachante. Le peuple s'exaltait pour les concurrents lancés comme des éclairs, au galop bondissant des coursiers savamment entraînés.

Autour de la piste bordée des hurlements où s'excitait le public sur la vitesse des chevaux et la dextérité des conducteurs, les chars s'emballaient. L'habileté prodigieuse des champions consistait à maîtriser leur attelage de trois, quatre ou cinq bêtes ardentes, affolées de leur propre rapidité et de l'atmosphère tonitruante qu'elles traversaient.

Il s'agissait de gagner de vitesse, en ligne droite, sur les concurrents afin d'exécuter, à l'extrémité de la piste, un virage savant. Sinon, les chars légers se mêlaient parmi les chevaux culbutés, hennissants de douleur. Les victimes étaient alors ramassées en hâte et la course continuait.

L'instinct animal de la foule s'exalta au paroxysme après quelques courses prodigieuses. La reine de Saba suivait, les narines frémissantes, le cœur battant, le galop des coursiers qui semblaient avoir des ailes aux sabots.

Elle arracha des mains du roi les trophées du vainqueur, car elle entendait remettre elle-même aux gagnants la couronne qui récompensait leur adresse.

– Je veux courir aussi, dit-elle au roi. À Thèbes et à Axoum, mes chevaux m'arrachaient de la plaine, tant était inouïe la griserie de ma rapidité. La vitesse, Salomon, nous fait pareils à la lumière. Je veux te montrer mon adresse.

– Soit, fit le Potentat, décidé à satisfaire tous les caprices de sa fantasque épouse : je t'autorise, ô reine, à concourir, mais qui sera digne, parmi nous, d'agréer ton défi ?

– Ce sera moi, lança un officier salomonique qui venait d'emporter une course de quadrige.

– J'accepte, déclara la Reine, et je te défie sur cinq parcours avec un char à quatre chevaux.

– Mais ton char de course est au palais ! remarqua Salomon. Accepte le mien et prépare-toi pour la course qui suivra la prochaine.

Le roi ordonna que l'équipage fût attelé et lui-même inspecta, avec minutie, les harnachements des chevaux et la suspension du char.

Par les hérauts, déjà la foule était prévenue. La course en train s'acheva dans le tumulte de l'impatience. La suivante se déroula dans l'indifférence. Chacun attendait la divine.

Lorsque le peuple la vit, frêle et résolue, empoigner les rênes du quadrige, debout sur le char débordant de fleurs, ce fut une clameur unanime.

– Aucun officier de Saba, dit la Perle, n'a gagné une course aujourd'hui ? Il faut donc que la reine sauve l'honneur de son royaume !

Chacun applaudit cette crânerie et personne ne remarqua la pâleur de l'officier qui avait osé la défier.

Le souverain donna le signal du départ.

*
* *

Les chars s'élancent. La reine avec une maîtrise merveilleuse a pris sa vitesse au centre de la piste. Elle ne paraît point vouloir dépasser son concurrent. Calme et résolue, elle étudie l'élan des chevaux, les excitant de la longe, les animant par les caresses frôleuses des rênes balancées. Mais son rival non plus ne semble guère vouloir prendre la tête. Galopant à la droite du char royal, il observe la conductrice concentrée sur sa victoire.

Soudain, celle-ci s'emballe. Les chevaux, matés, bondissent. Le char gagne du terrain. La foule tempête, hurle. Les acclamations qui font une voûte sonore à la course de la reine se changent en huées à l'adresse de l'officier téméraire. Les spectateurs voudraient que leur souffle passionné porte le char royal qui bondit sur la piste comme un galet au fil de l'eau.

La souveraine observe une course linéaire, sans défaillance, et conserve un avantage que son rival ne lui dispute plus.

Hélas, une clameur terrifiante monte au ciel. Le public qui, le cou tendu, ne perd aucun des mouvements de la royale conductrice, la voit lâcher pied tandis que les rênes des chevaux s'échappent de ses mains. La forme blanche vacille un moment. On croit qu'elle va tomber et se faire piétiner par les chevaux. Mais, ô prodige, d'une main robuste comme l'acier la Perle agrippe l'avant du char. Avec toute son énergie, exhortant au calme ses chevaux, elle a déjà, en un saut, escaladé le char et bondi sur l'encolure d'une des bêtes déconcertées. Sans pudeur, Makéda arrache sa tunique et serre entre ses jambes nues les flancs vaporeux de la bête. Saisissant les rênes, elle relance les quatre coursiers en avant avec une force nouvelle, irrésistible. Elle est une amazone redoutable, jambes nues, poitrine nue, cheveux au vent, les reins couverts des lambeaux de la blanche tunique claquant sur son buste comme un drapeau.

La reine de Saba, domptant le sort, criant son exaltation à ses coursiers matés, gagne la course. La foule, admirative, crie au miracle et reconnaît dans la reine de Saba une fille des Génies. Alors le peuple rompt les barrages et se porte vers la tribune.

Il entoure les souverains d'une cohorte affolée. Salomon ayant détaché son lourd manteau en recouvre la nudité splendide de son épouse.

– Je suis la victime d'une traîtrise, lui murmure Makéda. Fais saisir le char et les chevaux.

Le roi se dirige aussitôt vers le char en interdisant à quiconque d'en approcher. Il examine soigneusement les rênes qui, pendant la course, se sont si étrangement brisées. Il remarque une incision meurtrière à l'endroit où elles se sont cassées. Il fait alors appeler le grand juge à qui il expose, en secret, le cas malveillant.

Puis, dissimulant l'émotion qui l'étreint, Salomon fait remplacer, en hâte, les rênes brisées. Remontant dans son char, il engage la reine à faire un tour de piste pour saluer le peuple et l'apaiser dans ses inquiétudes. Car déjà la garde charge les Judéens et les Sabéens qui, indignés par la trahison, réclament à grands cris les coupables.

*
* *

Une fois le calme rétabli par l'apparition du couple royal, auquel les cavaliers frayaient un sillon dans la foule trépidante, Salomon décida que les courses étaient terminées.

Les hérauts répétant l'ordre royal, la foule s'écoula lentement et les cortèges regagnèrent le palais.

Makéda souffrait beaucoup de ses blessures. Elle souhaitait le bain parfumé et réparateur, les soins, le massage aux toiles douces, le long repos. Elle souffrait moralement de l'attentat.

Déjà le grand juge, très désireux de plaire à son souverain, présentait les déductions de son étonnante perspicacité.

– Grand roi ! fit-il. Je puis vous apporter la tête du coupable sur une pique.

– Le coupable m'intéresse moins que *les* coupables, dit sentencieusement le roi.

– Certes, repartit le juge, mais le coupable pourra nous faire connaître ceux qui ont donné l'ordre.

– Comment l'avez-vous découvert ? demanda la reine.

– Lorsque j'ai vu votre char bourré de fleurs, je me suis inquiété de ceux qui s'étaient plu à vous fleurir, ô reine, et j'appris qu'un esclave de la princesse Samsi d'Aribi avait apporté ces bouquets, à pleines brassées, dans le char de la reine.

– Où est cet homme ? demanda Salomon.

– Il est ici. Je l'ai fait immédiatement rechercher.

L'esclave, tremblant de peur, enchaîné comme un criminel redoutable, fut amené aux souverains dans un piquet de gardes. Il se jeta sur le sol en balbutiant, apeuré.

– Ta tête est en jeu, mais aussi ta libération. Qui donc t'ordonna de fleurir le char de la reine Makéda ?

– C'est la princesse Samsi qui me fit porter ces gerbes, ô roi ! Grâce pour moi !

– Quel était le prétexte de cette gracieuseté ? demanda Salomon.

L'esclave se tut.

– L'homme se tait ? Qu'on le supplicie jusqu'à ce qu'il parle ! ordonna le Potentat.

– Ô roi ! Non, non, je ne veux pas mourir ! Je parlerai ! La princesse Samsi me remit les fleurs dissimulant un stylet. Vos gardes me laissèrent approcher, sans méfiance, du char doré. Je disposai les fleurs...

– Et tu coupas les rênes, chien ?

– J'encourais la mort si je n'exécutais pas les ordres de la princesse Samsi, ô roi !

– Grand juge, qu'on m'amène la princesse Samsi ainsi que l'officier qui a couru contre la reine.

– Je me souviens, murmura Makéda, que cet homme ne prétendait point me dépasser. Sans doute voulait-il profiter de ma chute afin que ses chevaux me broient horriblement ! Quelle terrible mort ! Et c'est une femme qui a imaginé cela ?

Il ne fallut pas longtemps pour retrouver la princesse Samsi. Lorsque les gardes l'atteignirent, elle se préparait à quitter la ville. Elle ne salua ni le roi ni la reine, hautaine dans son malheur.

– Samsi, nous savons que tu as fait inciser les rênes du char de mon épouse. Pourquoi as-tu agi ainsi ?

– Parce que je la hais et que je t'aime, ô Salomon!

– Tu mourras, dit le roi, et l'officier ton complice aussi.

Cet homme était là. Son attitude humiliée contrastait avec la morgue de la princesse.

Il avoua tout. Son amour désordonné pour Samsi. Le crime. Elle l'avait élevé au rang d'officier, le sortant des écuries où il était palefrenier. Mais sa puissance de mâle séduisait l'ardente Samsi. Elle jura d'élever plus haut encore son amant, si elle devenait l'épouse de Salomon, et de le faire nommer capitaine des écuries royales.

Hors d'atteinte de la princesse, il dévoilait honteusement les trahisons, les complots, les conjurations contre Makéda. Tel avait voulu l'assassiner, tel autre avait voulu l'empoisonner. Alors Samsi avait imaginé le terrible accident du char.

L'officier attestait qu'il avait été le jouet de la redoutable créature, qu'il la répudiait maintenant, lâche et vil, dans l'espoir de sauver sa tête. Longtemps il avait refusé, mais elle avait, par ses caresses et ses promesses, triomphé de sa lâcheté.

– Vous mourrez tous les deux, décida Salomon, mais auparavant le supplice révélera les complots infâmes dont vous fûtes les instruments.

– Ô roi ! intervint alors Makéda de sa voix de sirène, je te demande la grâce de la femme.

– De la meurtrière qui faillit te ravir à mes passions ? Jamais, trancha Salomon.

– Je te le demande et je l'exige. Cette femme a voulu me tuer. Abandonne-moi sa vie.

Makéda souriait toujours, du sourire inquiétant de son visage félin.

– Crois-moi, tu n'auras pas à regretter ta grâce, car je ne la sollicite que sous conditions.

– Veux-tu me les dévoiler, ma bien-aimée, et je t'accorderai la grâce de Samsi...

– Samsi est donc libre. Mais libre dans Jérusalem seulement. C'est-à-dire qu'elle sera surveillée de jour et de nuit sans pouvoir quitter la ville. Pour parer sa beauté merveilleuse, elle ceindra son front de lait d'une courroie prélevée au harnachement d'un cheval, elle rasera ses admirables cheveux et elle gardera sa vie entière cet ornement unique : une rêne de cheval en guise de diadème.

Samsi ne répondit point. Blême, elle narguait la reine.

– Qu'on m'amène dans un instant Samsi parée comme je le désire, ordonna Makéda.

La cruauté de sa vengeance apparut à Salomon. Samsi pourrait-elle supporter la honte de l'opprobre perpétuel ceignant son front ? Sans aucun doute, la fière princesse préférerait-elle la mort à un châtiment plus cruel encore.

LA VENGEANCE DE L'HOMME

C'est à l'Alemafakar que tu seras le plus heureux,
car s'il est vrai que tu aimes mon corps
et que Jéhovah créa les béatitudes, Salomon,
sur mon sein, tu les connaîtras toutes.

– JE VAIS ENDUIRE VOS PLAIES, Ô REINE, DE CET onguent merveilleux : c'est un pansement de graisse de brebis mélangée de toile d'araignée saupoudrée de noir de bois d'olivier et serré dans une peau souple de serpent. L'emplâtre cicatrisera rapidement vos contusions.

Ainsi parlait son magicien ordinaire à la reine de Saba. La souveraine était meurtrie par ses chutes et les tensions musculaires en efforts acharnés pour échapper à la mort.

Sa journée s'était passée dans l'isolement parmi ses guérisseurs. Les membres serrés de bandelettes, elle refusa de prendre ses repas avec Salomon, car elle souffrait atrocement.

L'après-midi, le roi insista pour visiter son épouse. Il la trouva dans la salle des audiences du palais de la reine, conférant avec des chefs de son armée, son rabbin et ses conseillers. Les dignitaires, à son approche, firent mine de se retirer, mais Makéda les retint d'un geste.

– Je n'ai point de secrets pour mon époux, dit-elle, bien au contraire. Sans doute sera-t-il intéressé de connaître un prince des Kaffoutchos révolté contre sa souveraine.

Le roi considéra curieusement le prince rebelle. L'homme était de teint très cuivré, enchaîné, hautain, le regard fixe.

– Ce prince prisonnier, expliqua la Perle, m'est envoyé par mon régent Jacoub, qui m'informe de la gravité de l'émeute grondant en quelques provinces de mes États.

– Des émeutes ? s'étonna Salomon.

– Oui, ô roi ! Rien ne vaut pour un peuple la présence de son souverain pour assurer le calme et la paix. Les Kaffoutchos se sont révoltés contre ma législation antimasculine. Mais vois plutôt l'accoutrement du prisonnier. Il est symbolique de l'état d'esprit des rebelles.

En vérité, le prince captif, un garçon superbe, était bizarrement vêtu : son torse nu était habillé d'une cape découpée dans une peau de lion volontairement déchirée et tombant en lambeaux sur les hanches. Un tablier de cuir tanné couvrait les jambes musculeuses. Quant à son front, il était coiffé d'une sorte de casque de cuir surmonté d'un énorme phallus de peau tannée et colorée.

– Dois-je comprendre que ces hommes revêtent une peau de lion déchiquetée en dérision de ton titre de lionne de la tribu de Juda, et qu'ils arborent l'apanage de la puissance virile en opposition à tes préceptes ? demanda le roi.

– Exactement, Salomon, et les rapports de mes capitaines m'informent que le territoire des insurgés est aujourd'hui hérissé de ces symboles, taillés dans la pierre ou le bois. Le phallus est devenu le signe de ralliement de la révolution des hommes. Le cas est grave pour mon gouvernement, car du pays de Kaffa proviennent les plants de caféier dont les grains, macérés, produisent cette liqueur brûlante et revigorante dont tu es si friand. Il faut que je dompte l'émeute qui coûta déjà l'existence de mon gouverneur et de plusieurs cohortes de mes soldats les plus valeureux.

– Ô reine ! fit alors le prince rebelle dans sa langue gutturale qu'un officier de la garnison de Kaffa traduisait à mesure, nous avons juré de mourir jusqu'au dernier. Notre cri de guerre est : « Gloire aux hommes, à qui Dieu donna la puissance virile et fécondante ! » Nous avons adopté le symbole de cette puissance comme ralliement. Votre joug faisait de nous les esclaves des femmes, faibles et fantasques. Nous refusons cette soumission. Nous n'obéirons pas au caprice de la reine inféconde qui hait l'amour. Nous sommes partis en guerre sous le signe de l'amour. Maintenant, ô reine ! fais-moi mourir comme mes frères, car je ne me soumettrai jamais.

– Que l'on conduise le prisonnier au cachot, dit la souveraine d'un air accablé.

Et, s'appuyant sur le bras de Salomon, la Perle alla discuter avec lui dans la chambre de repos.

– Que de soucis paraît te donner cette révolte, Makéda !

– Je crains qu'elle ne se propage en mes autres provinces.

– Voilà un souci que ma législation m'épargna, car je n'aurais jamais songé à entraver l'amour...

– L'amour ! Ne sais-tu pas, Salomon, que l'amour est ma vie ? Tel un brasier qu'allume ton cher regard, il incendie mes jours et mes nuits. Aussi, depuis notre mariage, ai-je amendé progressivement mes lois proscrivant l'amour. Mais je n'ai pourtant point altéré cette partie de ma législation qui donne à la femme, en mes États, un droit plus prononcé dans la vie sociale.

– Tu demeures donc le prophète des droits des femmes ?

– Pourquoi pas, Salomon ? Avant de te connaître, l'aveuglement de mon ignorance me poussa à décréter la supériorité du sexe féminin sur le sexe masculin. J'ai senti la vanité de ma volonté. Aussi ai-je travaillé, dès lors, à établir l'égalité absolue des sexes.

– Comment y parvenir ?

– En diminuant l'importance de la volupté.

– Précepte égoïste, ma belle reine, ô mon divin instrument d'amour, car ce qui est bon pour la reine doit être bon pour son peuple...

– Hélas, Salomon, la reine a des faiblesses dont elle se rend compte. Elle saura les tempérer par la force de son caractère. Mais le peuple, lui, a des faiblesses irrémédiables. Le sentiment d'amour paralysé par mes décrets a produit, dans mes États, un revirement sentimental absolu. Dans des milliers d'années, la trace en demeurera. Les femmes ne seront plus accablées par le vertige de leur sensualité et ne seront plus, à cause de leur chair, à la merci des mâles égoïstes. Les femmes collaborant au même titre que les hommes à la chose publique, j'ai doublé le nombre de travailleurs sur l'étendue de mon Empire ainsi que sa capacité de production, donc développé sa richesse.

– Te voici raisonnant comme les rabbins et les commerçants de Jérusalem, plaisanta Salomon. Eux aussi ne considèrent dans l'existence que les réalisations matérielles, la jouissance de l'or, l'accumulation des richesses… J'aurai lutté en vain contre cet esprit de lucre qui finira par pervertir le monde entier. Crois-moi, ô reine, il y a autre chose que cette prospérité que tu te vantes d'avoir atteinte. Il y a l'amour, le plaisir de vivre, la félicité conjugale et la joie ardente des sens déchaînés…

– Ta conception est sage et profonde, Salomon, et je ne serais pas loin de la partager si elle ne conduisait rapidement à l'abus et aux excès. Au contraire, mes lois ont opéré une réaction salutaire sur les débordements des sens. Aujourd'hui, dans mon peuple, plus personne ne proteste contre l'égalité sexuelle qui fait de la femme la collaboratrice de son époux, tandis qu'elle n'était naguère que l'exutoire de ses désirs voluptueux. Le temps n'est plus gaspillé en vaines sentimentalités. Le peuple de Symiène et de Saba travaille et se reproduit sans dramatiser ses passions. La liberté des sexes est absolue, et le bonheur général.

– Sans y croire je te complimente, grande reine du matin. Ton œuvre témoigne du désir de bien faire. Sois bénie tant que ton action ne transgressera pas les divines lois de Jéhovah. Je te laisse légiférer à ta guise et ne demande des droits que sur le royaume de ton corps.

La reine de Saba, bien que flattée, demeurait de capricieuse humeur. Elle cherchait visiblement à demeurer sur le terrain de la discussion afin de provoquer l'explication qu'elle souhaitait. Elle y parvint tandis que les époux goûtaient, dans les jardins, les charmes aromatisés du crépuscule voilant doucement les campagnes galiléennes.

– Mon roi, Makéda a beaucoup pensé, dit-elle alors. Elle sait tout, et tout ce qu'elle sait comporte un précieux enseignement qui lui dit : la reine doit partir.

Salomon, ahuri, protesta vivement.

Makéda apaisa ses craintes. Son amour ? Il était grand comme la terre. Mais chaque jour elle n'échappait que par miracle à des attentats. Les complots étouffés pouvaient se rallumer au feu de la haine. Les rabbins ne lui avaient point pardonné le miracle des cinq noyées. Quant à la princesse Samsi, amoureuse de Salomon, n'aurait-elle point d'imitatrices ?

Le roi s'efforça de rassurer son épouse, mais celle-ci sut vaincre ses résistances en lui dépeignant la douceur d'aller vivre ensemble cent et vingt journées voluptueuses à Tadmor [1].

– Pourquoi Tadmor, ma reine aimée ?

– Écoute. Tadmor est une des plus belles oasis au monde et la verdure sous le soleil, dans l'éclatement des sables d'or du désert, y est un enchantement. La source d'eau vive qui coule en cette verdure est un ruissellement de pierreries. Allons y vivre des heures de joie et d'isolement. Vois-tu, mon roi, disait-elle passionnée, je suis amoureuse. Je veux me rassasier de tes étreintes si savantes que mon corps, à chaque instant, en conserve le goût et le désir constamment renouvelés. À Jérusalem, je suis perpétuellement jalouse de l'atmosphère qui t'entoure. Viens. Je possède à Tadmor un pavillon où nous serons heureux, et je t'y réserve des surprises indicibles.

– Ton projet d'exil date-t-il de longtemps ?

– Depuis notre mariage je pense à t'enlever, ô roi ! N'ai-je point conservé la déformation de mes lois

1. Autre dénomination de Palmyre.

anciennes qui autorisent l'amante à emporter l'amant de son choix dans sa retraite ?

– En l'occurrence ta conception n'est point sans charme, fit Salomon avec fatuité.

Makéda continuait à décrire les enchantements de Tadmor avec des mots de flamme. Son humeur chagrine s'apaisa lorsqu'elle vit que le Potentat cédait à son nouveau caprice.

– Nous irons de Jérusalem à Tadmor par le mont Éphraïm et le mont Tabor, indiqua-t-elle. Nous ferons au roi Hiram de Tyr la visite que depuis si longtemps il nous réclame, puis, parcourant la Phénicie, le mont Liban et le Zozabh, nous traverserons l'aride désert de Syrie pour arriver à l'Alemafakar [1].

– À l'Alemafakar ? Mais n'est-il point partout où tu es ? sourit le roi.

– Peut-être, mais en l'Alemafakar que j'ai fait construire là-bas se résument toutes les voluptés terrestres, et je veux y faire un séjour inoubliable avec toi… À notre retour, nous verrons aussi le Pharaon Pesibhenno. Ainsi notre voyage d'amour aura-t-il son utilité. Dis-moi oui, mon aimé, et sur mon ordre instantané se formeront déjà mes longues et puissantes caravanes.

– Oui, oui ! répéta Salomon, charmé.

– Je veux un voyage triomphal comme notre amour. Partout où nous passerons vivront, pour des siècles, l'étonnement et la stupeur. Depuis des journées et des journées je médite cette route. Je pense à la joie que tu sois à moi seule, loin de tes prêtres haineux et de tes femmes complices, de ton Temple et de tes conseillers. À moi ! Nous voguerons dans le bonheur. Nos escortes seront si puissantes en hommes, éléphants, chameaux et chevaux qu'il leur faudra tout un jour pour traverser le même village. Et

1. Le paradis d'amour.

le peuple dira : Comme ils sont grands ! Comme ils s'aiment ! Comme ils sont heureux !

» C'est à l'Alemafakar que tu seras le plus heureux, car s'il est vrai que tu aimes mon corps et que Jéhovah créa les béatitudes, Salomon, sur mon sein, tu les connaîtras toutes !

» Ne te préoccupe d'aucun souci gouvernemental. Déjà les tours de mes signalements mystérieux s'édifient sur notre route et les relais s'organisent. Tout à l'heure mes conseillers m'apprenaient que Tadmor, à quinze journées de marche rapide de Jérusalem, serait bientôt bâtie... Laisse ta reine créer un nouveau miracle...

VERS LE PARADIS PASSIONNÉ

Salomon ne se lassait jamais de l'ingéniosité savante et toujours inédite déployée par sa fougueuse maîtresse pour reprendre au temps les années d'amour qui lui avaient été volées.

AINSI QUE LA REINE DE SABA L'AVAIT VOULU, LES caravanes s'ébranlèrent pour se rendre à Tyr avant de rejoindre Tadmor. Jamais les peuples accourus pour voir ce féerique spectacle n'avaient contemplé une telle puissance en marche.

De gigantesques éléphants ouvraient et fermaient la caravane. Des multitudes de cavaliers et de fantassins protégeaient le cortège. Les chars et les chariots, par centaines, transportaient le matériel, les vivres et les équipements, tandis que la reine de Saba et le roi Salomon voyageaient confortablement, à dos d'éléphant, dans de moelleuses et splendides nacelles.

En arrivant dans la capitale du royaume de Phénicie, le cortège provoqua la stupeur et l'émerveillement des sujets du roi Hiram. Cependant, le désir d'être à Tadmor aiguillonnait si vivement la souveraine qu'elle s'efforça d'écourter la triomphale réception organisée en son honneur. Makéda prit toutefois le temps d'admirer les douze à quinze étages que comportaient les maisons de Tyr : cette importante cité de navigateurs et de commerçants étant surpeuplée, les habitants avaient été obligés d'élever les bâtiments pour trouver à se loger.

Ce fut après quatorze jours d'une marche rapide à travers le désert que les amants arrivèrent enfin à Tadmor. L'oasis leur sembla un mirage éclatant.

Au cœur des bouquets de palmiers et d'arbustes vert tendre, les pavillons se profilaient d'une blancheur éclatante. La cité de rêve qu'ils formaient, la reine de Saba l'avait fait encadrer d'une abondante végétation transportée de Damas. Tout ici suivait le cours de l'eau claire donnant la vie parmi l'océan tragique des sables qui faisaient de Tadmor une retraite inaccessible. Le désert est impitoyable et féroce pour les caravanes téméraires, et les voyageurs qui n'étaient pas attendus ne pouvaient arriver à destination sans périr de soif. Car en accaparant la source unique du désert syrien, Makéda s'était plu à le rendre impraticable.

Néanmoins, si un voyageur chanceux parvenait à atteindre l'Alemafakar, il était d'abord reçu dans le camp militaire, à l'extrémité d'une langue de verdure qui se concluait par un large bassin. Au fond du campement se trouvaient les petits pavillons réservés aux danseurs et danseuses. Le visiteur traversait alors un jardin féerique pour accéder aux cuisines et aux demeures des domestiques. Puis il pouvait admirer le pavillon d'amour, bâtiment rectangulaire à toit plat bordé d'une galerie à multiples colonnades dont chacune représentait un phallus.

À gauche se situait la résidence privée de la reine, laquelle était composée de deux chambres, l'une consacrée au repos, l'autre à la toilette. Celle du roi, exactement semblable, s'élevait à droite du pavillon. Derrière se laissaient entrevoir un nouveau jardin et les cages des animaux favoris. Au bout de ce parc, les pavillons de la garde privée et des rares dignitaires admis à partager l'isolement royal entouraient l'endroit sacré où jaillissait l'eau précieuse, bienfait du désert, qui rend la vie parmi l'âpre et terrifiante nappe de sable, tombeau de l'égaré, linceul éternel du nomade audacieux.

Voilà ce que le voyageur chanceux aurait pu voir à Tadmor. Mais nul doute qu'il n'aurait pas été admis à pénétrer dans la villa ornée comme un temple, fraîche et veloutée comme une cave, où toute l'intempérance luxurieuse des amants royaux se donna libre cours...

Les plus infimes détails concouraient habilement à y créer une atmosphère sensuelle, car ici tout appelait, rappelait et invoquait l'amour. Au sol, la mosaïque reproduisait des scènes érotiques d'une délicatesse et d'un raffinement inouïs. Les murs étaient couverts de peintures ou tapissés de tentures fort suggestives. Partout l'étreinte amoureuse s'imposait, régnait, triomphait. Partout des femmes étaient prises par des hommes, des oiseaux ou des animaux en des fresques d'une imagination si débordante qu'il était impossible d'y demeurer insensible. Des statues mettaient en relief des êtres beaux et harmonieusement accouplés dans des plaisirs indicibles.

La forme même des meubles évoquait des corps alanguis ou raidis dans le désir ou l'extase. La table était portée par quatre énormes pénis. La vaisselle était gravée d'images et de maximes érotiques. Salomon et Makéda y goûtaient des mets spécialement préparés pour exciter les sens et servis par les plus beaux spécimens d'esclaves nus. Des mimes, des comédiens et des danseurs se livrant à de fiévreuses caresses achevaient de célébrer les plaisirs de la chair sur une musique éréthique...

Là, le roi poète et la reine de Saba voguaient sur une mer de voluptés, le corps tendu et vibrant comme la corde d'un luth. Salomon ne se lassait jamais de l'ingéniosité savante et toujours inédite déployée par sa fougueuse maîtresse pour reprendre au temps les années d'amour qui lui avaient été volées.

Afin de bâtir cet Alemafakar, la reine de Saba avait fait travailler pendant huit mois quatre mille ouvriers s'exténuant jour et nuit à la tâche. Les plus fameux architectes axoumites et sabéens avaient fourni les plans remaniés jusqu'à la perfection par les caprices de la reine amante.

Le fameux ingénieur Adoniram, qui avait coulé les statues énormes de chimères ailées, griffons monstrueux, génies et chérubins du Temple de Jérusalem, avait été spécialement chargé par Makéda de forger les figurines érotiques dont les sculpteurs les plus habiles dans l'art de glorifier l'amour physique lui avaient fourni les projets. Toutes les merveilles de l'art érotique de Thèbes, Babylone et Saba avaient été réunies par les émissaires de la reine pour figurer dans ce palais des plaisirs.

*

* *

Parmi cette orgie de lumière, de parfums, de musique et de sensualité, le roi magnifique et la reine du matin vivaient des journées langoureuses.

Dès son réveil, vers la cinquième heure, dans le pavillon privé dont Makéda avait minutieusement fait copier les chambres d'après les appartements du roi à Jérusalem, Salomon se trouvait livré à la science des serviteurs de la reine. Silencieux et muets, ils massaient son corps, le parfumaient d'huile odoriférantes ainsi que l'on procède, pour un nouveau marié, le jour de ses noces. Déjà le souverain entendait les luths et les chants éparpiller dans l'air des sonorités douces comme les parfums des fleurs. Il revêtait une somptueuse robe de soie pourpre brodée d'or, à la fois longue et légère, qui flottait autour de lui comme un manteau de sang, puis il se rendait au pavillon d'amour escorté de danseuses nues et souples dessinant autour de lui de savantes arabesques de chair.

Makéda rejoignait son amant dans la chambre où ils prenaient leur premier repas. Elle se présentait à lui escortée de ses propres danseurs et chanteurs nus. Des paons blancs et diamantés sautillaient autour d'elle. Les encensoirs et les brûle-parfum répandaient les effluves capiteux de la myrrhe, du nard et de la cinnanone.

Ordinairement vêtue de deux voiles légers sous lesquels s'estompait la ligne onduleuse du beau corps que les combats d'amour faisaient souple et félin, la reine aimait à se faire désirer ainsi, dès son lever, afin d'inaugurer sa journée d'une bénédiction voluptueuse.

Les serviteurs offraient aux amants des vins précieux et excitants. Derrière une tenture s'élevait la voix d'un chanteur qui louait la beauté physique et les ivresses de la chair.

Enlève le premier voile. Il est sur le corps de ton épouse comme la brume du matin sur la campagne, lorsque va la chasser le soleil triomphant.

Alors Salomon enlevait le premier voile tandis que s'éclipsaient les danseurs et les serviteurs. Le chanteur, accompagné des harpes cristallines, continuait à célébrer l'amour.

Enlève le second voile qui est celui de la pudeur. Aime, ô roi ! Aime celle qui t'aime et t'est livrée dans sa splendeur comme un jour éclatant de lumière.

Et Makéda savait chaque jour imaginer d'inédits festins amoureux. Elle était insatiable dans la recherche des raffinements les plus osés de la science érotique, ceux-là mêmes dont les scribes et les savants se transmettent les secrets comme des formules magiques.

Les heures chaudes se passaient en siestes espiègles ou en ébats passionnés dans la piscine d'albâtre. La nuit tombait sur les merveilleux soirs d'Orient, de soies, de velours et parfums. Soirs inimaginables, tissés de pierres précieuses, blessés du sang pourpre du soleil mourant. Alors, en quête de fraîcheur, les amants montaient sur la terrasse du pavillon. De hautes balustrades couvertes de tapis et de nattes protégeaient ce jardin suspendu contre les nuages du sable impalpable, pénétrant et obstiné. Aux quatre horizons s'inventaient des paysages fabuleux et des cités chimériques dans le mirage sans cesse renouvelé où le ciel se confond avec la terre.

Sur la table fleurie, les repas étaient servis dans une vaisselle d'or. Le menu était toujours vivifiant, les vins grisants, le café pur et brûlant comme une liqueur. C'était l'heure où le roi poète prenait volontiers sa harpe ou son luth, renvoyant les danseuses, les musiciens et les chanteurs pour demeurer seul avec Makéda.

Quand Salomon chantait, la luxure se muait et s'épanouissait en poésie. Et lorsque les amants étaient saturés d'idéal, la reine entraînait son roi sur sa couche douce comme un pétale. Avec le ciel d'azur lumineux pour baldaquin, ils s'aimaient encore, jusqu'à l'épuisement, face aux étoiles.

Il arrivait parfois que les amants prolongent jusqu'à l'aube la fête des danses, des chœurs et des sens. Quelquefois même, vers la dixième heure du jour, les souverains galopaient à cheval dans l'oasis, ou bien fuyaient Tadmor pour une course en char à travers le désert.

Le cours de cette existence se développait comme une frise ardente et belle. Cependant Salomon se sentait, peu à peu, vieillir et faiblir.

Makéda convoqua l'aréopage des sages qui jadis, à Axoum, s'étaient appliqués à lui fournir une thérapeutique contre l'amour et qui aujourd'hui, ô ironie, mettaient toutes les ressources de leur science au service de l'art d'aimer !

ET SALOMON BUT DES ÉLIXIRS

Je n'imaginais point que, dans cet ordre de choses,
la science ait pu se porter au secours de la volupté…

MERARI ÉTAIT, CE JOUR-LÀ, LE PORTE-PAROLE DES sages souriant malicieusement dans leurs barbes tressées.

– Ô reine du cœur de Salomon, disait-il, la vigueur d'un tout jeune homme n'est point un bienfait pour une femme. Elle épuise sans passionner, car l'expérience de l'amour manque à l'adolescent. Il remplace la qualité des caresses par la multiplicité exténuante des assauts. Seules les études parviennent à donner au jouvenceau ce raffinement qui dompte l'amante bien mieux que la puissance. Nous sommes persuadés que le roi Salomon, si versé dans toutes les sciences, en remontrerait aux plus doctes théoriciens de l'amour. Il se peut cependant qu'un homme mûr s'épuise au plaisir. Alors sa maîtresse prendra soin d'éloigner de lui le froid redoutable qui extermine le sens génésique. C'est dans la chaleur que naissent les désirs comme des fleurs écloses au soleil. Avez-vous déjà employé, pour corser une douce chaleur, les fumées odorantes produites par la combustion lente de la racine de *tchesta* mêlée au bois de santal ?

Makéda fit un signe de dénégation.

– Connaissez-vous la pâte que l'on obtient par la préparation des mêmes racines ? Les plus savants professeurs, les courtisanes les plus fameuses, les plus clairvoyantes épouses assurent que les parties sexuelles enduites de ce baume connaissent une sensibilité et une puissance érectiles qui ne durent pas moins de six heures. Vous pouvez aussi vous faire préparer, ô reine, le café pur, soigneusement macéré, fort comme un alcool, pimenté de farine de kola. Le vin est également un excellent réactif si vous avez soin d'y faire macérer la poudre de noix de Djimat.

– N'oubliez pas, intervint un deuxième savant, les bienfaits universels du vinaigre mélangé d'huile de Tirba…

– Non plus que le beurre saupoudré de farine fine de la fleur *astaad*, poursuivit Merari.

– En avez-vous noté les recettes ? s'inquiéta la reine, pensive.

– Elles sont toutes expliquées en détail sur ces papyrus, déclara le premier scribe.

– Je n'imaginais point que, dans cet ordre de choses, la science ait pu se porter au secours de la volupté…

– Et de la fécondité, grande reine !

Makéda rougit violemment et fixa son conseiller. Il reprit aussitôt :

– La nourriture de l'époux doit être graduellement pimentée au poivre rouge de Berberi, au poivre jaune des Indes, au poivre blanc de Diodori et au poivre noir de Wollega.

– Il est excellent d'accentuer l'effet de ces piments d'un nuage de poudre de noix de Djimat, précisa le second savant.

– Nous le notons, lança Merari après avoir consulté ses papyrus.

– L'épouse peut contribuer énormément au réveil sexuel de l'époux. Mais nous n'avons certes rien à vous apprendre des leçons dont vous fûtes témoin à l'école d'amour de Thèbes…

– Ah ! s'exclama alors le troisième sage, que n'existet-il de pareilles écoles dans nos villes ! Les mariages y seraient, sans aucun doute, plus heureux et plus durables !

– Si ces écoles ne sont point en contradiction avec les lois de mes États, j'en examinerai l'éventuelle installation, répondit la reine de Saba. Mais il faudra me faire un rapport détaillé sur leur organisation, car je ne m'en souciai guère à Thèbes et je me souviens de m'être enfuie...

Elle rit franchement à ce frais souvenir de jeunesse.

– L'homme aime la variété dans la caresse féminine, reprit imperturbablement Merari. C'est un perpétuel ruban qui doit s'enrouler autour de son corps, aux frôlements toujours nouveaux, jamais banals, infiniment répétés par les positions que nous enseignent les sages. Il faut alterner les caresses douces et frôleuses avec les étreintes vigoureuses, fougueuses, brutales même, s'achevant par d'autres caresses languissantes et presque féminines.

» Ne vous montrez jamais jalouse, ô reine ! La jalousie est un bourreau de l'amour. Elle martyrise et anémie la passion, la transforme en angoisse et rancœur. La jalousie dégrade et répugne à l'époux. Elle ouvre à l'amant des horizons insoupçonnés et beaucoup de femmes abandonnées ont servi leur propre malheur. Mais la colère justifiée ou simulée est parfois un baume pour l'amour affaibli. Les larmes ont une vertu singulière sur les sens de l'homme. La douleur aiguillonne. Les pleurs aiguisent le désir masculin d'une perverse volupté. Essayez, ô reine ! et vous aurez le grand Salomon éperdu à vos pieds, comme un enfant de vingt ans.

– Continuez, ordonna la reine de Saba, et ne vous souciez pas du choix que je ferai de vos conseils.

– Les discussions matérielles devront être évitées au lit nuptial. L'amour n'a cure des soucis d'État. Il est égoïste. Il ne se complaît et n'est en floraison que dans le bien-être, le calme et la douceur. Voilà pourquoi les courtisanes ont une clientèle assidue d'hommes que leurs femmes importunent.

Ils se réfugient dans les bras de ces voluptueuses muettes pour qui l'amour est une étude et la discrétion un rite.

– Est-ce tout ?

– Oh non, reine ! Les sages écrivirent un ouvrage de trois cents papyrus sur les sujets dont nous vous donnons ici un aperçu. Laissez-nous continuer et vous constaterez que nous avons abordé tous les aspects de cette science. Bien sûr nos scribes recopieront à votre intention le développement des points particuliers qui susciteront tout spécialement votre intérêt.

» Dans l'étreinte, l'épouse manifestera sa joie. L'épouse égoïste lasse l'amant. Le mari, qui donne la volupté, aime qu'il lui soit montré que cette volupté est de qualité, qu'elle est reçue avec joie et que le plaisir de l'amante répond au sien. Une femme habile et expérimentée se prépare au geste bien avant l'étreinte. Elle y aspire. Elle est pâmée déjà avant de se donner. Ainsi naît et se développe, dans l'orgueil essentiel et naturel du mâle, le désir viril de l'époux.

» Enfin, n'ignorez pas que la femme connaît l'extase voluptueuse plus souvent que l'homme sur le même temps que celui-ci. Il faut que la femme supplée à cette impuissance physique par des caresses savantes. Certaines épouses, à ces moments, font avec succès intervenir des tiers : troupes de danseuses et de mimes comme vous en possédez, ô reine, de si adroites. Des épouses et des courtisanes appellent même dans le lit nuptial, pour attiser la volupté de l'époux et mieux l'enchaîner à elles, des assistantes dociles à leurs ordres, tour à tour passives ou actives. Ainsi elles se préservent, du moins le prétendent-elles, de toutes les trahisons possibles du mari, par nature polygame et luxurieux.

– Encore une fois, observa Makéda, à l'homme est ici dévolu le beau rôle.

– Ce rôle est dévolu par la nature et lui est consacré par les femmes qui ont elles-mêmes inventé ces raffinements, ô reine ! Et n'ignorons pas que certaines épouses sont, de la même façon, polyandres !

– Voici donc l'équilibre rétabli, dit Makéda.

– Tous les conseils que nous avons le bonheur de donner à notre illustre souveraine, signifia Merari, sont applicables dans le cas où l'épuisement viril n'est pas définitif. Dans les cas de faiblesse avancée, nos thérapeutes préconisent la flagellation et les piqûres. La douleur réveille les musculatures engourdies...

– Mais ce sont sans doute là, dit Makéda, des moyens désespérés ?

– Beaucoup de jeunes gens, ô grande reine, par dépravation ou par déformation congénitale, s'y livrent déjà. La flagellation est de tous les systèmes le plus répandu. Elle se pratique avec des fouets de poils de queue d'éléphant. Les piqueurs administrent des incisions dorsales avec des stylets finement aiguisés, ou bien ils appliquent un régime de vingt-quatre pointes de fer rougies au feu.

– Merari, vous ordonnerez au premier scribe de me copier tous les systèmes et les moyens, avec les développements les plus complets, sur des papyrus durables que je veux rassembler en un livre solide car, décidément, cette science est égale à toutes les autres. Comme toutes les autres, en effet, elle peut être créatrice et destructrice.

Et l'aréopage, obéissant, s'en fut exécuter ces ordres.

*

*   *

La reine inassouvie usa de toutes les recettes, de tous les remèdes et de toutes les ruses inscrites au livre de l'Amour. Le roi Salomon, victime de sa passion et de ses excès antérieurs, s'affaiblissait toujours.

Lorsque la reine eut appelé certain soir, dans sa couche refroidie, une danseuse d'Égypte que l'on disait la plus experte et la plus perverse des amoureuses, cette dernière lui indiqua la composition d'un élixir dont elle lui garantissait les vertus magiques.

La reine de Saba prépara l'élixir mais il fut sans effets sur l'organisme alangui de Salomon. Makéda en conçut une vive douleur. Pourtant elle aimait Salomon. Elle ne l'aimait pas seulement de toute sa chair incendiée, elle l'aimait aussi de toute son âme et de tout son esprit. Sa séduction cérébrale était aussi subtile que son raffinement sensuel.

La Perle soigna donc le roi poète et l'aima avec ce sentiment presque maternel que double l'amour passionnel des femmes. Aussi bien, ne sentait-elle pas souvent sourdre un tressaillement nouveau ? Ne s'arrêtait-elle pas, avec des émotions inconnues, devant une mère allaitant son enfant ? Ainsi, le feu de la chair se conclut en présages, beauté, sagesse et philosophie.

POUR QU'IL LUI RESSEMBLE

Cet enfant que je porte en mon cœur doit perpétuer après nous la mission de regrouper la tribu d'Israël éparpillée de par le vaste monde…

SALOMON ÉTAIT APPARU SUR LA TERRASSE DU palais de Palmyre suivi de l'un de ses serviteurs, un colosse tenant en laisse un énorme bélier aux cornes dorées. La reine s'étonna très vivement.

Le Pacifique, pour se faire comprendre, jeta un regard contrit sur l'entourage de Makéda. Elle était allongée sur un divan que des esclaves balançaient lentement afin de créer autour de la souveraine un coulis d'air frais dans l'atmosphère torride de l'après-midi. Autour d'elle, trois vieux scribes couvraient des papyrus de leur écriture compliquée.

– Puis-je solliciter de mon épouse la grâce de connaître la raison d'un tel travail ?

Sans répondre, Makéda saisit un des rouleaux de papyrus et le tendit au roi. Surpris et flatté, l'Ecclésiaste y lut ceux de ses proverbes et de ses psaumes que le soir, dans la douceur du crépuscule, il se plaisait à inventer pour le ravissement de sa compagne.

– Mais pourquoi, ma divine, cette tâche qui t'absorbe et te fatigue ? Tout ce que je chante et tout ce que je dis n'est-il point pour nous seuls ?

– C'est parce que je veux immortaliser ta parole, mon savant seigneur !

– La parole n'est qu'un souffle. Seul l'édifice de pierre et d'or du grand Temple subsistera dans le temps et suffira à ma gloire.

– Tu fais erreur, mon grand roi. De par les torrents de sagesse qui coulent de ta bouche, ta voix est plus durable que les pierres. Celles-ci s'effriteront comme ont disparu les monuments grandioses, les hypogées monstrueux que nos ouvriers découvrirent sur le versant du Liban. Ceux-ci témoignent pourtant des splendeurs, que nous n'égalerons jamais, d'une civilisation morte.

– Si les pierres deviennent poussière, que restera-t-il des mots ?

– Je conçois une enveloppe protectrice puissante où tes chants seront enrobés. Elle défiera les siècles. Ainsi, dans l'avenir, nos descendants auront-ils le loisir de s'abreuver à ta source de sagesse. Si Jéhovah le veut, il inspirera à un lévite de joindre tes écrits au récit de Moïse pour l'édification des enfants.

– N'as-tu pas dit « nos descendants », ma divine ?

La reine du matin rougit. Elle tourna les yeux vers les scribes immobiles qui avaient feint de ne pas s'intéresser au discours des souverains. Aussitôt le roi comprit et sourit. Il frappa dans ses mains. Un serviteur détacha le bélier aux cornes d'or. Celui-ci, capricant, caracola, se dressa sur ses pattes arrière puis, sur un signe de Salomon, se rua sur les esclaves et les scribes.

– Tu vois, ma reine, fit le Pacifique lorsque la terrasse fut désertée par les importuns, ce bélier apprivoisé est mon *kalkai* [1].

Makéda rit et attira vers elle son époux. Mais Salomon, la saisissant aux épaules, voulait connaître la vérité.

– Tu as dit *nos* descendants. Je t'ai interrogée. Tu as rougi et tu étais encore plus belle ainsi. Puisse mon insistance te faire rougir encore…

La reine s'empourpra davantage, baissa les yeux et, se réfugiant dans les bras du roi, lui confia le cher secret. Salomon, éperdu de joie, lui dit alors :

– Tu m'offres là un double bonheur. D'abord parce que j'aime déjà le petit être tressaillant formé de nos chairs, ensuite parce qu'il me vaudra la félicité de te garder auprès de moi, ô ma lumière !

Makéda secoua la tête.

– Non, roi d'Israël, répondit-elle d'une voix grave. Je ne pourrai demeurer près de toi qu'en pensée. Cet enfant que je porte en mon cœur doit perpétuer après nous la mission de regrouper la tribu d'Israël éparpillée de par le vaste monde. Pour cela, il faut qu'il soit couronné à Saba. L'enfant de l'Ecclésiaste et de la Perle, fille du prophète, ne peut faillir à son destin…

Salomon se désespérait. Mais il ne pouvait contrevenir aux lois de Dieu.

– J'aurais aimé, dit-il doucement, partager l'existence des seigneurs qui vivent en famille, baignés dans leur amour comme dans une lumière.

---

1. Domestique spécialement chargé de faire respecter l'isolement de ses maîtres et de transmettre leurs ordres aux subalternes.

– J'aurais aimé être plus qu'une reine : une femme, lui répliqua Makéda.

Ils parlèrent longtemps de l'avenir et de leurs projets. À Saba, la tradition voulait que les enfants fussent confiés à leur mère pendant les sept premières années, le père prenant au-delà le relais de leur éducation.

– Quelle terrible épreuve Jéhovah nous impose ! sanglota la souveraine.

– Mais ces sept années te permettront après de confier la régence de ton royaume à un prince et de venir me rejoindre avec l'enfant, suggéra Salomon. Alors le bonheur luira de nouveau.

– Oui, le bonheur luira de nouveau pour nous, et j'aurai fait de notre enfant un prince charmant au savoir profond comme celui de son père.

– Que ce serait doux s'il était un fils !

– Nous l'appellerions Ménélik [1].

– Il faudra qu'il soit un grand roi.

– Le plus puissant de tous, Salomon !

La tête penchée sur l'épaule du roi doré, la reine souriait à l'enfant. Le souverain suivait son regard perdu, mais il était foudroyé de chagrin.

1. Ce qui signifie « Pour qu'il lui ressemble ». Ce titre a été repris par tous les empereurs abyssins.

LA REINE RENTRE À SABA

Tu m'enverras l'anneau d'or si l'enfant est un garçon,
et tu me dépêcheras l'anneau d'argent
si l'enfant est une fille...

LORSQUE LES SOUVERAINS FURENT RENTRÉS À Jérusalem, la reine hâta son départ vers Saba.

– Je ne veux point compromettre la santé de notre enfant par un voyage tardif, expliqua Makéda. Je veux qu'il naisse à Saba, le peuple m'appelle.

Le camp sabéen s'activait joyeusement aux préparatifs du voyage et déjà la flotte mouillait devant Eziongabar. Mélancolique, Salomon tentait encore de retenir son épouse : un mois, une semaine, un jour... Combien légère lui semblait la joie des humbles, auxquels la vie est une bénédiction puisqu'ils ne sont jamais soumis à d'aussi cruelles séparations !

L'Ecclésiaste manda tous ses dignitaires dans la grande salle du trône afin qu'ils puissent saluer une dernière fois la reine du matin. Ils vinrent et le peuple houleux envahit la cité sombre pour voir partir l'épouse de son roi.

Makéda voulut encore, en ce jour, aller se prosterner dans le Temple et devant le Hékal, là même où le grand rabbin l'avait déliée de son serment, où le grand prêtre l'avait unie à Salomon. Après qu'elle se fut abîmée dans une fervente prière, elle disposa solennellement, dans la crypte qui renfermait le trésor sacré, un sarcophage de marbre contenant la série des tablettes sur lesquelles elle avait fait transcrire les proverbes et les psaumes du roi sage.

– Ô mon roi, dit-elle alors au souverain devant les rabbins réunis, j'aurai rempli un pieux devoir d'épouse en assurant à ces tablettes, que les enfants de nos enfants liront et dont ils s'émerveilleront, la pérennité de la gloire.

Ta philosophie étant la base de notre religion, chacun dira : « Comme Salomon fut juste ! »

Dans l'assistance, chacun se plut à reconnaître que la Perle célébrait comme nulle autre le savoir de son époux. Elle rendait plus grand encore le roi des Génies aux yeux éblouis de ses admirateurs et n'avait commis aucun des crimes dont l'avaient crue capable les rabbins jaloux lorsqu'elle était apparue, dans sa fulgurante beauté, aux portes de Jérusalem.

Les lévites vaincus cherchaient de quel forfait ils pourraient, dans l'avenir, accabler la sereine épouse de leur roi, mais ils défilèrent avec les autres dignitaires devant les trônes jumeaux. Tous se prosternèrent à l'appel du grand chambellan, baisant tour à tour la boucle de la ceinture royale. Une atmosphère de tristesse flottait sur le palais. Sa majesté raidie était tout imprégnée de l'affliction de Makéda et du morne désespoir de Salomon.

Dehors les portes de la cité, dans un grand tumulte, les troupes attendaient. Parmi le fracas des armes, les cris des soldats, le barrissement des éléphants et le sourd roulement des chars, l'armée sabéenne s'apprêtait à emporter sa reine, laquelle sentait couler dans son cœur comme une eau glacée.

Elle souriait pourtant à chacun et elle sourit encore quand le grand chambellan poussa devant elle la princesse Samsi. L'orgueilleuse rivale de Makéda, tenue par son rang de venir lui rendre hommage, se présentait seule. Son châtiment ne lui permettait pas de se mêler à ses égales.

Elle s'inclina face au trône, le crâne toujours rasé et le front ceint d'une courroie. Ses bras formaient une vivante corbeille aux roses qu'elle fit mine de présenter à la reine de Saba. Son attitude sembla suspecte au grand chambellan qui, de sa canne dorée, la fit trébucher avant que la souveraine ne se penche pour la remercier. Les fleurs pourpres achevaient de s'éparpiller sur les marches de l'estrade que Samsi brandissait déjà, au bout de son poing, le luisant acier d'un stylet. La princesse n'eut cependant pas le loisir d'esquisser le geste meurtrier : le grand chambellan l'avait aussitôt renversée en étreignant sa main. Le poignard tomba aux pieds de la Perle demeurée impassible, tandis que des gardes se précipitaient.

Comme toute l'assistance, Salomon réclamait l'exécution immédiate de Samsi. Mais Makéda, lentement, s'exprima :

– Ô mon roi, souviens-toi ; tu as remis entre mes mains l'existence de cette femme. Elle m'appartient. Eh bien, je lui pardonne l'obstination insensée de ses intentions criminelles. Il me serait pénible de laisser derrière moi une trace de haine. La reine préfère être clémente. Va, Samsi, quitte hâtivement Jérusalem et laisse repousser coquettement ta chevelure. Délivre ton front de sa courroie infamante. Va, Samsi, aime et sois heureuse.

Comment dire la consternation des dignitaires devant cette grâce inattendue ? Comment dire, surtout, la stupeur de Samsi ? Brusquement, celle-ci éclata en sanglots déchirants. La poitrine sanglante labourée de ses ongles, agenouillée devant Makéda, elle cria l'adoration née de cette bonté supérieure, surhumaine.

– La fille du prophète Anguebo pratique la charité de Dieu, intervint l'Ecclésiaste, dont les desseins sont immenses et inattendus. Allez en paix, princesse Samsi, mais ne forcez plus jamais mes yeux à se poser sur vous !

Ainsi se termina pour la reine de Saba, à Jérusalem, un séjour profus en splendeurs et merveilles, et si empreint de prodiges que le peuple en parla longtemps comme des bienfaits d'un rayon divin.

L'armée sabéenne s'ébranla lourdement vers Eziongabar. Des trompettes jetaient au ciel leurs longues plaintes cuivrées et le fracas des troupes en marche se mêlait aux acclamations populaires.

*
* *

Et toi, du haut de la terrasse de ton palais, ô Salomon, tu regardes d'un œil désespéré l'étoile qui s'en va. La reine des mers s'est enfouie dans sa chaise à porteurs, cachant ses larmes et sa douleur derrière les rideaux tirés.

Toute son armée semble piétiner ton cœur, Salomon, et tu as encore aux lèvres l'amère saveur de son ultime baiser.

Déjà elle est invisible. Alors tu rentres, les épaules ployées sous ton malheur, composer un hymne d'amour. Mais auparavant, l'ordre tombé de ta bouche a été bref et sec :

– Que l'on mure tout de suite les portes et les fenêtres du palais de la reine, que personne ne viole la solitude de cette demeure sacrée. Telle que Makéda a quitté cette maison, telle j'entends qu'elle la retrouve à son retour.

À son retour, entends-tu, Nathan, à son retour…

Sur l'heure, le palais naguère habité par la joie, les rires et les danses fut muré comme une tombe…

Regarde, ton épouse torture entre ses doigts deux anneaux, l'un en or, l'autre en argent. « Tu m'enverras l'anneau d'or si l'enfant est un garçon, et tu me dépêcheras l'anneau d'argent si l'enfant est une fille », lui as-tu dit. Or Makéda vient de poser ses lèvres brûlantes sur l'anneau doré.

JAKOUB ADOL MAR

LA NAISSANCE DE MÉNÉLIK

Elle est réalisée, l'union des âmes hébraïques,
et tout entière elle repose sur la tête fragile de Ménélik,
qui sera roi de Saba !

QUELLE ALLÉGRESSE, POUR MAKÉDA, DE REVOIR Saba s'estomper aux rives yéménites, avec ses aspects grandioses de cité fortifiée et de jardin suspendu dans les nuages !

À cette satisfaction se mêlait la tristesse d'une affreuse solitude pour l'amoureuse accoutumée aux caresses de son époux. Bientôt pourtant, cette solitude serait animée par la présence d'un enfant, et vers cet espoir convergeaient toutes les préoccupations de la reine de Saba.

Aspirant à l'heure bénie où elle mêlerait à sa poitrine une chair puérile qui serait celle de Salomon, à l'heure où brilleraient des yeux qui seraient le reflet du regard aimé, Makéda se consacrait ardemment au gouvernement de ses vastes États. Son voyage à Jérusalem lui avait enseigné beaucoup, et elle voulait en faire profiter son peuple.

Symiène et Saba furent aussitôt dotés de synagogues et des rabbins orthodoxes vinrent y prêcher la véritable religion de Jéhovah. Des traités de commerce s'établirent entre le royaume et la Judée. Il ne se passa plus de mois sans que des caravanes partent, de l'une ou l'autre capitale, pour marchander leurs richesses. Il en résulta une vive prospérité pour les deux peuples, qui connurent chaque jour plus d'aisance et de bonheur.

De mois en mois, la reine du matin et le roi doré échangeaient un courrier. Cette tendre correspondance, en chants, poèmes, énigmes et rébus, ou simplement en mots de flammes, permit à Makéda d'adoucir son attente angoissée. Mais l'heure approchait où les amours royales devaient porter leur fruit.

Cette heure vint, parmi les clameurs des Sabéens, au cœur de la ville bruissante, dans le palais incendié de torches. Dans un cri déchirant se réalisa le vœu de la Perle et les hérauts, sonnant de la trompe à plein gosier, purent instantanément annoncer :

– Il est né, le prince héritier ! Il s'appelle Ménélik et notre heureuse souveraine se sent bien !

Dans la grande salle des audiences, les dignitaires de la couronne, de l'Église et de l'armée rassemblés pour la présentation du nouveau-né entonnèrent un cantique à la gloire du Dieu immense et juste. Entendant la rumeur du chant sacré et des ovations, Makéda se crut transportée à Jérusalem, auprès du roi qui était dans l'attente anxieuse des nouvelles.

– Le messager est-il bien parti ? demanda-t-elle à Haïsar d'une voix faible.

– Il s'est mis en route à l'instant même où le prince Ménélik venait de voir le jour, confirma celui qui avait servi l'Ecclésiaste comme son père avait servi David.

C'était vrai : déjà un courrier sabéen galopait à travers la nuit vers une galère toute prête à appareiller. Sur son cœur, il portait un petit sachet contenant un anneau d'or.

La reine du matin, malgré sa faiblesse et les remontrances de ses médecins, appela Merari et lui dit :

– Afin de commémorer ce moment solennel, tu institueras une récompense pour mes sujets. Elle distinguera ceux qui auront servi la foi et l'État avec le plus de zèle, de talent et d'intelligence. Je veux la symboliser, sur la poitrine des méritants, par un anneau d'or pour les hommes et d'argent pour les femmes. Cet anneau sera suspendu au cou par un mince ruban bleu, car le bleu est la couleur salomonique. Tel est mon ordre. Et maintenant, que l'on me présente mon fils !

L'enfant magnifique et robuste criait à pleine bouche.

Orgueilleuse, la reine le serra contre elle puis s'endormit, épuisée, tandis que le pays tout entier s'exaltait en allégresse.

*
* *

Le courrier arriva chez Salomon quinze jours plus tard, ayant forcé les étapes et crevé ses chevaux.

Le roi, depuis la terrasse du Temple, ne cessait de scruter la route éblouissante qui, de Jérusalem, mène à Eziongabar. Il avait calculé le jour de la délivrance de la reine et, depuis la date prévue, son anxiété et son impatience lui faisaient regretter que Makéda eût jugé bon de démolir ces tours de signalement qui avaient établi un contact entre leurs capitales. Objectant le coût énorme du système aussi bien que les intrigues et les trahisons qu'il pouvait favoriser, elle préférait n'en point laisser subsister hors de ses frontières.

Quelle joie étreignit et transporta le roi doré lorsqu'il apprit, par les guetteurs dont il avait jalonné la route d'Eziongabar, l'arrivée du messager sabéen !

Assis sur son trône, Salomon fixe la porte de la salle tel un fauve à la chasse. Il veut encore revêtir cette scène de la majesté de ses attitudes, mais le père et l'amant qui sont en lui le disputent au souverain.

Le cavalier entre, couvert de sueur et de poussière. Le sang des montures qu'il a cravachées macule ses éperons et jusqu'à ses bottes. Sur un geste de l'Ecclésiaste, il tend le sachet qu'il porte sur sa poitrine et où se trouve enclos le destin de ce dernier. Salomon s'en saisit, l'ouvre dans l'instant, et l'or brille à ses yeux !

– Dieu soit béni ! s'écria le roi doré. Que les trompettes sonnent par tout le royaume pour annoncer la naissance de mon fils Ménélik ! Que le peuple s'amuse et bondisse de joie ! Il est né, l'héritier du trône de Saba, et c'est un enfant de Judée ! Que le Temple retentisse des cantiques de grâce ! Que les sacrifices propitiatoires commencent aussitôt, pour implorer l'intervention favorable de Jéhovah ! Que le messager de Saba soit traité comme un prince de sang royal, je le veux, car il est porteur de la nouvelle la plus chère à mon cœur ! Et que tous soient heureux puisque je suis heureux !

Ainsi ordonna le grand Salomon, et chacun répéta : « Hosanna ! Gloire à Dieu ! Longue vie à Ménélik ! »

Les seigneurs, ayant enfilé en hâte leurs ornements de parade, accoururent pour complimenter et honorer le roi. Déjà les rabbins préparaient les cérémonies de grâce et les sacrificateurs procédaient aux premiers holocaustes tandis que, distraitement, les doigts de Salomon fouillaient encore le sachet dont il avait retiré l'anneau. Ils y découvrirent un fin tube d'or qui s'ouvrait en son milieu en appuyant sur un rubis. À l'intérieur, le Pacifique trouva une mèche de cheveux noirs et un minuscule rouleau orné de ces mots : « Ton fils et moi allons bien. Voici une boucle de ses cheveux et l'amour de Makéda dans cette goutte de sang tirée de son cœur. »

Cette petite mèche de fin duvet et cette tache de sang produisirent, dans l'âme de Salomon, une émotion tempétueuse. Après les avoir couverts de baisers, le roi de Judée mêla les cheveux de son fils à sa propre chevelure. Alors, se regardant dans le miroir poli, le Potentat fut heureux de constater que les couleurs des chevelures étaient bien les mêmes. Sans plus attendre l'Ecclésiaste sortit du palais pour aller au Temple se prosterner face au Hékal. Sur le parvis, il hurla à sa cour :

– Salomon est heureux ! Des cris, des chants, de la musique et des cantiques de joie ! Que l'on boive, que l'on mange, que l'on danse et que l'on se réjouisse ! Elle est réalisée, l'union des âmes hébraïques, et tout entière elle repose sur la tête fragile de Ménélik, qui sera roi de Saba !

MÉNÉLIK N'EST PAS TON FILS

Ils n'oublièrent jamais que Makéda la magicienne
les avait mortifiés et, devant l'évidence même de sa vertu,
ces prêtres cauteleux se transmirent comme un rite
la haine de l'épouse étrangère.

TROIS ANNÉES PLUS TARD. POURQUOI DONC SEPT cavaliers judéens se hâtent-ils vers le palais de Saba ? Ils ont débarqué il y a une heure au port. Leur galère n'est point entrée au bassin de mouillage. Le bâtiment s'est immédiatement préparé à un nouvel appareillage. Les sept cavaliers se sont présentés au monumental portique du palais. Graves et silencieux, ils ont pénétré sous les voûtes sonores où l'écho fait claquer le pas de leurs chevaux.

– Nous avons un sauf-conduit du roi Salomon pour la reine de Saba, déclarent-ils à la garde.

Le mot de passe est magique et les portails s'ouvrent successivement devant eux.

Arrivés au dernier porche, qui commande le jardin royal, les sept cavaliers mettent pied à terre. L'un d'eux sort de sa tunique le sauf-conduit du roi Salomon et le tend au capitaine des gardes.

– Judéens, fait-il, je vais transmettre votre demande d'audience au grand chambellan.

Il va vers la salle où se tient le grand chambellan du palais qui, prévenu, avertit aussitôt l'ancien grand trésorier salomonique que sept de ses compatriotes désirent voir la reine. Sept ? Ce nombre ne manque pas d'inquiéter Haïsar. Il est en effet d'usage de composer de sept personnes les délégations qui ont à communiquer un message de la plus haute importance. Haïsar se précipite vers les siens. La mine glaciale des envoyés, parmi lesquels il salue avec révérence Pallu, le grand chambellan du roi doré, le surprend davantage encore. Mais il s'efforce de n'en rien laisser paraître.

– Quelle grâce du Ciel, mes seigneurs, a conduit vos pas jusqu'à Saba sans que la souveraine en soit avertie ?

– Nous venons nous informer de sa santé si précieuse au cœur du roi Salomon, et surtout nous rassurer sur l'état du prince Ménélik.

– Suivez-moi, puisque l'insigne honneur de vous introduire auprès de la reine m'est échu.

Quoi qu'ils en disent, la mine sévère et méfiante des sept délégués ne laisse pas d'inquiéter Haïsar qui, parmi les jardins merveilleux, les accompagne vers le palais royal. Ils gravissent lentement les marches qui mènent à la salle des audiences quand, soudain, Pallu s'arrête pour demander, le sourcil froncé :

– Qui est cet enfant ?

Sa main indique un bambin frêle, presque chétif mais richement vêtu, le visage éveillé mais d'un ovale étranger où ne se rencontre aucune des caractéristiques de la race israélite. Le garçonnet de trois à quatre ans s'avance, suivi de deux domestiques qui paraissent veiller avec beaucoup de déférence et de soins sur sa fragile mélancolie.

– Qui est donc cet enfant ? répète le grand chambellan.

– Cet enfant, répond Haïsar le cœur serré, n'est autre que le prince Ménélik.

Et de s'incliner devant sa jeune altesse, bientôt imité par chacun des sept Judéens. Insouciant, l'enfant passe son chemin, encadré de ses valets. Les délégués échangent des regards affligés.

– Haïsar, reprend Pallu, redis-moi si cet enfant est bien Ménélik, fils du roi Salomon et de la reine de Saba.

– Je te réponds : cet enfant est Sa Grâce le prince Ménélik, réplique Haïsar non sans ambiguïté.

– En ce cas, je crois que ceux qui m'accompagnent jugeront comme moi notre mission terminée. Nous avions l'ordre de voir le prince Ménélik et de nous assurer de sa santé. Or nous avons vu, n'est-ce pas, celui que tu dis être cet enfant. Nous n'avons plus qu'à rentrer à Jérusalem avec la joie, Haïsar, de t'avoir complimenté.

– Mes seigneurs, riposte l'ex-trésorier, vous êtes les envoyés de l'époux de la reine Makéda. Le grand chambellan, prévenu de votre arrivée par le capitaine des gardes, a couru aviser la reine. Les préparatifs de votre réception s'achèvent et les trompettes vont sonner en votre heureuse bienvenue. Votre devoir d'envoyés de l'époux est de saluer l'épouse. Elle vous attend déjà.

– Puisque tu l'entends ainsi, notre devoir est donc de saluer la reine de Saba.

Aux pieds de Makéda, sur un tapis, un enfant du même âge que le prince Ménélik joue avec une harpe minuscule, riant aux éclats des grands paons que ses cris et le bruit de son instrument effraient.

Le moment est émouvant. La stupeur cloue sur place les envoyés du roi, qui n'avaient jamais contemplé la Perle dans l'éclat original de sa majesté rayonnante, assise sur son trône éblouissant, entourée de ses esclaves et de ses gardes, dans cette salle scintillante qui dépasse, en faste et puissance, la magnificence judéenne.

La souveraine, visage inquiet, fait approcher ses hôtes.

– Je vous connais tous, Judéens, et je vous salue. Quelle nouvelle m'apportez-vous pour que vous soyez sept et de mine aussi grave ? Loué soit l'Éternel, mes regards se portant d'abord sur vos habits, j'ai constaté avec satisfaction que vous n'aviez pas un deuil à m'apprendre !

Pallu se prosterne devant le trône, face contre terre, imité par ses six compagnons. Puis il prend la parole :

– Grande reine, soyez rassurée. Notre illustre maître

nous a seulement chargés de nous informer de votre santé, qui lui est chère, et de l'état du prince Ménélik.

L'enfant n'a cessé de crier et la reine, instinctivement, l'a soulevé de terre et serré contre sa gorge palpitante.

– Seigneurs, ma santé est satisfaisante. Seul le souci d'être privée de la présence de mon cher époux empêche qu'elle soit excellente.

– Pour ce qui est de l'enfant, nous avons vu tout à l'heure le prince Ménélik, ô reine magnifique, et eu l'honneur de nous incliner devant le fils de notre souverain bien-aimé...

– Cela ne se peut ! réplique la Perle.

– À l'instant même, dans vos jardins, confirme Pallu.

Écartant l'enfant de son sein, la reine de Saba lui dit sévèrement :

– Ménélik, je t'avais pourtant défendu de sortir !

– Pardonnez à ce gentil bambin, ô reine, car il n'est pas en cause, intervient aussitôt le grand chambellan judéen. Ce n'est pas lui mais le prince Ménélik en personne que nous a présenté le seigneur Haïsar...

Un silence s'est fait, que l'ancien grand trésorier décide de rompre.

– Il y a méprise, explique-t-il, et je crois qu'il convient de la dissiper sur l'instant. Écoutez-moi donc, envoyés de Salomon. Selon la coutume sabéenne, un enfant étranger né le même jour que Ménélik est élevé à la cour. Sur la tête de ce *kat* [1] doivent retomber les malédictions, la haine et l'envoûtement dont les ennemis du prince pourraient vouloir l'accabler. Aussi à tout visiteur présenté-je le kat comme étant l'illustre enfant. Ainsi ai-je fait, lié par l'obéissance et la tradition, tout à l'heure dans le jardin. Récemment, j'ai de même agi à l'égard de négociants de Jérusalem qui auront probablement fait connaître au roi

1. Littéralement « ombre », au sens de « double ».

Salomon, par rumeurs et paroles maladroites, que son fils ne lui ressemblait guère et que sa santé semblait vacillante. Car il m'a été donné de discerner, dans l'attitude angoissée de Pallu et de sa suite, que Salomon les avait chargés d'identifier le véritable prince Ménélik, fils de Judée et de Saba !

– Le seigneur Haïsar dit vrai, reconnaît le grand chambellan. Notre mission était bel et bien de vérifier la ressemblance du roi et de son fils.

– Alors venez embrasser l'enfant de votre souverain ! s'exclame Makéda en plaçant l'enfant dans les bras du grand chambellan. Et voyez ses traits charmants !

– Je reconnais en effet l'ovale du visage, confirme Pallu, la carnation de la peau royale, ce regard, et surtout ce pli vertical entre les yeux qui, de David à Salomon, est héréditaire et atteste leur génie. Ô reine, pardonnez à vos serviteurs la mission qu'ils ont eue à accomplir auprès de vous. Nul ne vous a soupçonnée, ni votre époux ni nous-mêmes, qui ne sommes que ses humbles envoyés. En nous dépêchant ici, Salomon n'a voulu que confirmer d'une façon éclatante, à travers notre témoignage, que la reine ne pouvait être soupçonnée.

*
* *

Jusqu'au soir la souveraine, silencieuse et contristée, retint les sept Judéens. Ces derniers refusèrent de prolonger un séjour délicieux, expliquant :

– Salomon est anxieux dans l'attente de notre retour. Chaque heure de retard pèsera sur son cœur comme une douleur nouvelle.

Alors Makéda donna congé aux délégués. Elle leur fit remettre, dans une enveloppe d'or, un masque de coton enduit de pâte argileuse reproduisant, avec une surprenante fidélité, le visage du prince Ménélik. Pour donner plus de relief et de vérité à l'empreinte, les traits princiers étaient calqués sur le masque d'argile. Ainsi Salomon connaîtrait-il avec exactitude la physionomie de son fils.

En guise d'adieu aux messagers, la Perle ajouta :

– Dites au roi que je lui pardonne ses injustes soupçons, que je l'aime et lui suis fidèle.

Makéda demeura longtemps attristée de cette démarche, dont elle n'était guère éloignée de tenir rigueur à son époux. Mais Haïsar, en s'entretenant une dernière fois avec Pallu, avait heureusement su toute la vérité. Makéda apprit ainsi la méprise d'un marchand de Jérusalem, Abraham, à qui des seigneurs avait désigné le kat comme étant le prince Ménélik. Le commerçant s'était empressé de rapporter aux rabbins du Temple que le fils de Salomon ne lui ressemblait pas du tout. Sur ce fait avaient germé les calomnies comme des mauvaises herbes. Elles avaient fini par inquiéter le roi qui, dans son paternel orgueil, avait résolu de confondre les diffamateurs en envoyant sept délégués à Saba.

Le vent et le galop de leurs chevaux eurent bientôt fait de les ramener auprès de leur souverain inquiet.

– As-tu vu le prince Ménélik ? demanda Salomon à son grand chambellan.

– Roi magnifique, ce superbe enfant est bien ton fils ! déclara Pallu en lui remettant la cassette qui contenait le masque du jeune prince.

Alors le Potentat se montra joyeux et les rabbins ne purent que s'en accommoder. Mais ils n'oublièrent jamais que Makéda la magicienne les avait mortifiés et, devant l'évidence même de sa vertu, ces prêtres cauteleux se transmirent comme un rite la haine de l'épouse étrangère. Aussi le roi de Judée ne put-il pas édifier le palais merveilleux qu'il avait rêvé pour son fils, lorsque à Jérusalem viendrait s'initier celui sur le front de qui reposerait la destinée périlleuse des peuples d'Israël.

MÉNÉLIK VOIT SON PÈRE DANS LE MIROIR

Voici ton père, mon enfant. Regarde-le bien, ainsi le reconnaîtras-tu entre mille visages humains.

SIX BAMBINS S'ÉBATTANT SUR LA PLAINE DÉCLIVE, derrière le palais de Saba. Cris de joie. Toute la fougue puérile déployée en force sauvage. Parmi eux, Ménélik, le prince. Ses compagnons ignorent encore qui est cet enfant aux yeux pensifs et doux que l'on nomme Benjamin, et qui est traité avec un étrange respect.

Fils de dignitaires, les jeunes garçons s'enorgueillissent de la puissance paternelle. L'un est l'enfant du grand chambellan de la cour. L'autre sait que son père est capitaine général des armées. Un troisième se prétend le fils du grand rabbin.

– Qui donc est ton père à toi ? demande l'un de ses compagnons à Benjamin interloqué. Nous ne l'avons jamais vu ! Le connais-tu seulement ? Sinon que viens-tu faire ici, dans ce palais ?

Atterré, l'enfant grave a interrompu sa partie de *guema* [1] pour courir vers sa mère. Or Makéda surveillait les enfants depuis une estrade dissimulée parmi les feuillages, dans l'ombre, tout en écoutant les rapports que lui lisait Merari.

– Mère, mère chérie, explique Ménélik douloureux, mes compagnons sont méchants !

Surprise, la Perle serre son bambin sur son cœur frémissant d'inquiète tendresse. Ses doigts caressent doucement la tête de l'enfant chéri.

1. Sorte de jeu de hockey.

– Mon petit, mon tout petit, qu'ont-ils donc fait pour te chagriner ?

– Ils m'ont dit que je n'avais pas de père.

D'un geste Makéda renvoie Merari et ses serviteurs. Elle prend ensuite un miroir d'or poli et, tournant la tête de l'enfant vers celui-ci, lui fait regarder son image.

– Voici ton père, mon enfant. Regarde-le bien, ainsi le reconnaîtras-tu entre mille visages humains. Tes compagnons ignorent que ton père est un roi riche et puissant, le plus sage des hommes de la terre. Un jour proche, il viendra te chercher ici même et t'emmènera dans un palais magnifique.

Attentif, l'enfant ne peut détacher son regard de la plaque d'or poli. Il avait ignoré jusque-là cet objet et son usage. Son émerveillement est si grand qu'il embrasse le miroir avec tendresse.

Makéda remet le miroir dans la cassette.

– Va jouer, mon fils, et sois fort, lui dit-elle. Ne t'inquiète point de ce que disent tes bavards compagnons. Ta mère seule sait la vérité.

Ménélik rassuré part aussitôt rejoindre ses camarades et leur crie :

– Je connais parfaitement mon père ! Je l'ai même vu ! Il est un roi puissant et viendra bientôt pour me mener vers son immense palais !

*

*   *

Inquiète du chagrin de son fils, Makéda n'accordait plus qu'une oreille distraite aux discours de son conseiller : elle ordonna qu'on la laissât seule puis, accoudée sur les bras à tête de lion de son siège, laissa voguer sa pensée. Elle était orgueilleuse de Ménélik et se reflétait dans ses caprices aristocratiques. Le petit prince était fin, et avait déjà le goût du faste. Surtout, la précoce intelligence de l'enfant la ravissait. Dans la lucidité du bambin, elle retrouvait la sagesse lumineuse de Salomon.

Elle songeait que bientôt, dans le temps inexorable, il faudrait qu'elle se sépare du fils chéri qui emplissait sa vie. Elle demeurerait seule alors, et la douleur de sa solitude ne serait jamais apaisée. L'emprise de Salomon sur son esprit et sur ses sens avait été irrémédiable et intégrale. Pourrait-elle jamais s'en délivrer ?

Plusieurs fois déjà elle avait différé le voyage à Jérusalem. Maintes fois, les époux avaient projeté de se réunir à Eziongabar. Des obstacles s'étaient constamment dressés contre leurs intentions. Salomon le Pacifique avait grand-peine à mater les conjurations égyptiennes menaçant d'allumer la révolte dans plusieurs provinces. Quant à Makéda, elle craignait d'abandonner sa capitale à l'heure où des rébellions semblaient possibles sur l'étendue de l'Empire.

Ainsi, de mois en mois, Ménélik avait eu sept ans. Makéda se promit de présenter son fils à Salomon dans un déploiement de faste et de force tel que personne n'en aurait jamais vu. Des régiments entiers des troupes les plus valeureuses accompagneraient Ménélik. Les chevaux, les chameaux et les éléphants ne se compteraient plus dans le cortège splendide. Les esclaves de toutes les nations seraient innombrables. Les présents que le fils offrirait à son père bien-aimé seraient si magnifiques et si nombreux qu'il apparaîtrait à Jérusalem comme un enfant de légende.

Makéda aurait ainsi jeté aux yeux du monde l'éclat d'une fortune colossale et d'une puissance gigantesque dédiés à l'enfant et à l'époux, ses deux amours.

Ainsi avait-elle imaginé le char d'or constellé d'étoiles d'émeraudes, de saphirs, de rubis et d'améthystes qui les conduirait vers Salomon. Ce char serait traîné par deux chevaux blancs comme le lait et montés par des cavaliers dorés, par sept couples d'autruches blanches attelées en flèches, puis encore par deux chevaux blancs montés par deux cavaliers tout en or. Les autruches porteraient entre elles, soutenues par des liens invisibles, une nacelle de plumes où se tiendrait debout Ménélik, en robe de soie blanche, armé du sceptre et couronné de la double étoile : celle de Saba à sept perles et celle de Salomon à sept angles.

La splendide vision ! Makéda s'obstinait dans l'orgie débordante de couleurs, d'harmonie et de musique de son imagination. Mais auparavant, la Perle voulait se rendre avec Ménélik à Axoum où elle devait présenter le prince aux dignitaires de la ville.

Depuis son départ, la reine n'était plus revenue dans son ancienne capitale. Les États qui avaient été le berceau de l'Empire prospéraient sous un gouvernement habile qu'elle surveillait attentivement.

Il faudrait, néanmoins, qu'elle se représente aux regards de ses sujets pour leur donner l'orgueil de leur Empire et de leur souveraine. Elle s'embarqua donc avec Ménélik, son kat et sa cour. La perle apparut à ses compatriotes telle qu'elle était devenue, légendaire et superbe, idole adorée et éblouissante, surhumaine et quasi divine, conquérante invincible et despote entourée de splendeurs et de discipline. À ces titres venait s'ajouter, depuis le voyage de Jérusalem, celui de réformatrice et d'ordonnatrice de la religion d'Israël, ainsi que le proclamaient sans cesse cent rabbins prosternés.

Las, Makéda ne tarda guère à se convaincre que les Axoumites s'étaient éloignés d'elle. Or n'était-ce pas elle qui s'était éloignée de la fruste et simple mentalité de la famille paysanne et montagnarde dont elle était issue ? Pourtant, Anguebo n'avait-il pas été constamment, lui aussi, commandé par des rêves impérieux qui l'avaient conduit vers les sommets humains ? Ah, elle se sentait bien la fille d'Anguebo le prophète, l'animateur. Et les Symiénois désormais lui paraissaient minuscules à côté de ses ambitions gigantesques déjà réalisées !

La reine résolut d'abréger son séjour. Le palais lui-même lui semblait étroit, inconfortable et ridicule avec ses ailes composées de bâtiments ajoutés les uns aux autres, sans style ni harmonie architecturaux. Makéda s'empressa de recevoir en audience les prêtres, les gouverneurs de provinces et les dignitaires, pour régler les difficultés administratives que n'avaient pu aplanir les gouverneurs d'État.

Un soir, s'apprêtant au repos dans sa chambre de prières, la souveraine devisait familièrement avec son confident Haïsar lorsqu'une rumeur brusque, soudaine comme un coup de tonnerre, secoua le silence.

La Perle était pâle, mais résolue. Son premier geste fut de serrer contre elle son fils frissonnant. La rumeur enflait. On percevait, dans le fracas des meubles brisés au rez-de-chaussée du palais, les cris aigus des esclaves. La reine se dressa soudain.

– J'entends, fit-elle, un complot, une révolte. Des pressentiments m'agitaient depuis mon arrivée dans ce pays.

– Nous sommes perdus, dans ce cas, ô reine, dit Haïsar, si vos gardes et vos serviteurs ne sont pas restés fidèles.

– Pas encore, dit Makéda. Comptons sur nous d'abord, sur eux ensuite. Ainsi m'enseignèrent mon père et l'expérience de gouverner.

Elle se dirigea résolument vers une annexe obscure qui s'ouvrait sur la chambre de prières. Elle brûla une torche. Un coup de stylet, glissé dans le lambris d'une muraille, rendit mobile ce lambris. La reine poussa. Une porte secrète s'ouvrit. Elle guida Haïsar vers le trou béant et noir, portant l'enfant gémissant à qui elle ordonna, malgré sa frayeur intense, le silence. Un escalier dévalait la muraille épaisse, au flanc de la maison. Au sous-sol, l'escalier s'arrêtait. Une galerie descendait en pente droite, obscure, humide, étroite, où les fugitifs durent s'engager à tâtons. Makéda compta ses pas, puis s'arrêta. Un nouvel escalier béait sous leurs pieds, puis encore une galerie en déclivité. Un dernier escalier. Un court tunnel barré par une poutrelle énorme. Un levier commandait cette poutre. Makéda et le trésorier joignirent leurs forces pour mouvoir cet énorme levier. La poutre se déplaça. Un bruit formidable d'eau en cascade assourdit les fuyards.

– C'est le passage secret et souterrain que mon père Anguebo a fait construire, expliqua enfin Makéda, pour joindre la chambre de prières au pied le plus escarpé d'un rocher qui paraît inaccessible à deux milles coudées dans la campagne. Lorsque ce passage a été terminé, les esclaves qui en connaissaient l'existence ont été mis à mort. Son débouché est obstrué par une cuvette d'eau masquée par des buissons. L'eau s'échappe par un canal lorsque la poutre ouvre l'orifice du dégagement. Maintenant, la cuvette est asséchée. Nous pouvons sortir. Mais auparavant, je veux que vous m'attendiez dans cette chambre sèche, creusée dans le roc, à droite de la cuvette. Là mon père a fait conserver, grâce à un procédé enseigné par les magiciens, des vêtements qui nous serviront de déguisements pour fuir, lorsqu'il le faudra.

– Fuyons donc, dit Haïsar que l'âge avancé rendait peureux.

– Pas encore, intima la reine. Je ne fuis jamais, moi, devant un danger. Je suis la reine. Si mon trône est menacé, je le défendrai. Haïsar, voici mon fils, je te le confie. Que tout ton dévouement soit consacré à le ramener à son père. Si je ne reviens pas, dis à Salomon que Makéda l'a aimé.

Sur ces mots, la souveraine enclencha un nouveau mécanisme en bénissant la prévoyante imagination de son père. D'une petite pièce, creusée à même la pierre, sortit en bouffée une âcre vapeur aromatique.

La lumière de la torche de Makéda tremblota, vacilla dans cette vapeur, comme anémiée. La Perle entra dans la chambre. Elle s'y déshabilla rapidement après avoir dégagé plusieurs vêtements d'une armature métallique, s'enveloppa entièrement dans une tunique noire, couvrit sa tête d'une sorte de cagoule noire et ses mains mêmes de sacs étroits d'étoffe noire. Elle choisit avec soin quelques armes, un stylet, une dague, un arc et des flèches. Après avoir embrassé une dernière fois son enfant sanglotant elle s'élança, une torche au poing.

Haïsar et Ménélik s'installèrent alors dans la chambre de pierre. Quelques instants à peine s'étaient écoulés depuis que la rumeur les avait surpris dans la chambre de prières.

Les décisions de Makéda s'étaient succédé avec une rapidité et une précision déconcertantes. Plusieurs fois déjà, ce froid esprit de résolution avait sauvé la reine de la mort. Serait-elle une fois encore sauvée de ce péril ?

Haïsar pria, ardemment prosterné. L'enfant, apeuré, se serra dans ses bras. La prière s'éleva vers Jéhovah, le maître des événements du ciel et de la terre.

LA RÉVOLTE DES ESCLAVES

Sur les rives d'Eziongabar, le cortège se déployait
comme une puissance nouvelle qui se levait
pour régénérer le vieux royaume salomonique.

La rumeur s'était accrue et emplissait tout le palais. Par les portes défoncées se ruaient des groupes d'esclaves ivres d'alcool, la hache au poing. Ils se précipitaient dans les chambres comme des démons. Grisés de pillage et de haine, ils brisaient, cassaient, déchiraient, souillaient les meubles, les tapis et les objets précieux.

Ils s'étaient présentés en hordes compactes et sombres à

la porte principale du palais. En un clin d'œil ils avaient massacré les dix gardes qui, surveillant cette porte, la défendirent désespérément et moururent noblement au cri de « Saba ! Saba ! » qui était celui des fidèles de Makéda.

Mystérieusement, sur l'appel des sauvages révoltés, les autres entrées du palais s'étaient ouvertes, grâce à des complicités intérieures.

Les révoltés eurent beau jeu dans cette expédition de longue main préparée. La garde royale avait été éloignée par des ordres secrets pour des manœuvres nocturnes à plusieurs heures d'Axoum. Les troupes de la garnison campaient trop loin de la ville pour entendre la rumeur embrasant le palais. Les communications avec la ville avaient été coupées. La reine se trouvait donc complètement isolée dans la pensée des conjurés, et Sadoc, chef des révoltés, se rua à sa recherche dans les appartements royaux.

Ce Sadoc était le fils d'Amram, ce frère d'Anguebo que naguère la reine avait exilé pour insubordination et qui était mort de fièvre dans l'exil.

Le rebelle vouait à la Perle une haine féroce, implacable, acharnée. Il voulait, en assouvissant sa vengeance, affermir ses droits consanguins à la couronne de Symiène et de Saba. C'est pourquoi il avait espéré, à la faveur de la révolte allumée chez les esclaves, massacrer la reine et son fils puis poser, sur son front de bête sournoise, la couronne éclatante de Saba.

Sadoc avait pris soin d'acheter la complicité du chef de la garde du palais.

– Je ferai de toi un gouverneur de province, avait-il affirmé à cet homme, mais tu obéiras aveuglement.

Pour l'officier félon, il avait ainsi développé son plan :

– N'oublie pas, capitaine, que la reine s'est montrée indigne de cette couronne revenant légitimement à un prince de sang. Elle fut aussi parjure et, par sa désobéissance aux lois de Jéhovah, elle attirera sur Symiène le courroux de l'Éternel.

Le capitaine s'était efforcé de défendre sa souveraine, pour qui son respect se mêlait d'adoration, mais Sadoc lui avait brutalement rappelé qu'il était son chef hiérarchique.

– Ta vie m'appartient, capitaine, et ta désobéissance à mes ordres te vaudra la déportation avec ses fins mortelles.

Ayant arraché à cet officier terrifié un serment d'obéissance, il avait ensuite acheté le chef des esclaves. Besogne aisée que facilitait la cupidité d'un valet ébloui par la promesse du butin et de la libération.

– Vous ne connaissez pas la reine, avait dit Sadoc. Elle est dure aux malheureux, impitoyable pour les hommes. Vous avez l'occasion de vous libérer, de vous enrichir et de vous venger de cette tyrannie odieuse.

Alors les esclaves avaient acclamé Sadoc et s'étaient rués comme une vague sur le cœur de Symiène.

Le pillage du palais, où dormaient tant de souvenirs de l'enfance et de l'adolescence de Makéda, était maintenant au paroxysme de la fureur des assaillants.

*

* *

La reine était remontée dans la chambre de prières. Les assaillants avaient passé par là, avec leurs haches et leurs pioches. La Perle se glissa le long des murs, gravit l'escalier qui conduisait à la terrasse et rampa, comme un reptile, sur le sol. Elle gagna lentement le toit plat de l'écurie bordant la cour principale du château.

Au moment même où elle parvenait à cet observatoire, invisible dans sa cape noire comme la nuit qui l'entourait, elle connut le dessein de Sadoc. Celui-ci apparaissait dans la cour où se trouvaient alignés, brandissant des torches, une centaine de ses séides. Il tenait dans ses bras un corps d'enfant et, malgré elle, Makéda frissonna : ce corps était celui du kat de Ménélik.

Le malheureux enfant, la tête broyée, gisait comme une loque dans l'étreinte meurtrière de Sadoc.

– Gardes ! Peuple ! criait ce dernier, simulant une cérémonie prestigieuse. Le coup d'État des libérateurs de Symiène et de Saba est couronné de succès et de gloire ! Nos pays sont délivrés de la tyrannie de la reine parjure, ennemie des hommes et des lois de Dieu ! Makéda, la Perle impure, a été tuée de mes mains ! Voici le corps du prince Ménélik né de ses coupables amours avec le roi de Judée !

Les acclamations des esclaves et des soldats accueillirent cette déclaration.

– Notre pays, continua Sadoc en enflant la voix, se trouve aujourd'hui sans souverain. Fils d'Amram, frère d'Anguebo le prophète, je suis le légitime héritier de la couronne et me déclare roi de Symiène et de Saba.

De nouvelles acclamations saluèrent le succès du complot. Chacun des assistants s'approcha et le nouveau souverain fut, en un moment, entouré de la tourbe grisante et vile des courtisans. L'un d'eux apporta une couronne. Avec de grandes génuflexions, il la tendit au prince qui s'en coiffa. Mais au moment même où l'or brillait sur son front, Sadoc chancela et s'abattit, le cœur percé d'une flèche.

Un cri de terreur fusa de la poitrine des partisans du prince qui, n'ayant plus de maître, se sentirent en un éclair aussi désemparés que leurs complices les esclaves.

Ils furent plus atterrés encore lorsque, d'un saut formidable, la reine Makéda sauta, du toit bas de l'écurie, sur le sol de la cour. Elle surgit au milieu d'eux comme un Génie, payant d'audace, se débarrassant de son déguisement en un tournemain et criant fortement :

– Cet homme a menti, je suis la reine !

Aussitôt l'humain revirement des âmes les plus basses accomplit son œuvre. Des partisans de Sadoc s'enfiévrèrent, d'autres se prosternèrent, implorant leur pardon. Les gardes demeurés fidèles à la reine et qui n'avaient agi que sur l'instigation de leurs capitaines accoururent se ranger sous ses ordres.

– Demain, dit la souveraine, un tribunal jugera les coupables. En attendant, qu'on emporte avec respect le corps de ce malheureux enfant.

Makéda fit également prévenir la garnison de Saba d'avoir à occuper le palais.

Quelques heures plus tard, la garde royale rentrait de sa manœuvre nocturne. Les chefs furent atterrés d'apprendre que le prince Sadoc les avait éloignés pour massacrer la reine et usurper le trône.

Rassurée par la présence de ses soldats, la Perle disparut après avoir ordonné la garde de ses appartements. Elle passa dans sa salle de prières et fut émue de trouver, dans sa chambre à coucher saccagée, les cadavres de ses naines et de son fidèle géant que les rebelles avaient massacrés sur place.

Elle retourna précautionneusement par l'escalier secret et la galerie souterraine à l'extrémité de laquelle attendaient, paralysés de terreur, Haïsar et Ménélik.

– La révolte est matée, annonça-t-elle à Haïsar, mais je ne me sens guère en sûreté à Symiène. Je veux éloigner cet enfant sur la tête de qui s'amassent les haines des envieux de ma couronne. Haïsar, tu le conduiras dans trois jours chez son père.

Le tribunal royal réprima durement la révolte. Le corps du prince Sadoc, cloué au pilori sur l'esplanade du château, demeura, puant et déchiqueté par les corbeaux, exposé à la terreur et à l'opprobre du peuple.

Les chefs de la révolte furent pendus au prononcé du jugement. Quant aux soldats infidèles, ils connurent l'exil immédiat et mortel à l'île noire qui se baigne dans les eaux du lac Tana. Les esclaves rebelles eurent la tête tranchée. Le retour de la reine, qui avait commencé par une apothéose, s'achevait dans des flots de sang.

Pourtant Makéda s'en affligeait. La doctrine de Salomon s'était puissamment introduite en son esprit. Son règne était devenu libéral. Elle avait adouci ses mœurs. Ce n'était donc pas sans douleur qu'elle fit mettre à mort des centaines d'hommes de ce royaume où elle était née et qui avait été le premier échelon de sa gloire.

Après avoir expliqué comment et pourquoi le prince héritier n'avait pas été la victime du prince Sadoc, elle présenta Ménélik aux seigneurs, rabbins et militaires. Il apparut à la foule qui l'acclama avec une joie sincère comme héritier du trône de Symiène et de Saba, successeur incontestable d'Anguebo le prophète et de la Perle, sa fille.

*
* *

Makéda, toujours résolue, prompte et radicale dans ses décisions, avait donc résolu d'envoyer Ménélik à son père. Elle régla les détails du voyage avec Haïsar.

Selon sa conception le trésorier partirait avec l'enfant, la reine les accompagnant jusqu'à Muttowa où elle attendrait l'armée sabéenne.

Mais Haïsar expliqua que le prince rebelle Jéroboam, vassal de Salomon, avait trouvé dans le jeune Pharaon Schoschenk un puissant ennemi du Pacifique. L'Égyptien fournissait des armes et de l'or pour fomenter des révoltes dans la province du Sinaï. Des rebelles s'étaient déjà emparés d'Eziongabar et l'armée du roi doré, inexpérimentée et sans vigueur, n'avait su reprendre le port. Haïsar refusait la responsabilité d'un voyage si périlleux pour la vie du prince.

Makéda ne pouvait-elle pas débarquer dans la ville révoltée avec une armée assez forte pour aider les troupes du roi à vaincre ses ennemis ? demanda-t-elle à son confident. Haïsar lui répondit qu'une collaboration militaire de cette envergure serait mal interprétée par les ennemis personnels du roi dans sa cour et au Temple. On pouvait attribuer à la reine des désirs de conquête. Il valait mieux ne pas s'immiscer dans les affaires intérieures de la Judée.

– Je ne puis pourtant pas laisser faire à mon enfant un voyage dans un pays révolté ! Je vous accompagnerai donc jusqu'à Eziongabar et je ne vous débarquerai que si la révolte est brisée par les armées salomoniques.

Haïsar accepta ce compromis. Dès l'aube la Perle se hâta d'organiser l'expédition. Le jour même, elle fit jurer fidélité au prince héritier, dans la synagogue, par tous les nobles fonctionnaires et officiers de Symiène. Elle nomma le prince Darda en qualité de gouverneur militaire d'Axoum et quitta la ville pour Saba. Là, les seigneurs, rabbins et soldats durent également jurer fidélité à l'héritier solennellement présenté après qu'ils eurent appris le meurtre du kat.

Accompagnée de sa flotte, Makéda appareilla avec beaucoup d'éclat pour Eziongabar. Quand elle fut en vue du port, les rebelles attaqués par l'armée salomonique, craignant l'intervention des troupes sabéennes dont la valeur et le nombre étaient redoutés, se rendirent sans condition au chef de l'armée judéenne.

Makéda resta à bord. Elle demanda pourtant au capitaine des armées de Salomon une forte escorte pour son fils.

Le lendemain, le prince Ménélik quittait sa mère. Elle le vit s'éloigner dans un déchirement atroce. Ses deux amours s'étaient, par un implacable destin, éloignés d'elle. Elle souffrait ainsi douloureusement de sa destinée. Le prince Ménélik partait accompagné par deux cents cavaliers, deux cents fantassins valeureux l'encadrant, ainsi qu'une suite éblouissante de dignitaires et de serviteurs sabéens. Au total, son escorte comportait environ mille personnes. Sur les rives d'Eziongabar, le cortège se déployait comme une puissance nouvelle qui se levait pour régénérer le vieux royaume salomonique.

LA VOIX DU SANG

Et comme il levait les yeux,
il crut voir s'allumer une étoile nouvelle.

Salomon sentait les jours peser sur ses épaules comme des années. Il ne pouvait se consoler du départ de Makéda. Sa pensée vivait continuellement avec son épouse et son fils que l'éloignement auréolait dans son âme de prestiges surprenants. Aussi le vieux roi se réfugiait-il, presque tout le jour, en ce pavillon lumineux et paisible où son imagination composait tant de chants harmonieux à la femme de son cœur.

De longues heures, le fils de David demeurait comme pétrifié devant les statues de Makéda qu'il avait fait modeler, dans la cire, par l'artiste le plus habile de son royaume. Son sourire de jour ensoleillé, son regard candide, son visage radieux étaient partout, figés dans les attitudes que Salomon avait retenues comme les plus péremptoires de sa passion. Ici l'artiste l'avait représentée lors de sa réception à Jérusalem, dans l'éclat d'une toilette somptueuse empruntée au plumage du paon. Là elle était telle qu'apparue un soir d'orgie, farouche et dénudée par la hâte luxurieuse du souverain. Ailleurs, on la voyait le soir où elle s'était jetée au cou de son futur époux, après avoir dérobé l'eau de la fontaine. Elle se trouvait encore représentée le jour du mariage, et à Palmyre, et lors de son triste départ pour Saba…

Ces statues, aux dimensions exactes de leur modèle,

étaient vêtues des toilettes même de la Perle, afin que l'illusion fût complète.

Devant cette collection d'effigies qui faisaient de son pavillon de travail un temple du souvenir, le roi, pinçant son luth, chantait tout le jour sa dévotion. Bientôt, dans le collège des rabbins et des lévites, le bruit fut répandu par l'astucieux Tsador que Salomon adorait des idoles. Grimpés sur le toit du pavillon des sons célestes, des prêtres avaient parfaitement vu l'Ecclésiaste prosterné devant des femmes de cire. Mais Tsador ne leur avait point dit que le souverain demeurait fidèle à sa femme. C'est ainsi que les ennemis du Pacifique prétendirent que le serviteur de l'Arche, reniant Jéhovah, était devenu idolâtre.

Tsador avait succédé, comme grand rabbin, à Ben Eliazar, mort accidentellement. Le souverain, déjà profondément affecté par la mort de son premier sacrificateur Nathan, son fidèle ami, et de son grand chambellan, avait senti s'accentuer son isolement. Tsador ne comptait point parmi les ennemis déclarés de l'Ecclésiaste mais il jalousait le roi, arguant que le monarque de Judée devait céder à son grand rabbin le suprême pouvoir ecclésiastique qu'il détenait arbitrairement. Tsador, pétri des arguments des adversaires de la reine de Saba, s'était également obstiné, par des allusions constantes, à entretenir dans le cœur de Salomon le doute sur la fidélité de Makéda, cet horrible doute, envahissant, glissant et perfide, contre lequel le souverain se révoltait de toutes ses forces séniles, de sa voix tremblante de fureur, de sa colère vindicative, de sa passion outragée.

Aussi le jour où les trompettes d'or sonnèrent aux portes de Jérusalem l'arrivée imprévue de l'escorte du prince Ménélik, Tsador se rendit-il en hâte auprès du roi Salomon, que ses officiers avaient déjà prévenu.

– Entends-tu, grand rabbin ? La reine de Saba nous envoie, en ce jour béni, le fils de votre roi…

– Pardonne à ton serviteur l'audace de cette question, ô grand roi : le fils de qui annonces-tu ?

Rouge de colère, le roi se raidit sur son trône doré.

– J'entends que cesse la perfidie des insinuations ! clama-t-il. Voici qu'apparaît Ménélik, fils de Salomon. Que le respect le plus profond courbe aussitôt tous les fronts ! Déjà des épreuves contrôlées par des dignitaires de la cour attestèrent la pureté de la Perle de Saba. Le roi acceptera un nouveau défi. Si des prêtres et des seigneurs doutent encore, Salomon consent que l'enfant soit soumis à la terrible épreuve de la voix du sang.

La voix du souverain haletait de douleur et d'orgueil.

– J'accueillerai mon fils, en mon palais, avant le coucher du soleil. Que l'on avise aussitôt le prince Ménélik et que l'on apprête, en son honneur, le palais de la reine où il résidera.

Les officiers du roi sortirent prestement pour exécuter ses ordres.

– Toi, prêtre, ajouta Salomon en s'adressant à Tsador, réunis en hâte les rabbins en cette salle, je l'exige. Toi, grand chambellan, convoque les dignitaires de ma cour. Parmi les prêtres et seigneurs je me dissimulerai, simplement vêtu d'une robe de rabbin. Le prince Ménélik, introduit parmi nous, aura à reconnaître son père dans la foule des visages anonymes. Car la voix du sang doit parler. Et la preuve, telle la lumière du jour, éclatera parmi vous.

Ayant lancé ce défi, le vieux roi congédia Tsador et ses courtisans pour remercier Jéhovah de lui avoir rendu son fils, imaginant tout le faste dont il entourerait la cour du jeune prince. Oui, bientôt il serrerait Ménélik sur son cœur las. Il s'en remettait à Dieu, qui guiderait les pas de l'enfant vers son père. La voix du sang parlerait. Il allait scruter ce visage enfantin, tant chéri dans l'absence lointaine, où s'amalgamaient les traits des amants de Palmyre.

La calomnie du marchand Abraham lui revint à l'esprit : « L'enfant ne te ressemble pas ! » Ne lui avait-on pas assuré toutefois que cet homme n'avait vu que le kat de son fils ? N'y aurait-il plus, cette fois, de méprise ? Salomon ne savait rien encore de la révolte axoumite, de la mort du malheureux enfant que le destin avait désigné pour servir d'ombre sanglante…

Le roi était encore abîmé dans ses méditations lorsque le grand chambellan vint le prévenir que ses ordres avaient été exécutés. Les prêtres et seigneurs de la cour, mandés par le grand rabbin et Tsador, allaient arriver dans la salle du trône pour assister à la présentation solennelle du prince héritier.

Déjà le cortège de Ménélik, conduit par Haïsar, pénétrait dans la ville et surprenait par son éclat. La foule, amassée dans les rues, acclamait le fils de la reine qui l'avait naguère émerveillée. L'escorte militaire du prince allait s'immobiliser aux portes du palais et bientôt l'innocent enfant serait soumis, sans qu'il s'en doute, à la plus cruelle des épreuves.

Salomon, angoissé, fébrile, porta la main à son cœur. Il souffrait atrocement du côté gauche de son corps, depuis quelques années, et attribuait cette souffrance à ses tourments. Il se hâta de descendre du trône et de revêtir une simple robe de rabbin, se dépouillant de ses bijoux et tentant de se confondre avec la foule de ses prêtres.

Impassible, le grand chambellan ordonnait la cérémonie, indiquait à chacun des dignitaires sa place dans les tribunes, immobilisait la garde royale, les hérauts et les sonneurs de trompe.

La nouvelle avait couru parmi la cour de l'atroce épreuve à laquelle le roi Salomon, dans son immense orgueil et sa certitude paternelle, voulait soumettre son fils. Cet altier défi du roi sage, dont la vie fut de noblesse incomparable, était vivement commenté par les partisans et les adversaires du monarque.

Perdu parmi les prêtres, on ne remarquait le roi que par

la clarté de son regard, par l'effort surhumain qui raidissait son corps et par le tremblement de ses mains.

Alors les trompettes éclatèrent et Salomon crut que son cœur fondait. Les portes s'ouvrirent, l'enfant parut. Il était vêtu comme l'avait voulu sa mère. Une tunique blanche flottait sur ses épaules. Sa tête déjà fière s'ornait du diadème au double symbole. Derrière lui, comme l'avait voulu le roi, la lourde porte se referma et les trompettes se turent. Un épais silence se fit. De légères ombres adoucissaient les clartés de la journée, tandis que le soleil faisait couler son sang derrière les montagnes palestiniennes, dans une apothéose où l'air se mêlait de rose et de violet. Dans la haute salle du trône, les ors et les aciers paraissaient rougir sous la couleur du ciel cramoisi. Alors que le soleil agonisait, toute la salle s'était ensanglantée davantage, et Salomon vit un présage heureux en cette heure où l'astre lui-même inondait la scène de sa pourpre royale.

L'enfant se souvenait des leçons de sa mère et de Haïsar. Il s'était apprêté à s'incliner devant le trône éblouissant et vaste qui lui avait été maintes fois décrit mais il l'avait trouvé vide devant lui. Il demeura interdit. Son regard courut sur la foule des seigneurs dont les yeux convergeaient vers sa chétive personne.

Il tressaillit et soudain prit peur.

Le grand chambellan saisit alors l'enfant par la main et le présenta, suivant le protocole, par les titres illustres de son père et de sa mère. Puis le grand chambellan conduisit le prince au centre de la salle.

– Prince Ménélik, lui dit-il, il t'échoit de reconnaître ton père, le roi Salomon, entre tous ces seigneurs.

Le petit Ménélik se rassura. On lui demandait de trouver son père parmi les dignitaires et ces seigneurs magnifiques ? Croyant à un jeu, tout d'abord il sourit gentiment et salua les assistants comme on l'avait habitué à Saba.

Un murmure passa sur la foule. Chacun s'apitoyait et se demandait si Salomon, poursuivant jusqu'au bout la tragique épreuve, renierait son fils si celui-ci ne le reconnaissait pas. Pourtant, les plus farouches ennemis du père et de la mère ne pouvaient s'interdire de confesser que Ménélik était bien de leur race. Son teint vermeil, la coupe de son visage sémitique, sa chevelure, ses gestes et ses attitudes en faisaient incontestablement un fils d'Israël : le pli entre les yeux et le front élevé ne laissaient point de place au doute.

Quant à Salomon, il pouvait à peine se contenir d'angoisse et d'orgueil à la fois. Au premier rang des rabbins, il se déchirait les mains de ses ongles pour dompter les élans de passion qui l'auraient vingt fois lancé vers le bambin. Il l'aurait emporté. Il l'aurait élevé dans ses bras. Il aurait défié cette tourbe de valets bavant leur haine. Il aurait maté par le fer les révoltes grondantes que sa faiblesse avait favorisées.

Mais la vie de Ménélik, le prestige de Ménélik, l'avenir de Ménélik étaient en jeu.

L'enfant s'était dirigé vers les seigneurs les plus chamarrés, là où il croyait tout d'abord trouver son père parmi les hommes les plus beaux et les plus majestueux, les plus couverts d'or et de pierres étincelantes. Devant chacun d'eux pourtant, il secoua la tête. Ménélik cherchait lumière par lumière, ombre par ombre, comme dans le miroir d'or tant de fois consulté, les traits paternels dans la forêt de ces visages innombrables qui lui donnait le vertige.

Le tragique de la scène poignait les assistants. Aucun d'eux ne pouvait demeurer impassible au supplice que s'infligeait un père torturé par l'hésitation d'un enfant de sept ans à qui l'on réclamait la clairvoyance miraculeuse. Aussi ces hommes cuirassés par la vie sentaient-ils malgré eux leur cœur se meurtrir.

Leurs yeux emprisonnaient l'enfant angoissé qui les dévisageait tour à tour en souriant. Alors, soudain, comme si un ordre mystérieux avait soufflé sur eux, dans la vaste salle sonore comme une conque, un murmure s'éleva. Une prière à Jéhovah puissant, pour qu'il éclaire l'enfant. L'invocation ne rompait point le silence. Elle n'était que chuchotée à bouche mi-close. Mais ainsi, elle s'exprimait plus grave, plus tragique encore, en ce bourdonnement solennel.

Ménélik lui-même fut surpris. L'émotion le gagna d'être désillusionné à chaque nouveau visage. Il allait s'arrêter de chercher son père, pleurant déjà de frayeur. La puissance du moment le dépassait, le paralysait. Aussi le grand chambellan s'approcha de lui et répéta :

– Prince Ménélik, votre père est ici, cherchez-le. Vous en serez récompensé !

*

*   *

L'enfant a retrouvé, à ces mots dits avec douceur, un courage imprévu. Il se redresse, cesse de scruter les rangs serrés des seigneurs, passe devant les militaires et va devant les rabbins aux robes chatoyantes, conduit par une surprenante divination.

Il fixe très attentivement le grand rabbin, qui ressemble réellement à Salomon. Ménélik hésite un moment, s'approche, ouvrant déjà les bras, enfin il se retient et s'éloigne.

« Non, ce n'est point encore mon père, cet homme au regard triste et glacé ! D'autres lumières de bonté doivent certes luire dans le regard de Salomon ! »

C'est en pensant ainsi que le prince héritier arrive en présence des rabbins plus modestes, moins chamarrés, parmi lesquels se dissimule Salomon. L'heure est poignante. La prière a cessé. Le cou tendu, chacun des assistants regarde l'enfant soucieux qui examine d'un air grave les figures défilant dans sa mémoire inquiète.

Tout à coup, un cri déchirant, aigu, jaillit de la petite poitrine oppressée :

– Père ! Père ! Protège-moi, j'ai peur !

Il est déjà, petite chose sanglotante, sur le cœur de Salomon. Oui, le visage paternel, il l'a reconnu dans son propre visage. Les caractéristiques sont identiques. La barbe tressée est celle que sa mère a si souvent décrite, lorsqu'elle évoquait passionnément la physionomie du père de Ménélik. Les yeux sont bien les mêmes, inondés de lumière et de ferveur. Ce sont aussi le pli de la bouche, le dessin du nez et la courbe semblable du menton. Et surtout la noblesse altière qui se dégage de la personne entière de l'Ecclésiaste et qui, malgré son modeste uniforme rabbinique, le rend plus grand que tous les autres.

Alors les assistants voient ce qu'ils n'ont plus vu depuis si longtemps : leur vieux roi décrépit, soudain rendu à une ardeur inaccoutumée par la joie, saisit l'enfant, s'élance sur le trône, se redresse comme au temps de sa force, jette sur les assistants de tels regards chargés d'éclairs que les plus audacieux frémissent dans le remords d'avoir supplicié cet homme bon.

– La voix du sang a parlé ! dit Salomon haletant. Dieu est grand ! Jéhovah soit loué !

– Jéhovah soit loué ! murmure la foule prosternée.

L'écho qui roule sous les voûtes de la salle et se heurte aux pilastres répète sourdement la parole de gratitude et de foi : « Jéhovah soit loué ! »

– Seigneurs, dit encore le roi, se dressant dans sa tunique d'or dont ses officiers obséquieux ont déjà couvert ses épaules, Seigneurs, par la grâce divine, le roi vous présente Ménélik, futur roi de Symiène et de Saba, souverain des deux terres et de la mer, régnant sur les tribus éparses du peuple d'Israël.

Le grand chambellan a répété ces paroles, les trompettes en soulignent la solennité et le défilé des courtisans commence devant le futur roi d'un des plus grands royaumes du monde.

Le Très Sage se trouve bientôt face à Tsador. Il lui lance :

– Salomon a besoin de solitude pour se retrouver, comme un humble mortel, dans l'amour de son fils. Il te rend ta liberté. Il pardonne à ton injustice. Va en paix et pense au fils que tu aurais pu avoir et que Jéhovah refusa comme un châtiment à ton désir. Va en paix. Le roi oublie. Mais toi, n'oublie jamais que si cet enfant innocent avait été arraché à la sollicitude de son père, tu aurais porté sur tes épaules usées le poids du plus effroyable des crimes. Va en paix et ne pèche plus !

Tsador, baisant la boucle de la ceinture royale, se retire en balbutiant, marchant à reculons. Il élève sur le père et le fils, tendrement enlacés, ses mains orgueilleuses en bénédictions désespérées.

Salomon est à présent seul dans la grande salle du trône où, huit années auparavant, lui était apparue Makéda. Il prend son enfant dans ses bras et se dirige vers la porte. Il a besoin de calme. Il enlève prestement son fils ainsi qu'un fauve enlève sa progéniture, comme s'il craignait que des méchants viennent lui ravir le bien le plus précieux que le ciel et la terre lui aient donné. Et Ménélik les yeux mi-clos, déjà conquis par cette douceur, se laisse bercer sur la poitrine paternelle.

Salomon refuse de recevoir le grand trésorier Haïsar. Il fait reporter au lendemain toutes les audiences pour s'enfermer dans l'instant au pavillon des sons célestes. Là, il s'assied, contemple son fils, noie de baisers le cher visage enfantin, harcèle de questions le bambin épuisé de fatigue et d'émotion.

Pourtant Ménélik répond clairement et sagement à son père, avec une lucidité et un esprit qui ravissent le vieux roi. Mais, bientôt, il est si las qu'il tombe sur un divan et s'endort profondément. Son père entrouvre la tunique du garçon et, sur la poitrine, voit le pli attaché au cou de l'enfant par un ruban bleu. Il s'en saisit, constate que Makéda lui a écrit et que son fils, distrait ou ému, a négligé de lui remettre la missive. Il lit :

« *Koubour abat Ménélik*[1] ! C'est par surprise que Makéda t'envoie ton fils bien-aimé. Haïsar, que Jéhovah le bénisse, est un fidèle serviteur du prince Ménélik. Il te racontera pourquoi j'ai précipité ma décision et pourquoi je suis demeurée en mes États, lui confiant Ménélik. Mon chagrin est vaste comme le ciel. Je suis doublement loin de toi, ô Salomon, puisque notre fils n'est plus sur mon cœur où je t'embrassais en l'embrassant. Pense à moi, Salomon, et fais vivre dans l'esprit de l'enfant le culte de sa mère. Le long voyage que j'entreprends, ma hâte d'être auprès de vous deux, ô mes lumières, l'abrégera bien vite, je l'espère. Je songe, en attendant, à l'avenir du prince Ménélik. Aussi ai-je décidé de dénommer enfin mon royaume et je te demande, ô roi sage, ta pensée sur mon projet[2]. Les États de Symiène et de Saba unifiés s'appelleront donc, ainsi en ai-je décidé, *l'Empire habité par des gens de races diverses*, soit Habech[3]. Axoum, s'étant rendue indigne d'être la capitale d'un empire aussi considérable, sera dépossédée au bénéfice de Saba. C'est à Saba que Ménélik, si sa mère meurt, sera proclamé empereur. Il régnera sur cinq rois et sept vice-rois. Ainsi vais-je réfor-

1. « Illustre père de Ménélik. » Aujourd'hui encore, en Abyssinie, le père ou la mère d'un enfant appelé ou arrivé à de hautes fonctions est désigné sous le nom d'*abat* (père) ou d'*ennate* (mère) de tel ou telle.

2. Salomon n'avait point admis, affirme la légende, que la reine de Saba dénommât son empire « Empire d'Israël », bien que ce fût son désir, car l'Ecclésiaste prétendait régner sur les plus nombreuses des tribus israélites.

3. Le mot Habech est à l'origine des mots français « abyssin » et « Abyssinie ».

mer mes États par la confédération de régions gouvernées par les princes fidèles élevés à la dignité de rois, de négus ou de ras, suivant leurs mérites et l'importance des pays qu'ils auront à diriger. Que Jéhovah bénisse mon dessein pacifique. Je ne ferai plus de conquêtes. Je souhaite le bonheur de mon peuple et des miens. Mets ta main douce sur le cœur de notre enfant et sache éprouver, sur sa poitrine ingénue, la cadence de mon cœur qui ne bat que pour vous. »

*
*   *

Salomon pleura longtemps d'attendrissement, se revit baignant d'idéal la reine autrefois indomptable, orgueilleuse et farouche, aujourd'hui devenue amoureuse et mère, pacifique et bonne. Il songea que sa parole n'avait point été vaine.

Alors le roi doré, réconforté, réveilla l'enfant. Il le couvrit de sa tunique et le conduisit sur la terrasse du palais où il avait naguère contemplé l'étoile annonciatrice de Saba s'allumant dans la nuit.

Le soir était tout à fait tombé sur les montagnes palestiniennes, mais Jérusalem retentissait d'allégresse, car elle fêtait l'arrivée du prince Ménélik et de son escorte sabéenne. Des éclats de musique et le bruit des foules heureuses s'élevaient comme un ronronnement par-dessus la cité enflammée. Salomon contempla la ville et l'œuvre de son œuvre, le Temple élevant vers Dieu l'orgueil des sept étages de sa tour haute comme les plus hautes montagnes. Il contempla son fils.

Le Temple était le commencement de son œuvre de vie consacrée à Dieu, à la beauté qui est partout et à la vérité, insaisissable mais existante. L'enfant était le vivant aboutissement de cette ambition. Quel serait le destin de cette jeune vie doublement marquée du sceau céleste ?

Salomon prit son fils dans ses bras tendus vers le Temple et, solennellement, devant Dieu, dans le silence majestueux de la nuit, il consacra hautement l'enfant à l'idéal de sa vie. Et comme il levait les yeux, il crut voir s'allumer une étoile nouvelle dans le velours violacé du ciel.

Ô Jéhovah !
Ton inflexible volonté
Châtia, décima, dispersa
Les enfants infortunés d'Abraham.
Mais voici
La conjonction de l'Étoile et de la Perle :
Makéda, reine de Saba
et
Salomon, roi de Judée.
Loué soit Jéhovah !
Ainsi s'est rassemblée la famille israélite.
Hosanna !
Car notre Ménélik est né
Par ta gracieuse volonté,
Ô Jéhovah !

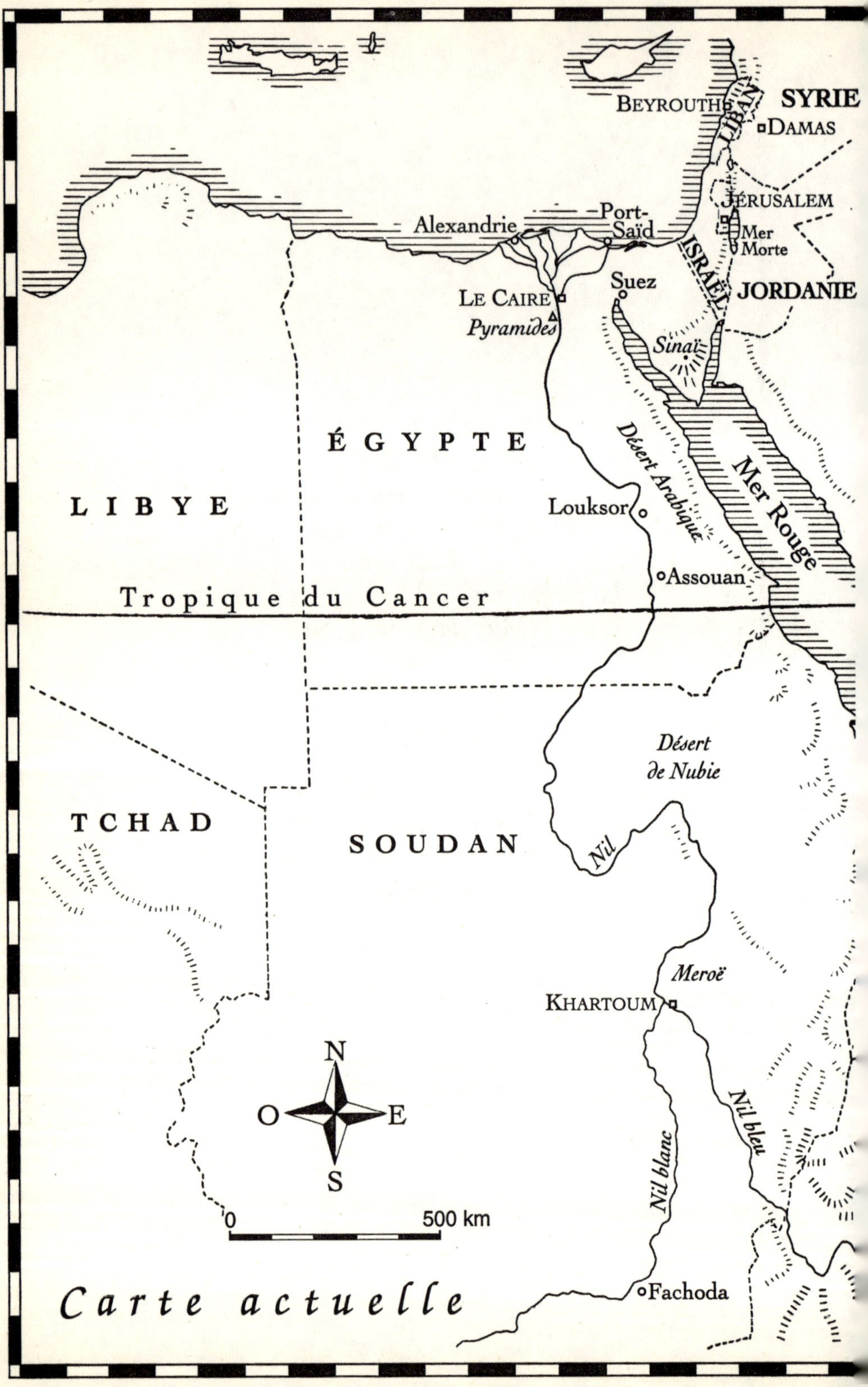

BEYROUTH
LIBAN
SYRIE
DAMAS
JÉRUSALEM
Mer Morte
ISRAËL
JORDANIE
Alexandrie
Port-Saïd
Suez
LE CAIRE
Pyramides
Sinaï
ÉGYPTE
Désert Arabique
Mer Rouge
LIBYE
Louksor
Assouan
Tropique du Cancer
Désert de Nubie
TCHAD
SOUDAN
Nil
Meroë
KHARTOUM
N
O
E
S
Nil bleu
Nil blanc
0
500 km
Fachoda
Carte actuelle

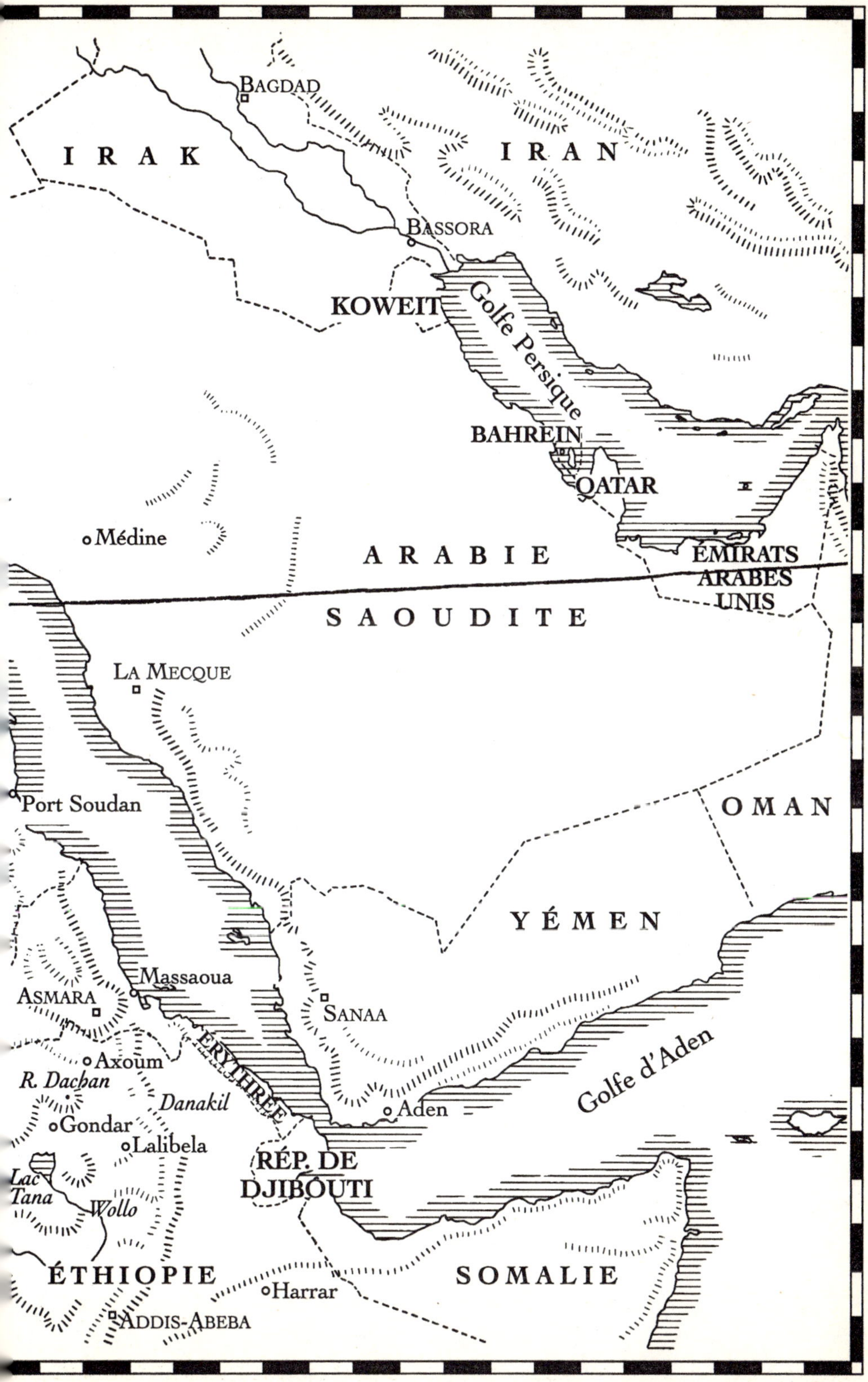

BAGDAD
IRAK
IRAN
BASSORA
KOWEIT
Golfe Persique
BAHREIN
QATAR
Médine
ARABIE
SAOUDITE
ÉMIRATS
ARABES
UNIS
LA MECQUE
Port Soudan
OMAN
YÉMEN
Massaoua
ASMARA
SANAA
ERYTHRÉE
Axoum
R. Dachan
Danakil
Golfe d'Aden
Aden
Gondar
Lalibela
RÉP. DE
DJIBOUTI
Lac
Tana
Wollo
ÉTHIOPIE
SOMALIE
Harrar
ADDIS-ABEBA

QUELQUES POINTS DE REPÈRE GÉOGRAPHIQUES ET HISTORIQUES

ABYSSINIE : Ancien nom de l'Éthiopie, tiré de l'acronyme *Habech* qui signifie « pays habité par des gens de races diverses ».

AMÉNOPHIS III : Pharaon de la XVIIIe dynastie, fils et successeur de Touthmosis IV, qui aurait vécu aux environs de 1410 à 1375 av. J.-C.

AXOUM : Également orthographié Aksoum, nom de l'ancienne capitale du royaume de Symiène où subsiste un fameux obélisque.

DANAKIL : Désert situé à l'est de l'Éthiopie actuelle.

ÉTHIOPIE : Pays dont le nom biblique est « royaume de Koush » (ou Coush).

EZIONGABAR : Port antique sur la mer Rouge.

FALACHAS : Juifs éthiopiens.

GALLAS : Nomades du sud de l'Éthiopie.

HIRAM Ier : Roi de Tyr (Phénicie) au Xe siècle av. J.-C. Allié de Salomon, il concourut à l'édification du Temple de Jérusalem.

JOPPÉ : Port du royaume de Salomon.

JUDA : Ancien nom de la Judée.

KAFFA : Région située au sud-ouest de l'Éthiopie.

MAKÉDA : Littéralement « Celle Qui Est Pure », dont le premier nom, avant qu'elle prononçât son serment de virginité, était Mammété. Fille d'Anguebo, elle fut sacrée reine de Symiène et de Saba (la Bible ne retient que ce dernier titre tandis que le Coran la désigne sous le nom de Balkis).

MÉNÉLIK Ier : Fils de la reine de Saba et du roi Salomon. Fondateur des dynasties qui ont régné sur l'Éthiopie jusqu'en 1974, lors de la chute du négus (roi des rois) Haïlé Sélassié.

MÉNÉLIK II : Empereur d'Abyssinie qui régna de 1889 en 1913, malgré les visées coloniales italiennes. À Adoua, en 1896, il infligea d'ailleurs une cuisante défaite au corps expéditionnaire italien venu coloniser son pays, ce qui reste la seule victoire du genre sur tout le continent africain.

MUTTOWA : Ancien port érythréen situé sur la mer Rouge, aujourd'hui dénommé Massaoua (ou Massawa).

NINIPHÉE : Autre nom de Ninive.

SABA (ROYAUME DE) : Royaume antique, en grande partie constitué du Yémen et de l'Éthiopie actuels, qui perdura jusqu'au VIe siècle av. J.-C. puis fut conquis par les Persans et les Musulmans.

SALOMON : Roi de Judée qui vécut d'environ 972 à 932 av. J.-C. Fils de David et de Bethsabée, il fut l'édificateur du premier Temple de Jérusalem. Plusieurs livres de la Bible lui sont attribués, parmi lesquels *Le Cantique des Cantiques*, *L'Ecclésiaste*, *Les Proverbes* et *La Sagesse*, outre des *Psaumes*.

SALMANAR II : Oncle du prince Assadaron et roi d'Assyrie qui aurait régné du temps de Makéda.

SYMIÈNE : Région de l'actuelle Éthiopie, formée de hauts plateaux et de montagnes (dont certaines culminent à plus de 4000 m d'altitude).

ZAOUDITOU : Fille et successeur de Ménélik II, impératrice d'Éthiopie dont le neveu, le ras Tafari, fut en 1930 sacré négus sous le nom de Haïlé Sélassié.

TABLE DES MATIÈRES

SECONDE PARTIE

Directrice Littéraire :
Huguette Maure

Graphiste :
Pascal Vandeputte

Attachées de presse :
Nathalie Ladurantie
Myriam Saïd-Errahmani
Sophie Hourdequin

Couverture :
Peinture de
Berhanou Yemanou, 1980
Collection du musée national
des arts d'Afrique et d'Océanie
Donation Jacques Mercier
Photographie de
Guy Vivien

Impression réalisée sur CAMERON par
BRODARD ET TAUPIN
La Flèche

pour le compte des Éditions Michel Lafon
en janvier 1997

Imprimé en France
Dépôt légal : janvier 1997
N° d'impression : 1765R-5
ISBN : 2-84098-242-0
50-1539-1
ML 309